RELIURE SERRÉE
ABSENCE DE MARGES INTÉRIEURES

Couverture inférieure manquante

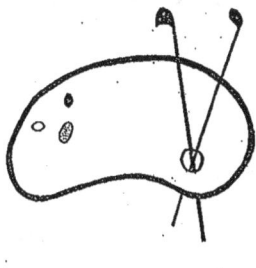

ORIGINAL EN COULEUR
NF Z 43-120-8

LABLE POUR TOUT OU PARTIE DU
CUMENT REPRODUIT

VRAIS PRINCIPES
DE
PHILOSOPHIE
SCOLASTIQUE

D'APRÈS SAINT THOMAS ET LES MEILLEURS AUTEURS CONTEMPORAINS

PAR

L'Abbé E. GUERS
Docteur en Théologie et en Droit canon
Directeur au Grand-Séminaire de Périgueux

OUVRAGE APPROUVÉ PAR MGR L'ÉVÊQUE DE PÉRIGUEUX

PARIS
LIBRAIRIE SAINT-JOSEPH
TOLRA, LIBRAIRE-ÉDITEUR
112, RUE DE RENNES, 112

Tous droits réservés

VRAIS PRINCIPES
DE
PHILOSOPHIE SCOLASTIQUE

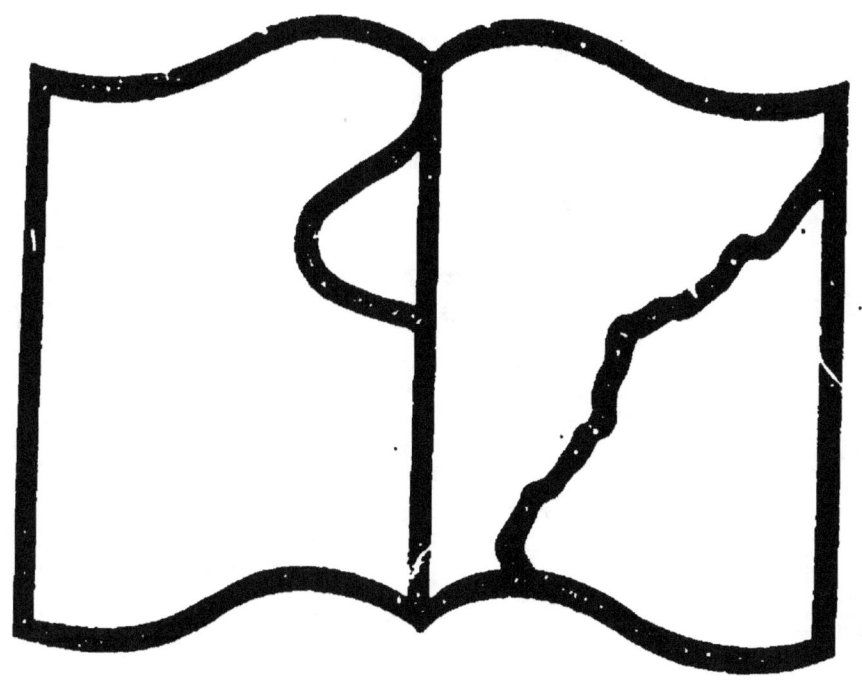

Texte détérioré — reliure défectueuse
NF Z 43-120-11

Propriété de l'Éditeur,

V. AUREAU — IMPRIMERIE DE LAGNY

VRAIS PRINCIPES
DE
PHILOSOPHIE
SCOLASTIQUE

D'APRÈS SAINT THOMAS ET LES MEILLEURS AUTEURS CONTEMPORAINS

PAR

L'Abbé E. GUERS

Docteur en Théologie et en Droit canon
Directeur au Grand-Séminaire de Périgueux

OUVRAGE APPROUVÉ

Par Leurs Éminences : Le Cardinal DONNET, Archevêque de Bordeaux ;
le Cardinal DE BONNECHOSE, Archevêque de Rouen ;
le Cardinal ZIGLIARA, Président de l'Académie de Saint-Thomas, à Rome.

Leurs Grandeurs : Mgr DABERT, Évêque de Périgueux ;
Mgr PERRAUD, de l'Académie française, Évêque d'Autun ;
Mgr MERMILLOD, Évêque d'Hébron, Vic. apost. de Genève, etc., etc.

PARIS

LIBRAIRIE SAINT-JOSEPH

TOLRA, LIBRAIRE-ÉDITEUR

112, RUE DE RENNES, 112

1883

Tous droits réservés

DEDICACE

Illmo ac Rev^{mo} D^{no} D^{no} DABERT, Petrocoricensi et Sarlatensi Episcopo

Illustrissime Præsul,

Ex quo, favente Amplitudine vestrâ, philosophicæ Almi Seminarii scholæ manum admovi gubernaculo, nihil maiori habui curæ quam expeditiorem doctrinarum Scholasticarum, præsertim verò Divi Thomæ, nostris tyronibus exigere institutionem. Cùm enim, ab antiquo, proclivia anteponantur laboriosis, dolendâ diuturnâ que constat experientiâ maximam horum juvenum partem, quotannis, sive præoperis asperitate sive ex obsoleti idiomatis novitate, prælectionum nostrarum normam sequendi esse prorsùs imparem, et sæpè-sæpiùs, dimidio biennio, verba mentem que minimè callere Magistri!

Equidem non sum nescius, et propriâ in Urbe industriâ novi, nunc temporis, clariores ipsosmet Romanarum Universitatum Lectores, tum in philosophicis tum in Theologicis disciplinis tradendis, rem, thesibus scholasticis, acutè contrahere quas evolvendæ in scholis doctrinæ materiam, Auditoribus præbent. Omnia enim referre et expendere cum nimiò longum sit et brevitati cui natura operis adstringit minimè consentaneum, necessaria scitu hoc perutili perstringunt compendio. Ex hinc, ut candidè fatear, compendia non fiunt dispendia (quod non rarò inter alumnos evenit) sed fructuosa evadunt pretiosissima que supellectilia.

Si liceat parva componere magnis, non alia est hæc præsentis Summa proposita libri. Mei quidem diffidens, præcipuos auctores, ab Ecclesiâ Romanâ commendatos, a Doctissimo Pontifice nostro Leone XIII (quem D. O. M. almaque Virgo Maria diù nobis sospitem servent) probatos, Goudin, Gonzalez, Tongiorgi, Palmieri, Kleutgen, Cornoldi, Sanseverino sed præ primis Eminentissimum Zigliara necnon P. Liberatore qui Divum Thomam faustissimè, nostris temporibus, interpretantur, quasi pedetentim sum secutus. Non etiam parùm profuêre labores eximii desideratissimorum in philosophicâ hâc cathedrâ antecessorum, quos P. P. Musto, Escoffier, Viguier, Pagès duces fuisse libenter profitebor. Meas etiam agam gratias Ornatissimis discipulis D. D. Bias, Marty, Favareille, Peyrille, Daniel, qui omni Conatu, in edendis hisce nostris thesibus, unà mecum luculenter adlaboravêre.

His omnibus auxiliis et nixus præsidiis, humillimum hoc opus paternæ benedictioni Vestræ, judicio que infallibili Romani Pontificis cujus decreta semper mihi fuêre et erunt oracula Veritatis submitto. Quæ vera esse perspexerit, dicam cum Augustino, tenenda sunt, et, horum egregiorum Ecclesiæ catholicæ Doctorum honori exclusivè tribuenda : quæ falsa verò respuenda, et mihi, qui homo sunt, ignoscenda... !

Piissimis precibus commendatus humillimus in Christo servus et addictissimus filius persisto.

Die 15 Augusti 1882..

E. GUERS.

APPROBATIONS

Archevêché de Bordeaux, le 4 décembre 1882.

Monsieur le Directeur,

Votre ouvrage : « *Vrais Principes de Philosophie scolastique* », est un des nombreux fruits de la parole toute-puissante de Sa Sainteté Léon XIII.

Depuis cette lettre, restée célèbre, qui apportait à l'Ange de l'École le plus magnifique des témoignages, partout, dans nos Séminaires comme dans nos Instituts catholiques, on revient à ces vieilles sources qui furent trop délaissées : on sent que les grands caractères ne se font que par les principes solides, et, qu'en dehors de la vérité catholique, la pensée est livrée à des incertitudes dont les défaillances cherchent en vain les dehors trompeurs d'une prétendue liberté.

Malgré les aridités inhérentes au sujet et à une forme très précise, votre livre, que nous avons fait examiner par les juges les plus compétents, offrira aux jeunes étudiants en Philosophie une mine aussi précieuse qu'abondante d'arguments pour établir la vérité et combattre l'erreur.

Veuillez donc agréer, monsieur le Directeur, avec mes plus sincères félicitations, l'expression de mes sentiments bien dévoués en Notre-Seigneur,

✝ FERDINAND, Cardinal DONNET,
Archevêque de Bordeaux.

Archevêché de Rouen, le 9 novembre 1882.

Monsieur le Chanoine,

Monseigneur le Cardinal ne vous avait pas oublié, et votre lettre, en remettant votre nom sous ses yeux, l'a reporté à cet heureux temps du Concile du Vatican, si plein de bons et intéressants souvenirs.

Son Éminence me charge de vous remercier de l'attention que vous avez eue de lui adresser vos : « *Vrais Principes de Philosophie scolastique* ». Un abrégé français de la Philosophie de saint Thomas répond incontestablement à un besoin actuel des intelligences chrétiennes ; et Mgr le Cardinal vous félicite d'y avoir consacré vos talents et vos travaux.

Veuillez agréer, monsieur le Chanoine, l'expression de mes sentiments respectueux,

E. PERIER,
Ch. H. Secrétaire de son Éminence.

Rome, le 28 février 1883.

Monsieur et très honoré Docteur,

Son Éminence Révérendissime vous remercie très cordialement de l'hommage que vous avez bien voulu lui faire de votre savant ouvrage : « *Vrais Principes de Philosophie scolastique* ». Ne pouvant le faire Elle-même, à cause de ses nombreuses et très graves occupations. Elle me charge de vous envoyer l'expression de son fidèle souvenir avec ses meilleures bénédictions.

Recevez, etc.,

JOSEPH MALBERTI, Chanoine,
Secrétaire de S. E. le Cardinal ZIGLIARA.

Approbation de Sa Grandeur Monseigneur l'Évêque de Périgueux et de Sarlat.

Facultatem damus ut typis mandetur.

Petrocorium die vigesimâ septimâ Octobris 1882.

† JOSEPH NICOLAUS,
Episcopus Petrocoricensis et Sarlatensis.

Évêché d'Autun, le 28 novembre 1882.

Monsieur le Directeur,

Je veux vous remercier sans retard du volume dont vous avez bien voulu me faire hommage. Il demande, à cause de son importance, non seulement à être lu, mais étudié.

Tout en me proposant d'en prendre connaissance moi-même, j'aurai soin de m'en faire rendre compte par quelqu'un qui puisse donner à cette étude des loisirs dont je ne dispose malheureusement plus : mais, j'estime déjà que votre publication est un service incontestable rendu aux fortes et sérieuses études.

Je vous prie d'agréer, etc.,

† ADOLPHE-LOUIS, Évêque d'Autun,
de l'Académie française.

Monthoux, par Annemasse (Haute-Savoie), 1er décembre 1882.

Cher ami,

Vous n'êtes pas de ceux qu'on peut oublier; et je suis bien touché de votre souvenir comme de votre obligeant envoi. Je vous savais déjà occupé depuis longtemps, à cet incomparable ministère de former des prêtres à la vertu et à la science ecclésiastique. Votre ouvrage est une preuve que vous le faites avec conscience et distinction.

Quoique ce ne soit pas l'usage de donner des lettres d'approbation pour ces sortes de travaux tout à fait techniques, je m'empresse de vous envoyer toutes mes félicitations, avec le témoignage de la fidèle affection que je vous garde depuis votre passage à Genève.

Priez pour l'exilé ! et croyez toujours à mes sentiments les plus dévoués en Notre-Seigneur,

† GASPARD, Évêque d'Hébron, vic. ap. de Genève.

Approbation de Sa Grandeur Monseigneur l'Évêque de Périgueux et de Sarlat.

Facultatem damus ut typis mandetur.

Petrocorium die vigesimâ septimâ Octobris 1882.

† Joseph Nicolaus,
Episcopus Petrocoricensis et Sarlatensis.

LOGIQUE MINEURE OU DIALECTIQUE

NOTIONS PRÉLIMINAIRES

La philosophie selon l'étymologie grecque du mot est l'amour de la sagesse (φίλος σοφός) : en réalité, elle est la connaissance des choses acquise par les lumières naturelles de la raison d'après leurs causes dernières.

La science est la connaissance des choses par leurs causes ; elle n'est donc pas une simple notion.

La connaissance est une notion qu'on ne peut définir, mais qu'on doit simplement énoncer en ces termes : « *La présence intentionnelle de l'objet à l'esprit du sujet.* »

Le sujet est celui qui connaît ou agit.

L'objet, ce qui est connu ou fait.

L'être (Ens) est la notion la plus universelle qui embrasse tout ce qui existe ou peut exister : Dieu par conséquent, et avec lui, tout esprit et toute matière soit en acte soit en puissance.

L'être simple ou esprit est celui dont l'entité exclut des parties distinctes et intégrantes. Exemple : Mon âme.

L'ÊTRE COMPOSÉ est celui dont l'entité se constitue de parties distinctes et intégrantes. Exemple : Mon corps.

Dans tout être composé les scolastiques distinguent 1° *la Matière* en elle-même ; 2° *la Forme* qui s'unit à la matière pour la constituer dans une espèce d'êtres. En elle-même, la matière est, en effet, essentiellement indifférente et indéterminée par rapport à tout état d'être. Un bloc de marbre peut devenir une statue ou une colonne. Le bœuf, le cheval et l'homme ont la même chair. La statue, la colonne, le bœuf, le cheval et l'homme ne peuvent donc être spécifiés que par un autre élément dans leur être propre. Cette force qui détermine l'être, ce nouvel élément qui met fin à l'indifférence essentielle de la matière, est la forme. C'est ainsi que par la forme le marbre devient une statue de Louis XIV ou une colonne de l'Alhambra, et que la chair est dite d'un animal ou d'un homme.

LOGIQUE OU DIALECTIQUE

LA DIALECTIQUE est la partie de la philosophie qui a pour but de diriger les trois opérations de l'esprit dans la recherche de la vérité et la réfutation de l'erreur.

LES TROIS OPÉRATIONS DE L'ESPRIT sont :
    1° La simple appréhension.
    2° Le jugement.
    3° La déduction.

De là, trois parties dans la dialectique.

CHAPITRE PREMIER

DE LA SIMPLE APPRÉHENSION

ARTICLE PREMIER

De la simple appréhension considérée en elle-même.

La simple appréhension est *l'acte* de *l'esprit* percevant *simplement* l'objet : Exemple : Mon esprit a la notion de l'homme. — Je dis : 1° *l'acte*, c'est-à-dire l'opération par laquelle l'esprit prend connaissance de l'objet, le rend présent à la pensée, et le recouvre de couleurs idéales.

2° de *l'esprit*, c'est-à-dire indépendant des organes corporels. Exemple : la vertu. — 3° *Simplement*, c'est-à-dire sans affirmer comme sans nier aucune propriété de l'objet.

Les notes ou les raisons ne sont que les couleurs idéales, ou les traits par lesquels l'esprit trace en lui, l'image de l'objet. L'étymologie est (*Ratus, Reor*, je pense).

Les six noms différents de la simple appréhension. La simple appréhension se nomme indistinctement : 1° *Concept*, parce qu'elle est l'acte par lequel l'esprit arrive à la connaissance de l'objet en s'en représentant l'image idéale. 2° *Verbe mental*, parce que l'esprit se parle en quelque façon à lui-même par l'appréhension. 3° *Intention* (chez les anciens), parce que, par elle, l'esprit tend vers l'objet. 4° *Terme mental*, parce qu'elle est l'opération la plus simple de l'intellect. Elle ne se subdivise pas en actes plus simples comme la déduction qui se décompose en jugements, et le jugement en concepts. Par sa nature, la simple appréhension termine donc les opérations de l'esprit et les scolastiques l'appellent avec raison terme mental. 5° *Idée* (du mot ἰδεῖν), parce qu'elle est

comme une vision de l'esprit. C'est le nom que les philosophes modernes donnent le plus souvent au concept.
6° *Signe par lequel* — dans le sens que nous expliquerons plus loin.

DIFFÉRENCE QUI EXISTE ENTRE LE CONCEPT ET LES AUTRES MANIÈRES DE CONNAITRE. Il ne faut pas confondre la simple appréhension et les autres genres de connaissance. L'homme possède trois sortes de connaissance.

I. LA CONNAISSANCE SENSIBLE par laquelle nous percevons les objets corporels, déterminés, présents et agissant sur nos organes ou sens corporels. (Exemple : la connaissance que j'ai du livre que je tiens entre les mains). La connaissance sensible la plus parfaite est celle que nous avons par les yeux, elle représente l'objet avec ceux qui l'entourent.

II. LA CONNAISSANCE IMAGINAIRE. Cette connaissance obtenue par l'imagination a pour objet un corps déterminé mais absent et n'agissant pas sur nos organes. Exemple, les yeux fermés, je me représente le livre que j'ai vu auparavant. Cette représentation se nomme *portrait imaginaire, fantôme, idolum phantasiœ*, et représente l'objet, abstraction faite de tout ce qui l'environne.

III. LA CONNAISSANCE INTELLECTUELLE est la représentation d'un objet incorporel ou corporel convenant à tous les objets semblables, abstraction faite de chacun en particulier. Exemple : Je connais un livre comme la collection de feuilles écrites, divisées, coordonnées : à proprement parler, j'ai le concept du livre.

Donc, la connaissance sensible, le fantôme et la connaissance intellectuelle sont une même chose à ce point de vue qu'elles représentent toutes l'objet, mais elles diffèrent absolument sous trois rapports :

1° Quant au sujet. — Car le concept est dans l'intellect, le fantôme dans l'imagination, et la sensation dans les sens.

2° Quant à l'objet. — Car le concept représente les objets sensibles et intelligibles, en même temps. Le fantôme et la sensation ne représentent que les objets sensibles.

3° Par le mode de représentation. — Car le concept ne rapporte que les notes intelligibles, les deux autres ne rapportent que les sensibles.

ARTICLE II
De la simple appréhension manifestée à l'extérieur.

L'homme, s'il était seul sur la terre, n'aurait pas besoin de manifester ses conceptions ; mais, vivant en société, il les exprime par des signes. Ces signes sont les soupirs, les gestes, les mouvements, la parole. La parole est le premier de tous parce qu'elle exprime tout sans distinction de temps ni de lieu. Par conséquent :

Le Signe est ce qui représente au sujet capable de connaître un objet différent de lui-même. Exemple : L'écriture me représente ce qui est écrit. Il y a deux sortes de signes.

1° Naturel. Quand il y a un rapport naturel entre le signe et la chose signifiée. Exemple : la fumée est le signe naturel du feu.

2° Conventionnel quand le rapport entre le signe et la chose signifiée provient d'une convention. Exemple : c'est ainsi que le rameau d'olivier indique la paix.

Le signe dans lequel est ce qui une fois connu en soi mène ainsi le sujet à la connaissance de l'objet signifié sans que celui-ci soit connu auparavant. Exemple : une statue, une photographie.

Le signe par lequel est celui qui conduit immédiatement le sujet à la connaissance de la chose signifiée sans que celle-ci soit connue auparavant. Exemple : un miroir dont les dimensions ne dépassent pas celles de l'objet représenté. L'image peinte dans la rétine qui détermine la vision.

D'après les scolastiques l'idée, c'est-à-dire la simple appréhension ou le concept est le signe par lequel nous connaissons.

LA PAROLE est un signe extérieur et conventionnel par lequel nous transmettons immédiatement nos concepts aux autres. La parole n'est pas un signe naturel, car les mots tirent leur différente signification de la seule volonté humaine.

PAROLE, TERME ORAL OU VERBE. L'homme parle pour représenter la parole intérieure, l'idée, la connaissance résultat de la conception de l'esprit. Le mot s'appelle terme oral parce qu'il termine l'idée, et parce que l'analyse de nos opérations cognoscitives s'arrête au verbe.

ARTICLE III

Divisions du terme mental et du terme oral.

Ces divisions sont de trois sortes : celles qui concernent le concept seul ; celles qui concernent le mot seul ; celles qui conviennent à tous les deux.

1° Divisions qui conviennent au concept seul : ou espèces d'idées.

LE CONCEPT EST INTUITIF quand on perçoit immédiatement l'objet comme présent et existant actuellement. Exemple : je conçois ainsi mon existence. Dans cette vie nous n'avons le concept intuitif que des choses qui affectent nos sens.

IL EST ABSTRACTIF lorsqu'on perçoit un objet quant à son essence sans tenir compte de son existence actuelle. Exemple : l'homme en général, le futur, etc.

CLAIR OU OBSCUR : selon que l'on perçoit une chose de

manière à la distinguer ou non des autres. Exemple : l'idée d'un navire ou d'un nuage sur l'Océan.

DISTINCT OU CONFUS : selon qu'il rapporte l'objet avec ou sans ses notes intrinsèques. Exemple : l'idée de l'unité de Dieu chez les chrétiens et chez les païens.

COMPLET OU INCOMPLET (*adéquat ou inadéquat*), selon qu'il rapporte l'objet avec ou sans toutes ses notes. Exemple : l'homme est un animal raisonnable. — *L'homme est un bimane.*

COMPRÉHENSIF OU APPRÉHENSIF : selon que oui ou non il atteint pleinement l'objet depuis la cause jusqu'aux effets. Dieu seul jouit du concept compréhensif ; tous les nôtres sont appréhensifs, aucun d'eux ne pouvant atteindre quelque objet que ce soit autant qu'il peut être connu.

2° *Divisions qui conviennent au mot seul (espèces de mots).*

LE MOT EST APPELÉ 1° SIGNIFICATIF OU VAIN selon qu'il correspond ou non aux conceptions de l'esprit. Exemple : mon chapeau. Malebranche l'appelle mon *blitrie*.

2° FIXE OU VAGUE : selon que constamment il désigne ou non la même chose. Exemple : Dieu, nature.

3° UNIVOQUE OU ÉQUIVOQUE PROPRE OU ANALOGUE. Le mot est dit *univoque* ou *propre* quand il convient à plusieurs êtres dans le même sens : Homme convient ainsi à Jean, Louis, Pierre, etc.

Le mot est dit *équivoque* quand il convient à plusieurs êtres dans un sens différent, *taureau, poisson,* etc., conviennent ainsi à des astres et à des animaux.

Le mot est dit *analogique* quand il convient à plusieurs êtres divers sous un rapport, mais égaux sous un autre apport. Il y a deux sortes d'analogie :

1° *L'analogie d'attribution.* — Elle existe pour les mots convenant à des êtres divers de nature, mais ayant un rapport entre eux dans le sens exprimé par le terme analogue. Le mot *sain* convient ainsi à l'air, à la médecine, à la nourriture, au teint, etc., parce que toutes ces choses sont ou signes ou causes de la santé.

2° *L'analogie de proportion.* — Elle existe pour des mots convenant à des êtres divers de nature, mais ayant une certaine similitude ou proportion. La fureur convient ainsi à l'homme et à l'Océan : le rire à l'homme et à la prairie. Dans le même sens, on dit qu'un homme rusé est un renard ; un homme riche, un Crésus ; un homme brave, un Alexandre et un lion, etc.

3° *Divisions qui conviennent au concept et au mot.*

Le concept et le mot sont indistinctement :

1° CATÉGORÉMATIQUE si, uni au verbe être, il a par lui-même une signification. Exemple : Dieu est.

SYNCATÉGORÉMATIQUE s'il exige la réunion d'autres mots pour avoir une signification. Exemple : qui, aussi, etc.

2° ABSTRAIT s'il exprime une forme ou son absence comme existant par elle-même sans sujet. Exemple : la blancheur, la vision, la cécité, etc.

CONCRET quand il affecte le sujet de cette forme ou de son absence. Exemple : un mur blanc, un homme aveugle.

3° SINGULIER s'il signifie un individu (Pierre).

UNIVERSEL s'il convient à plusieurs individus (homme).

4° COLLECTIF s'il exprime la réunion de plusieurs êtres. Exemple : armée.

DISTRIBUTIF s'il convient à plusieurs séparément. Exemple : soldat.

RÉEL s'il exprime un objet existant concrètement. Exemple : Léon XIII.

Les scolastiques appellent *Intentions premières* ces concepts ou mots réels, parce que l'esprit les atteint par un acte direct et premier.

LOGIQUE s'il exprime un objet existant seulement dans l'esprit. Exemple : genre, espèce, humanité, etc. En termes scolastiques ces concepts ou mots, sont les *Intentions secondes*, car l'esprit ne les atteint que par la réflexion, et en second lieu.

ARTICLE III
Des Universaux ou Prédicables.

Les concepts ou termes universaux sont transcendentaux ou non-transcendentaux.

1° Les concepts et termes transcendentaux sont ceux qui conviennent à toutes les espèces d'êtres (*trans-ens*), qu'ils soient possibles ou réels. On en compte cinq : *Ens, Verum, Bonum, Unum, Aliquid.*

Toute chose en effet est être et, sous le rapport de l'être, elle est une, vraie et bonne.

En réalité, le transcendental *aliquid* se confond avec l'*ens*, et il n'y a au fond que quatre transcendentaux, le premier n'étant qu'un synonyme plus concret du second.

2° Les concepts et termes non-transcendentaux, appelés aussi *Prédicables*, sont ceux qui ne conviennent qu'à une espèce particulière d'êtres. On en compte aussi cinq : L'espèce, le genre, la différence, le propre et l'accident.

Les *non-transcendentaux* sont appelés *Prédicables* parce que l'attribut ou prédicat doit, dans toute proposition, être ou un genre, ou une espèce, ou une différence, ou un propre, ou un accident.

1° L'espèce est une notion universelle énoncée de lusieurs êtres comme constitutive de leur essence comlète. Exemple : l'homme.

2° Le genre est une notion universelle énoncée de lusieurs êtres comme une partie déterminée, mais par elle-même incomplète de leur essence. Exemple : animal.

3° La différence est une notion universelle énoncée

de plusieurs êtres comme une qualité déterminant leur essence. Exemple : raisonnable.

4° LE PROPRE est une notion universelle énoncée de plusieurs êtres comme résultant absolument de leur essence. Exemple : rieur, curieux, etc.

5° L'ACCIDENT est une notion universelle énoncée de plusieurs êtres comme dérivant par contingence de leur essence. Exemple : noir, blanc, jaune, etc.

ARTICLE IV

Des Genres suprêmes ou Prédicaments.

Aristote a ramené toutes les notions des choses à dix genres suprêmes qu'on appelle les dix catégories ou prédicaments. Ce dernier nom leur est donné parce que, dans toute proposition, le sujet auquel convient le prédicat doit être compris dans l'une ou l'autre de ces dix notions universelles.

1° LA SUBSTANCE. C'est l'être existant en soi. Exemple : un arbre.

2° LA QUANTITÉ. C'est l'être en tant qu'il a des parties distinctes les unes des autres formant une certaine étendue. Les scolastiques la définissent : « *Positio partium extra partes.* » Exemple : six, etc.

3° LA RELATION. C'est le rapport d'un être à un autre. Exemple : serviteur.

4° LA QUALITÉ. C'est la disposition de la substance en elle-même. Exemple : chaud, glacé, etc.

5° L'ACTION. C'est une mutation produite par l'être lui-même. Exemple : brûler, rafraîchir, lire, etc.

6° LA PASSION. C'est une mutation subie par l'être en lui-même. Exemple : être brûlé, ou rafraîchi, etc.

7° LE LIEU. C'est la détermination de l'être dans l'espace. Exemple : à la ville, à la campagne, à Paris, etc.

8° Le temps. C'est la détermination de l'être dans la durée successive. Exemple : hier, demain, etc.

9° La situation. C'est la disposition modale des parties de l'être. Exemple : être debout, assis, à genoux, etc.

10° Le costume. C'est la dénomination de l'être d'après la forme extérieure qu'il revêt. Exemple : *Prætextatus*, pour dire un jeune patricien romain avant ses dix-sept ans. Ils ne dépouillaient qu'alors la toge prétexte. — *Purpuratus*, pour dire un cardinal, etc.

Les deux vers suivants servaient ingénieusement aux scolastiques pour retenir très facilement les dix catégories.

Arbor sex servos, ardore, refrigerat, ustos.
Ruri, cras, stabo, sed tunicatus ero.

CHAPITRE II

DU JUGEMENT

ARTICLE Ier

Du jugement considéré en lui-même.

Le jugement est une opération par laquelle l'esprit compare deux idées entre elles et les réunit ensuite par l'affirmation, ou les sépare par la négation. Exemple : Dieu est bon ; le diable n'est pas bon.

1° Immédiat. Le jugement est immédiat quand on découvre aussitôt la vérité sans recourir au raisonnement. Exemple : Le tout est plus grand que la partie. Si l'on connaît ce que sont en soi le tout et la partie on affirme cette vérité sans hésiter un instant.

2° Il est médiat lorsqu'on arrive à la connaissance de la vérité par le raisonnement. Exemple : *l'âme est immor-*

telle. Pour s'en convaincre, il faut raisonner ainsi : Qu'est-ce que l'âme? Un être spirituel. — Qu'est-ce qu'un être spirituel ? Un être simple et formellement indépendant de la matière. Or, un être de ce genre ne peut être décomposé puisqu'il n'a pas de parties. — Donc l'âme ne peut être décomposée. — Donc elle est immortelle.

3° JUGEMENT A PRIORI, NÉCESSAIRE, ABSOLU, RATIONNEL, ANALYTIQUE, MÉTAPHYSIQUE. Le jugement est ainsi appelé quand la convenance ou la disconvenance des concepts est fondée sur la notion même du sujet. Exemple : *Le tout est plus grand que la partie. Le cercle n'est pas carré.* Par le fait même que je connais ce que c'est que le tout, ou le cercle, je perçois ces vérités.

4° IL EST A POSTERIORI, CONTINGENT, HYPOTHÉTIQUE, EMPIRIQUE, PHYSIQUE, SYNTHÉTIQUE. Quand la convenance ou la disconvenance des concepts est fondée sur l'expérience. Exemple : *le soleil ne luit pas toujours.* Les faits nous apprennent cette vérité.

FAITS. On appelle faits tout ce que la conscience peut percevoir.

ARTICLE II

Du jugement manifesté extérieurement.

L'homme peut et doit manifester ses jugements comme ses concepts.

LA PROPOSITION est l'énonciation d'un jugement qui affirme la convenance ou la disconvenance de deux concepts. { Dieu est créateur. Dieu n'est pas trompeur. } Il y a là trois termes :

1° LE SUJET est ce dont on affirme ou on nie quelque chose. Exemple : Dieu.

2° LE PRÉDICAT est ce qu'on affirme ou on nie du sujet. Exemple : créateur, trompeur.

3° LA COPULE est l'affirmation même ou la négation.

La proposition du 1ᵉʳ adjacent est celle dont les trois parties sont exprimées par un seul mot. Exemple : lis.

La proposition du 2ᵉ adjacent est celle dont le prédicat et la copule sont un même mot. Exemple : le soleil éclaire.

La proposition du 3ᵉ adjacent est celle dont le sujet, la copule et le prédicat sont exprimés séparément. Exemple : la lune est pleine.

La proposition universelle est celle dont le sujet est une notion universelle prise dans toute son extension. Exemple : tous les hommes sont mortels.

La proposition singulière est celle dont le sujet est un individu pris dans sa plus grande extension. Exemple : Pierre est savant.

La proposition particulière est celle dont le sujet est pris dans une partie déterminée de son extension. Exemple : quelques hommes sont savants.

La proposition affirmative est celle qui affirme la convenance du prédicat au sujet.

La proposition négative est celle qui nie la convenance du prédicat au sujet.

La proposition vraie est celle qui affirme ce qui est, ou nie ce qui n'est pas.

La proposition fausse est celle qui nie ce qui est ou affirme ce qui n'est pas.

La proposition simple est celle qui consiste en un seul sujet et en seul prédicat.

La proposition composée est celle qui consiste en plusieurs sujets ou en plusieurs prédicats, ou même en plusieurs propositions réunies ensemble au moyen d'une articule.

La proposition conditionnelle est celle dont les deux catégoriques composantes sont unies par la conjonction si. Exemple : *Si* le soleil brille, il fait jour. — Dans les propositions de ce genre, l'affirmation ou la négation porte sur la connexion des deux parties. La proposition est vraie s'il y a liaison entre l'antécédent et le conséquent. Exemple : *Sans Dieu pas de monde*. La proposition est fausse s'il n'y a pas liaison entre l'antécédent et le conséquent. Exemple : s'il pleut il fait jour. Les scolastiques appellent la partie précédée de la conjonction *si*, *condition* ou *antécédent* et l'autre *conditionnée* ou *conséquent*, parce que la première contient la raison de la seconde.

LA PROPOSITION DISJONCTIVE est celle dont les parties sont unies par une particule disjonctive. Exemple : *La substance est simple ou composée*. Pour que cette proposition soit vraie, il faut que l'énumération des parties soit complète, et qu'une seule d'entre ces parties soit vraie. Si toutes les parties sont fausses, ou si l'énumération n'est pas complète, toute la proposition est fausse.

LA VÉRITÉ DE LA PROPOSITION est l'adéquation de l'intellect et de l'objet.

LA QUANTITÉ DE LA PROPOSITION est l'extension du sujet selon qu'on le considère comme universel, singulier ou particulier.

LA QUALITÉ DE LA PROPOSITION est l'affirmation ou la négation qu'on en énonce. Dire qu'une proposition est affirmative ou négative c'est en signifier la qualité.

L'OPPOSITION DE LA PROPOSITION consiste en ce que deux propositions ayant même sujet et même attribut diffèrent par la qualité ou par la quantité ou par l'une et l'autre à la fois.

Elle est quadruple. En effet, il y a quatre sortes d'oppositions entre les propositions.

1° PROPOSITIONS CONTRADICTOIRES (OU LA PLUS GRANDE OPPOSITION). Deux propositions contradictoires diffèrent par la quantité et la qualité, l'une est universelle, l'autre particulière, l'une affirmative, l'autre négative. Exemple : *Tout homme est honnête, quelqu'homme n'est pas honnête.*

Règle. — Deux propositions contradictoires ne peuvent être vraies ou fausses en même temps. La raison en est que l'une nie ce que l'autre affirme ; or comme une chose ne peut être en même temps vraie et fausse, il s'ensuit que la vérité ne peut se trouver des deux côtés. De deux contradictoires, il y en a donc nécessairement une de vraie. Il faut remarquer que la seule différence de qualité suffit pour rendre les propositions singulières contradictoires.

2° PROPOSITIONS SUBALTERNES (OU LA PLUS PETITE OPPOSITION). Deux propositions sont subalternes quand elles sont affirmatives, ou négatives en même temps et ne diffèrent que par la quantité. Exemple : *Tout homme est raisonnable. Quelqu'homme est raisonnable. Aucun homme n'est pierre. Quelqu'homme n'est pas pierre.* — Ici la proposition *universelle* est dite subalternante ; la *particulière* subalternée.

Règle. — Deux propositions subalternes peuvent être vraies ou fausses en même temps ; car si l'universelle est vraie, la particulière qui est contenue dans l'universelle, le sera à plus forte raison. Si la particulière est fausse, l'universelle le sera aussi à plus forte raison.

3° PROPOSITIONS CONTRAIRES. Deux propositions sont contraires si elles sont l'une et l'autre universelles et ne diffèrent que par la qualité. Exemple : *Tout homme est savant, aucun homme n'est savant.*

Règles. — 1° *Deux contraires ne peuvent être vraies en même temps ;* car l'une ne nie pas simplement ce que l'autre affirme, comme dans les contradictoires, mais l'attribut universellement affirmé d'un sujet est universellement exclu de l'autre. Si elles pouvaient être vraies en même temps, c'est que deux contradictoires le pourraient. On voit par là que deux contraires équivalent à deux contradictoires. 2° *Deux contraires peuvent être fausses en même temps.* — Car il peut y avoir un milieu entre les deux. Exemple : Tout homme est savant. Aucun homme n'est savant. — Quelqu'homme est savant.

Remarque. — La deuxième règle n'a de valeur qu'autant que l'attribut est contingent, car s'il est nécessaire ou impossible, les contraires ne peuvent être fausses en même temps. Exemple : Tout homme est raisonnable. — Aucun homme n'est raisonnable.

4° PROPOSITIONS SUBCONTRAIRES. Deux propositions sont subcontraires si elles sont toutes les deux particulières et ne diffèrent que par la qualité. Exemple : *Quelqu'homme est savant. Quelqu'homme n'est pas savant.*

Règle. — *Les propositions subcontraires ne peuvent être fausses en même temps, mais elles peuvent être vraies.* — Si elles étaient toutes les deux fausses, leurs contradictoires seraient vraies, ce qui est absurde.

TABLEAU DE L'OPPOSITION DES PROPOSITIONS

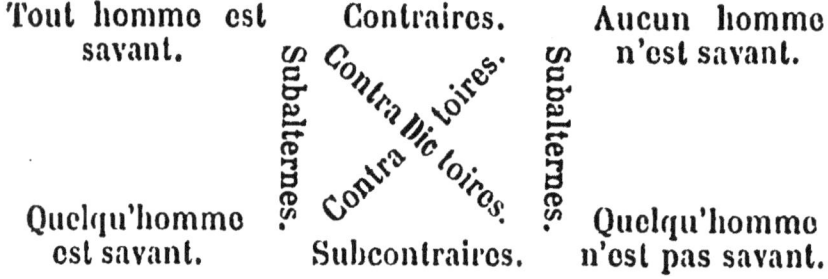

CHAPITRE III

DE LA DÉDUCTION OU DU RAISONNEMENT

L'esprit humain ne s'arrête pas au premier jugement qu'il exprime, mais il s'en sert pour arriver à d'autres. Ce progrès se nomme déduction.

LE RAISONNEMENT OU DÉDUCTION est le passage de l'esprit d'un jugement à un autre qui dépend du premier, ou d'une vérité connue à une vérité inconnue, celle-ci étant perçue pour ainsi dire dans la première et en découlant logiquement. L'essence du raisonnement consiste donc dans la comparaison de deux idées à une troisième. Exemple :

    Tout être muable est contingent ;
    Or le monde est muable ;
    Donc le monde est contingent.

PRINCIPE D'IDENTITÉ. Deux choses égales à une troisième sont égales entre elles.

PRINCIPE DE RÉPUGNANCE. Deux choses dont l'une est égale à une troisième et non pas l'autre ne sont point égales entre elles.

DIT DE TOUT (DICTUM DE OMNI). Tout ce qu'on affirme universellement et séparément d'un sujet, peut s'affirmer des idées particulières contenues dans ce sujet. Exemple : L'homme a un cœur. Pierre a un cœur.

DIT DE RIEN (DICTUM DE NULLO). Tout ce qu'on nie universellement et séparément d'un sujet peut et doit être nié des idées particulières contenues dans ce sujet. Exemple : L'homme n'a pas de queue. Pierre n'a pas de queue.

VÉRITÉS CONNUES PAR SOI. Il faut admettre des vérités qui n'ont pas besoin d'être démontrées si l'on ne veut pas argumenter indéfiniment sans aboutir à rien. Ces vérités sont expérimentales : Exemple. *Le feu brûle* ou bien métaphysiques, c'est-à-dire de l'ordre intelligible et perçues à priori. Exemple : Le tout est plus grand que la partie. Ces vérités ne peuvent être démontrées, non à cause du défaut mais de la perfection absolue de leur évidence. Elles sont, en effet, si évidentes qu'elles illuminent l'esprit et le forcent à donner son assentiment. Ainsi dans l'ordre physique le soleil est si clair par lui-même qu'il éblouit nos yeux.

ARGUMENTATION. L'argument est l'opération par laquelle on fait sortir une proposition d'une ou de plusieurs autres. C'est le raisonnement exprimé par des mots. Il réclame trois éléments.

1° L'ANTÉCÉDENT est la proposition dont on déduit l'autre.

2° LE CONSÉQUENT est la proposition que l'on déduit.

3° LA CONSÉQUENCE est le lien qui existe entre l'antécédent et le conséquent. Donc, 1° le conséquent peut être vrai et la conséquence absolument fausse. Exemple : *Tout animal est une substance, or le poisson est animal. Donc les poissons volent.* 2° La conséquence peut être vraie quoique l'antécédent et le conséquent soient faux. Exemple : *Toute substance est matérielle. Or l'esprit est une substance. Donc l'esprit est matériel.*

LE SYLLOGISME QUANT A LA FORME OU A SA NATURE est le raisonnement dans lequel, voyant qu'un sujet particulier est contenu ou non dans l'extension d'un sujet plus universel, nous concluons que le prédicat du sujet plus universel convient ou non au sujet particulier. Exemple :

Tous les hommes sont raisonnables ;
Or je suis homme ;
Donc je suis raisonnable.

LE SYLLOGISME QUANT A LA MATIÈRE OU A SES PARTIES est simple ou composé selon que la conclusion renferme plusieurs sujets et plusieurs attributs ou un seul sujet et un seul attribut.

LE SYLLOGISME SIMPLE est l'argument dans lequel étant posées deux propositions simples appelées prémisses, il en découle nécessairement une troisième qu'on appelle conclusion (*illatio*).

Le syllogisme simple exige donc six éléments : trois termes et trois propositions.

TROIS TERMES. 1° Le *petit terme* est le sujet de la conclusion.

2° Le *grand terme* est le prédicat de la conclusion.

3° Le *moyen terme* est celui avec lequel les deux premiers sont comparés dans les prémisses. On l'appelle simplement (moyen) *medium*.

Remarque. — Il peut y avoir plusieurs termes *matériellement* dans un syllogisme ; mais *formellement* il ne peut y en avoir que trois. Exemple : Tout être muable est contingent. Or le monde est un être muable. Donc il est contingent. Ici, ces deux mots (être muable) ne sont formellement qu'un seul terme.

TROIS PROPOSITIONS. 1° La *Majeure* est la prémisse dans laquelle on compare l'attribut de la conclusion avec le moyen terme.

2° La *Mineure* est la prémisse dans laquelle on compare le sujet de la conclusion avec le moyen terme.

3° La *conclusion* est la proposition qui découle de la comparaison.

Deux Prémisses. { Tout homme est mortel. — *Majeure*.
Or, Pierre est homme. — *Mineure*.

Conclusion. { Donc Pierre est mortel.
(petit terme)   (grand terme)

Remarque. — Dans l'argumentation, la première proposition est toujours appelée majeure quoiqu'elle ne compare pas nécessairement le grand terme avec le moyen.

L'ARGUMENT AD HOMINEM est celui dans lequel l'un part 'un principe admis par l'autre.

LE SYLLOGISME DROIT OU RECTUS est celui qui est fait selon les règles, quoique les prémisses soient fausses.

LE SYLLOGISME BON OU VERUS est celui dans lequel on observe les règles et dont les prémisses sont vraies.

LES HUIT RÈGLES DU SYLLOGISME

1° Terminus esto triplex, major, mediusque, minorque.
2° Latius hos, quam præmissæ, conclusio non vult.
3. Nequaquam medium capiat conclusio oportet.
4° Aut semel aut iterum medius generaliter esto.
5° Utraque si præmissa neget, nil inde sequetur.
6° Ambæ affirmantes nequeunt generare negantem.
7° Pejorem sequitur semper conclusio partem.
8° Nil sequitur geminis ex particularibus unquam.

Les quatre premières règles regardent les termes, les quatre dernières concernent les propositions. Expliquons chacune de ces règles.

I. Terminus... Il ne doit y avoir que trois termes dans le syllogisme, car tout l'artifice du raisonnement consiste à comparer les deux extrêmes de la comparaison, le sujet et l'attribut avec le moyen terme dans les prémisses. S'il y avait un quatrième terme, la comparaison ne serait pas exacte et la conclusion serait donc illégitime.

II. Latius... La seconde règle défend de donner à un terme dans la conclusion une extension plus grande que celle qu'il a dans les prémisses. Un même terme peut être, en effet, employé dans une extension très différente. Ainsi un terme qui a une plus grande extension dans la conclusion diffère réellement de celui qui en a une moindre dans les prémisses. Il y a dès lors plus de trois termes dans le syllogisme, ce qui est illégitime.

III. Nequaquam... Le moyen terme ne doit pas entrer dans la conclusion. En effet, dans les prémisses, on compare successivement le sujet et l'attribut de la conclusion avec un moyen terme, tandis que dans la conclusion on énonce le rapport qu'on a reconnu exister entre l'attribut et le sujet. Il n'y a donc pas lieu de replacer le moyen dans la conclusion.

IV. Aut semel... Le moyen terme doit être pris universellement, au moins dans l'une des deux prémisses, non seulement collectivement, mais encore distributivement. Si le moyen terme était pris sous une partie seulement de son extension, l'attribut de la conclusion pourrait convenir ou disconvenir avec cette partie, quoique le sujet n'y fut point contenu. Par conséquent, il ne serait pas permis d'affirmer ou de nier ce prédicat du sujet, car il n'est pas renfermé dans la partie du moyen qui a été comparée avec le prédicat de la conclusion, mais dans une autre partie qui a été omise. Exemple :

e cheval est un animal. Or l'homme est un animal. Donc le cheval est un homme.

Le cheval est un animal. Cela est vrai aussi si on parle d'une autre espèce d'animaux.

L'homme est un animal. C'est vrai aussi si on parle d'une autre espèce d'animaux.

Le terme animal est pris ici collectivement, non distributivement.

Le moyen est pris distributivement : 1° S'il est sujet, dans toute proposition universelle et dans celle-là seulement (tout-aucun). 2° S'il est prédicat, il ne l'est que dans la proposition négative.

V. UTRAQUE... Il ne suit aucune conclusion légitime de deux propositions négatives. La raison en est que les prémisses doivent comparer les extrêmes avec le moyen pour voir s'ils diffèrent ou se conviennent. Or on ne peut voir cette convenance ou cette disconvenance que si les prémisses joignent par l'affirmation les extrêmes ou les séparent par la négation. Donc, de deux propositions négatives on ne peut tirer aucune conclusion.

VI. AMBÆ AFFIRMANTES... On ne peut tirer une conclusion négative de deux prémisses affirmatives. C'est évident. Il n'y a rien dans l'effet qui ne soit pas dans la cause. Or la conclusion est l'effet de la comparaison des prémisses. Donc, si la comparaison est affirmative, la conclusion l'est aussi.

VII. Pejorem... 1° Si l'une des prémisses est négative, la conclusion doit être négative ; 2° Si l'une des prémisses est particulière, la conclusion doit être particulière.

La raison de la première loi est que, l'une des prémisses étant négative, les termes de la conclusion ne conviennent pas tous deux avec le moyen terme, et par suite, diffèrent entre eux.

La raison de la seconde loi est que, l'une des prémisses étant particulière, si la conclusion était universelle, quelque terme aurait une plus grande extension dans la conclusion que dans les prémisses ; ce qui est illégitime.

VIII. Nil sequitur... Il est défendu de tirer aucune conclusion de deux prémisses particulières. En effet ces prémisses particulières peuvent être 1° ou toutes deux affirmatives ; 2° ou toutes deux négatives ; 3° ou l'une affirmative et l'autre négative. Or dans le premier cas, ni le sujet ni le prédicat ne sont pris distributivement ; donc d'après la quatrième loi on ne peut rien conclure. Dans le second cas, rappelons la cinquième loi qui défend d'avoir deux prémisses négatives. Il n'y aura donc plus de conclusion légitime. En troisième lieu la conclusion d'après la règle septième doit être négative. Or cela n'est pas possible, car dans les prémisses, il ne se trouve qu'un terme universel, l'attribut de la proposition négative : Or, ce terme universel est le moyen : Donc, les termes de la conclusion sont particuliers dans les prémisses, et l'un d'eux est universel dans la conclusion, ce qui est contraire à la seconde règle.

Formule de tous les syllogismes. Représentons le sujet de la conclusion par S, le prédicat par P, et le moyen terme par M, et la formule suivante d'Euler sera légitime : 1° Pour les syllogismes qui reposent sur le principe *Dictum de omni*, tout M est P ; or, S est M ; donc S est P. 2° Pour les syllogismes qui reposent sur le principe *Dictum de nullo*, aucun M n'est P; or S est M; donc S n'est pas P.

Le syllogisme composé est celui qui consiste en plusieurs propositions composées. On en distingue trois sortes : le conditionnel, le disjonctif et le conjonctif.

Le syllogisme conditionnel est celui dont les deux prémisses ou l'une d'elles au moins sont des propositions conditionnelles. Il est régi par quatre règles.

1° Si la condition est affirmée dans la mineure, le conditionné doit l'être dans la conclusion. Exemple :

S'il y a un être contingent, il y a un être nécessaire : Or, il y a un être contingent. Donc il y a un être nécessaire.

2° Si le conditionné est nié dans la mineure, la condition doit l'être dans la conclusion. Exemple :

S'il y a un être contingent, il y a un être nécessaire : Or, il n'y a pas d'être nécessaire. Donc il n'y a pas d'être contingent.

3° Si la condition est niée dans la mineure, logiquement il ne s'ensuit rien. Exemple :

S'il y a un être contingent, il y a un être nécessaire. Or il n'y a pas d'être contingent... Donc... Quoi?... Rien. On ne peut rien conclure de là. Dieu peut exister sans réer.

4° Si le conditionné est affirmé dans la mineure, logiquement il ne s'ensuit rien. Exemple :

S'il y a un être contingent, il y a un être nécessaire. Or, il y a un être contingent. Donc... Rien... pour la même raison que ci-dessus.

Le syllogisme disjonctif est celui qui a pour majeure une proposition disjonctive. Il est régi par deux règles.

1° L'affirmation dans la mineure de l'une des parties de la proposition disjonctive entraîne la négation des autres dans la conclusion. Exemple :

Tu vis en Europe, en Afrique, en Amérique, ou Asie

ou en Océanie : Or tu vis en Europe. Donc tu ne vis pas en Afrique, en Amérique, en Asie ou en Océanie.

2° La négation d'une de ces parties dans la mineure entraîne l'affirmation des autres dans la conclusion, pourvu que ces parties soient contradictoires. Exemple :

Paul dort ou veille.   Il pleut ou il ne pleut pas.
Or il ne veille pas.   Or il ne pleut pas.
Donc il dort.   Donc il pleut.

Le premier syllogisme est vrai parce qu'il y a opposition de contradiction entre les membres de la proposition disjonctive. Le second est faux parce que cette condition manque. S'il n'en était pas ainsi, deux contradictoires seraient vraies ce qui répugne. Pour mieux voir la légitimité du syllogisme disjonctif, il faut le ramener au syllogisme conditionnel. Exemple : S'il pleut il ne pleut pas. Or il ne pleut pas, donc il pleut. La proposition est ici évidemment fausse puisqu'il y a opposition de contradiction dans ses termes.

Il faut avant tout que l'énumération des parties soit complète, sans quoi, tout le syllogisme est faux.

LE SYLLOGISME COPULATIF est celui dont une proposition au moins est copulative, c'est-à-dire affirme que deux attributs ne conviennent pas au même sujet. Il a deux règles.

1° L'affirmation d'une partie entraîne la négation de l'autre. Exemple :

On ne peut servir en même temps Dieu et le Diable.

Or l'impudique sert le diable. Donc il ne sert pas Dieu.

2° La négation d'une partie entraîne l'affirmation de l'autre, pourvu qu'il n'y ait pas entre elles de milieu. Exemple :

Personne ne peut être à Dieu et à Cupidon. Or, Pierre n'est pas à Cupidon. Donc il est à Dieu.

Mais il y a d'autres vices ennemis de Dieu, car Pierre peut être avare, paresseux etc. Donc ce syllogisme est faux.

CHAPITRE IV

DES AUTRES ARGUMENTS QUI SE RAPPROCHENT DU SYLLOGISME

L'entymème est un argument composé de deux propositions dont l'une est déduite de l'autre. Exemple :

L'âme humaine est spirituelle.
Donc elle est immortelle.

Il est soumis aux mêmes règles que le syllogisme simple, car, à proprement parler, ce n'est qu'un syllogisme tronqué, dont une prémisse est sous-entendue ; comme dans l'exemple cité. On sous-entend : Ce qui est spirituel est immortel.

Le Sorite est une série de propositions dans laquelle attribut de la première devient sujet de la seconde, attribut de la seconde, sujet de la troisième, et ainsi de suite jusqu'à la conclusion où l'on joint l'attribut de la dernière proposition avec le sujet de la première. Exemple :

L'Homme est une personne.
La personne ne peut être dépouillée de ses droits.
Celui qu'on ne peut dépouiller de ses droits n'est pas un simple instrument destiné à servir au bonheur d'autrui,
Donc l'homme n'est pas un simple instrument destiné à servir au bonheur d'autrui.

Règle. On fait rarement usage du sorite. Si on l'emploie quelquefois, il faut veiller :

1° A ce que l'attribut de la proposition précédente ne change pas de sens dans celle qui suit;
2° Que toutes les propositions ne soient pas négatives.
3° Qu'il ne s'y glisse point de proposition fausse; car alors, ou bien il y aurait plus de trois termes, ou bien il

ne s'ensuivrait aucune conséquence, ou bien l'argument serait faux.

L'ÉPICHÉRÈME est un argument où l'une des prémisses, et quelquefois les deux sont suivies de leur preuve. Exemple : Tout être spirituel est absolument incorruptible parce qu'il est simple.

Or l'âme humaine est spirituelle, c'est-à-dire intelligente et indépendante de la matière : Donc l'âme humaine est absolument incorruptible.

LE POLYSYLLOGISME est un argument dans lequel un second syllogisme s'ajoute à un syllogisme complet dont la conclusion lui sert de prémisse. Exemple :

    Ce qui est immuable n'a ni commencement ni fin.
    Or Dieu est immuable.
    Donc Dieu n'a ni commencement ni fin.
    Or un être de ce genre est éternel.
    Donc Dieu est éternel.

Le polysyllogisme n'est évidemment qu'un double ou triple syllogisme.

LE DILEMME est un argument divisé en deux parties qui, l'une et l'autre amènent à la même conclusion.

Exemple : Tertullien disait à Trajan : « Les chrétiens sont coupables ou innocents, — s'ils sont coupables, pourquoi défendez-vous de les rechercher ? S'ils sont innocents, pourquoi punissez-vous ceux qu'on dénonce ? »

Le dilemme appelé aussi argument *cornu* est soumis aux mêmes règles que le syllogisme disjonctif auquel on peut le ramener.

CHAPITRE V

DES ARGUMENTS FALLACIEUX, SOPHISMES ET PARALOGISMES

LES FALLACIEUX en logique, sont les défauts de l'argumentation.

Les sophismes sont des arguments faux et faits pour tromper.

Les paralogismes sont des arguments faux et faits sans intention de tromper. Voici les principaux :

1° La figure de diction est un sophisme dans lequel, de l'identité du nom on passe à l'identité de la chose, prenant en divers sens une expression qui présente plusieurs significations, tout en restant la même. Exemple :

chien est une constellation. Or le chien aboie. Donc il y a une certaine constellation qui aboie.

2° Le sophisme de composition et le sophisme de division. Le premier consiste à attribuer à un sujet dans le sens composé deux prédicats qui ne lui conviennent que dans le sens divisé. — Le second consiste à attribuer à un sujet dans le sens divisé deux prédicats qui ne lui conviennent que dans le sens composé. Exemple :

Il est impossible que celui qui veille dorme.
Or notre professeur veille.
Donc il est impossible qu'il dorme.

On renverse facilement ce sophisme en distinguant le sens composé du divisé.

3° La pétition de principe est un sophisme par lequel on cherche à prouver une chose par la chose même en question, au moyen d'un simple changement de nom. Exemple : L'âme humaine survit au corps. Donc elle est immortelle.

4° Le cercle vicieux est un sophisme par lequel l'argumentation revient toujours à son point de départ, ou dans lequel on prouve les deux propositions l'une par l'autre. Exemple : Dieu est parce que le monde existe, et le monde existe parce que Dieu est.

5° L'ignorance du sujet est un sophisme par lequel l'adversaire passe à côté de la question et s'efforce de prouver ce qui n'est même pas mis en doute. Exemple :

L'adoration des images imputée aux catholiques par les protestants.

Ces sortes de sophismes sont surtout communs lorsque les adversaires ne se comprennent pas.

6° PRENDRE POUR CAUSE CE QUI N'EST PAS CAUSE. C'est attribuer à une cause un effet qu'elle n'a point produit. Exemple : Quelques philosophes se trompent. Donc il faut nier la philosophie.

7° LE PASSAGE D'UN GENRE A UN AUTRE GENRE consiste à passer d'un ordre de choses à un autre tout différent, et de conclure *à pari*. Exemple : Les physiologistes, matérialistes disent : L'âme n'existe pas, car on ne l'a pas trouvée sous le scalpel.

8° LE SOPHISME D'ACCIDENT se commet quand on attribue à un individu, comme essentiel et habituel, ce qui ne lui convient qu'accidentellement. Exemple : Louis est ivre. Donc c'est un ivrogne.

9° L'INDUCTION VICIEUSE se commet quand on attribue à l'espèce ce qui n'appartient qu'à certains individus de cette espèce. Exemple :

Quelques prêtres ne sont pas franchement pieux.

Donc tous les prêtres sont des hypocrites.

CHAPITRE VI

DE LA DÉMONSTRATION

LA DÉMONSTRATION est une méthode dialectique par laquelle on déduit une conclusion vraie de prémisses données. Il y a plusieurs sortes de démonstration.

1° LA DÉMONSTRATION A PRIORI OU PROPTER QUID est un argument dans lequel la vérité contenue dans la conclusion dépend, selon l'ordre ontologique, de la vérité renfermée dans les prémisses, ou bien qui prouve l'effet par la cause, ou encore, dans lequel l'idée du prédicat est

nécessairement contenue dans l'idée du sujet. Exemple :
1° La figure dont tous les points sont également distants du centre est ronde. Or un cercle est une figure dont tous les points sont également distants du centre. Donc le cercle est rond ; 2° L'âme est une substance spirituelle. Donc elle pense et est indépendante de la matière.

2° LA DÉMONSTRATION (A POSTERIORI OU PROPTER QUIA) est un argument dans lequel la vérité des prémisses dépend, dans l'ordre ontologique de la vérité contenue dans la conclusion ou qui prouve la cause par l'effet. Exemple :

1° Un ordre admirable éclate dans le monde.

Or cet ordre admirable suppose un ordonnateur souverain.

Donc le monde est l'œuvre d'un ordonnateur souverain.

2° Dieu a imprimé dans mon âme le besoin absolu de la vie éternelle.

Donc mon âme est immortelle.

3° LA DÉMONSTRATION DIRECTE OU APODICTIQUE est celle qui déduit une vérité d'une autre vérité avec laquelle elle est intimement liée. Exemple : L'âme est spirituelle. Donc elle est immortelle.

4° LA DÉMONSTRATION INDIRECTE OU APOGOGIQUE est celle qui prouve une vérité par l'absurdité qu'entraînerait sa négation et réciproquement. Elle prouve ainsi qu'il ne peut en être autrement. Exemple : Si l'âme n'est pas immortelle tout l'ordre moral et providentiel est troublé. Donc l'âme est immortelle.

5° L'ANALYSE OU DÉMONSTRATION ANALYTIQUE est celle qui pour établir une vérité divise la question en ses éléments les plus simples, le tout en ses parties et descend ainsi jusqu'aux dernières conséquences. On l'appelle méthode d'invention. Exemple : Voulant faire un traité de dialectique, j'expose d'abord les lois du raisonnement, puis celles du jugement, enfin celles de l'idée.

6° La synthèse ou démonstration synthétique est celle qui s'élève au contraire des éléments les plus simples d'une question à la vérité elle-même, des parties au tout. On l'appelle méthode d'enseignement. Exemple : Voulant faire un traité de dialectique, j'expose les lois de l'idée, puis celles du jugement, enfin celle du raisonnement.

7° L'induction ou démonstration inductive est celle qui de la comparaison des divers effets établit une formule générale des opérations de cette même cause. Exemple : L'eau, le fer, le bois, les gaz, etc., etc., sont graves. Donc tous les corps sont pesants.

8° La déduction ou démonstration déductive n'est autre chose que le syllogisme.

9° La démonstration hypothétique est celle qui pour expliquer des effets dont on ignore la cause leur assigne cette cause qui rend le mieux compte de leur existence. Exemple : Les tables tournantes sont mises en mouvement par le fluide magnétique.

10° L'analogie ou démonstration analogique est celle qui consiste à attribuer au sujet d'une étude, des qualités qui conviennent certainement à d'autres sujets ses semblables. Exemple : Il y a des habitants sur cette planète. Donc il y en a dans toutes les autres.

Le principe qui est à la base de l'analogie s'énonce ainsi en scolastique : « *Similium similis et contrariorum contraria est ratio.* »

CHAPITRE VII

DES DIVERS ÉTATS DE L'AME PAR RAPPORT A LA VÉRITÉ

Dire la vérité *c'est* proférer des jugements conformes ux choses connues par l'intellect.

Nous allons parler des différents états de l'esprit pour river à la vérité.

1° L'IGNORANCE est l'état de l'esprit qui n'a aucune conissance d'une chose. Elle est *universelle*, si elle s'étend tout. Exemple : Dans les plus petits enfants. Elle est *articulière* et plus ou moins grande si elle s'étend à uelques vérités en plus ou moins grand nombre. xemple : Dans les hommes.

2° LE DOUTE est l'état de l'esprit qui n'incline pas plus donner son assentiment qu'à le refuser. Il est :

Négatif s'il ne voit des raisons d'affirmer ni d'un côté i de l'autre. Il est *positif* s'il voit d'égales raisons d'affirer ou de nier.

3° LA PROBABILITÉ est l'état de l'esprit dans lequel, les isons étant pesées, il adhère à un parti mais sans certiide.

Elle est *interne*, si les raisons d'affirmer proviennent e la nature même de l'objet. Elle est *externe*, si elles roviennent de la déposition des témoins.

Une croyance qui repose sur une vraisemblance lére, sur de faibles motifs ou un témoignage erroné est e peu probable ou même improbable.

4° L'OPINION est l'état de l'esprit dans lequel il adhère un parti en hésitant et avec la crainte du contraire. Le *upçon* est une simple inclination à prendre un parti.

5° LA CERTITUDE est l'état de l'esprit dans lequel il dhère à une proposition fermement et sans aucune hésitation ou inquiétude. Toutefois, la certitude n'est vraie qu'autant que le jugement auquel l'esprit adhère est conforme à la réalité des choses. On dit que l'esprit est tenace ou obstiné quand il soutient mordicus une assertion dont la fausseté éclate à tous les yeux.

La certitude est *subjective* quand on la considère dans le sujet pensant.

La certitude est *objective* quand on la considère par rapport à sa cause, c'est-à-dire par rapport à la perception nécessaire de l'objet qu'on appelle *évidence*.

Espèces de certitude. La certitude *métaphysique* est fondée sur la nature même des choses et sur la relation des idées entre elles. Exemple : Le tout est plus grand que sa partie.

La certitude *physique* est fondée sur l'observation d'un fait ou sur la constance des lois de la nature. Exemple : Les corps sont pesants. Le feu brûle.

La certitude *morale* est fondée sur le témoignage des hommes. Exemple : César a existé.

L'évidence est la connaissance nécessaire de l'objet qu'engendre la certitude dans le sujet. Elle est *objective* si on la considère comme un éclair de l'objet entraînant l'assentiment de l'esprit. Elle est *subjective* si on la considère comme la ferme adhésion de l'esprit à l'objet. En d'autres termes, celle-ci est la claire perception de l'objet. De là on peut conclure trois choses :

1° La certitude est proprement et formellement *subjective*.

2° L'évidence est proprement et formellement *objective* (*e-videre*).

3° La certitude objective n'est pas autre chose que l'évidence elle-même.

Espèces d'évidence. L'évidence est métaphysique, physique et morale dans le même sens que la certitude.

L'évidence est *immédiate* si aussitôt qu'un objet est proposé à l'esprit il est perçu sans raisonnement par la onscience, par les sens ou par l'intellect. Exemple : Je pense, je vois, etc.

Elle est *médiate* si l'esprit ne connaît cet objet que par le raisonnement ou par des notes extrinsèques. Exemple : l'âme est immortelle. Il y a des montagnes dans la lune, etc.

LA CONSCIENCE est la faculté par laquelle le sujet pensant connaît ses modifications actuelles.

LA VÉRITÉ est la conformité entre notre connaissance l'objet perçu (Saint Thomas).

CHAPITRE VIII

DU CONCEPT DE L'ÊTRE

L'ÊTRE signifie ce qui est. Absolument et comme *participe*, il marque l'existence actuelle. — Comme *substantif*, fait abstraction de l'existence actuelle et signifie simplement ce qui est ou qui peut être.

Être, exister, chose, sont des expressions synonymes quivalant à ces autres termes concrets : *entité, réalité, istence, essence.*

L'ACTE ET LA PUISSANCE. On emploie ces noms pour ésigner la possibilité ou l'existence. On dit d'une chose ui n'existe pas encore : « qu'elle est en puissance »; — uand elle existe, on dit : « qu'elle a été réduite en te ».

LA PUISSANCE. Dans le sens ci-dessus est dite logique. Elle se divise en :

1° *Objective.* Si la chose possible est considérée comme objet de la force sur lequel s'exerce la cause qui la duit en acte.

2° *Subjective.* Si la chose possible est en soi un objet hysique réduit en acte comme tel. Elle se subdivise en

1° puissance subjective passive, et 2° en puissance subjective active, selon qu'elle regarde l'acte au point de vue de son principe parfait ou imparfait. Si ce principe a en lui-même la raison de son opération ou acte la puissance est dite active ; sinon elle est passive.

La POTENTIALITÉ est simplement l'aptitude à passer de la puissance à l'acte. Elle est essentiellement négation et imperfection.

L'ACTE PUR est l'être en perfection sans aucun mélange de puissance, jouissant de la plénitude de l'être. C'est la réalité sans la potentialité. Exemple : Dieu seul.

L'ACTE MIXTE est l'être mêlé de puissance et d'acte. Exemple : Tous les êtres créés. C'est la réalité avec la potentialité.

L'ACTE PREMIER est le principe constitutif de l'être ou de la forme.

L'ACTE SECOND est l'opération de cette forme. Exemple : Une machine artistement faite et disposée dans toutes ses parties est dans l'*acte premier*. Si on la met en mouvement, elle est dans l'*acte second*. On compte donc semblablement deux puissances : l'une active, à laquelle correspond l'acte premier ou la *forme ;* et de même que la passion ne s'exerce que par la puissance passive, de même aussi rien n'agit que par l'acte premier ou la forme.

La POSSIBILITÉ est l'aptitude à recevoir en soi l'actualité. On distingue la possibilité :

1° *Interne*, quand les termes de la chose exprimée conviennent ensemble. Exemple : La substance peut être simple ou composée ;

2° *Externe*, si on considère cette chose dans ses rapports avec une cause capable de la réduire en acte. Exemple : Dieu pourrait créer un nouveau monde.

L'EXISTENCE est la notion de l'être pris comme participe ou en acte. L'ontologie la définit : « La dernière actualité d'une chose dans l'échelle des êtres », ou, « ce par quoi une essence repose en elle-même, hors du concept de l'esprit et hors des causes. »

L'ESSENCE est la notion de l'être pris comme substantif, abstraction faite de son actualité. On la définit en ontologie : « Ce par quoi une chose est ce qu'elle est » ou, sans quoi on ne peut la concevoir. » Saint Thomas l'appelle *Quiddité* (*quod, quid est*). Elle se divise en :

1° *Métaphysique*. Quand elle considère la constitution de l'être, non pas tel qu'il est en réalité, mais dans l'ordre logique, ou en tant qu'il est simplement possible. C'est ce qui frappe en premier lieu l'intellect dans l'être et qui distingue celui-ci de tous les autres. Exemple : L'homme est un animal raisonnable ;

2° *Physique*. Si elle considère la constitution de l'être tel qu'il est en réalité dans l'ordre concret. Exemple : Je suis un animal raisonnable composé d'une âme et d'un corps.

L'essence métaphysique est donc comme le miroir dans lequel on aperçoit l'essence physique.

Des exemples précédents il suit que la raison est l'essence métaphysique de l'homme, et que le corps et l'âme sont son essence physique.

Cette double essence doit s'entendre seulement des créatures. L'être infini étant un acte pur, n'a pas ces deux essences en lui, mais seulement par rapport à notre manière de concevoir.

L'ÊTRE NÉCESSAIRE est celui qui ne peut pas ne pas être.

L'ÊTRE CONTINGENT est celui qui pourrait ne pas être.

LA NÉCESSITÉ ABSOLUE ne dépend d'aucune condition librement posée. La nécessité hypothétique en dépend.

La première s'appelle *antécédente*, l'autre *conséquente*.

La nécessité absolue ne convient qu'à l'être nécessaire, mais l'hypothétique convient aussi aux êtres contingents : car même l'être contingent ne peut pas ne pas être, puisqu'il est : il est nécessaire de nécessité hypothétique.

UNE CHOSE EST ABSOLUMENT NÉCESSAIRE DANS LE SENS STRICT, quand elle tire d'elle-même la raison de sa nécessité. Exemple : Dieu s'aime nécessairement de nécessité absolue.

UNE CHOSE EST ABSOLUMENT NÉCESSAIRE DANS UN SENS PLUS LARGE, quand elle tire la raison de sa nécessité d'une autre chose avec laquelle elle est nécessairement liée. C'est ainsi que Dieu aime la créature.

LA MUTATION est le passage d'un état à un autre. Tout être contingent est susceptible de changements ; on ne peut pas même soupçonner cette aptitude à l'être nécessaire. Il y a deux mutations.

LA MUTATION QUANT A L'EXISTENCE est celle de l'être qui peut recevoir ou perdre l'existence. Évidemment cela ne peut s'entendre que de l'être contingent.

LA MUTATION QUANT AUX QUALITÉS QUI ACCOMPAGNENT L'EXISTENCE est celle de l'être variant dans ses qualités inhérentes et susceptible d'augmentation ou de diminution dans ses perfections. Cette mutation ne convient également qu'aux êtres contingents et ne peut se dire de l'être nécessaire à aucun point de vue.

LA MUTATION INTERNE embrasse les deux espèces exposées ci-dessus, car elle suppose que l'objet auquel on l'attribue varie de quelque façon, soit quant à l'existence, soit quant aux qualités qui accompagnent l'existence.

LA MUTATION EXTERNE est la dénomination par laquelle un être est dit changer extrinsèquement parce qu'il prend une nouvelle relation par rapport à un autre être qui ne change point et reste immuable. Exemple : La colonne d'un édifice qu'on fait plus grand ou plus petit. Une maison dont on agrandit ou diminue le jardin. Sans aucune contradiction, cette mutation externe convient à Dieu.

L'ÊTRE FINI est celui qui est circonscrit dans des limites.

L'être infini est celui qui est illimité et sans aucune borne. On peut considérer le fini et l'infini non seulement dans un genre déterminé des choses (par exemple, au point de vue de la vertu, de l'extension, de la durée, etc.), mais aussi quant à la réalité et à la perfection absolue. En effet, de même que nous avons l'idée d'une vertu finie ou infinie, etc.; ainsi, nous avons l'idée d'une entité finie ou infinie. L'infini est donc toujours essentiellement un adjectif ou connotatif d'une entité; dans le sens propre, il n'est pas un substantif, comme l'affirment les Cartésiens et les Ontologistes leurs disciples.

L'infini simplement est l'être qui n'a pas de limites à quelque point de vue qu'on le considère. Exemple : Dieu seul.

L'infini secundum quid est l'être qui n'a pas de limites sous tel ou tel point de vue, mais qui en a sous certains autres. Exemple : L'immortalité de notre âme.

L'indéfini est ce qui est susceptible d'être toujours augmenté ; toujours fini en acte cet être est seulement infini en puissance. Exemple : Le nombre, un milliard de francs.

La substance est l'être qui existe en soi. Exemple : Un corps de cire.

L'accident est l'être qui existe dans un autre. Exemple : La blancheur de la cire.

La substance première est celle qui existe réellement.

La substance seconde est celle qu'on considère logiquement.

La substance incomplète est celle qui est destinée à s'unir à une autre substance avec laquelle elle forme un seul composé substantiel. Exemple : L'âme et le corps de l'homme vivant sur cette terre.

La substance complète est celle qui forme à elle seule un composé substantiel et qui n'est pas destinée à s'unir à une autre substance. Exemple : L'homme complet, l'ange, le soleil.

La subsistance est l'acte par lequel la substance complète existe. Exemple : Un lion naît.

Le suppot est la substance concrète. On la définit une substance individuelle et complète, subsistant d'une façon incommunicable. Exemple : Ce lion existant en lui-même.

La personne ou l'hypostase est un suppôt raisonnable. Exemple : L'homme, l'ange, les personnes divines. Boèce la définit et avec lui tous les scolastiques : « La substance individuelle d'une nature raisonnable. »

La nature est l'essence ou la substance complète en tant que principe de l'opération.

L'identité quant à l'Étymologie est (la même entité) (*eadem entitas*). En réalité c'est la convenance d'un être avec lui-même. L'esprit considère cet être avec lui-même, et constatant cette convenance, le dit identique à lui-même. Elle est :

1° *Essentielle*. — Si l'être reste semblable à lui-même dans les choses essentielles. Exemple : Pie IX enfant, adolescent, vieillard, fut un être identique à lui-même.

2° *Accidentelle*. — Si l'être reste semblable à lui-même dans les choses accidentelles. Exemple : Un soldat amputé d'un bras ou d'une jambe, etc.

La distinction est l'absence d'identité entre plusieurs êtres. Elle est double :

1° Réelle quand elle existe de fait et concrètement. Exemple : La distinction entre Cicéron et César.

2 Logique ou de raison quand elle n'existe pas de fait, mais seulement dans la considération de l'esprit. Exemple : La distinction entre les attributs de Dieu.

La distinction logique est 1° mentale, ou rationis ratiocinantis, quand elle n'a aucun fondement dans l'objet, et que l'intellect distingue de son gré une même chose en plusieurs concepts. On l'appelle *Fictive*. Exemple : La distinction entre *Cicéron* et *Tullius*, — entre

Adam et le *premier homme* entre *l'homme* et *l'animal raisonnable*.

La distinction logique est 2° virtuelle ou rationis ratiocinatæ, quand elle a son fondement dans la chose. Ainsi, par des concepts formellement différents, nous connaissons qu'une chose reste en réalité une en soi, mais équivaut à plusieurs par sa simplicité et sa perfection. Je distingue en Dieu la justice et la miséricorde qui ne sont qu'une seule chose, c'est-à-dire Dieu, mais qui équivalent à deux vertus bien distinctes. Je fais de même pour les facultés de mon âme. Elle est appelée *Virtuelle* parce que son objet, un en réalité, équivaut à plusieurs par sa vertu.

CHAPITRE IX

DE LA NOTION DE CAUSE ET DE PRINCIPE

La cause est ce pourquoi une chose est faite.

L'effet est la nouvelle existence qui résulte de l'opération de la cause.

La causalité est la vertu ou force qui constitue une cause dans son espèce.

La raison suffisante est ce qui possède en soi tout ce qu'il faut pour être.

Le rationatum est ce qui est constitué par la raison suffisante.

Différence entre la cause et la raison suffisante. La raison suffisante a une plus grande extension. La cause dit un effet ou une nouvelle existence. Exemple : Le fils est causé par le père. La raison suffisante ne dit pas cela. Exemple : Dieu est sa raison suffisante mais non sa cause. Dieu ne peut être fait ; il est.

La cause efficiente est l'être qui par sa vertu produit un effet. Exemple : L'élève qui écrit.

La cause instrumentale est le moyen employé pour produire cet effet. Exemple : Le porte-plume de l'élève.

La cause formelle est le bien que l'agent (s'il est doué de raison) se propose dans son action ; ou (s'il est privé de raison), le bien vers lequel le dirige celui qui s'en sert. Exemple : L'écriture pour l'enfant. Un marbre devient l'image de Léon XIII.

La cause matérielle c'est l'objet d'où l'opérateur produit son effet. Exemple : Le marbre ; l'encre.

La cause exemplaire est l'objet qu'on imite dans la formation de l'effet. Exemple : L'écriture du maître.

La cause finale est le but que poursuit l'opérateur. Exemple : L'acquisition de la science pour l'élève.

Le principe est ce dont quelque chose procède, de quelque manière que ce soit, par ordre, influence, ou succession.

Le principiatum est ce que procède du principe d'une manière quelconque.

Différence entre le principe et la cause. Ils ne diffèrent pas dans les êtres créés : Car tout ce qui tire son origine d'un principe, est l'effet de ce principe, et en dépend quant à son essence. Mais ils diffèrent dans les personnes divines ; car, dans les personnes divines, le principe indique simplement la priorité d'origine (c'est-à-dire de relation), mais non de nature. Ainsi, le Père, dans la Sainte-Trinité, est le principe mais non la cause du Verbe et du Saint-Esprit.

La priorité est la raison par laquelle un être en précède un autre. On distingue trois sortes de priorité :

1° De temps. Elle consiste en ce qu'une chose existe avant l'existence de l'autre. Exemple : Le grain précède la plante.

2° De nature. C'est celle par laquelle une chose existe en même temps qu'une autre, mais en dépend sous le rapport de l'existence. Exemple : Le soleil et son rayon de lumière.

3° D'ORIGINE. C'est celle par laquelle un être tire son origine d'un autre, bien qu'il lui soit égal en durée et en nature. Exemple : Les trois personnes de la Sainte-Trinité.

DE LA CAUSE EFFICIENTE

LA CAUSE EFFICIENTE est le principe qui, par son action réelle et physique, produit une nouvelle existence ; elle se divise ainsi :

1° LA CAUSE *perse*. C'est celle qui par sa nature et l'intention de l'agent est dirigée vers l'effet que l'on veut produire : Exemple : Le fossoyeur est la cause *perse* de la fosse qu'il creuse. L'attraction qui fait tomber une pierre.

LA CAUSE *par accident* est celle qui n'est dirigée vers l'effet à produire, ni par sa nature ni par l'intention de l'agent. Exemple : Le fossoyeur qui découvre un trésor. Une pierre qui tue un homme en tombant.

2° LA CAUSE PHYSIQUE est celle qui emploie ses propres forces à la production de l'effet. Exemple : J'écris.

ET LA CAUSE MORALE est celle qui en détermine un autre à agir soit par ordre, soit par conseil, soit encore par permission. Exemple : Je vous fais écrire.

3° LA CAUSE PRINCIPALE est celle qui se détermine et se dirige par sa propre vertu. Exemple : Ma main.

ET LA CAUSE SECONDAIRE est celle qui est déterminée à agir et dirigée par un autre. Exemple : Le porte-plume. C'est la même que la cause instrumentale.

4° LA CAUSE PREMIÈRE est celle qui ne dépend pas d'une autre plus élevée dans ses actes. Exemple : Dieu seul.

ET LA CAUSE SECONDE est celle qui dépend d'une autre dans son action. Exemple : Tous les êtres créés.

5° La **cause prochaine** est celle qui influe immédiatement sur l'effet. Exemple : Ma leçon à préparer.

Et la **cause éloignée** est celle qui agit avec le concours d'autres causes. Exemple : Ma science à acquérir.

6° La **cause univoque** est celle que produit un effet de la même espèce. Exemple : Le père par rapport au fils.

Et la **cause équivoque** est celle que produit un effet d'une espèce différente. Exemple : Le soleil par rapport aux plantes.

7° La **cause totale** est celle qui se suffit pour produire un acte selon sa nature. Exemple : L'architecte d'une maison.

Et la **cause partielle** est celle qui réclame le concours d'une autre cause pour produire l'effet. Exemple : L'ouvrier maçon de cet architecte.

8° La **cause adéquate** est celle qui a en elle-même la raison suffisante de son effet.

Et la **cause inadéquate** qui n'a pas en elle-même cette raison suffisante.

9° La **cause nécessaire** est celle qui produit ses actes par la force de sa nature. Exemple : Les animaux.

Et la **cause libre** est celle qui pose un acte qu'elle a délibéré. Exemple : L'homme.

1° La **cause est dans** *l'acte second* quand elle exerce son activité en agissant. Exemple : La machine qui roule sur une voie ferrée.

2° **Elle est dans** *l'acte premier éloigné* quand elle est douée d'activité, mais qu'il lui manque une condition nécessaire pour agir. Exemple : Une machine non chauffée.

3° **Elle est dans** *l'acte premier prochain* quand elle est douée d'activité et possède toutes les conditions nécessaires pour agir. Exemple : Une machine chauffée.

CHAPITRE X

DE LA FIN DE L'ORDRE ET DU BIEN

I. La fin est ce pourquoi on fait une chose, ou la raison pour laquelle la cause efficiente produit son effet. Elle se divise en quatre espèces :

1° La fin dernière est celle qu'on se propose primordialement. Exemple : Une partie de plaisir. — Le ciel.

La fin prochaine est celle qu'on se propose en second lieu. Exemple : Paris. — Le bonheur.

La fin intermédiaire est celle qu'on se propose entre les deux premières. Exemple : La voie ferrée. — L'aumône.

2° La fin principale est celle que l'agent se propose spécialement. Exemple : Voir Rome.

La fin accessoire est celle qu'on cherche en second lieu et par concomitance. Exemple : S'arrêter à Lorette.

3° La fin qui ou pour laquelle est le bien qu'on recherche. Exemple : Le sacerdoce.

La fin a laquelle est le sujet auquel on désire ce bien. Exemple : Désiré à mon ami.

La fin par laquelle est le moyen d'obtenir la possession de ce bien. Exemple : Six ans de grand séminaire.

4° La fin de l'acte est la fin à laquelle l'œuvre tend de sa nature. Exemple : Pour le bien de l'Église et la gloire de Dieu.

La fin de l'agent est celle que l'agent se propose. Exemple : Pour son bonheur, les honneurs, sa satisfaction, etc.

La fin peut être dans trois états différents :

Elle est dans l'acte premier éloigné, si elle renferme le bien pour lequel on la recherche quoiqu'elle ne soit pas connue comme telle. Exemple : Le sacerdoce que l'on désire par piété.

Elle est dans l'acte premier prochain, quand l'intellect voit parfaitement toute sa bonté. Exemple : Le sacerdoce recherché pour la gloire de Dieu et le salut des âmes.

Elle est dans l'acte second, lorsqu'une fois connue, elle détermine actuellement la volonté. Exemple : Le sacerdoce recherché pour tous ses motifs dans un grand séminaire.

II. L'ordre est l'apte disposition de plusieurs choses, pour atteindre une fin. Exemple : Dans une bibliothèque les livres peuvent être disposés d'après la matière qu'ils traitent ou d'après le format.

L'ordre d'intention est une série d'actes de la volonté vers une fin et des moyens perçus par l'intellect ; de là l'axiome : « L'ordre dans l'intellect suppose l'intelligence dans la cause. »

L'ordre d'exécution est une série d'actes de la volonté et des autres facultés vers une fin en tant qu'employés de fait à prendre les moyens de l'atteindre.

L'ordre logique est la série des êtres, telle qu'elle apparaît à notre esprit.

L'ordre ontologique est la série des êtres telle qu'en réalité elle est constituée : Dieu est ainsi le premier être dans l'ordre ontologique mais non pas dans l'ordre logique. Mon esprit en effet connaît ma propre existence avant de connaître celle de Dieu ; et toutefois, en réalité, Dieu est avant ma connaissance.

III. Le bien est l'être lui-même en tant qu'apte à perfectionner quelque chose. Tout le monde sait ce qu'est le bien. Quoique, à proprement parler, il ne le définisse pas, chacun le désire et le recherche.

Le bien est vrai s'il perfectionne réellement celui qui le cherche. Exemple : La pureté.

Apparent s'il paraît tel, mais ne l'est pas en réalité. Exemple : La luxure.

Absolu s'il mérite d'être recherché pour lui-même et pour sa propre perfection. Exemple : Dieu seul.

Relatif s'il mérite d'être recherché à cause d'une autre. Exemple : Les richesses.

Spirituel s'il se rapporte à l'âme. Exemple : La science.

Corporel s'il se rapporte à la matière. Exemple : La santé du corps.

Physique s'il perfectionne la nature. Exemple : La vie.

Moral s'il perfectionne les mœurs. Exemple : La tempérance, la douceur, etc.

Utile s'il plaît à celui qui le recherche et attire sa volonté à cause d'un autre bien qu'il l'aide à obtenir. Exemple : La médecine.

Honnête s'il détermine l'appétit, non par la délectation qu'il fait naître, mais parce qu'il est conforme à la raison. Exemple : La vertu.

Délectable s'il plaît par le repos qu'il procure à celui qui le possède. Exemple : Le séjour à la campagne.

Bien *secundum se* s'il a la perfection qui convient à celui qui le possède. Exemple : La santé par rapport à l'homme.

Bien *alteri* s'il est parfait relativement à la perfection qui convient à un autre. Exemple : Un mets par rapport aux divers goûts.

Le mal est la privation du bien, ou l'absence d'une perfection dans un sujet qui doit naturellement la posséder. Ce n'est pas une pure négation (car la simple négation ne suppose pas dans le sujet la nécessité de la réalité opposée), c'est l'absence ou privation de quelque bien positif et réel, que la nature du sujet réclame. De là vient que le mal ne peut exister que dans un sujet bon.

Le mal de la faute ou moral est le désordre qui existe dans l'action ou l'omission de la volonté. Exemple : La gourmandise. — L'impénitence finale.

Le mal de la peine est la privation du bien perdu par

le péché. Exemple : le trouble de l'esprit et du corps. — L'indigestion. — L'enfer.

L'APPÉTIT est une tendance vers la fin, c'est-à-dire vers un bien réel ou apparent.

LA VOLONTÉ est un appétit raisonnable.

L'APPÉTIT SENSITIF est une tendance vers les biens connus par les sens. Aussi, tous les animaux le possèdent.

L'APPÉTIT IMMANENT, MORAL, INTERNE est une tendance vers les biens connus par la raison de l'homme. En effet, sans l'intelligence, il n'y a pas de vraie volonté. On ne peut pas vouloir ce qu'on ne connaît pas. De là l'axiome : « *Ignoti nulla cupido.* Nul ne veut ce qu'il ignore. »

LOGIQUE MAJEURE

ou

TRAITÉ DE LA CERTITUDE

PREMIERE THÈSE

LA VÉRITÉ LOGIQUE SE TROUVE JUSQU'A UN CERTAIN POINT DANS LA SIMPLE APPRÉHENSION, MAIS ELLE NE SE TROUVE D'UNE MANIÈRE PARFAITE QUE DANS LE JUGEMENT.

Prænotanda

On distingue trois sortes de vérités : la vérité logique, la vérité métaphysique et la vérité morale.

La vérité métaphysique ou ontologique consiste dans la conformité des objets avec leur archétype, c'est-à-dire avec leur idée entitative existant dans l'intellect divin.

La vérité morale consiste dans la conformité de nos actes avec la loi naturelle. Dans le sens de conformité de nos pensées avec notre langage on l'appelle aussi véracité.

La vérité métaphysique et la vérité morale se rapportent, l'une à l'ontologie, l'autre à la morale. Nous ne nous occupons ici que de la vérité logique.

Notre connaissance dépend des objets extérieurs ; et, on dit que la connaissance est vraie lorsqu'elle est conforme à son objet. Si je regarde le soleil comme un corps immense, ma connaissance sera vraie, parce qu'il y a conformité entre mon jugement et la réalité. Au contraire, si je regardais le soleil comme un corps d'une dimension très petite, ma connaissance serait fausse, parce qu'il n'y aurait pas conformité entre mon jugement et la réalité. Avec saint Thomas et tous les scolastiques, nous pouvons donc définir la vérité logique : « la conformité entre notre connaissance et l'objet perçu. »

Ire PARTIE. — La vérité logique est essentiellement une qualité de notre connaissance. Or, dans la simple appréhension il y a un commencement de vérité. Donc, dans la simple appréhension il doit y avoir une certaine vérité.

La majeure est évidente après ce que nous avons dit sur la vérité logique.

A la mineure. — On a au moins un commencement de connaissance, lorsque l'on conçoit un objet tel qu'il est, bien qu'on ne porte encore sur lui aucun jugement. — Or, dans la simple appréhension, bien qu'on ne porte aucun jugement sur un objet, on le perçoit tel qu'il est, de telle sorte qu'on le distingue de tous les autres. Donc dans la simple appréhension il y a une certaine connaissance et notre esprit commence d'obtenir la vérité.

IIe PARTIE. — La vérité parfaite se trouve dans la proposition. Or, la proposition n'est que l'expression du jugement. Donc la vérité logique se trouve d'une manière parfaite dans le jugement.

A la majeure. — La vérité logique consiste dans la conformité de notre connaissance avec la réalité. Or dans la proposition on trouve cette conformité. En effet, dans une proposition nous énonçons que l'attribut convient ou ne convient pas au sujet, et il peut bien se faire qu'en réalité l'attribut convienne ou ne convienne pas au sujet. Dans ce cas il y aura conformité entre notre connaissance et la réalité. Ainsi, qui oserait nier la vérité de ces propositions : *Le cercle est rond, les corps existent* ? Donc, la vérité se trouve d'une manière parfaite dans la proposition.

A la mineure. — Nous savons, en effet, d'après la logique mineure, que la proposition n'est qu'un jugement exprimé au dehors.

IIe THÈSE

LA FAUSSETÉ LOGIQUE PEUT SE TROUVER FORMELLEMENT DANS LE JUGEMENT, MAIS JAMAIS DANS LA SIMPLE APPRÉHENSION.

Prœnotanda

Comme la vérité logique consiste dans la conformité de la connaissance avec l'objet connu, ainsi la fausseté logique consiste dans le manque de conformité, ou, en termes scolastiques, dans la difformité positive de notre connaissance avec l'objet connu.

Cette difformité positive a lieu lorsque notre esprit attribue à un objet une qualité qui ne lui convient pas, ou qu'il lui nie une qualité qui lui convient essentiellement. Ainsi, quand je dis : « Le cercle est carré, » j'attribue au cercle une propriété qui ne lui convient pas, et si je dis : « L'homme n'est pas libre, » je nie à l'homme une propriété qui lui appartient essentiellement.

Ire PARTIE. — La fausseté logique peut se trouver formellement dans la proposition. Or la proposition n'est que l'expression du jugement. Donc, la fausseté logique peut se trouver formellement dans le jugement.

A la majeure. — Dans une proposition, en effet, on énonce qu'un attribut convient ou ne convient pas au sujet : or, en cela peut fort bien se trouver la difformité positive qui constitue la fausseté logique : car il peut bien se faire qu'on attribue au sujet ce qui en réalité ne lui convient pas, comme dans cette proposition : « *Le cercle est carré,* » ou lui nier ce qui lui appartient essentiellement, comme celle-ci : *L'homme n'est pas libre.* Personne rationnellement ne saurait nier la fausseté des deux propositions précédentes. Donc, dans la proposition peut se trouver formellement la fausseté logique.

La mineure est évidente, après ce que nous avons vu dans la logique mineure de la nature de la proposition.

IIe Partie. — La fausseté logique consiste dans la difformité positive de notre connaissance avec la réalité. Or dans la simple appréhension on ne peut trouver cette difformité positive. Donc, la fausseté logique ne peut s'y trouver.

La majeure n'est que la définition apportée plus haut de la fausseté logique.

A la mineure. — Par la simple appréhension notre esprit se représente un objet, et la difformité positive entre notre esprit et la réalité ne pourrait avoir lieu, que si l'esprit ne se représentait pas cet objet, ou s'il se le représentait autrement qu'il est en réalité. Or 1° il est impossible que notre esprit en se représentant un objet ne se le représente pas ; 2° il est impossible qu'il se le représente autrement qu'il est, car notre esprit ne se représenterait pas cet objet, mais il s'en représenterait un autre, et par rapport à ce dernier l'appréhension serait vraie. Donc, la difformité positive de l'esprit avec la réalité ne peut pas se trouver dans la simple appréhension.

On peut objecter que, par la simple appréhension, nous pouvons concevoir un objet accompagné de quelque note qui ne lui convient pas, comme : une montagne d'or, et que dans ce cas la simple appréhension sera fausse. Nous répondons négativement ; car la simple appréhension n'affirme pas, et ne nie pas l'existence de la montagne d'or, mais la conçoit en général, et en cela il n'y aucune fausseté. Dans ce cas, on pourrait dire que la imple appréhension est fausse, mais seulement en ce ens qu'elle nous expose à porter un faux jugement. Mais ar elle-même la simple appréhension ne peut être usse.

IIIe THÈSE

A VÉRITÉ APPARAISSANT AVEC ÉVIDENCE ENGENDRE NÉCESSAIREMENT LA CERTITUDE, QUI EST FORMELLEMENT SUBJECTIVE, ET OBJECTIVE SEULEMENT EN RAISON DE SA CAUSE. ON DOIT LA DISTINGUER AVEC SOIN DE LA CERTITUDE FORMELLEMENT OBJECTIVE, QU'ON APPELLE AUSSI ÉVIDENCE.

Prœnotanda

Notre esprit est dans la certitude, lorsque percevant ne vérité, il lui adhère fermement, sans craindre de se omper.

La certitude peut donc se définir : *La ferme adhésion de otre esprit à une vérité perçue, sans aucun doute, et sans ainte d'erreur*. Nous savons qu'il y a trois éléments contitutifs de la certitude, à savoir : 1° la perception de la érité ; 2° l'adhésion de notre esprit à cette vérité ; 3° la rmeté de l'adhésion. Expliquons ceci par un exemple. otre esprit connaissant cette vérité : *Le tout est plus rand que sa partie*, lui donne son adhésion, qui exclut oute crainte d'erreur, il est dans la certitude relativement à cette vérité.

Mais quelle est la cause qui détermine notre esprit à

donner sa ferme adhésion à cette vérité? C'est l'évidence de cette vérité.

L'évidence est donc la clarté manifeste d'une vérité qui se présente à notre esprit avec des notes montrant que la chose ne peut pas être autrement, et que le contraire est faux. Il en est ainsi de cette vérité : *Le tout est plus grand que sa partie;* aussi disons-nous qu'elle est évidente.

Nous pouvons voir dès à présent que la certitude est une opération intellectuelle, qui n'existe que dans notre esprit : c'est pour cela qu'on dit que la certitude proprement dite est subjective; l'évidence, au contraire réside dans les objets que nous percevons : aussi l'appelle-t-on objective (1).

Cette distinction entre l'évidence et la certitude est rendue frappante par ces expressions du langage ordinaire; ainsi on dit : je suis certain; au contraire *on ne dit pas : je suis évident, mais, ceci est évident.*

Ire Partie. — La vérité apparaissant avec évidence engendre nécessairement la certitude, si elle engendre nécessairement la ferme adhésion de notre esprit. Or, elle engendre la ferme adhésion de notre esprit. Donc elle engendre la certitude.

La majeure est évidente, puisque la certitude n'est autre chose que la ferme adhésion de notre esprit.

A la mineure. — Notre esprit tendant naturellement à la vérité, lui donne son adhésion lorsqu'elle se présente à lui. Cette adhésion est ferme, quand elle exclut toute crainte d'erreur, et que le contraire est faux. Or dans notre hypothèse notre esprit voit que le contraire est faux, et exclut toute crainte d'erreur, puisque la vérité se présente à lui avec évidence. Donc la vérité se présentant à notre esprit avec évidence, celui-ci lui donne sa ferme

---

(1) Remarquons que les philosophes donnent le nom de certitude objective à l'évidence; et le nom d'évidence subjective à la certitude.

dhésion, ou, en d'autres termes, la vérité apparaissant avec évidence engendre nécessairement la ferme adhésion de notre esprit.

II° Partie. — La certitude, proprement dite est formellement ubjective. On appelle subjectif, ce qui réside dans le sujet *ubjectum*) pensant, c'est-à-dire, ce qui est inhérent à notre prit.

On appelle formellement subjectif ce qui est inhérent au sujet pensant c'est-à-dire à l'esprit. Or la certitude est inhérente sujet pensant, c'est-à-dire à l'esprit. Donc la certitude est rmellement subjective.

La majeure n'est que la définition de ce que nous apelons formellement *subjectif*.

A la mineure. — La certitude, comme nous l'avons rearqué plus haut se compose de trois éléments constitutifs, à savoir : 1° la perception de la vérité ; 2° l'adhéion à cette vérité ; 3° la fermeté de l'adhésion. Or la erception de la vérité et l'adhésion à cette vérité sont des actes intellectuels inhérents à l'esprit, et la fermeté 'est qu'une qualité de ces actes. Donc la certitude est uelque chose d'inhérent à notre esprit.

III° Partie. — La certitude proprement dite est objective en aison de sa cause. Ceci veut dire que la cause de la certitude roprement dite est quelque chose d'objectif.

On appelle objectif ce qui est distinct du sujet qui connaît.

On appelle objectif en raison de sa cause (*causaliter objectium*) ce qui a pour cause un objet distinct du sujet qui connaît. r la certitude a pour cause un objet distinct du sujet qui connaît. Donc, elle est objective à raison de sa cause.

La majeure n'est que la définition.

A la mineure. — La cause de la certitude, c'est-à-dire ce qui engendre la ferme adhésion de notre esprit, c'est la vérité se manifestant à notre esprit avec évidence. Or la vérité se manifestant à notre esprit avec évidence est quelque chose de distinct de notre esprit. Donc, la cause de la certitude est quelque chose de distinct de l'esprit.

IV° Partie. — La certitude formellement subjective doit être distinguée avec soin de la certitude formellement objective, qu'on appelle aussi évidence. Ceci revient à dire que la certitude proprement dite doit être distinguée de l'évidence.

Pour le prouver nous n'avons qu'à donner les définitions de chacune d'elles.

La certitude formellement subjective est la ferme adhésion de notre esprit à la vérité perçue ; tandis que la certitude formellement objective, ou l'évidence est la vérité elle-même se manifestant à notre esprit très clairement.

Or, la ferme adhésion de notre esprit est tout à fait distincte de la vérité elle-même apparaissant avec évidence.

Donc, la certitude formellement subjective est tout à fait distincte de la certitude formellement objective.

La majeure est évidente. Telles sont les définitions de la certitude et de l'évidence.

A la mineure. — L'effet est distinct de la cause. Or la ferme adhésion de l'esprit est l'effet de la vérité se manifestant avec évidence. Donc, la ferme *adhésion de notre esprit* doit être distinguée de la vérité se manifestant avec évidence.

Des divers degrés de la certitude

IV° THÈSE

LA CERTITUDE EST PAR ELLE-MÊME PROPORTIONNELLE A SON MOTIF. ELLE N'ADMET PAS DE DEGRÉS, SI ON REGARDE SEULEMENT L'EXCLUSION DE TOUTE CRAINTE D'ERREUR ; MAIS SI ON CONSIDÈRE L'INTENSITÉ DE L'ADHÉSION, OU LE FONDEMENT QUI FAIT EXCLURE TOUTE CRAINTE D'ERREUR, ON PEUT TROUVER DIVERS DEGRÉS DANS LA CERTITUDE.

I° Partie. — Tout effet est proportionnel à sa cause. Or,

certitude est à son motif, comme un effet est à sa cause. Donc, certitude est proportionnelle à son motif.

A la majeure. — Il répugne qu'une cause agissant avec [u]ne force considérable produise le même effet qu'une [ca]use qui agirait avec une force beaucoup moindre; car [s'i]l en était ainsi, on devrait dire que deux forces inégales [so]nt égales : ce qui est absurde.

[A] la mineure. — La certitude proprement dite est sub[jec]tive et inhérente au sujet qui connaît, puisqu'elle [n'e]st autre chose que la ferme adhésion de notre esprit à [la] vérité connue; or cette ferme adhésion a pour cause [l'é]vidence de la vérité, ou, ce qui est la même chose, le [m]otif qui détermine notre esprit à donner son adhésion. [Do]nc, la certitude est un effet par rapport à son motif. Donc, la certitude est proportionnelle à son motif.

Nota. — Nous venons de voir dans cette première par[ti]e que si le motif est plus ou moins fort, la certitude [se]ra plus ou moins grande. Mais, dira-t-on, la certitude [es]t certitude et n'admet pas une idée de plus ou de [m]oins. C'est ce que nous allons examiner dans les par[ti]es suivantes.

II° PARTIE. — Nous savons que la certitude est la ferme ad[hé]sion de notre esprit à une vérité perçue, avec exclusion de [to]ute crainte d'erreur. Nous disons que par rapport à l'exclu[sio]n de cette crainte, la certitude n'admet pas de degrés.
Ce qui n'a pas de parties, n'admet pas de degrés.
Or, l'exclusion de la crainte d'erreur n'a pas de parties.
Donc, elle n'admet pas de degrés.

A la majeure. — Ce qui n'a pas de parties ne peut pas [ê]tre divisé; or ce qui ne peut pas être divisé n'admet pas [de] degrés : car divers degrés supposent une certaine di[vi]sibilité. Donc, ce qui n'a pas de parties n'admet pas de [d]egrés.

A la mineure. — Ou bien on exclut toute crainte d'erreur, ou bien on ne l'exclut pas entièrement, il n'y a pas de milieu. Si on n'exclut pas entièrement toute crainte d'erreur, il n'y a pas exclusion de toute crainte d'erreur. Si on exclut toute crainte de se tromper, il y aura exclusion complète et non partielle.

III° PARTIE. — Ce qui a des parties admet divers degrés. Or l'intensité de l'adhésion de notre esprit admet des parties. Donc, l'intensité de l'adhésion de notre esprit admet des degrés.

La majeure est évidente.

A la mineure. — L'intensité de notre adhésion ou de notre assentiment admet des parties, c'est-à-dire que nous pouvons donner un plus grand assentiment à certaines vérités qu'à d'autres ; ainsi par exemple, nous donnons un assentiment plus marqué à cette vérité : *Le cercle est rond*, qu'à cette autre : *L'âme est immortelle.*

IV° PARTIE. — Le fondement pour lequel nous excluons toute crainte d'erreur admet des degrés, s'il y a des vérités qui ont plus de force les unes que les autres. Or, il en est ainsi. Donc, le fondement de l'exclusion de toute crainte d'erreur admet des parties.

La majeure. — Quel est, en effet, le fondement de l'exclusion de toute crainte d'erreur? C'est l'évidence qui pousse notre esprit à donner son assentiment à la vérité. Donc s'il y a des vérités qui soient plus évidentes les unes que les autres, et qui entraînent l'adhésion de notre esprit avec plus de force les unes que les autres, on devra dire que le fondement de l'exclusion de la crainte d'erreur admet divers degrés.

A la mineure. — En effet, les vérités que nous appelons nécessaires entraînent notre esprit avec beaucoup plus de force que les vérités qui s'appuient sur les lois physiques ou morales. Ainsi par exemple, cette vérité : *Le cercle est rond*, attire notre esprit avec beaucoup de force, de telle sorte que nous ne pouvons pas seulement supposer le contraire (Dieu lui-même ne peut pas faire qu'un cercle ne soit pas rond); tandis que cette autre vérité : *Une mère aime ses enfants*, n'attire pas avec tant de force l'adhésion de notre esprit, et il peut se présenter, quoique rarement, qu'une mère n'aime pas son enfant.

Vᵉ THÈSE

LA CERTITUDE, SI ON CONSIDÈRE SON MOTIF PROCHAIN, EST, OU MÉTAPHYSIQUE, OU PHYSIQUE, OU MORALE ; MAIS A RAISON DE SON MOTIF ÉLOIGNÉ ELLE EST UNIQUE.

Prænotanda

La certitude métaphysique existe, lorsque l'adhésion de l'esprit est fondée sur l'essence même des choses, sur la connexion nécessaire entre le sujet et l'attribut. Ainsi, nous sommes métaphysiquement certains que : *le cercle est rond*, l'attribut *rond* appartient nécessairement au sujet *cercle*, et on ne peut pas le lui nier.

La certitude physique existe lorsque l'assentiment de l'esprit est fondé sur l'expérience, ou la constance des lois naturelles. Par exemple, il est physiquement certain que *les corps sont pesants*. Tandis que pour la certitude métaphysique le motif est la connexion nécessaire entre le sujet et l'attribut, le motif de la certitude physique est la constance des lois naturelles.

La certitude est morale, lorsque l'assentiment de l'esprit est fondé sur le témoignage des hommes, et les lois qui régissent les mœurs. Ainsi il est moralement certain que *César a existé*, et qu'*une mère aime son enfant*.

Iʳᵉ PARTIE. — La certitude peut être métaphysique, physique, ou morale, si son motif prochain peut être ou la connexion nécessaire du sujet et de l'attribut, ou la constance des lois physiques, ou des lois morales.

Or il peut en être ainsi.

Donc, la certitude est métaphysique, physique ou morale.

La majeure est évidente ; car nous savons que si le motif est la connexion nécessaire du sujet et de l'attribut, la certitude est métaphysique, si le motif est la constance des lois physiques, ou des lois morales, la certitude est physique ou morale.

A la mineure. — 1° Le motif de la certitude peut être la connexion nécessaire du sujet et de l'attribut. Ainsi, nous sommes certains de ces vérités : *Le cercle est rond, le tout est plus grand que sa partie*, parce que nous voyons que l'attribut appartient nécessairement au sujet.

2° Le motif de la certitude peut être la constance des lois physiques. Ainsi, nous donnons notre adhésion à ces vérités : *Les corps sont pesants, le feu brûle*, parce que l'expérience et l'observation des faits nous montrent qu'il en est ainsi, bien que, par extraordinaire il pût en être autrement.

3° Le motif de la certitude peut être la constance des lois morales. Ainsi, je suis moralement certain que *une mère aime son enfant*, parce que c'est là une loi gravée au fond de tous les cœurs, bien que toutefois la dépravation de la volonté puisse amener quelques exceptions.

II° Partie. — La certitude à raison de son motif éloigné, est unique, si son motif éloigné est unique. Or, le motif éloigné de la certitude est unique. Donc, à raison de son motif éloigné la certitude est unique.

La majeure est évidente.

A la mineure. — Dans la certitude, soit métaphysique, soit physique, soit morale, le dernier motif pour lequel nous adhérons à la vérité, c'est que celle-ci se présente à nous avec évidence. L'évidence est donc le dernier motif de toute certitude, et sans l'évidence, la certitude ne pourrait pas exister. Or l'évidence est unique : car c'est toujours la vérité elle-même se manifestant à nous avec des motifs, qui nous montrent clairement que le conraire est faux. Donc le dernier motif de la certitude est nique.

---

ontre *Pyrrhon, Sextus l'Empirique, Gorgias, Protagoras, Énésidème, Agrippa, Montaigne, Bayle, Kant, Hume, Fichte, Jouffroy, Hermès, Léopardi., etc., etc.*

Du Scepticisme universel ou absolu

VI° THÈSE

'EXISTENCE DE LA CERTITUDE NE PEUT PAS ÊTRE DÉMONTRÉE DIRECTEMENT CONTRE UN SCEPTIQUE ABSOLU ; MAIS ON LA DÉMONTRE INDIRECTEMENT, ET ON DOIT NÉCESSAIREMENT L'ADMETTRE.

Prænotenda

Les sceptiques absolus sont ceux qui n'admettent rien e certain, *affirmant* qu'il faut douter de tout.

Le vulgaire, disent-ils, donne une ferme adhésion à rtaines vérités, et ne craint pas de se tromper ; mais un hilosophe, *appréciant* les fondements de cette certitude, connaît qu'ils sont ou nuls, ou très incertains. Le sage it douter de tout.

Ire PARTIE. — L'existence de la certitude ne peut pas être démontrée directement contre un sceptique absolu, si toute monstration suppose des principes certains. Or toute démonsation suppose des principes certains et inébranlables. Donc, xistence de la certitude ne peut pas être démontrée contre un eptique absolu.

A la majeure. — Puisqu'un sceptique n'admet aucun principe certain, supposer avec lui des principes certains et inébranlables serait une pétition de principe.

A la mineure. — Une démonstration proprement dite n'est autre chose qu'un syllogisme. Or, dans un syllogisme, pour que la conclusion soit certaine, il faut que les prémisses soient certaines. Donc, toute démonstration suppose des principes certains et inébranlables, d'où l'on déduit rigoureusement la vérité à démontrer.

Donc, on ne peut pas démontrer directement contre un sceptique absolu l'existence de la certitude, puisque quelque principe que nous lui présentions, il le niera ou au moins il en doutera.

Mais, direz-vous, puisqu'on ne peut démontrer à un sceptique la fausseté de son système, et le convaincre d'erreur, c'est une preuve qu'il a raison? Non; car si nous ne pouvons les convaincre d'erreur, ce n'est pas à cause de notre impuissance, mais à cause de leur folie. En effet.

II° PARTIE. — Ce qu'on ne peut nier ou révoquer en doute, sans qu'on l'affirme par cela même, doit être admis.

Or, on ne peut nier ou révoquer en doute l'existence de la certitude sans que par cela même on ne l'affirme.

Donc, on doit nécessairement admettre l'existence de la certitude.

La majeure est évidente; car la même chose ne peut pas en même temps être et ne pas être.

A la mineure. — Ceux qui nient la certitude disent: *Il n'y a rien de certain*, ou bien; *il faut douter de tout;* Nous leur répondons : Ou bien vous regardez votre affirmation comme vraie, ou bien vous la regardez comme fausse. Si vous la tenez pour vraie, vous êtes certain de quelque chose, au moins de la vérité de votre assertion ; vous êtes certain qu'il faut douter de tout. Si vous regardez votre assertion comme fausse, il n'est pas vrai qu'il n'y ait rien de certain ou qu'il faille douter de tout. Donc, même en voulant la nier, vous affirmez l'existence de la certitude.

On voit donc dans quelles flagrantes contradictions tombent les sceptiques. Quel est l'homme sensé qui pourrait douter qu'il marche, qu'il boit, qu'il mange, qu'il se promène, etc? Aussi est-il vrai de dire : On peut-être scpetique dans son cabinet; jamais dans la rue.

Contre tous les sceptiques (Universels ou Partiels).

VII° THÈSE

IL Y A TROIS VÉRITÉS PREMIÈRES D'UNE ÉVIDENCE IMMÉDIATE, QU'UN PHILOSOPHE SENSÉ PEUT ET DOIT ADMETTRE SANS DÉMONSTRATION.

Prœnotanda

Ces trois vérités premières, qui sont comme le fondement de toute science, sont : 1° l'existence propre; 2° le principe de contradiction : la même chose ne peut pas en même temps être et n'être pas; 3° l'aptitude de la raison à connaître la vérité.

La première de ces vérités est encore appelée le fait premier; la deuxième, le principe premier; la troisième, la condition première.

Un philosophe sensé doit admettre ces vérités sans démonstration si elles n'ont pas besoin de démonstration, ou si on ne peut les nier sans les affirmer par cela même.

Or, il en est ainsi pour ces vérités.

Donc, un philosophe sensé doit les admettre sans démonstration.

La majeure est évidente.

A la mineure. — 1° Ces vérités n'ont pas besoin d'être

démontrées, car elles sont évidentes par elles-mêmes ; et elles apparaissent immédiatement à notre esprit.

Que diriez-vous d'un homme qui vous demanderait de lui prouver qu'il existe, ou bien que le cercle peut en même temps être rond, et ne pas être rond, que nous sommes incapables de rien connaître ? Est-ce que ces vérités ne sont pas plus évidentes que toutes les démonstrations que vous pourriez lui faire ?

2° On ne peut nier ces vérités sans les affirmer par cela même. En effet, celui qui craint de se tromper, avoue par cela même le fait premier, c'est-à-dire sa propre existence. — Celui qui nie une vérité, la nie parce qu'il la croit fausse. Il reconnaît donc que la même chose ne peut en même temps être vraie et fausse, et par conséquent il admet le premier principe, c'est-à-dire le principe de contradiction. — Enfin, celui qui dit : *La raison ne peut connaître aucune vérité*, ou, *je ne sais pas si la raison peut arriver au vrai*, regarde comme vraies ces affirmations. Il reconnaît donc par cela même que la raison peut connaître quelques vérités ; et admet ainsi la première condition, ou l'aptitude de la raison à connaître la vérité.

Contre les Rationalistes, les Idéalistes, les Nominalistes, les Conceptualistes et les Réalistes panthéistes.

VIII° THÈSE

IL EST ABSURDE DE NE VOULOIR RIEN ADMETTRE SANS DÉMONSTRATION, COMME LE DEMANDENT LES RATIONALISTES. IL EST ABSURDE D'AFFIRMER AVEC LES IDÉALISTES OU SUBJECTIVISTES QUE LES IDÉES, LES JUGEMENTS ET LES VÉRITÉS SUBJECTIVES N'ONT AUCUNE VALEUR OBJECTIVE. — QUESTION DES UNIVERSAUX.

Prænotanda

Les rationalistes soutiennent que la raison ne doit admettre aucun principe, qui n'ait été démontré.

Les idéalistes ou subjectivistes prétendent que les objets extérieurs, perçus par nos sens n'existent pas réellement.

L'Idéalisme nie les vérités de l'ordre expérimental.

La question des Universaux qui a si passionément agité toutes les écoles philosophiques n'est autre que celle de la réalité objective des idées universelles.

Ire Partie. — Vouloir que la raison n'admette rien qui ne soit démontré, c'est admettre le scepticisme universel.

Or, le scepticisme ou le doute universel est une absurdité.

Donc, vouloir que la raison n'admette rien qui ne soit démontré est une absurdité.

A la majeure. — Toute démonstration suppose des principes certains d'où elle est déduite. Si ces principes eux-mêmes doivent être démontrés, il faudra recourir à d'autres vérités, et si ces dernières doivent être démontrées à leur tour, on sera obligé de passer indéfiniment d'une vérité à une autre, sans jamais arriver à un principe qui n'ait pas besoin de démonstration. On ne pourrait donc démontrer aucune vérité, et par conséquent, on ne devrait admettre aucune vérité : ce qui n'est autre chose que le scepticisme universel.

A la mineure. — Nous avons vu, en effet, dans les deux thèses précédentes que l'on ne peut admettre le scepticisme universel sans tomber dans les plus absurdes contradictions.

II° Partie. — *Contre Malebranche, Kant et leurs écoles.* Si les jugements et les vérités subjectives n'ont aucune valeur objective le scepticisme universel doit être admis.

Or, le scepticisme universel est absurde et contradictoire.

Donc, il est absurde et contradictoire de dire que les idées, les jugements et les vérités subjectives n'ont aucune valeur objective.

A la majeure. — Si les idées, les jugements et les vérités subjectives n'ont aucune valeur objective, le principe de contradiction n'a aucune valeur et par conséquent on doit douter de tout : ce qui n'est autre chose que le scepticisme universel.

La mineure a été prouvée dans les thèses précédentes.

En outre, les idéalistes qui prétendent que nos idées n'ont aucune valeur objective tombent en contradiction avec eux-mêmes. En effet, lorsqu'ils disent : *Les idées sont purement subjectives, et en dehors du sujet qui pense, il n'y a rien qui leur corresponde*, ils portent un jugement sur les idées. Ce jugement, ils le regardent ou comme conforme à la réalité, ou comme non conforme. — Or, s'il est conforme à la réalité, il n'est pas purement subjectif, mais il exprime une réalité; s'il n'est pas conforme à la réalité, ce jugement est faux : et toutes les théories idéalistes ou subjectivistes dont il est la base sont fausses.

III° Partie. — *Question des Universaux.*

Ici, tous les philosophes se demandent si les idées

universelles ont aussi une réalité objective. C'est la grande question dite des Universaux. Analysons rapidement les quatre doctrines les plus célèbres dans l'école :

1° *Les Nominalistes* soutiennent que les Universaux n'ont absolument aucune réalité objective. Le chef de cette école est Jean Roscellin dont les partisans furent très nombreux au onzième siècle.

2° *Les Conceptualistes* enseignent que les Universaux n'ont de réalité objective que dans le sujet pensant et dans le concept qui les exprime. En dehors de lui, ces objets n'en ont aucune. Abailard présenta ce système au douzième siècle. Il a été suivi par Locke (1632-1742), par Hume (1711-1776), Smith (1723-1790), D. Stewart (1785-1828), Condillac et tous nos Sensualistes modernes.

3° *Les Réalistes panthéistes* prétendent que les Universaux existent réellement et formellement en Dieu dont la nature est l'essence même de tous les êtres créés. Scot Erigène au neuvième siècle; Amaury de Chartres au douzième et David de Dinant au treizième furent les principaux champions de cette théorie.

4° *Les Réalistes modérés* avec Aristote, saint Thomas et les meilleurs philosophes de tous les âges prouvent que l'objet des idées universelles est réel quant à *sa matière*, c'est-à-dire du côté des individualités dont notre esprit tire son concept universel, mais qu'il n'est point réel quant à *sa forme* c'est-à-dire du côté de l'abstraction par laquelle ces idées surgissent dans notre esprit.

Cette doctrine est la seule acceptable. En effet, lorsque mon esprit perçoit plusieurs individus d'une même espèce (par exemple plusieurs hommes), il constate que ces individus ont tous des notes ou qualités essentielles qui leur conviennent à chacun pris en particulier. Pour avoir l'idée universelle de l'homme, il n'a donc qu'à faire abstraction des notes particulières ou qualités individuantes. L'idée universelle sera dès lors formée par les seules notes ou qualités essentielles, convenant à tous les individus de la même espèce. Exemple : *Louis, Pierre, Jean, Emile*, etc., etc. (tous constitués dans la même espèce d'êtres qu'on appelle hommes) sont doués de Rationalité et d'Animalité. Je fais abstraction de toutes les notes particulières et individuantes dans chacun d'eux, et il me reste l'idée universelle d'Humanité constituée par les seules notes essentielles de chaque homme pris séparément. Dès lors, je conclus : *L'homme est un animal raisonnable.*

L'idée universelle est donc *formellement* une simple opération de mon esprit : mais elle a comme fondement une réalité objective dans les êtres. Donc *matériellement* elle a aussi une réalité objective.

Contre Descartes

Du Scepticisme hypothétique universel

IXe THÈSE

LE DOUTE UNIVERSEL HYPOTHÉTIQUE DE DESCARTES NE PEUT RAISONNABLEMENT PAS ÊTRE ADMIS.

Prænotanda

Descartes, voulant attaquer et réfuter le scepticisme universel absolu, introduisit dans la philosophie une nouvelle méthode à laquelle on a donné le nom de *doute hypothétique de Descartes.*

D'après ce philosophe l'esprit humain pour marcher sûrement à la recherche de la vérité, doit douter un instant de toutes les vérités, même de celles qui jusque-là lui ont paru d'une évidence mathématique, non pour persister dans ce doute universel et absolu, mais pour écarter toute erreur, et ne pas regarder comme certain ce qui n'est que probable, ou comme vrai ce qui est faux. En essayant ainsi de tout, Descartes voulait voir s'il ne se trouverait pas une vérité si évidente par elle-même, qu'il fût impossible à l'esprit humain de la révoquer en doute, et qui pût ainsi lui servir comme de fondement pour rebâtir l'édifice de la science contre les négations impudentes des sceptiques absolus.

Descartes déclare donc qu'il peut douter de l'existence des objets perçus par les sens externes, des vérités métaphysiques, y compris même les premiers principes évidents par eux-mêmes ; mais au milieu de ce chaos ténébreux, sa conscience lui dit qu'il pense, et il voit que celui qui pense ne peut pas ne pas exister : c'est alors qu'il pose son fameux : « *Cogito, ergo sum*, je pense, donc je suis » et qu'il établit que *l'existence du sujet pensant* est une vérité que personne ne peut révoquer en doute. Appuyé sur cette vérité fondamentale, Descartes reconstruit tout l'édifice de la philosophie. C'est ainsi, que du doute universel il arrive à la vérité.

Avec raison, on a donné à ce système le nom de *Doute hypothétique, ou méthodique;* car doutant de tout comme un sceptique absolu, Descartes ne veut douter qu'un instant, et se servir de son doute pour arriver à la vérité. Il n'y a entre un sceptique absolu et un sceptique hypothétique qu'une différence : l'un doute absolument de tout, et veut persister dans ce doute; l'autre doute aussi de tout, mais veut sortir de son doute.

On ne peut pas admettre raisonnablement un système qui suppose ce que l'on ne peut pas supposer, qui n'atteint pas son but, qui est en contradiction avec lui-même, qui s'appuie sur un argument illégitime, et qui conduit au scepticisme universel absolu.

Or, tel est le système de Descartes.

Donc, on ne peut pas raisonnablement l'admettre.

La majeure est évidente.

A la mineure. — 1° Descartes suppose que l'on peut douter de l'existence des objets perçus par les sens externes, des vérités métaphysiques, du principe même de contradiction. Or, on ne peut pas raisonnablement douter de tout cela, car la saine philosophie démontre la véracité des sens externes, et nous avons prouvé nous-mêmes dans les thèses VI et VII qu'il est impossible de révoquer en doute les vérités métaphysiques, et que le scepticisme universel (qu'il soit absolu ou hypothétique) est complètement absurde. Donc, Descartes suppose ce qu'on ne peut pas supposer.

2° Descartes avec son doute hypothétique se proposait d'arriver à la vérité : personne n'en doute. Or, avec le doute universel, il est impossible d'arriver à la vérité. Pourrait-on prétendre, en effet, que le doute universel qui est la négation de toute certitude et de toute évidence peut être la source de l'évidence de la certitude ! Nous savons au contraire qu'avec un sceptique universel on ne peut établir aucune discussion, et par conséquent le doute universel s'oppose directement à l'acquisition de la vérité. Donc, le système de Descartes ne peut atteindre le but pour lequel il a été imaginé.

3° Révoquer en doute le témoignage de la raison, et l'admettre en même temps comme vrai, c'est se contredire. Car, il révoque en doute le témoignage de la raison, parce que, dit-il, souvent elle *prend pour vrai ce qui est faux*. Mais comment sait-il que la raison prend souvent pour vrai ce qui est faux? c'est la raison qui le lui dit. Il prétend donc qu'il faut révoquer en doute le témoignage de la raison, et en même temps il l'admet. Donc, il se contredit.

4° Voici l'argument de Descartes, réduit en forme : *Celui qui pense existe*. Or, je pense : Donc, je suis. Mais puisque Descartes révoque en doute le témoignage de sa raison, il ne doit pas admettre sa majeure, que sa raison lui dit être vraie ; et encore puisqu'il doute même du principe de contradiction, il doit être conséquent avec lui-même et se dire que peut-être celui qui pense peut en même temps exister et ne pas exister. Avec son doute hypothétique, Descartes ne peut donc pas établir la vérité de sa majeure, et par conséquent la conclusion est illégitime.

5° Descartes nous dit qu'il faut douter du témoignage de la raison sur les vérités métaphysiques, et de la conscience qui nous rapporte nos sensations. Or le fameux *Cogito, ergo sum* nous est rapporté par la raison et la conscience. Donc, on peut en douter, et si on doute de cela il ne reste plus qu'un doute universel et absolu. Et, en effet, celui qui peut douter que deux et deux font quatre, pourquoi ne douterait-il pas qu'il pense, ou que celui qui pense existe ? Dès lors tout principe s'évanouit, toute vérité s'éclipse. Le principe de contradiction lui-même, « illusion d'un malin Esprit, » dit Descartes. (Méditation Ire), est incertain ; et, logiquement la Raison humaine doit embrasser le scepticisme.

Contre l'École eclectico-rationaliste contemporaine de Cousin, Jouffroy, Damiron, Auguste Comte, Littré, Lerminier, P. Leroux, J. Reynaud, Quinet, etc.

Xe THÈSE

LA RAISON HUMAINE EST NÉCESSAIREMENT LIMITÉE, OU, EN D'AUTRES TERMES, ON DOIT ADMETTRE CERTAINES VÉRITÉS QUI DÉPASSENT ABSOLUMENT SA PORTÉE.

Prœnotanda

Les sceptiques prétendent que la raison ne peut rien, et qu'elle est absolument incapable d'arriver à la vérité.

Au contraire, les rationalistes disent que la raison peut tout, parce que seule elle peut arriver à la connaissance de toutes les vérités.

Le vrai philosophe, tenant un juste milieu, affirme que la raison humaine peut atteindre et démontrer certaines vérités, mais qu'il en est d'autres absolument au-dessus d'elle qu'il faut nécessairement admettre.

La raison humaine est finie et limitée, tandis que la vérité est infinie et parfaite.

Or, le fini ne peut pas comprendre adéquatement l'infini.

Donc, on doit admettre certaines vérités qui sont au-dessus de la raison humaine.

A la majeure. — La raison humain est finie parce qu'elle est contingente et peut toujours acquérir de nouvelles perfections. Et la vérité au contraire est infinie, car elle est une et ne peut pas progresser. En effet, comme on le prouve en ontologie, la vérité s'étend aussi loin que l'être. Or, il existe un être infini. Donc la vérité est aussi infinie.

A la mineure. — Il est évident que le contenu est toujours plus petit que le contenant. Or, l'infini est plus grand que le fini. Donc le fini ne peut pas adéquatement comprendre l'infini.

Les rationalistes veulent tout expliquer par la raison, et n'admettent que les vérités de raison. Leur but est de nier toutes les vérités surnaturelles, que nous ne connaissons que par la foi, et d'expliquer les miracles comme des effets naturels.

Mais les rationalistes ne sont-ils pas obligés d'admettre, même dans l'ordre naturel, des vérités qui sont absolument au-dessus de la raison humaine, et qu'ils ne pourront jamais comprendre? Qu'ils nous expliquent par exemple la nature intime des corps, de la pesanteur, de la chaleur, de l'électricité, etc., le mystère de la vie, celui de la germination des plantes; qu'ils nous expliquent comment la corruption de certaines matières devient une source de vie pour d'autres. Autant de mystères qu'ils ne pourront jamais comprendre, malgré leur folle prétention de vouloir tout expliquer par la seule raison.

Or, s'ils sont obligés d'admettre des mystères incompréhensibles dans l'ordre naturel, combien à plus forte raison ne doivent-ils pas en admettre dans l'ordre surnaturel ! Il est donc facile de voir l'absurdité de ces philosophes qui ne veulent rien admettre sans une démonstration préalable absolument rationnelle et qui rarement dans l'ordre même des vérités rationnelles se heurtent sans cesse à des mystères inexplicables.

contre l'Empirisme. Ce système n'admettant que les vérités de l'ordre expérimental et niant toutes celles de Raison pure est la contradictoire de l'Idéalisme.
Ses partisans se partagent aujourd'hui en deux classes :
° Les matérialistes. Ils ne reconnaissent que les vérités de sens externe. Les principaux philosophes de cette école sont Hamilton, Stuart-Mill, Helvétius, Comte, Broussais, etc.
° Les Sensualistes. Ils admettent les vérités de sens externe et de plus celles de l'ordre interne ou de la conscience. Leurs principaux représentants sont Locke, Taine, Littré, Darwin, Tyndall, etc., etc.
Le Positivisme contemporain n'est que la synthèse de ces deux systèmes.

XIe THÈSE

L'INTELLIGENCE HUMAINE EST INFAILLIBLE DANS SES JUGEMENTS IMMÉDIATS SOIT ANALYTIQUES, SOIT SYNTHÉTIQUES. LA RAISON DANS SES JUGEMENTS MÉDIATS, PURS, EMPIRIQUES OU MIXTES EST INFAILLIBLE PAR ELLE-MÊME,

MAIS PEUT SE TROMPER PAR ACCIDENT. LA MÉMOIRE EST TOUJOURS VÉRIDIQUE DANS SES RELATIONS.

Prœnotanda

Nous savons que l'homme, quoique borné, peut arriver à la vérité. Quels sont les moyens qui lui servent à y arriver? Ce sont l'intelligence, la raison, la mémoire, la conscience et les sens externes.

Remarquons que l'homme n'a qu'une seule faculté intellectuelle cognoscitive ; mais elle prend différents noms selon les divers emplois auxquels elle est destinée. Ainsi, on lui donne le nom d'intelligence lorsqu'elle comprend certaines vérités immédiatement et sans raisonnement, comme par exemple : *Le tout est plus grand que sa partie, le soleil éclaire, j'existe,* etc. On lui donne le nom de raison, lorsqu'elle n'arrive que médiatement et à l'aide du raisonnement à la connaissance d'une vérité. La mémoire n'est que cette même faculté en tant qu'elle reproduit et reconnaît les idées qu'elle a eues auparavant.

Ire Partie. — L'intelligence humaine est infaillible dans ses jugements immédiats analytiques ou synthétiques.

Les jugements immédiats que porte notre intelligence peuvent être analytiques, c'est-à-dire purement rationnels et abstraits, comme *le tout est plus grand que sa partie, la cause précède l'effet* : ou synthétiques, c'est-à-dire fondés sur l'expérience extérieure, venant des sens externes, ou sur l'expérience intérieure, venant de la conscience, comme : *le soleil éclaire, j'existe.*

Un jugement analytique provient de l'analyse et de la résolution d'une idée en ses éléments.

Or, dans cette résolution il ne peut se glisser aucune erreur.

Donc dans un jugement analytique immédiat l'intelligence est infaillible.

A la majeure. — Elle est la notion scientifique du juge-

[...]ent analytique. Ainsi, en considérant l'idée du tout, je [...]'analyse, je la décompose en ses éléments qui lui con[v]iennent essentiellement, et je porte ces jugements [a]nalytiques : *Le tout est égal à toutes ses parties ; le tout est [p]lus grand qu'une de ses parties ; le tout peut-être divisé en [pl]usieurs parties.*

A la mineure. — Si l'erreur pouvait avoir lieu lorsque [l'e]sprit établit l'analyse d'une idée, cette erreur viendrait [ou] bien de ce que l'intelligence ne verrait pas ce qui est [da]ns cette idée, ou lui attribuerait quelque chose qui ne [lu]i convient pas. Or, 1° l'intelligence voit ce qui est connu dans l'idée, car l'intelligence, comme l'indique le [m]ot *intellectus* (*inter legere*), est une faculté qui doit [p]rendre, choisir dans l'objet ce qui s'y trouve et qui est [cl]airement manifesté par l'objet lui-même ; 2° l'intelligence ne peut attribuer à l'objet que ce qu'elle y trouve [e]t y voit. Or, elle ne trouve et ne voit dans l'objet que ce [q]ui lui convient essentiellement. Donc, elle ne lui attri[b]ue pas quelque chose qui ne lui convient pas.

Le jugement synthétique provient de la composition de deux [é]léments en un seul objet.
Or, dans cette composition ne peut pas se glisser d'erreur.
Donc, dans les jugements immédiats synthétiques l'intelli[ge]nce est infaillible.

A la majeure. — Elle est la définition du jugement synthétique. Lorsque je dis : J'existe ; le soleil éclaire, j'ai [de]ux éléments que me fournissent la conscience ou les [se]ns externes, l'existence, et le sujet existant, le soleil et [la] lumière, je les compare et d'après eux je vois qu'ils conviennent.

A la mineure. — Si l'erreur pouvait s'y trouver elle [v]iendrait ou de la conscience, ou des sens externes ; or, [la] conscience et les sens externes sont véridiques, comme nous le prouverons dans les thèses suivantes. Donc, il ne peut s'y trouver d'erreur.

IIᵉ Partie. — Se tromper par soi-même, signifie se tromper par sa nature intrinsèque.

Or, la raison ne peut pas être induite en erreur par sa nature intrinsèque.

Donc, par elle-même, la raison est infaillible dans ses raisonnements.

La majeure n'est que l'explication de ce qu'on entend par « être induit en erreur par soi-même ».

A la mineure, être induit en erreur par sa nature intrinsèque signifie tendre naturellement et essentiellement à l'erreur : or, il répugne que la raison tende naturellement à l'erreur, puisque c'est une faculté qui nous a été donnée pour arriver au vrai ; donc, il répugne que la raison soit trompée par sa nature intrinsèque.

Être induit en erreur par accident signifie être induit en erreur par une cause extrinsèque qui vient empêcher l'exercice régulier de la raison.

Or, il peut se trouver des causes qui nuisent à l'exercice régulier de la raison.

Donc, la raison peut se tromper par accident.

La majeure est une définition.

A la mineure. — La raison tend naturellement à la vérité, mais il peut survenir une cause qui la détourne de son but, comme, par exemple, si elle n'observait pas les règles du raisonnement. Ainsi les yeux sont faits naturellement pour voir, mais il peut se trouver un empêchement extérieur qui les détournera de leur fin, comme les ténèbres.

IIIᵉ Partie. — La mémoire n'est autre chose que l'intelligence, autant qu'elle reproduit et reconnaît les idées qu'elle a eues auparavant. L'opération de la mémoire consiste donc : 1º dans la reproduction ; 2º dans la reconnaissance des idées.

reproduction des idées, ou l'acte par lequel la mémoire rappelle les idées passées, se fait souvent par hasard, quelefois à dessein ou à l'occasion d'une autre idée.

a reconnaissance se fait lorsque la mémoire, retrouvant ces s, voit que ce sont bien en réalité celles qu'elle a eues auis. Sur ces principes, nous établissons l'argument suivant :
la mémoire se trompait, elle se tromperait ou dans la reproon ou dans la reconnaissance des idées.

soit dans la reproduction soit dans la reconnaissance des , la mémoire ne peut pas se tromper.

c la mémoire ne peut pas se tromper, et elle est véridique ses relations.

majeure est évidente, puisque toute la fonction de émoire consiste ou dans la reproduction ou dans la nnaissance des idées.

la mineure. — 1° La fausseté ne peut se trouver dans eproduction des idées, pas plus que dans une idée ; a reproduction des idées n'est elle-même qu'une idée. ous savons que la fausseté ne peut convenir aux idées ; c la fausseté ne peut pas convenir à la reproduction idées.

La reconnaissance des idées consiste dans une le appréhension comparative, par laquelle la mée découvre aussitôt l'identité de l'idée qu'elle se rap, et de celle qu'elle a eue auparavant. Or, dans l'apension comparative, comme dans la simple apprééion, on ne peut trouver d'erreur. Donc, l'erreur ne se glisser dans la reconnaissance des idées (1).

Pour répondre aux sophismes qu'on peut faire contre la véde la mémoire, on peut retenir le principe suivant : « La Ire ne sera jamais une occasion d'erreur, si on affirme seulece qu'elle reconnaît, et si on l'affirme comme elle le reconnaît. »

Contre les Empiriques et Matérialistes : Hobbes, Locke, Collins, Dodwel, Mandeville, Gassendi, Condillac, Helvétius, D'Holbach, Cabanis, Lamettrie.

XIIe THÈSE

LE SENS INTIME EST UN MOYEN EXPÉRIMENTAL D'ARRIVER A LA VÉRITÉ, QUI NE PEUT PAS SE DÉMONTRER DIRECTEMENT PAR LUI-MÊME, MAIS QU'ON NE PEUT PAS RÉVOQUER EN DOUTE. IL EST INFAILLIBLE DANS LES LIMITES DE SON OBJET PROPRE, QU'ON LE CONSIDÈRE COMME SENS INTERNE, OU COMME CONSCIENCE.

Prœnotanda

Le sens intime n'est autre chose que l'intelligence en tant qu'elle éprouve et connaît les faits qui se passent dans l'homme.

Le sens intime prend le nom de sens interne ou de conscience suivant ses diverses fonctions.

Le sens interne est une disposition naturelle de notre esprit, par laquelle il se représente et éprouve ce qui se passe en lui-même comme les idées, les jugements, les actes de volonté, la faim, la soif, la douleur, etc., etc.

La conscience est la connaissance réfléchie que nous avons des sensations éprouvées par le sens intime. Ainsi un homme qui souffre du mal de tête, s'il pense à sa douleur, a conscience de cette modification de son sens intime (*scire cum se*).

Ire PARTIE. — Cette démonstration est sans valeur, qui ne peut se faire sans pétition de principe.

Or, la démonstration directe du sens intime ne peut se faire sans pétition de principe.

Donc, on ne peut démontrer directement l'existence du sens intime.

La majeure est évidente, car comme nous l'avons vu
ans la Logique mineure la pétition de principe est un
phisme.

A la mineure. — Pour qu'une démonstration ait de la
leur, il faut que nous percevions certains principes et
conséquences que nous en tirons. Or ce n'est que par
sens intime que nous sommes certains d'avoir perçu
principes : car le sens intime n'est autre chose que
telligence en tant qu'elle connaît les faits externes.
c, pour démontrer l'existence du sens intime, on se-
t obligé d'admettre comme vrai son témoignage.

n doit nécessairement admettre ce qu'on ne peut nier ou ré-
quer en doute sans l'admettre par cela même.
r, on ne peut nier ou révoquer en doute l'existence du sens
time sans l'admettre par cela même.
Donc, on doit nécessairement admettre l'existence du sens in-
e.

La majeure est évidente.

A la mineure. — Si quelqu'un nie ou révoque en doute
xistence du sens intime, il reconnaît comme vrai le
oignage du sens intime : car qui l'avertit de son
ute et de sa pensée, si ce n'est le sens intime?

i le sens interne, appréhendant simplement les affections
érieures pouvait se tromper, ce serait ou bien parce qu'il sen-
it quelque chose, lorsqu'il ne doit rien sentir, ou parce qu'il
tirait autre chose que ce qu'il doit sentir.
r l'une et l'autre hypothèses sont impossibles.
onc, le sens interne éprouvant simplement les affections de
ıe, ne peut pas se tromper.

a majeure est évidente; car la véracité du sens interne
ısiste à n'éprouver que les affections qu'il doit éprou-
, et à ne les éprouver que lorsqu'il doit les éprouver.

A la mineure. — 1° Si le sens interne éprouvait quelque
ose lorsqu'il ne doit rien éprouver, il sentirait quelque

chose et en même temps il ne sentirait rien : car d'après notre hypothèse le sens interne sent quelque chose, et en réalité que sentirait-il? Rien, puisqu'il ne devrait rien sentir.

2° Le sens interne n'éprouve aucune chose que ce qui doit être éprouvé : car s'il en était autrement, il éprouverait une certaine sensation, et en même il en éprouverait une autre différente : ce qui est contradictoire.

Si le sens intime en tant que conscience se trompait, ce serait parce que les sensations qu'elle rapporte n'existeraient pas dans le même temps ou de la même manière qu'elle les rapporte.

Or, l'une et l'autre hypothèse est absurde.

Donc, la conscience est infaillible.

La majeure est évidente.

A la mineure. — 1° Si les faits que rapporte la conscience n'existaient pas au moment où elle les rapporte, on devrait dire que la conscience perçoit quelque chose et en même temps ne perçoit rien : ce qui est contradictoire.

2° La conscience se rend compte des faits internes par la réflexion. Or, il est absurde de dire que la conscience éprouve ainsi un fait autre que celui qui devrait être éprouvé : car dès lors la conscience éprouverait un fait sous une certaine modification et en même temps ne l'éprouverait pas sous la même modification : ce qui est contradictoire.

Contre les Idéalistes vulgaires, les Subjectivistes allemands contemporains, les Écoles de Locke et de Condillac.

XIII° THÈSE

LES SENS EXTERNES, POURVU QU'IL N'Y AIT AUCUN EMPÊCHEMENT EXTRINSÈQUE, DE LA PART DE L'ORGANE OU DES MILIEUX, NE PEUVENT PAS SE TROMPER DANS LA PERCEP

TION DU *sensible propre*. POUR LE *sensible commun* ILS PEUVENT SE TROMPER SI ON LES PREND CHACUN EN PARTICULIER ; MAIS NON SI ON LES PREND TOUS ENSEMBLE ; ILS PEUVENT FACILEMENT SE TROMPER POUR LE *sensible accidentel*.

Prænotanda

Les sens externes, en général, se définissent : une faculté par laquelle nous éprouvons les impressions exercées sur notre corps.

Cette faculté s'exerce au moyen de diverses parties du [co]rps, appelées *organes sensitifs*. L'action de cette faculté [s']appelle *sensation* ou *perception sensible*.

Les sens externes sont au nombre de cinq : la *vue*, qui [a] pour organe les yeux ; l'*ouïe*, qui a pour organe les [o]reilles ; l'*odorat*, qui a pour organe le nez ; le *goût*, qui [a] pour organe le palais ; le *toucher*, qui a pour organe le [c]orps tout entier, mais plus spécialement les mains.

Les objets des sens externes sont les qualités sensibles [d]es corps. La Scolastique distingue le sensible *propre*, le [s]ensible *commun*, le sensible *accidentel*.

Le sensible propre est un objet qui tombe sous un [se]ns, de telle sorte qu'il ne peut être perçu par aucun [au]tre sens. Ainsi le son est perçu par le sens de l'ouïe, [il] ne peut tomber sous aucun autre sens ; nous ne pou[vo]ns pas le voir, ni le toucher, ni le sentir ni le savourer. [Do]nc, le son est le sensible propre de l'ouïe.

Le sensible propre de la vue est la lumière, avec les [co]uleurs ; celui de l'ouïe est le son ; celui de l'odorat sont [les] odeurs qui résultent de l'évaporation des corps ; celui [du] goût, sont les saveurs qui proviennent de la solution [de]s corps dans la bouche, au moyen de la salive ; celui [du] toucher, est la résistance des corps, et le froid ou le [ch]aud.

Le sensible commun est un objet qui peut être perçu

par plusieurs sens à la fois, comme par exemple l'étendue, la forme, le mouvement, la distance, etc.

Le sensible accidentel est celui qui contient le sensible propre et le sensible commun. En effet, il est certain que nous ne voyons et ne touchons que la couleur, l'étendue, la forme d'un homme, et cependant nous disons que nous voyons, que nous touchons l'homme lui-même. Mais l'homme n'est pas la couleur, ou l'étendue, ou la forme, mais plutôt la substance dans laquelle se trouvent tous ces accidents. L'homme dans ce cas sera le sensible accidentel des yeux, ou du toucher.

Ire PARTIE. — Si les sens externes se trompaient, ce serait ou par leur propre nature, ou à cause d'un empêchement extérieur.

Or, cette dernière hypothèse peut seule être admise.

Donc, s'il n'y a aucun empêchement extérieur, soit dans l'organe, soit dans les moyens, les sens externes ne peuvent se tromper dans la perception de leur objet propre.

A la majeure. — On ne peut pas faire d'autre supposition.

A la mineure. — 1° On ne peut pas dire que les sens externes se trompent naturellement dans la perception de leur objet propre, car ces sens sont une faculté naturellement ordonnée vers son objet propre comme toute puissance est ordonnée à son acte. Or si les sens externes nous trompaient par leur propre nature, ils seraient une faculté naturellement et essentiellement contraire à son propre objet ce qui est absurde. — De plus, le sens commun ainsi que la Sagesse et la Providence de Dieu auteur de la nature repoussent absolument cette théorie.

2° Les sens externes peuvent se tromper à cause d'un empêchement qui est dans l'organe; car la sensation s'exerce au moyen des organes, de sorte que si l'organe est vicié, la sensation elle-même s'en ressentira. Ainsi, si quelqu'un a des pellicules blanches sur la rétine de l'œil tous les corps lui paraîtront blancs.

Enfin, les milieux peuvent empêcher la sensation ; [a]insi les nuages nous empêchent de voir le soleil.

II[e] Partie. — L'erreur peut se glisser dans la perception [d]'un objet, si la faculté qui doit percevoir cet objet n'est pas [em]ployée dans son intégrité.

Or, si on n'applique qu'un sens à la perception du sensible [co]mmun, on n'emploie pas dans son intégrité la faculté qui [do]it percevoir le sensible commun.

[D]onc, l'erreur peut se glisser dans la perception du sensible [com]mun, si on n'emploie qu'un sens.

La majeure est évidente (car une faculté est ordonnée [à] son objet, et si on n'en emploie qu'une partie, il [po]urra bien se faire qu'elle ne suffise pas à sa fin).

A la mineure. — Le sensible commun, la forme, par [ex]emple, est un objet qui peut être perçu par plusieurs [se]ns (la vue et le toucher). Tous ces sens pris ensemble, [ne] forment qu'une faculté, pour ainsi dire, destinée à [p]ercevoir le sensible commun; mais, si on n'applique [qu']un sens, ce ne sera qu'une partie de cette faculté.

On pourrait prouver par beaucoup d'exemples cette [do]ctrine. Si on plonge un bâton dans l'eau, dans un ré[cip]ient en verre, et qu'on se contente de le regarder, on [cro]ait qu'il est rompu; mais si on applique le sens du [to]ucher, cette erreur sera vite corrigée. C'est que la [for]me du bâton est le sensible commun de la vue et du [to]ucher. Si on n'applique que la vue, on peut donc se [tro]mper. Si on applique la vue et le toucher on ne le [peu]t plus.

[I]l répugne qu'une faculté destinée par Dieu à la perception [d']un objet, soit incapable de percevoir cet objet.

[O]r c'est ce qui arriverait si les sens externes, pris ensemble, se [tro]mpaient dans la perception du sensible commun.

[D]onc, les sens externes, pris ensemble, ne peuvent pas se [tro]mper dans la perception du sensible propre.

A la majeure. — Si Dieu nous donnait une faculté in-

5.

capable d'atteindre l'objet auquel il l'a destinée, Dieu aurait manqué son but.

A la mineure. — Les sens externes pris ensemble sont destinés à percevoir le sensible commun. Donc si les sens externes pris ensemble se trompaient dans la perception du sensible commun, ils seraient incapables d'atteindre l'objet auquel ils sont destinés.

III° Partie. — Une faculté peut facilement se tromper lorsqu'elle n'est pas appliquée à son objet propre.

Or, le sensible accidentel n'est pas l'objet propre des sens externes.

Donc, les sens externes peuvent se tromper facilement dans la perception du sensible accidentel.

La majeure est évidente.

A la mineure. — Le sensible accidentel est la substance, c'est-à-dire le sujet dans lequel se trouvent les qualités sensibles, qui constituent le sensible propre et le sensible commun des sens externes. Or la substance affectée de ces qualités sensibles qui font l'objet des sens externes, n'est pas l'objet propre des sens externes, mais de la raison. Donc le sensible accidentel n'est pas l'objet propre des sens externes.

Éclaircissons ceci par un exemple. On met quelquefois des magots dans les champs. Les oiseaux, qui n'ont pas la raison comme l'homme, voient la forme d'un homme, et regardent comme un homme ce qui n'est qu'un peu de paille recouverte d'habits (1). Pourquoi? Parce qu'ils ne voient que le sensible commun et ne peuvent d'aucune façon, connaître le sensible accidentel.

---

(1) Un objet coloré, étendu, peut avoir en effet la couleur et la forme de l'objet qui est ordinairement un homme, mais qui peut être aussi une autre substance. La raison seule, considérant les perceptions reçues par les sens externes, juge de ces substances et perçoit le sensible accidentel. De là proviennent ainsi toutes les erreurs de nos facultés externes, parce qu'elles ne sont pas appliquées par nous à leur objet propre, mais à leur objet accidentel ou commun et *vice versâ*.

Contre Malebranche, Berkeley, Carling, de Lamennais, etc., etc., Idéalistes vulgaires affirmant que la raison n'atteint pas l'objet réel de son idée.

Contre l'École subjectiviste de Kant, Idéaliste transcendental affirmant que l'objet réel de l'idée n'a d'entité que dans le sujet pensant.

Contre Descartes et Locke affirmant que nos sens atteignent seulement des modifications de l'objet.

Contre Condillac soutenant que les corps sont par rapport à la raison une résultante de nos sensations.

XIVe THÈSE

LES SENS EXTERNES, BIEN DISPOSÉS ET BIEN APPLIQUÉS, SONT VÉRIDIQUES, LORSQU'ILS NOUS RAPPORTENT L'EXISTENCE DES CORPS, QUI CONTRE TOUTE RAISON EST NIÉE OU RÉVOQUÉE EN DOUTE PAR LES IDÉALISTES ET SUBJECTIVISTES.

Prænotanda

Les sens externes seront bien disposés, si les organes sont à leur état naturel et non pas viciés. Ils seront bien appliqués selon la variété des objets, si ces derniers ne sont pas à une trop grande distance, et s'il n'y a pas entre eux et les sens un obstacle qui empêche la sensation.

Ire PARTIE. — Toute faculté, agissant naturellement et sans aucun empêchement, doit être vraie en rapportant l'objet auquel elle est naturellement destinée.

Or, les sens externes sont naturellement destinés à rapporter l'existence des corps.

Donc, les sens externes ne se trompent pas en rapportant l'existence des corps.

A la majeure. — Toutes nos facultés nous ont été données pour connaître. Ce sont des moyens que nous avons pour arriver à la vérité, de sorte que si une faculté, agissant naturellement, et sans aucun obstacle, se trompait relativement à son objet naturel, on devrait dire la même chose de toutes, et nous n'aurions plus aucun moyen d'arriver à la vérité, mais toute certitude s'évanouirait et nous serions dans un doute universel. Or, le doute universel est absurde. Donc, toute faculté agissant naturellement doit atteindre l'objet auquel elle est naturellement destinée.

A la mineure. — Les sens sont des facultés qui agissent naturellement, puisque, d'après notre hypothèse, ils sont bien disposés, et bien appliqués; et l'objet naturel auquel sont destinés les sens c'est de nous rapporter l'existence des corps; car, l'objet propre des sens est l'étendue et la résistance, qualités essentielles des corps.

II° Partie. — Parmi les Idéalistes, les uns prétendent que les corps n'existent pas, et que ce sont de pures imaginations de notre esprit.

D'autres prétendent que nous ne percevons les corps que parce que nous le voulons; ainsi je veux voir ici un arbre, et je le vois; là une maison, et je la vois.

D'autres enfin disent que nous ne percevons les objets que parce que Dieu le veut, quoique en réalité ces corps n'existent pas. L'argument suivant réfute en bloc toutes ces théories.

C'est sans raison que les Idéalistes nient l'existence des corps, si les raisons qu'ils en donnent n'ont aucune valeur.

Or, les raisons des Idéalistes n'ont aucune valeur.

Donc, c'est sans raison que les Idéalistes nient ou révoquent en doute l'existence des corps.

La majeure est évidente.

A la mineure. — Parmi les Idéalistes, les uns disent que la raison suffisante des perceptions sensibles est la conformation interne de notre esprit; les autres, la volonté de celui qui éprouve les sensations; d'autres enfin, la volonté et l'intervention de Dieu. Or :

I. La conformation interne de notre esprit n'est pas la raison suffisante des représentations sensibles. En effet, nos perceptions nous représentent : 1° quelque chose d'étendu et de résistant ; 2° des objets, non pas simplement abstraits, mais existant concrètement en dehors de notre esprit, et tout à fait distincts de lui ; 3° ces représentations varient sans cesse, tandis que la conformation interne de notre esprit reste toujours la même.

Or, tout ceci serait inexplicable si la conformation interne de notre esprit était la cause de ces représentations : car 1° notre esprit est une substance simple et spirituelle, qui ne peut se représenter que des objets simples et sans étendue ; 2° si notre esprit était la cause de nos perceptions sensibles, ces perceptions devraient être dans notre esprit, et seraient abstraites ; 3° la conformation interne de notre esprit, restant toujours la même, ne peut causer des perceptions qui changent à chaque instant. Donc, la conformation interne de notre esprit ne peut être la cause des représentations sensibles.

II. La raison suffisante des représentations sensibles n'est pas la volonté libre du sujet qui connaît. Car, si la volonté du sujet pensant était la raison suffisante de ces représentations sensibles, ces représentations dépendraient de notre volonté, et nous pourrions nous représenter tel objet ou tel autre, selon que nous le voudrions. Or, le sens intime nous dit que ces représentations se font tout à fait indépendamment de la volonté, et que nous ne sommes pas libres, par exemple, de ne pas voir notre corps, ou les autres corps ; mais qu'au contraire ces représentations ont lieu même lorsque nous ne voulons pas : ainsi, si nous nous mettons devant un arbre les yeux ouverts, nous verrons cet arbre, quand même nous ne le voudrions pas. Donc, la raison suffisante des représentations sensibles n'est pas la volonté libre du sujet qui connaît.

III. La raison suffisante des perceptions sensibles n'est pas la volonté et l'intervention directe de Dieu. Car, il est absurde et impie de prétendre que Dieu induit le genre humain dans une erreur invincible. Or, c'est ce qui aurait lieu si la raison suffisante des représentations sensibles était la volonté et l'influx de Dieu : car, d'après l'hypothèse des Idéalistes, Dieu nous ferait prendre pour des objets existants ce qui n'existe pas, et pour des réalités, ce qui n'en est pas, et par conséquent il nous induirait en erreur. Il nous induirait dans une erreur invincible, car la certitude que nous avons de l'existence des corps n'est pas un préjugé que nous puissions déposer à volonté ; c'est au contraire une persuasion si naturelle et si enracinée dans l'esprit de l'homme, que lorsque nous voulons affirmer la certitude d'un fait nous ne croyons pas pouvoir apporter d'argument plus convaincant que celui-ci : *Je l'ai vu ; je l'ai entendu*. Donc, la raison suffisante des représentations sensibles n'est pas la volonté et l'influence directe de Dieu.

Contre les Sceptiques historiques. Bayle, Craig, Diderot et les Déistes. — Contre les Mythistes historiques, Vico, Herder, Niebuhr, Michelet, etc., *— Contre les Mythistes religieux Dupuis, Volney, Hegel, Strauss, Renan, Salvador, Réville,* etc.

Des moyens complémentaires que nous avons d'arriver à la vérité.

XV° THÈSE

LE SENS COMMUN CONSTANT, UNIVERSEL, UNIFORME EST UN MOYEN INFAILLIBLE DE CERTITUDE, RELATIVEMENT A CERTAINES VÉRITÉS QUI REGARDENT DIEU, LA RELIGION, LES

MŒURS OU LA VIE DES HOMMES. — LE TÉMOIGNAGE HUMAIN EST UN MOYEN INFAILLIBLE DE CONNAITRE CERTAINS FAITS, CONTEMPORAINS OU PASSÉS.

Prœnotanda

Le sens commun est cette inclination naturelle, qui porte tous les hommes de tous les temps et de tous les lieux à énoncer des jugements inébranlables sur certaines vérités qui regardent Dieu, la religion, les mœurs ou la vie des hommes, comme celles-ci, par exemple : *Il existe un Être Suprême ; nous devons aimer nos parents.*

On l'appelle sens commun, parce qu'il se trouve dans tous les hommes ; on lui donne encore le nom de sens naturel, parce qu'il découle de la nature même, et n'est pas acquis par l'étude ou la réflexion.

Pour que le sens commun soit infaillible, il faut qu'il soit constant, universel, et uniforme. Ainsi le sens commun a toujours admis universellement et constamment qu'il faut rendre un culte à Dieu, mais non la manière dont nous devons lui rendre ce culte.

Iʳᵉ Partie. — La raison humaine est un moyen infaillible d'arriver à la vérité.

Or, les jugements du sens commun sont dictés par la raison elle-même.

Donc, le sens commun est un moyen infaillible d'arriver à la vérité.

A la majeure. — Nous savons que la raison humaine tend naturellement à la vérité ; et si la raison de tous les hommes se trompait en portant ses jugements de sens commun, on devrait dire que la raison humaine tend naturellement à l'erreur et que Dieu, auteur de la nature, induit tout le genre humain dans l'erreur.

A la mineure. — Un effet constant, universel, et uniforme, réclame une cause qui lui soit proportionnée, c'est-à-dire une cause constante, universelle et uniforme. Or, les jugements du sens commun sont des effets constants, universels et uniformes. Donc, ils ne peuvent provenir que d'une cause constante, universelle et uniforme, qui ne peut être autre que la nature rationnelle.

On ne pourrait donner pour cause des jugements du sens commun ni la tradition ou l'éducation, ni les passions, ni les préjugés, parce que les jugements du sens commun précèdent la tradition et l'éducation et sont naturels, parce qu'ils s'opposent aux passions, loin de les favoriser, et parce que les préjugés sont inconstants, particuliers et variables (1).

II° Partie. — *Le témoignage humain* est l'acte par lequel un homme manifeste et signifie à un autre homme la connaissance d'un fait historique. Ainsi, nous savons par le témoignage humain qu'Alexandre a existé.

Le *témoin* est celui qui manifeste à un autre sa propre connaissance; le témoin est *oculaire*, s'il a vu de ses propres yeux les faits qu'il raconte; il est *auriculaire*, s'il tient ce qu'il raconte du témoignage des autres; il est *contemporain*, s'il a vécu dans le temps où se sont passés les événements qu'il rapporte; il est *éloigné*, s'il a vécu à une époque plus reculée.

L'autorité est la puissance qu'a le témoignage d'attirer notre assentiment, et de nous faire accepter comme vraies les vérités qu'il rapporte. L'autorité du témoignage humain est fondée sur la science et sur la sagacité des témoins.

La *foi* est l'assentiment que nous donnons au témoignage; la foi est *divine* ou *humaine*, selon que nous croyons au témoignage de Dieu, ou des hommes.

Les Sceptiques historiques, comme Bayle, Craig, etc., les Déistes, avec Diderot nient complètement l'autorité du témoignage. Les Mythistes, comme Vico, Niebur, Dupuis, Michelet, nient seulement certains faits, qui, disent-ils, ne sont que des mythes ou fictions. Les Mythistes religieux, comme Volney,

(1) Voir *Théodicée*, Thèse VII.

Renan, Herder, Strauss, Salvador, Réville, nient tous les faits historiques ayant trait à la religion.

Un témoignage est *infaillible*, si les témoins n'ont pas pu se tromper, n'ont pas voulu se tromper, et n'auraient pas pu tromper quand même ils l'auraient voulu.

Or, lorsqu'il y a des témoins nombreux, graves, de caractère d'intérêts, d'opinions diverses, lorsqu'il s'agit de faits historiques contemporains, publics et d'une grande importance, les témoins n'ont pas pu se tromper, ils n'ont pas voulu tromper, et n'auraient pas pu, quand même ils l'auraient voulu.

Donc, le témoignage des hommes est un moyen infaillible de certitude relativement à ces faits contemporains.

La majeure paraît évidente d'elle-même.

A la mineure. — I. Lorsque les témoins sont nombreux, graves, etc., *ils n'ont pas pu se tromper*. Nous savons, en effet, que les sens externes, bien disposés et convenablement appliqués, ne peuvent pas nous tromper; à plus forte raison ne tromperont-ils pas plusieurs témoins lorsqu'il s'agit de faits publics; s'il en était ainsi nous devrions dire qu'ils ont touché, qu'ils ont vu, qu'ils ont entendu ce qu'ils n'ont pas touché, qu'ils n'ont pas vu et qu'ils n'ont pas entendu, etc. Rien de plus absurde? Donc...

II. *Ils n'ont pas voulu tromper*. — Des hommes nombreux et graves ne font rien qui soit inutile, sans cause, et qui leur soit nuisible. Or, si des témoins nombreux et graves avaient voulu tromper relativement à des faits contemporains et publics : 1° des hommes de ce caractère auraient agi sans cause, puisque par hypothèse ce sont des faits publics, sur lesquels le mensonge est impossible; 2° leur mensonge serait inutile, parce que beaucoup d'autres témoins connaissent ces mêmes faits; 3° ils feraient quelque chose qui leur serait nuisible, parce que leur mauvaise foi et leur mensonge les déshonoreraient aux yeux de leurs contemporains et de la postérité.

III. *Ils n'auraient pas pu tromper quand même ils auraient voulu.* — Il s'agit en effet de faits publics, d'une grande importance ; et comme les témoins sont graves, il s'en trouverait toujours quelques-uns qui protesteraient contre la fraude et la mauvaise foi des imposteurs.

III° PARTIE. — Le témoignage humain est un moyen infaillible pour connaître les événements passés.

Le témoignage humain, relativement aux événements anciens, peut nous parvenir par l'histoire, qui est une narration écrite des événements passés.

Or, l'histoire, munie des conditions voulues, est un moyen infaillible pour connaître les événements passés.

Donc, le témoignage humain est un moyen infaillible pour connaître les faits passés.

La majeure est évidente.

A la mineure. — Pour qu'une histoire soit un moyen infaillible pour connaître les événements passés, elle doit réunir ces trois conditions : l'authenticité, la véracité et l'intégrité. Une histoire est *authentique*, si elle est vraiment de l'auteur auquel on l'attribue ; elle est *véridique*, si l'auteur n'a pas pu se tromper et n'a pas voulu tromper ; elle est *intègre*, si elle n'a subi aucune altération essentielle. Or, il se trouve des histoires qui réunissent ces trois caractères : nous allons le prouver. Donc, il y a des histoires qui sont un moyen infaillible pour connaître les événements passés.

I. *On peut trouver des histoires authentiques.* — En effet il arrive très souvent qu'un livre correspond parfaitement aux mœurs et aux usages de l'époque à laquelle on le fait remonter, qu'il exprime très bien le caractère et le génie de l'auteur auquel on l'attribue ; que tous les autres historiens le reconnaissent à l'unanimité comme étant vraiment l'ouvrage de cet auteur. On constate de même qu'une histoire raconte la religion, les mœurs, les lois, les annales, et même les fautes, les vices, et les turpitudes de tout un peuple, sans qu'aucune réclamation se soit élevée, ni de la part de ceux qui auraient pu réclamer, ni de la part de ceux qui avaient leur intérêt à le faire. Or, il est bien évident, que lorsqu'un livre a tous ces caractères, il appartient vraiment à l'auteur auquel on l'attribue. Donc, il y a des histoires authentiques.

II. *Il existe des histoires véridiques.* — Il y a des historiens qui racontent des faits publics, d'une très grande importance, et qui quelquefois regardent plusieurs nations. Or, relativement à ces faits, ils n'ont pas pu se tromper, parce qu'ils en ont été les témoins immédiats, ou les ont appris de témoins très graves et dignes de foi ; ils n'ont pas pu tromper, car les faits sont connus de beaucoup d'autres témoins qui auraient réclamé contre leur imposture. Donc, il existe des histoires véridiques.

III. *Il existe des histoires entières* (*integræ*). — Il y a des livres très connus, dont les exemplaires sont très nombreux, et très répandus. Or ces livres n'ont pu subir aucune altération essentielle : 1° ni du vivant de l'auteur, qui aurait réclamé ainsi que tous ceux qui connaissaient les faits comme lui ; 2° ni peu de temps après la mort de l'auteur, parce que les contemporains auraient protesté contre la fraude ; 3° ni longtemps après la mort de l'auteur, parce qu'il existait beaucoup de gens qui avaient connu les faits tels qu'ils étaient et qui auraient réclamé. Les exemplaires étant d'ailleurs nombreux, ils n'auraient pas pu être tous semblables. Donc, l'interpolation et l'altération n'auraient pas pu se glisser dans ces livres sans qu'on les eût découvertes.

XVIe THÈSE

IL EXISTE CERTAINEMENT UN DERNIER CRITÉRIUM DE CERTITUDE NATURELLE

Prœnotanda

Un critérium de certitude est la raison sur laquelle nous nous appuyons pour porter un jugement. Ainsi, si on me demande pourquoi je suis certain de mon existence, je répondrai : parce que ma conscience me le témoigne. Dans ce cas, le témoignage de ma conscience est le critérium de ma certitude.

Toutes les facultés de l'homme, dont nous avons parlé jusqu'à présent sont des critériums de certitude, mais ce sont des critériums particuliers ou *per quod*.

Le dernier critérium de certitude est celui au delà duquel on ne peut en trouver d'autre, et qui contient au moins implicitement tous les autres critériums particuliers ; en d'autres termes, c'est la raison suprême d'après laquelle la vérité ou la fausseté d'un jugement quelconque nous apparaît pleinement. C'est le critérium *in quo*.

Nous avons divers moyens d'arriver à la certitude dans tout ordre de vérité soit dans les vérités de raison, soit dans les vérités d'expérience.

Or, ces diverses certitudes naturelles ne peuvent être engendrées en nous que par un dernier motif ou critérium qui détermine l'assentiment de notre esprit.

Donc, il existe un dernier critérium de certitude.

La majeure est évidente : nous avons prouvé contre les Sceptiques, Empiriques et Idéalistes que l'homme a les moyens d'arriver à la certitude, l'intelligence pour les vérités rationnelles, les sens pour les vérités d'expérience.

A la mineure. — L'adhésion de notre esprit à la vérité

perçue est un effet universel, que l'on trouve dans toute certitude naturelle. Or, un effet universel suppose une cause universelle : car tout effet réclame une cause qui lui soit proportionnée. Donc, l'adhésion de notre esprit à la vérité suppose un motif, une cause universelle qui détermine cette adhésion dans toute sorte de vérité.

Ajoutons que le dernier critérium de certitude doit être *infaillible :* car c'est le motif, la raison d'après laquelle nous distinguons le vrai du faux ; et s'il n'était pas infaillible nous ne pourrions pas avec certitude distinguer le vrai du faux, et toute certitude disparaîtrait.

Il doit être, en outre, *universel,* c'est-à-dire qu'il doit convenir à tout ordre de vérité. Car, dans chaque ordre de vérité, nous avons un motif particulier de donner notre adhésion : ainsi le motif de notre certitude dans un fait rapporté par le témoignage, c'est l'impossibilité d'erreur de la part des témoins et ainsi des autres. Mais comme l'adhésion de notre esprit est un effet qui se trouve dans une vérité comme dans l'autre, il faut qu'il y ait une cause commune et universelle de cette adhésion.

Il doit être, de plus *objectif,* c'est-à-dire indépendant des affections du sujet qui connaît ; car s'il était subjectif, il varierait selon les variations du sujet qui connaît, et ce qui est vrai pour les uns serait faux pour les autres. Le critérium serait donc variable ; or, il doit être immuable comme la vérité elle-même. Donc, le dernier critérium de certitude doit être objectif.

Enfin le dernier critérium de certitude doit être *immédiat* et connu par lui-même, c'est-à-dire qu'il ne doit pas avoir besoin de démonstration. Car s'il avait besoin de démonstration, on devrait supposer qu'il y a quelque chose de plus clair et de mieux connu que lui, et alors il ne serait pas le dernier critérium de certitude.

XVIIᵉ THÈSE

L'ÉVIDENCE OBJECTIVE EST LE DERNIER CRITÉRIUM DE CERTITUDE NATURELLE

On doit admettre comme dernier critérium de certitude, ce critérium qui est infaillible, universel, objectif, et immédiat.

Or, l'évidence objective réunit tous ces caractères.

Donc, l'évidence objective est le dernier critérium de certitude.

La majeure est prouvée dans la thèse précédente.

A la mineure. — I. L'évidence objective est un critérium infaillible, c'est-à-dire qu'il est exempt d'erreur. En effet, si l'erreur pouvait se trouver avec l'évidence objective, ceci proviendrait ou bien de ce que notre esprit se tromperait en affirmant ce qui lui apparaît avec une évidence objective, ou bien de ce que notre esprit se tromperait en affirmant le contraire de ce qui lui apparaît avec une évidence objective. Or, l'une et l'autre hypothèses sont absurdes. Donc, l'évidence objective est un critérium infaillible.

La *majeure* est indiscutable.

Prouvons la *mineure* : 1° Il est impossible que notre esprit se trompe en affirmant ce qui lui apparaît avec une évidence objective. Ce qui est évident objectivement n'est autre chose que la vérité ; or, l'esprit en affirmant la vérité ne peut pas se tromper ; donc l'esprit ne peut pas se tromper en affirmant ce qui lui apparaît avec une évidence objective ; 2° on ne peut pas dire non plus que l'esprit peut se tromper en affirmant le contraire de ce qui lui apparaît avec évidence, parce que la vérité apparaissant avec évidence engendre nécessairement la ferme adhésion de notre esprit, et par conséquent nous ne po' vons pas affirmer le contraire de ce qui nous apparaît avec évidence.

II. L'évidence objective est un critérium universel, c'est-à-dire, qu'il se trouve dans les vérités de quelque ordre que ce soit.

La dernière raison pour laquelle nous jugeons que nous sommes certains de la possession d'une vérité d'un ordre quelconque c'est la nécessité manifeste de cette vérité.

Or, la nécessité manifeste d'une vérité, n'est autre chose que l'évidence objective. Donc, l'évidence objective est la dernière raison pour laquelle nous jugeons que nous sommes en possession d'une vérité quelconque.

A la majeure. — Toutes les vérités intelligibles sont ou de l'ordre rationnel ou de l'ordre sensible. Or, la dernière raison pour laquelle nous jugeons que nous sommes en possession d'une vérité de l'ordre rationnel, ou de l'ordre sensible, c'est la nécessité manifeste de cette vérité. Donc, la dernière raison pour laquelle nous jugeons que nous sommes en possession d'une vérité d'un ordre quelconque c'est la nécessité manifeste de cette vérité. Avec Libératore, nous pouvons prouver ainsi notre *mineure*. Qu'on vous demande en effet pourquoi vous êtes certain de votre existence ; vous répondrez que vous voyez évidemment que vous existez. — Pourquoi êtes-vous certain que le ciel est parsemé d'étoiles ? Parce que mes yeux le perçoivent avec évidence. — Pourquoi êtes-vous certain que tout effet réclame une cause ? Parce que la notion de l'effet l'exige évidemment. — Pourquoi êtes-vous certain que l'âme est immortelle ? Parce que l'immortalité de l'âme est une conséquence évidente de sa spiritualité. Dans toutes ces vérités, tant de l'ordre rationnel que de l'ordre sensible, l'évidence est la dernière raison de notre assentiment.

III. L'évidence objective est un critérium objectif, c'est-à-dire indépendant des affections du sujet qui connaît.

Le critérium objectif de la certitude naturelle est nécessairement composé de deux éléments indépendants du sujet qui connaît.

Or, l'évidence objective est composée de deux éléments indépendants du sujet qui connaît.

Donc, l'évidence objective est le critérium objectif de la certitude naturelle.

La majeure est évidente et nous prouvons la mineure. L'évidence objective se compose essentiellement : 1° de la réalité de l'objet; 2° de la quantité de lumière qui le rend visible; 3° enfin de l'acte par lequel l'objet frappe nos yeux ou notre intelligence. Or les deux premiers éléments qui constituent essentiellement l'évidence objective, sont absolument indépendants des affections du sujet qui connaît. Exemple : *Le tout est plus grand que sa partie; les corps sont pesants;* ces vérités sont indépendantes du sujet qui connaît. Donc, l'évidence objective est essentiellement un critérium objectif. Quant au troisième élément, il n'est qu'une condition *sine quâ non*, pour que l'évidence objective détermine notre assentiment; mais il n'est pour rien dans l'évidence objective en elle-même.

IV. L'évidence objective est un critérium immédiat. Si l'évidence objective avait besoin d'un moyen terme pour être connue, et engendrer en nous la certitude, ce moyen terme serait lui-même ou bien immédiatement connu et par lui-même, ou par une autre notion intermédiaire. Or, dans le premier cas, ce moyen terme serait l'évidence elle-même, et il serait par conséquent le dernier critérium de certitude; dans le second cas, on pourrait poser la même question, et ainsi jusqu'à l'infini : ce qui est absurde. Donc, l'évidence objective est un critérium immédiat et connu par lui-même.

Donc, l'évidence objective est le dernier critérium de certitude naturelle.

Nota. — Cicéron résumant la doctrine des anciens sur ce point a très bien dit : « Il n'y a rien de plus clair que ce que les Grecs appellent l'ἐνάργεια et les Latins la perspicuité ou Évidence.. » (Acad. prior, LII., C. VI.)

Saint Thomas (3 Dist. 23., Q. 1., A. 2.) n'est pas moins formel : « La certitude qui est dans la science et l'Intelligence provient de l'évidence même des objets qui sont dits certains.

(V. Zigliara. *Critica.* p. 235.)

Contre les Fidéistes : Hervé, Pascal, Glanwil, Hyrnyam, Huet, Bautain, etc., etc.
Contre les Traditionalistes : De Lamenais, De Bonald, Ventura, Doney, Gerbet, Bonnety, etc., etc.

XVIIIe THÈSE

NI L'AUTORITÉ DIVINE, NI L'AUTORITÉ HUMAINE NE SONT LE DERNIER CRITÉRIUM DE CERTITUDE NATURELLE.

Ire Partie. — On ne peut admettre comme dernier critérium de certitude naturelle : 1° ce qui suppose des vérités déjà connues et très certaines ; 2° ce qui entraîne un cercle vicieux dans la science humaine.

Or, l'autorité divine, ou la révélation est dans ces conditions.

Donc, l'autorité divine ne peut être le dernier critérium de certitude.

La majeure est évidente, d'après la notion du dernier critérium.

A la mineure. — 1° L'autorité divine ou la révélation, pour avoir de la valeur et engendrer en nous la certitude, suppose nécessairement comme connues et très certaines les vérités suivantes : Dieu existe ; nous devons croire ce que Dieu nous révèle ; Dieu a fait une révélation. Si on ne suppose ces trois vérités déjà connues, la révélation n'aura aucune force, et ne pourra engendrer en nous aucune certitude.

2° L'autorité divine ou la révélation prise comme dernier critérium de certitude naturelle entraîne un cercle vicieux dans la science humaine. En effet, c'est un cercle vicieux, que de prouver la science humaine et la véracité de la raison par l'autorité divine ou la révélation, et en même temps de prouver l'autorité divine ou la révélation par la science humaine et la raison. Or c'est ce qui arrive lorsqu'on prend la révélation comme dernier critérium de certitude. Et d'abord la révélation prise comme dernier critérium de certitude suppose que la science humaine et la véracité de notre raison sont prouvées par la révélation. Ceci n'est que l'opinion des Fidéistes, qui prétendent que notre raison, sans la révélation, est incapable de trouver la vérité avec certitude. — De plus, la révélation prise comme dernier critérium de certitude naturelle suppose que c'est la raison humaine qui doit prouver l'autorité de la révélation : car pour établir l'autorité de la révélation, il faut établir que la révélation a eu lieu, qu'elle est vraie, qu'elle est légitime. Comment cela peut-il être vérifié, si ce n'est par la raison humaine?

II° Partie. — On ne peut admettre comme dernier critérium de certitude : 1° ce qui priverait tout le genre humain de certitude; 2° ce qui implique une contradiction; 3° ce qui ne peut être défini et prouvé que par un autre critérium.

Or, telle est l'autorité humaine prise comme dernier critérium de certitude.

Donc, on ne peut admettre l'autorité humaine comme dernier critérium de certitude.

A la majeure. — Les deux premiers points sont évidents d'eux-mêmes; le troisième est tiré de la notion du dernier critérium¹ : car le dernier critérium de certitude n'en admet pas d'autre au-dessus de lui.

A la mineure. — 1° L'autorité humaine prise comme dernier critérium de certitude priverait tout le genre humain de certitude ; car, dans ce cas, nous n'aurions la certitude sur une vérité, qu'autant que nous serions certains que tous les hommes l'ont admise ; or, il nous est impossible de savoir l'opinion de tous les hommes sur une vérité quelconque ; donc, nous serions réduits à n'être certains d'aucune vérité.

2° Tous les hommes, pris un à un, admettent comme très certaines beaucoup de vérités, lors même qu'ils ne savent pas si tous les autres hommes les ont admises ; il est donc contradictoire de dire que le sens commun, ou l'autorité humaine est le dernier critérium de certitude, puisque le sens commun lui-même affirme que beaucoup de vérités sont certaines, indépendamment de l'autorité humaine.

3° Le motif qui détermine l'adhésion de notre esprit doit être connu avant de faire naître en nous la certitude. Donc, l'autorité humaine, prise comme dernier critérium de certitude, devrait être connue avant de déterminer en nous la certitude. Mais comment pourrons-nous connaître la valeur de cette autorité ? Nous connaîtrons la valeur de l'autorité humaine (1) ou bien par l'autorité elle-même, ou bien au moyen d'un autre critérium. Or, si nous démontrions la valeur du sens commun par le sens commun lui-même, c'est-à-dire si nous ajoutions foi au sens commun, parce que tous les hommes l'admettent comme vrai, nous ferions une pétition de principe. Donc, nous ne pouvons démontrer la valeur de l'autorité humaine que par le moyen d'un autre critérium.

---

(1) Autorité humaine et sens commun sont employés indistinctement l'un pour l'autre par les Traditionalistes

Nota. — Le Concile du Vatican (1869-70) au chapitre ɪᴠ de ses définitions a condamné le Fidéisme : « *Recta Ratio fidei fundamenta demonstrat.* »

La Sacrée Congrégation de l'Index a proscrit le Traditionalisme par sa proposition IIIᵉ contre ce système : « *Rationis usus fidem præcedit et ad eam ope Revelationis et gratiæ conducit.* »

C'est ainsi que l'Église catholique prend les intérêts de la Raison contre les attaques des ennemis de la Raison elle-même.

Contre Galuppi, Jacobi, B. Constant, Maine de Biran (1) *et tous les Sentimentalistes.* — *Contre l'École écossaise de Thomas Reid et Théodore Jouffroy.*

XIXᵉ THÈSE

LE TÉMOIGNAGE DE LA CONSCIENCE, QU'IL SOIT PRIS EN GÉNÉRAL, OU DANS LE SENS D'UNE AFFECTION INTÉRIEURE DE L'AME, OU DANS LE SENS D'UN INSTINCT AVEUGLE DE LA NATURE, N'EST PAS LE DERNIER CRITÉRIUM DE CERTITUDE.

Iʳᵉ Pᴀʀᴛɪᴇ. — *Contre Galuppi.* — Le dernier critérium de certitude naturelle doit nous rendre certains, non seulement des faits internes qui se passent en nous, mais aussi des faits externes.

Or, la conscience dans son sens général ne nous donne la certitude que sur les faits internes de notre âme.

Donc, la conscience dans un sens général n'est pas le dernier critérium de certitude.

(1) Maine de Biran (1766-1824), l'une des plus belles intelligences de notre siècle, après avoir été Stoïcien, Sensualiste, Sentimentaliste, Rationaliste, est mort dans la plus parfaite orthodoxie, rétractant toutes ses erreurs et concluant toutes ses études en ces termes : « La Religion résout seule tous les problèmes que la Philosophie pose. »

A la majeure. — Nous savons, en effet, que le dernier critérium de notre certitude doit être universel, et doit embrasser, par conséquent, les vérités objectives aussi bien que les vérités subjectives.

A la mineure. — La conscience, en effet, est dans son sens général une faculté qui nous rapporte l'existence de nos affections intérieures, comme nous l'avons expliqué dans la thèse sur la véracité de la conscience.

IIe PARTIE. — *Contre les Sentimentalistes : Jacobi, Benjamin Constant*. — Non seulement nous connaissons, mais aussi nous désirons; non seulement nous avons une intelligence, mais aussi nous avons une volonté. Les actes de notre volonté sont appelés, des appétitions, ou des affections. C'est dans ces affections que Jacobi, et avec lui les Sentimentalistes placent la règle de nos jugements. C'est faux.

Le dernier critérium de certitude doit être quelque chose de ferme, stable, nécessaire, universel, et indépendant des affections du sujet qui connaît.

Or, le témoignage de la conscience, dans le sens d'affection intérieure, n'a pas ces caractères.

Donc, le témoignage de la conscience, dans le sens d'affection intérieure de l'âme, n'est pas le dernier critérium de certitude.

La majeure a été prouvée dans les premières thèses que nous avons posées sur le dernier critérium de certitude.

A la mineure. — C'est un fait d'expérience que les affections intérieures de l'âme sont essentiellement variables, contingentes, et dépendent des intérêts et des dispositions diverses du sujet.

IIIe PARTIE. — *Contre l'École écossaise Th. Reid, Jouffroy, etc.* — Avec saint Thomas, nous accordons bien qu'il y a en nous une inclination naturelle qui nous pousse à porter certains jugements; que la nature rationnelle, par exemple, est poussée nécessairement par une inclination naturelle à donner son assentiment à la vérité, lorsque celle-ci lui apparaît avec évidence ; mais nous ne pouvons pas reconnaître comme dernier critérium de certitude un instinct aveugle, tel que Reid l'a entendu, c'est-à-dire une propension aveugle, qui nous porte à donner notre adhésion à la vérité sans que nous connaissions la connexion, qui existe entre le sujet et l'attribut. En effet : 1° ce qui détruit toute certitude ; 2° ce qui est opposé à la nature humaine ; 3° ce qui ne peut être défini que par un autre critérium, n'est pas le dernier critérium de certitude.

Or, tel est l'instinct aveugle de la nature, tel que l'entend Thomas Reid.

Donc, l'instinct aveugle de la nature n'est pas le dernier critérium de certitude.

La majeure est évidente.

A *la mineure*. — 1° Ce principe détruit toute certitude, qui détruit tous les motifs de donner notre adhésion à la vérité.

Or, l'instinct aveugle de la nature détruit tous les motifs qui pourraient entraîner la ferme adhésion de notre esprit à la vérité. Donc, l'instinct aveugle détruit toute certitude.

La mineure. — Les motifs qui déterminent notre assentiment doivent être certains et nous être connus avant que nous nous laissions déterminer par eux. Or, l'instinct aveugle ne voit et ne connaît jamais ces motifs. Donc, avec l'instinct aveugle de la nature tous les motifs de certitude disparaissent.

2° La raison est une faculté cognoscitive, et par conséquent, elle doit connaître. Or, l'instinct aveugle suppose que notre esprit donne son adhésion sans connaître l'objet. Donc, l'instinct aveugle est contraire à la nature de la raison.

3° Admettons même cet instinct aveugle, encore faudra-t-il savoir qu'il est certain, et qu'il va toujours à la vérité. Or, nous ne pourrons connaître ceci par l'instinct aveugle lui-même, car ce serait un cercle vicieux. Donc, l'instinct aveugle devra être contrôlé par un autre critérium.

Contre les Cartésiens.

XXᵉ THÈSE

L'IDÉE CLAIRE ET DISTINCTE N'EST PAS LE DERNIER CRITÉRIUM DE CERTITUDE NATURELLE

Ce principe ne peut être le dernier critérium de certitude, 1° qui n'est pas la cause efficiente, mais seulement la condition *sine quâ non* de la certitude ; 2° qui n'est pas la règle objective et le fondement de la vérité ; 3° qui n'est pas indépendant des affections ; 4° que l'expérience prouve être faux ; 5° qui détruit la certitude des vérités surnaturelles (1).

Or, tel est le principe de Descartes, ou l'idée claire et distincte donnée comme dernier critérium.

Donc, l'idée claire et distincte de Descartes n'est pas le dernier critérium de certitude.

La majeure est évidente.

A la mineure. — 1° L'idée claire et distincte n'est pas la cause efficiente de la certitude. En effet, la cause efficiente de la certitude est ce qui fait que notre esprit donne sa pleine adhésion à la vérité. Or, l'idée claire et distincte n'est pas ce qui détermine l'assentiment de notre esprit. Donc, l'idée claire et distincte n'est pas la cause efficiente de la vérité. *A la mineure*, ce qui détermine l'assentiment de notre esprit, c'est la vérité objective se manifestant à nous avec évidence. Pour que nous ayons la certitude sur une vérité, il faut que nous en ayons une idée claire et distincte ; mais cette idée

(1) V. Zigliara. — *Critica*, p. 252.

n'est qu'un effet de l'évidence objective ; nous n'avons cette idée claire que parce que l'objet nous est apparu avec évidence. Donc l'idée claire et distincte est une des conditions requises pour que la certitude existe en nous, mais elle n'en est pas la cause.

2° L'idée claire et distincte n'est pas la règle objective et le fondement de la vérité, comme le prétendait Descartes. En effet, l'idée claire et distincte est la représentation de la vérité dans notre esprit. Or, la représentation de la vérité dans notre esprit n'est pas la règle et le fondement de la vérité. *A la mineure*, la vérité en effet consiste dans la conformité de notre esprit et de l'objet; or, dans cette adéquation ce n'est pas notre idée, mais l'objet lui-même se présentant avec évidence à notre esprit, qui est la règle et le fondement de la vérité.

Nous pouvons remarquer ici que le système de Descartes conduit au Panthéisme ; car il fait de l'esprit humain, la règle et la mesure de la vérité : ce qui ne convient qu'à Dieu. Il conduit de même au Subjectivisme de Kant d'après lequel il n'y a rien de réel que ce qui est dans l'idée du sujet.

3° L'idée claire et distincte n'est pas indépendante des affections du sujet qui connaît. Car l'idée change d'un sujet à un autre, et ce que l'un regarde comme vrai, l'autre le regarde comme faux. Ainsi ce que je crois voir clairement et distinctement comme vrai, un autre croit le voir non moins clairement et distinctement comme faux.

Bien plus, pour un même sujet, l'idée change selon ses dispositions ; ainsi ce que j'affirme aujourd'hui, demain je le nierai peut-être.

4° L'expérience condamne le principe de Descartes; car l'expérience nous dit que l'évidence appartient à la vérité objective, et non aux affections du sujet pensant. Nous disons tous en effet : *Cette vérité est évidente ; ce fait est évident*, etc., etc.

5° Le principe de Descartes détruit la certitude des vérités surnaturelles. Supposé, en effet, que l'idée claire et distincte soit le dernier motif de certitude, il n'y aura de certain que ce que nous percevrons clairement et distinctement. Or, nous ne percevons pas clairement et distinctement les vérités de l'ordre surnaturel. Donc, les vérités de l'ordre surnaturel, les mystères, etc., ne seraient pas certains.

Le grand Bossuet lui-même, tout imbu des théories de Descartes reconnaît, dans sa Lettre au P. Lamy, le péril de sa doctrine : « De ces mêmes principes mal entendus, dit-il, un autre inconvénient terrible gagne sensiblement les esprits. Sous prétexte qu'il ne faut admettre que ce qu'on entend clairement (ce qui, réduit à certaines bornes, est très véritable), chacun se donne la liberté de dire : « J'entends ceci ; je n'entends pas cela. » Sur ce seul fondement on approuve et on rejette tout ce qu'on veut, sans songer qu'outre nos idées claires et distinctes il y en a de confuses et de générales qui ne laissent pas d'enfermer des vérités si essentielles qu'on renverserait tout en les niant. Il s'introduit sous ce prétexte une liberté de juger qui fait que, sans égard à la tradition, on avance témérairement tout ce qu'on pense. »

La théorie de Descartes n'est qu'une conséquence logique de son scepticisme. S'il avait admis qu'à l'idée claire et distincte doit nécessairement correspondre une réalité objective, il n'aurait jamais pu donner à la certitude un critérium essentiellement et exclusivement subjectif.

ONTOLOGIE

Iʳᵉ THÈSE

LA NOTION D'ÊTRE EST LA PLUS COMMUNE ET LA PLUS SIMPLE DE TOUTES ; ELLE NE PEUT PAS SE DÉFINIR, ELLE N'EN A PAS BESOIN, MAIS ON PEUT L'EXPLIQUER.

Prænotanda

1° Le mot être peut avoir deux significations différentes. L'Être, considéré concrètement, signifie tout ce qui a l'existence actuelle. L'Être, considéré abstraitement, signifie tout ce qui existe ou qui peut exister. C'est de l'Être, considéré sous ce second point de vue, que nous voulons parler ici.

2° Les Scolastiques définissent la notion universelle : *Celle qui peut être attribuée à plusieurs sujets ;* et par conséquent la notion la plus universelle, ou la plus commune sera *un attribut qui convient à toutes choses.*

La notion la plus simple est celle qui contient toutes les autres, et qui par conséquent ne peut se résoudre elle-même en aucune autre.

Iʳᵉ PARTIE. — Cette notion est la plus commune de toutes, qui convient et peut être attribuée également à toutes choses.

Or, telle est la notion d'être. Donc, la notion d'être est la plus commune de toutes.

La majeure n'est que la définition donnée plus haut.

A la mineure. — La notion d'être convient à tout ce qui est quelque chose : car ce qui existe, ou ce qui peut exister est quelque chose. Or, toute réalité est quelque chose ; car ce qui n'est pas quelque chose, ce n'est rien, c'est le néant. Donc la notion d'être convient à toute réalité, et tout ce qui existe est *être actuel ;* tout ce qui n'existe pas, mais qui peut exister est *être possible.*

II° PARTIE. — La notion la plus simple de toutes est celle en laquelle peuvent se résoudre toutes les autres, mais qui elle-même ne peut se résoudre en aucune autre.

Or, telle est la notion de l'être.

Donc, la notion de l'être est la plus simple de toutes.

La majeure n'est que la définition de la notion la plus simple de toutes.

A la mineure. — En effet, si vous demandez à quelqu'un : *Qu'est-ce que l'homme ?* il répondra : c'est un *animal* raisonnable ; *qu'est-ce qu'un animal?* c'est un corps organique et sensitif; *qu'est-ce qu'un corps?* c'est une substance; *qu'est-ce qu'une substance?* c'est un être; *qu'est-ce qu'un être?* il ne pourra pas donner de notion plus simple, mais il répondra : « un être, c'est un être ». Donc, toutes les autres notions peuvent se résoudre dans la notion d'*être*, mais elle-même ne peut se résoudre en aucune autre.

III° PARTIE. — Une notion telle qu'il n'en existe pas de plus universelle, de plus connue, et de plus simple ne peut pas se définir rigoureusement.

Or, la notion d'être est la plus universelle, la plus connue, la plus simple de toutes.

Donc, la notion d'être ne peut pas être définie rigoureusement.

A la majeure. — Toute définition proprement dite se fait par le genre et la différence, et par conséquent toute notion qui peut se définir rigoureusement doit avoir un genre. Or, la notion la plus simple, la plus universelle de toutes n'a pas de genre : car la notion du genre est plus universelle que la notion de l'espèce, et toute notion comprise dans un genre a une notion plus universelle qu'elle (Voir l'article 3 des Universaux dans la Logique, ou l'arbre de Porphyre dans les Grands auteurs).

Donc, la notion d'être n'admet pas une définition proprement dite.

IVᵉ PARTIE. — Cette notion n'a pas besoin de définition, qui est plus claire que toute définition, et qui sert à définir toutes les autres notions.

Or, la notion d'être est plus claire que toute définition et sert à définir toutes les autres.

Donc, la notion d'être n'a pas besoin de définition.

La majeure est évidente, car on ne définit une notion que pour la rendre plus claire ; si donc la notion est plus claire que toute définition qu'on pourrait en donner, loin de l'éclaircir, on ne ferait que l'obscurcir en la définissant.

La mineure est évidente, d'après ce que nous avons dit dans les deux premières parties de cette thèse.

Vᵒ PARTIE. — Nous pouvons expliquer cependant la notion d'être.

L'être en effet, dans sa signification la plus générale est *tout ce que l'on peut concevoir positivement et directement*, c'est-à-dire, *tout ce qui est intelligible*, dans le vrai sens du mot. Ce qu'on ne peut concevoir d'aucune façon (comme un cercle carré), ou ce qui ne peut être conçu que comme une négation, une privation, c'est le *néant*, ou le non-être ; le néant n'est donc que la négation de l'être. Considéré en soi, l'être signifie : *tout ce qui existe, ou qui peut exister*, soit que l'existence soit actuelle, ou simplement possible.

Contre Locke et l'École positiviste.

II° THÈSE

LES ESSENCES DES CHOSES NE NOUS SONT PAS COMPLÈTEMENT INCONNUES, MAIS NOUS NE LES CONNAISSONS QU'IMPARFAITEMENT.

Prænotanda

Comme la notion de l'être, le concept de l'essence est clair par lui-même.

On ne peut donc pas en donner une vraie définition mais une explication.

Selon saint Thomas, l'essence est ce qui répond à cette question : « Qu'est-ce que cela ? » L'essence d'une chose est ce par quoi cette chose est ce qu'elle est. (*Quidditas. Id quo res est id quod est.*)

On ne doit pas confondre l'essence avec l'existence; l'existence, d'après saint Thomas, est ce qui répond à cette question : « Est-ce que cette chose est ? » On appelle encore existence la présence actuelle d'une chose dans l'ordre physique et réel.

Ire Partie. — Connaître incomplètement les essences des choses, c'est connaître les notes qui constituent certains être.

Or, nous connaissons les notes dont certains êtres sont constitués.

Donc, les essences des choses ne nous sont pas complètement inconnues.

La majeure est évidente; car les essences des choses sont les propriétés qui constituent les êtres.

A la mineure. — Nous savons, en effet, que l'homme est une substance composée d'un corps organique et d'une âme immatérielle, ou, en d'autres termes, un animal doué de raison. Or ces notes, ces propriétés sont précisément celles qui constituent l'homme, et qui le distinguent de tous les autres êtres. De même, nous savons que l'animal est une substance vivante jouissant de la sensation.

Nous savons bien, en outre, que l'homme est doué de la faculté de raisonnement, d'abstraction, d'intelligence que les animaux n'ont point. Nous savons que les animaux ont des sens que ne possèdent pas les plantes; nous savons que le les plantes ont une vie végétative dont sont privés les minéraux. Or, il est bien évident que ces notes, ces propriétés constituent réellement et physiquement les êtres dont il s'agit. Donc, nous connaissons les propriétés qui constituent certains êtres.

Nous pourrions ajouter que si les essences des choses nous étaient complètement inconnues, toute science serait impossible. Car la science est immuable et ne s'occupe que de choses immuables et nécessaires; or, dans les êtres créés, il n'y a que les essences qui soient, à proprement parler, immuables et nécessaires; donc la science ne peut s'exercer que sur les essences des choses, et par conséquent si les essences des choses nous étaient complètement inconnues, toute science serait impossible.

II° Partie. — Nous ne connaissons qu'imparfaitement les essences des choses, si nous ne connaissons pas les essences de toutes les choses, ou si nous ne les connaissons pas autant qu'elles peuvent être connues.

Or, il en est ainsi.

Donc, nous connaissons imparfaitement les essences des choses.

La majeure est évidente.

A la mineure. — Nous savons par expérience que nous ne connaissons pas les qualités, le principe constitutif e toutes choses. Qui connaît en effet le principe constitutif, ou l'essence des couleurs de l'arc-en-ciel? des esprits? de la matière elle-même? Comme nous le verrons en Cosmologie, toutes les théories des philosophes ne peuvent expliquer d'une manière évidente l'essence du grain de poussière le plus microscopique.

Nous ne connaissons pas les essences des choses, autant qu'elles peuvent être connues : car nous ne voyons pas la plupart des choses d'une manière intuitive, comme Dieu, mais seulement par le raisonnement. Un horloger peut connaître l'essence d'une horloge en tant qu'horloge, parce que c'est lui-même qui l'a constituée ainsi ; mais nous ne pouvons connaître qu'imparfaitement l'essence des choses qui ne dépendent pas de notre intelligence, comme l'essence des corps et des esprits.

III° THESE

LES ESSENCES DES CHOSES SONT MÉTAPHYSIQUEMENT IMMUABLES, INDIVISIBLES ET ÉTERNELLES.

Prænotanda

On distingue trois sortes de mutabilité : 1° la mutabilité consiste dans le passage de l'être au non-être, ou du non-être à l'être ; 2° la mutabilité a lieu encore, lorsqu'une chose restant la même en substance, devient sous un certain rapport autre qu'elle n'était auparavant : ainsi la volonté peut être aujourd'hui bonne et demain mauvaise ; ainsi la même eau peut être froide et devenir chaude ; 3° enfin la mutabilité aurait lieu d'une troisième manière, si l'essence d'une chose, restant toujours la même, pouvait changer en même temps. Cette mutabilité aurait lieu, si le cercle qui est essentiellement rond pouvait ne pas être rond tout en étant cercle. Dans ce dernier sens seulement nous disons que les essences des choses sont immuables.

On distingue deux sortes de divisibilité relativement aux essences : 1° La première consiste en ce que l'essence physique, étant composée, peut être divisée en ses parties : ainsi, l'essence de l'homme, considérée au point de vue physique, étant l'âme raisonnable et le corps organique, on peut la diviser en ses parties, c'est-à-dire l'âme et le corps. 2° La divisibilité, sous un second point de vue, aurait lieu, si on pouvait ajouter ou retrancher des notes essentielles à une essence.

On distingue l'éternité positive et l'éternité négative.

L'éternité positive et réelle est la possession parfaite d'une existence sans commencement, sans fin, et sans succession. L'éternité positive et idéale est celle qui convient aux essences en tant qu'elles sont connues de Dieu de toute éternité.

L'éternité négative signifie l'indifférence d'une chose à exister dans quelque partie que ce soit de la durée.

Nous ne disons pas que l'éternité positive et réelle convienne aux essences des choses, puisqu'elle convient à Dieu seul ; mais nous affirmons que l'éternité positive et idéale et l'éternité négative conviennent aux essences des choses.

Ire PARTIE. Les essences des choses sont immuables, si l'essence demeurant la même ne peut pas devenir autre qu'elle n'était auparavant.

Or, il en est ainsi.

Donc, les essences des choses sont immuables.

La majeure est déduite de nos définitions.

A la mineure. — Si, en effet, une essence tout en restant la même pouvait devenir autre qu'elle n'était auparavant, la même chose serait et en même temps ne serait pas ; ce qui est contre le principe de contradiction. Ainsi, si un cercle, tout en restant cercle, pouvait prendre une forme carrée, le cercle serait rond (puisqu'il est de l'essence du cercle d'être rond), et en même temps il ne serait pas rond (puisqu'il serait carré par hypothèse).

II° Partie. — Les essences des choses sont métaphysiquement indivisibles, si à une essence on ne peut ajouter, ni retrancher aucune note essentielle.

Or, il en est ainsi.

Donc, les essences des choses sont métaphysiquement indivisibles.

La majeure est une déduction de nos principes.

A la mineure. — Les essences sont déterminées par un certain nombre de notes constitutives. Or, si on en ajoute une, ou si on en retranche une, on n'aura plus la même essence, mais elle aura changé. Donc on ne peut ni rien ajouter, ni rien retrancher à une essence, sans la détruire aussitôt. Aristote en donne un bon exemple :

Quaternario, ait, si vel unam unitatem addas, vel demas, tunc habebis quinarium vel ternarium; sed quaternarium non remanebit.

III° Partie. — Les essences des choses sont métaphysiquement éternelles, si elles peuvent être connues de toute éternité, et si elles sont indifférentes à venir à l'existence dans quelque point que ce soit de la durée.

Or, on peut dire cela des essences.

Donc, les essences sont métaphysiquement éternelles.

La majeure est évidente après ce que nous avons dit plus haut.

A la mineure. — 1° Dieu en effet, connaît les essences des choses, et il les connaît de toute éternité ; 2° dans une essence qui est finie il n'y a rien qui réclame l'existence à une époque plutôt qu'à une autre, et Dieu peut actuer les essences lorsqu'il lui plaît.

IVᵉ THÈSE

LA PUISSANCE NE PEUT SE DÉFINIR QUE PAR L'ACTE ; MAIS L'ACTE NE PEUT NULLEMENT SE DÉFINIR ; ON PEUT SEULEMENT EN DONNER UNE EXPLICATION.

Prænotanda

Une chose avant d'exister est en puissance ; quand elle est venue à l'existence, on dit qu'elle est en acte. La puissance reçoit son complément et son perfectionnement de l'acte ; car la puissance n'est que l'aptitude de recevoir en soi l'actualité, c'est-à-dire, quelque chose qui perfectionne. Ainsi, une statue d'Alexandre est en puissance sur un bloc de marbre informe ; elle est en acte, quand l'artiste l'a ciselée (1).

Iʳᵉ PARTIE. — Ce qui se rapporte essentiellement à l'acte, et prend son espèce de l'acte, ne peut se définir que par l'acte.

Or, telle est la puissance par rapport à l'acte.

Donc, la puissance ne peut se définir que par l'acte.

---

(1) On distingue la puissance logique ou objective, et la puissance réelle ou subjective.

La puissance logique indique simplement quelque chose de possible, mais qui n'a d'existence que dans notre esprit. Zigliara la définit : La non répugnance à exister. Ainsi l'idée d'une maison, n'existant que dans l'esprit de l'architecte.

La puissance est réelle si on la considère en elle-même, et en dehors de notre esprit ; on l'appelle subjective ou réelle, parce qu'elle se trouve dans un sujet physique. Exemple : le plan d'une maison. Nous ne nous occuperons que de cette dernière, dans les thèses suivantes.

La puissance réelle est active ou passive.

La puissance active est la faculté d'agir ; ainsi un homme dans les ténèbres est la puissance active de la vision, parce qu'il a en lui le principe, la faculté de la vision.

La puissance passive est la faculté de recevoir : ainsi un bloc de marbre est la puissance passive d'une statue, parce qu'il peut recevoir la forme d'une statue.

A la majeure. — Toute définition doit donner l'essence de la chose à définir; donc si l'essence d'une notion est contenue dans l'acte, cette notion ne pourra se définir que par l'acte.

A la mineure. — La puissance en effet est la faculté de recevoir l'actualité; or toute faculté est déterminée par l'acte qui lui correspond, ainsi la faculté de voir est déterminée par l'acte de vision; donc la puissance est déterminée dans son espèce par l'acte.

II° Partie. — Le concept le plus universel et le plus simple dans lequel peuvent se résoudre tous les autres, ne peut pas se définir.

Or, l'acte est le concept le plus universel et le plus simple de tous.

Donc, l'acte ne peut pas se définir.

A la majeure. — Toute définition doit donner le genre prochain et la différence dernière de la chose à définir; or, le concept le plus simple et le plus universel de tous n'a pas de genre, car alors il aurait un concept plus universel que lui; donc, le concept le plus universel de tous ne peut pas se définir (Voir Thèse Ire).

A la mineure. — La notion d'être est la plus simple et la plus universelle de toutes (Thèse Ire). Or, la notion d'acte est aussi étendue que la notion d'être. Donc, la notion d'acte elle aussi est la plus simple et la plus universelle. *A la mineure.* — Là où est l'être, là est l'acte, ou bien la puissance; mais à toute puissance correspond un acte; donc là où est l'être, là est l'acte : c'est de là que vient cet axiome scolastique : « *Operatio sequitur esse;* l'acte suit l'être, » c'est-à-dire là où est l'être, là est l'acte.

III° Partie. — On peut au moins expliquer ce que c'est que l'acte. Aristote dit que l'acte, c'est l'existence réelle, et non pas seulement en puissance. Ainsi, lorsque je vois un bloc de marbre informe, je dis : c'est une statue en puissance ; mais lorsque l'artiste a sculpté les linéaments d'une figure, je dis : c'est une statue en acte.

V° THÈSE

TOUT ÊTRE CHANGEANT SE COMPOSE DE PUISSANCE ET D'ACTE ; MAIS L'ÊTRE IMMUABLE EST ACTE PUR.

Ire Partie. — Tout sujet qui peut recevoir ou perdre quelque chose se compose d'acte et de puissance.
Or tout être changeant peut recevoir ou perdre quelque chose.
Donc, tout être changeant se compose d'acte et de puissance.

A la majeure. — Tout sujet qui peut recevoir ou perdre quelque chose existe, et du moment qu'il existe il est en acte, d'après l'explication que nous avons donnée de l'acte ; de plus ce sujet est en puissance relativement à ce qu'il doit recevoir, ou ce qu'il a perdu ; car la puissance passive est l'aptitude à recevoir ou à perdre quelque chose.

A la mineure. — La mutation est le passage d'un état à un autre. Un être qui change perd donc un état dans lequel il se trouvait auparavant ; et il reçoit quelque chose qu'il n'avait pas dans son premier état.

IIe Partie. — Le sujet qui ne peut rien perdre, rien recevoir n'admet aucune puissance passive, mais il est un acte pur.
Or, L'être immuable ne peut rien perdre, ni rien recevoir.
Donc L'être immuable n'admet aucune puissance passive, mais il est un acte pur.

A la majeure. — Le sujet qui ne peut rien perdre, ni rien recevoir existe ; donc, il est acte. Il est acte pur, car l'acte pur est celui qui ne peut rien perdre ni rien recevoir.

7.

A la mineure. — Ceci n'est que la notion de l'immutabilité ; un être qui pourrait recevoir ou perdre quelque chose ne serait pas immuable.

Nota. — Remarquons ici que toutes les créatures sont changeantes, soit par rapport à leur existence, soit par rapport à leurs opérations, et par conséquent toutes les créatures se composent de puissance et d'acte. Dieu seul est acte pur, parce que Dieu seul est immuable.

VI° THÈSE

DANS UN ÊTRE CHANGEANT ET SUCCESSIF LA PUISSANCE PRÉCÈDE L'ACTE PAR LA PRIORITÉ DE TEMPS ; MAIS DANS LE SENS ABSOLU L'ACTE PRÉCÈDE LA PUISSANCE, PAR LA PRIORITÉ DE NATURE.

Prœnotanda

Les Scolastiques disent qu'un être précède un autre être par la priorité de temps, lorsque le premier être existé, alors que le second n'existe pas encore. Ainsi, parmi les hommes, le père précède le fils par la priorité de temps.

Un être en précède un autre par la priorité de nature, lorsque l'existence du second dépend de l'existence du premier. Ainsi l'existence d'un rayon de sa lumière dépend de l'existence du soleil.

Ire PARTIE. — La possibilité d'un état qui peut survenir dans un être successif précède l'acte par la priorité de temps.

Or, la possibilité d'un état qui peut survenir dans un être changeant et successif n'est autre chose que la puissance.

Donc, dans un être successif la puissance précède l'acte par la priorité de temps.

A la majeure. — Un être changeant et successif est un

être qui passe successivement d'un état à l'autre, c'est-à-dire qui reçoit un état après l'autre. Il est donc bien évident qu'avant d'être dans tel état cet être était dans la possibilité de le recevoir. Ainsi l'homme qui d'ignorant devient savant, était dans la possibilité de devenir savant avant d'avoir acquis la science.

A la mineure. — Si un être est dans la possibilité de recevoir tel état, il a l'aptitude à recevoir cet état. Or, l'aptitude à recevoir quelque chose, c'est la puissance : ainsi un homme ignorant est apte à devenir savant : on dit alors qu'il est en puissance relativement à la science.

Donc, la possibilité d'un état qui peut survenir dans un être successif n'est autre chose que la puissance.

II° PARTIE. — Cette existence de laquelle dépend tout ce que l'on peut concevoir parmi les choses contingentes, précède la puissance, au moins par la priorité de nature.

Or, de l'existence de l'acte, dans un sens absolu, dépend tout ce que l'on peut concevoir parmi les choses contingentes.

Donc, l'acte précède la puissance, dans un sens absolu, ou moins par la priorité de nature.

A la majeure. — La puissance, en effet, est quelque chose que l'on peut concevoir parmi les êtres contingents. Elle dépend donc elle aussi de cette chose, de laquelle dépend tout ce que l'on peut concevoir parmi les êtres contingents. Or, nous savons qu'un être est antérieur à un autre au moins par la priorité de nature, lorsque de l'existence du premier dépend l'existence du second. Donc, cette existence de laquelle dépend tout ce que l'on peut concevoir parmi les êtres contingents, précède la puissance, au moins par la priorité de nature.

La mineure paraît évidente d'après ce principe : Personne ne donne ce qu'il n'a pas. En effet, la puissance n'a rien et ne peut rien donner, puisqu'elle n'est autre chose que la faculté de recevoir ; elle suppose donc quelque chose qui soit en acte, et qui puisse la faire passer en acte.

Corollaire I. — La puissance logique n'est rien par elle-même, c'est la pure idée de l'être possible ; elle n'a rien et elle ne peut rien donner. La puissance réelle passive n'a rien, mais elle doit être déterminée par un autre être.

II. — La puissance signifie la faculté d'agir en passant en acte ; mais elle a besoin de l'influence d'un principe extérieur.

III. — L'acte premier, ou Dieu existe nécessairement ; car la puissance ne peut passer en acte d'elle-même. Or, tous les êtres changeants qui existent se composent de puissance et d'acte, et n'ont pu passer en acte sans l'influence d'un acte qui ne soit mêlé à aucune puissance.

VII° THÈSE

LES PROPRIÉTÉS TRANSCENDENTALES DE L'ÊTRE, DISTINCTES DE L'ÊTRE D'UNE DISTINCTION LOGIQUE, SE RÉDUISENT A TROIS : L'UNITÉ, LA VÉRITÉ, LA BONTÉ.

Prænotanda

1° Une propriété, en général, est ce qui convient nécessairement à une essence, et par conséquent, une propriété transcendentale sera celle qui conviendra essentiellement à tous les êtres.

2° Il y a cinq notes que l'on peut attribuer à tous les êtres, savoir : *Ens seu res, aliquid, unum, verum, bonum. Res* est synonyme de *ens ; aliquid* signifie mais plus génériquement la même chose que *unum ;* de sorte qu'il ne reste que trois propriétés principales qui conviennent à tout être en général, à savoir : l'unité, la vérité, la bonté.

3° Les propriétés transcendantales de l'être ne sont pas quelque chose de réellement distinct de l'être, car ces propriétés sont ou bien être, ou bien néant.

Or, elles ne sont pas le néant, car ce ne seraient plus des propriétés ; donc, ces propriétés ne sont pas réellement distinctes de l'être qui comprend et contient tout ce que l'on peut concevoir de réel et de positif.

Ire Partie. — Ce qui s'identifie nécessairement avec l'être et qui est implicitement contenu sous la notion d'être, ne peut se distinguer de l'être que par une distinction de raison.

Or, les propriétés transcendantales sont dans ces conditions.

Donc, elles ne peuvent se distinguer de l'être que par une distinction logique.

La majeure est évidente, car deux choses qui sont absolument identiques ne sauraient être réellement distinguées, puisqu'elles ne font qu'un. La raison seule peut établir une distinction, en exprimant la même chose par deux termes différents, dont l'un exprime la chose d'une manière confuse, et l'autre d'une manière plus distincte.

La mineure est évidente, puisque nous avons vu que les propriétés transcendantales ne sont pas réellement distinctes de l'être, et que tout ce que l'on peut concevoir de réel et de positif est contenu nécessairement sous la notion de l'être.

IIe Partie. — Les propriétés transcendantales de l'être se réduisent à trois, savoir : l'unité, la vérité, la bonté.

Ces propriétés doivent être : 1° ou bien une négation commune à tous les êtres ; 2° ou bien une relation avec un être avec lequel tous les êtres peuvent être comparés.

Or, d'après ceci, les propriétés transcendantales de l'être se réduisent à trois : l'unité, la vérité, la bonté.

Donc, les propriétés transcendantales de l'être sont au nombre de trois : l'unité, la vérité, la bonté.

A la majeure. — Puisque, d'un côté, ces propriétés ne sont pas une pure fiction de l'esprit et que, d'un autre côté, elles ne sont pas distinctes de l'être, elles ne peuvent être qu'une négation commune à tous les êtres, et une relation qui puisse aussi convenir à tous les êtres.

A la mineure. — Aucune autre négation n'est commune à tous les êtres, si ce n'est la négation de division (car aucun être n'est divisé en soi); aucune autre relation n'est commune à tous les êtres, si ce n'est la relation que chacun d'eux peut avoir avec l'intelligence et la volonté (car tout être est connu ou peut être connu par une intelligence, et toute réalité est aimée ou peut être aimée par une volonté).

Or, la négation de division n'est autre chose que l'unité ; la relation avec l'intelligence n'est autre chose que la vérité ; la relation avec la volonté n'est autre chose que la bonté. Donc, les propriétés transcendentales des êtres sont au nombre de trois.

Il est nécessaire de savoir la définition de chacune de ces trois propriétés pour bien réfuter les objections :

1° L'unité transcendentale est cette propriété en vertu de laquelle tout être est indivisé en soi et divisé, c'est-à-dire séparé de tout autre. Les êtres même composés sont uns de l'unité transcendentale ; car bien qu'ils puissent être divisés en plusieurs parties, chacune de ces parties ne formera pas un être qui égale le premier. Ainsi un temple peut être divisé en plusieurs parties : portique, sanctuaire, etc., mais chaque partie ne sera pas un temple.

2° Les choses peuvent se rapporter, ou bien avec l'intellect divin, dont elles ont reçu l'être, ou bien avec l'intellect humain par lequel elles sont connues. La vérité logique consiste dans une parfaite conformité entre l'intellect humain et les choses qu'il connaît. La vérité métaphysique ou transcendentale dont il s'agit ici, peut se définir : la convenance des choses naturelles avec leur archétype, c'est-à-dire avec l'intelligence divine qui les a conçues. On peut dire encore avec plus de clarté : « La vérité transcendantale est la conformité de l'être avec le concept qui exprime sa nature. »

3° La bonté métaphysique ou transcendantale consiste en ce qu'une chose, en tant qu'être, est désirable. Il ne faut pas la confondre avec la bonté physique ou la bonté morale qui ne considèrent pas l'être en soi ou absolument, mais qui le considèrent relativement seulement : c'est-à-dire, sous un rapport en vertu duquel cet être parfait l'ordre de la nature ou l'ordre des mœurs. Si l'être parfait l'ordre de la nature il est dit « physiquement bon », par exemple : une médecine qui rétablit un malade. Si l'être parfait l'ordre des mœurs c'est-à-dire la direction de nos actes humains vers leur fin dernière, il est appelé moral et dit « moralement bon », par exemple : la tempérance qui élève et purifie notre âme.

VIII° THÈSE

LES ÊTRES SONT VRAIS PREMIÈREMENT, RELATIVEMENT A L'INTELLECT DIVIN ; SECONDAIREMENT, RELATIVEMENT A L'INTELLECT HUMAIN.

Prænotanda

Nous savons que la vérité consiste dans l'équation et la conformité d'une chose avec une intelligence.

Les choses sont vraies *primariò*, par rapport à cette intelligence avec laquelle elles ont un rapport nécessaire, le plus grand possible et essentiel.

Les choses sont vraies *secundariò*, relativement à une intelligence avec laquelle elles peuvent être conformes, mais avec laquelle elles ne se rapportent pas nécessairement, le plus possible et essentiellement.

Ire PARTIE. — Les choses sont vraies *primario* relativement à une intelligence avec laquelle elles ont un rapport nécessaire, le plus grand possible et essentiel.

Or, les choses n'ont ce rapport nécessaire, le plus grand possible et essentiel, qu'avec l'intelligence divine.

Donc, les choses sont vraies *primario*, relativement à l'intelligence divine.

La majeure n'est que la définition. Puisque la vérité consiste dans la relation des choses avec une intelligence, si les choses ont un rapport ou une relation nécessaire et essentielle avec une intelligence, on pourra dire que la vérité leur convient nécessairement et en premier lieu, relativement à cette intelligence.

A la mineure. — Or les choses ont avec l'intelligence divine :

1° Un rapport nécessaire : car il y a entre l'intelligence divine et les choses une conformité parfaite, et cette conformité ne peut pas ne pas exister.

2° Un rapport le plus grand possible ; car l'intellect divin voit les objets tels qu'ils sont, avec tout ce qui peut leur convenir sous quelque raison que ce soit.

3° Un rapport essentiel ; car l'intellect divin s'identifie essentiellement avec l'essence divine dans laquelle il connaît tous les autres êtres, comme nous le prouverons en Theodicée.

IIe PARTIE. — Les choses sont vraies secondairement relativement à cette intelligence avec laquelle elles peuvent être conformes, mais avec laquelle elles n'ont pas un rapport nécessaire, intime et essentiel.

Or, l'intelligence humaine est dans ces conditions relativement aux êtres.

Donc, les choses sont vraies secondairement relativement à l'intelligence humaine.

La majeure n'est que la définition. De même que, si la relation entre les choses et une intelligence est nécessaire et essentielle, la vérité est nécessaire et essentielle, ainsi, si cette relation n'est pas nécessaire et essentielle, la vérité des choses relativement à cette intelligence ne sera pas nécessaire et essentielle, mais seulement secondaire.

A la mineure. — 1° Il peut exister une conformité entre les choses et l'intelligence humaine, bien que cette conformité n'existe pas toujours en acte ; car l'intelligence humaine est faite pour connaître, et lorsqu'elle connaît les choses telles qu'elles sont, il y a conformité entre elle et les choses qu'elle connaît.

2° Le rapport qui existe entre les choses et notre intelligence n'est ni essentiel, ni nécessaire, parce que cette relation ou conformité n'est pas toujours en acte mais souvent en puissance (car nous ne connaissons pas actuellement toutes choses) ; ce rapport, cette conformité n'est pas le plus grand possible (*maxima*), parce que les choses que nous connaissons nous ne les connaissons pas autant qu'elles peuvent être connues, c'est-à-dire dans tous les rapports qu'un être ou une vérité peuvent avoir, en soi ou relativement à tous les autres êtres ou à toutes les autres vérités. L'intelligence humaine est en effet appréhensive et nullement compréhensive, parce qu'elle est essentiellement finie et limitée.

Contre Locke et tous les Matérialistes ou Positivistes.

IXe THÈSE

LE CONCEPT DE SUBSTANCE EXPRIME QUELQUE CHOSE DE RÉEL.

Prænotanda

Pour faire comprendre la notion de substance et d'accident Descartes se servait de cet exemple : Un morceau de cire chauffée prendra successivement une forme ronde, carrée, etc... tout en demeurant la même cire. La substance dans cette cire est ce qui ne change pas, et les accidents sont les diverses modifications de la cire.

La substance se définit : *Un être qui existe en soi, ou qui n'a pas besoin, pour exister, d'un sujet auquel il adhère.*

L'accident, au contraire, est *un être qui existe dans un autre, ou qui a besoin, pour exister, d'un sujet auquel il adhère.*

La substance s'appelle ainsi, parce qu'elle *subsiste* (sub, stat) sous les accidents.

Cette thèse se dirige contre Locke, médecin anglais, qui prétendait que la substance est un assemblage d'idées simples, que nous percevons par les sens. D'après Locke et ses nombreux adeptes sensualistes et matérialistes, la substance n'est donc qu'un ensemble de qualités que nous percevons par la sensation, et qu'une cause inconnue fait coexister : Elle n'est rien de réel, mais une imagination de notre esprit. Cette théorie est fausse. En effet :

Un concept est réel lorsqu'il exprime quelque chose qui existe dans la nature.

Or, le concept de substance exprime quelque chose qui existe dans la nature.

Donc, le concept de substance est réel.

La majeure est la définition du concept réel.

A la mineure. — Le concept de substance exprime la réalité, l'entité première d'un être qui subsiste en soi, qui n'existe pas dans un autre, et qui est le fondement et la base de toute réalité dans cet être. Or, tous les êtres ont une entité, une réalité, comme nous l'avons prouvé en Logique contre les Idéalistes ; et, de plus, les êtres ont une entité première qui subsiste en soi, et qui n'existe pas dans un autre sujet. En effet, cette réalité, que possèdent les êtres, ou bien elle existe en soi, ou bien dans un sujet; si elle existe en soi, nous avons ce que nous voulons, c'est-à-dire que la notion de substance sera réelle; si cette réalité existe dans un sujet, on pourra poser la même question sur ce sujet lui-même : est-ce qu'il existe en soi, ou bien dans un autre ? et à moins qu'on ne veuille ainsi pousser jusqu'à l'infini (ce qui est absurde), on sera obligé de s'arrêter à une réalité qui existe en soi, et qui ne soit inhérente à aucune autre sujet. Donc, une réalité existant en elle-même, ou, ce qui exprime le concept de substance, existe dans la nature.

Nous savons que Locke admet l'existence des qualités, mais il ne veut pas reconnaître la substance à laquelle ces qualités doivent adhérer. Or ceci est contradictoire; en effet, les qualités ne peuvent se concevoir sans la notion d'un être qu'elles affectent et auquel elles adhèrent. Par conséquent, en admettant les qualités, Locke doit admettre le sujet auquel elles adhèrent. Or, Locke nie ce sujet. Sa doctrine est donc contradictoire. Nous devons remarquer, de plus, que la notion de substance est le soutien universel du langage des hommes (le nom substantif, exprime la substance). Or, si la substance n'était rien de réel, nos idées, qui se manifestent par le langage, ne seraient que de pures fictions qui n'auraient aucune valeur objective, ce qui est absurde comme nous l'avons démontré en Logique.

X° THÈSE

OUTRE LA SUBSTANCE, ON TROUVE DANS LES ÊTRES CRÉÉS DES ACCIDENTS RÉELS, ET QUI, EN TANT QU'ABSOLUS, PEUVENT EXISTER PAR LA PUISSANCE DIVINE SANS ADHÉRER A LEUR SUBSTANCE CONNATURELLE.

Prænotanda

Nous savons qu'un accident est un être qui a besoin d'un sujet auquel il soit adhérent, pour exister.

Les accidents réels sont *absolus*, ou *modaux*.

Les accidents absolus sont ceux qui affectent directement et immédiatement la substance : Exemple : la chaleur de l'eau, le mouvement, la quantité, l'étendue, etc.

Les accidents modaux, qui expriment la manière (*modus*) dont les accidents absolus affectent la substance, n'affectent pas immédiatement la substance, mais par l'intermédiaire des accidents absolus. Ainsi l'intensité de la chaleur, la rapidité ou la lenteur du mouvement, etc.

Ire Partie. — Outre la substance, il y a des entités qui, pour exister, ont besoin d'un sujet auxquels elles adhèrent.

Or, ces entités qui, pour exister, ont besoin d'un sujet auquel elles doivent adhérer, sont des accidents.

Donc, outre la substance, on trouve dans les êtres créés des accidents.

A la majeure. — C'est un fait expérimental. En effet, on trouve, dans l'être spirituel, la pensée qui ne peut exister sans être inhérente à une intelligence, comme sujet. Il en est de même dans l'être matériel de la couleur, du mouvement, etc., qui ont besoin, pour exister, d'un sujet affecté par la couleur, ou le mouvement, etc., etc.

La mineure n'est que la définition de l'accident.

IIe Partie. — Ce qui occasionne, en dehors de notre esprit un changement vrai et qui est l'effet d'une action positive est quelque chose de réel.

Or, les accidents occasionnent des changements réels, existant en dehors de notre esprit, et sont l'effet d'une action positive.

Donc, il y a des accidents réels.

A la majeure. — Si ce qui occasionne un changement, existant en dehors de notre esprit, n'était pas quelque chose de réel, ce serait alors ou une pure fiction de notre esprit, ou le néant. Il n'y a pas d'autre hypothèse possible. Or, ce qui occasionne un changement vrai, ne peut pas être le néant ; car le néant n'étant rien et ne pouvant rien être ne peut rien faire et par conséquent rien changer.

Ce qui cause un changement réel, ne peut pas être davantage une fiction et une imagination de notre esprit; car notre pensée, qui est tout à fait subjective, ne peut produire aucun changement réel et positif en dehors de notre esprit.

Donc, ce qui occasionne, en dehors de notre esprit, un changement vrai et qui en même temps est l'effet d'une action positive, est quelque chose de réel.

A la mineure. — En effet, lorsque nous passons d'une pensée à une autre, nous perdons véritablement quelque chose, et nous acquérons véritablement une autre chose. Il y a donc en nous un changement réel et vrai. Lorsqu'un morceau de cire passe de la forme pyramidale à une forme ronde, la cire perd une forme, et elle en prend une autre. Il y a donc eu dans ce morceau de cire un changement vrai et réel.

Or, ce qui produit ces changements réels dans l'homme, dans la cire, etc., c'est-à-dire la pensée, la forme, etc., sont des accidents. Donc, les accidents occasionnent des changements vrais et réels dans les substances qu'ils affectent, en vertu d'une action positive.

Remarquons ici que les accidents sont réellement distincts de la substance ; car la substance restant la même, les accidents peuvent changer diversement. Ainsi la cire, tout en restant la même cire, peut être affectée de divers accidents, de la forme ronde, ou carrée, etc.

IIIe Partie. — Tout ce qui ne répugne pas intrinsèquemen Dieu peut le faire.

Or, il ne répugne pas que des accidents absolus existent sans adhérer *actu* à leur substance connaturelle.

Donc, Dieu peut faire que des accidents absolus existent sans adhérer *actu* à leur substance connaturelle.

A la majeure. — Dieu, en effet, est tout-puissant, et tout ce qui peut se faire, il peut le faire.

A la mineure. — En effet, la nature de l'accident n'est

pas d'adhérer actuellement à sa substance connaturelle; mais de même que la nature de la substance est de n'être adhérente à aucun sujet et d'exister en soi, ainsi la nature de l'accident est de ne pouvoir exister en soi, et de réclamer un sujet pour le soutenir. Il ne répugne donc pas qu'un accident existe, séparé de sa substance connaturelle, pourvu qu'il y ait une puissance qui le soutienne dans l'existence. Ainsi il sera toujours un être *stans in alio*, c'est-à-dire un accident. Qui pourrait refuser à Dieu cette puissance de soutenir dans l'existence un accident séparé de son sujet naturel ?

Puisque Dieu a donné à la substance le pouvoir de soutenir les accidents, à plus forte raison doit-il avoir lui-même ce pouvoir sans le secours de la substance!

Il y a certains accidents qui ne peuvent pas se concevoir et exister sans une substance. Ainsi la pensée ne peut pas exister sans une intelligence pensante. Ici nous parlons des accidents en général, appelés absolus et non de tel accident en particulier.

Contre Wolff, Storchenau, Okam, et Descartes.

XI° THÈSE

LA POSSIBILITÉ INTRINSÈQUE DES CHOSES DÉPEND DE DIEU, NON DE SA TOUTE-PUISSANCE, NI DE SA LIBRE VOLONTÉ, MAIS D'UNE MANIÈRE PROCHAINE DE L'INTELLIGENCE DIVINE, ET D'UNE MANIÈRE ÉLOIGNÉE DE L'ESSENCE DIVINE.

Prænotanda

La possibilité n'est autre chose que la puissance logique (Thèse IV). En général, on dit qu'une chose est possible, lorsqu'elle peut exister; et qu'elle est impossible, lorsqu'elle ne peut pas exister. La possibilité peut donc se définir la pure non-répugnance, ou l'aptitude à exister.

On distingue la possibilité *intrinsèque*, et la possibilité *extrinsèque*.

La possibilité intrinsèque est l'aptitude à exister en tant qu'elle est considérée en elle-même. Ce n'est autre chose que la non-répugnance d'une chose, ou l'absence de contradiction, ainsi tout ce qui ne répugne pas est possible intrinsèquement; au contraire, tout ce qui répugne ou est contradictoire, est intrinsèquement impossible, comme un cercle carré.

La possibilité extrinsèque est l'aptitude à exister en tant qu'elle est considérée relativement à une cause qui puisse lui donner l'existence actuelle. Ainsi un nouveau monde, qui est possible en lui-même, est aussi possible extrinsèquement, parce que Dieu peut lui donner l'existence; au contraire, un monde nouveau est impossible extrinsèquement relativement à l'homme, parce que l'homme ne peut lui donner l'existence.

Cette thèse est dirigée contre Wolff, et Storchenau. D'après eux, la possibilité intrinsèque des choses ne dépend pas de Dieu, de sorte que si, par impossible, Dieu n'existait pas, les choses auraient leur possibilité intrinsèque; contre Okam, qui n'admet aucune distinction entre la possibilité intrinsèque et la possibilité extrinsèque, et affirme que l'une comme l'autre dépend de la toute-puissance de Dieu; enfin contre Descartes, qui assure que la possibilité intrinsèque des choses dépend de la libre volonté de Dieu, de sorte que, si Dieu avait voulu qu'un cercle carré fût possible, un cercle carré eût été possible; si Dieu ne l'avait pas voulu, les trois angles d'un triangle n'égaleraient pas deux angles droits.

I^r Partie. — Il répugne de supposer qu'une réalité soit indépendante de Dieu, et que Dieu dépende de quelque chose.

Or, si la possibilité intrinsèque des choses ne dépendait pas de Dieu, il y aurait une réalité qui ne dépendrait pas de Dieu, et Dieu serait dépendant.

Donc, la possibilité intrinsèque des choses dépend de Dieu.

A la majeure. — Comme nous le verrons en Théodicée, Dieu est le premier être, l'Être suprême, de qui dépend toute réalité physique ou idéale, et qui ne dépend lui-même d'aucun autre, ni dans ses connaissances, ni dans ses actions.

A la mineure. — 1° Les possibles, en effet, ont leur réalité non point physique, mais au moins idéale, et, par conséquent, si les possibles ne dépendaient pas de Dieu, il y aurait une réalité qui serait indépendante de Dieu, c'est-à-dire la réalité idéale des possibles. 2° Si les possibles n'étaient dépendants de Dieu, Dieu dans ses connaissances et ses volitions serait déterminé par les possibles : car il serait obligé de reconnaître comme possible ce qui, indépendamment de lui, serait possible ; ce qui importe la dépendance de Dieu de la possibilité intrinsèque des choses.

II° Partie. — On ne doit pas admettre une opinion qui détruit la toute-puissance de Dieu.

Or, telle est l'opinion d'Okam, disant que les possibles dépendent de la toute-puissance de Dieu.

Donc, on ne doit pas dire que les possibles dépendent de la toute-puissance de Dieu.

La majeure est évidente, car la toute-puissance de Dieu est infinie.

A la mineure. — Si une chose n'est possible que parce que Dieu peut la faire, de la même manière une chose n'est impossible que parce que Dieu n'a pas assez de puissance pour la faire ; c'est-à-dire un cercle rond est possible, parce que Dieu peut le faire, et un cercle carré est impossible, parce que Dieu ne peut pas le faire. Ce qui revient à dire : « La puissance divine est limitée, et si elle était plus grande, elle ferait que le cercle carré, par exemple, fût possible. Donc, elle est limitée.

Nota. — On ne doit pas dire, d'après cela : Une montagne d'or est possible, parce que Dieu peut la faire ; mais bien : Une montagne d'or est possible, parce qu'elle peut se faire. Ainsi on ne dit pas philosophiquement : Dieu ne peut pas faire ceci ; mais on devrait dire : Il répugne que ceci se fasse.

III° Partie. — Ce qui répugne intrinsèquement ne peut pas être le terme d'une action de Dieu.

Or, si la possibilité ou l'impossibilité intrinsèque des choses dépendait de la libre volonté de Dieu, il en serait ainsi.

Donc, la possibilité intrinsèque des choses ne dépend pas de la libre volonté de Dieu.

A la majeure. — Ce qui répugne intrinsèquement n'est autre chose que le néant. Or, le néant ne peut pas être le terme d'une action divine : car il répugne que Dieu, en agissant ne fasse rien. Donc ce qui répugne intrinsèquement ne peut pas être le terme d'une action divine.

A la mineure. — Si la possibilité intrinsèque des choses dépendait de la libre volonté de Dieu, Dieu, s'il avait voulu, aurait pu faire que ce qui répugne intrinsèquement ne répugnât nullement, et il aurait pu rendre possible, par exemple un cercle carré. Or ce qui est possible intrinsèquement Dieu peut le faire. Donc, ce qui répugne intrinsèquement, Dieu aurait pu le faire c'est-à-dire que ce qui répugne intrinsèquement aurait pu être le terme d'une action divine.

IV° Partie. — Un travail quelconque, avant d'être fait, dépend prochainement de l'intelligence de celui qui doit le faire.

Or, les possibles sont des choses qui peuvent se faire, et se rapportent à Dieu, comme à leur auteur.

Donc, les possibles dépendent prochainement de l'intelligence divine.

La majeure est évidente; car ce travail est contenu dans l'idée de son auteur, et sera fait selon cette idée.

La mineure est évidente, d'après la notion des possibles. Les possibles n'ont pas une réalité propre, mais seulement l'idéalité, puisqu'ils ne sont pas en eux-mêmes, mais dans les idées. Or, de même que la toute-puissance divine est la source de toute réalité, ainsi l'intelligence divine est la source de toute idéalité. Donc les possibles ne tiennent leur existence idéale que de l'intellect divin, source de toute idéalité.

Vᵉ Partie. — L'objet que perçoit l'intelligence divine dans la détermination des possibles, n'est autre chose que l'essence divine, d'une manière éloignée.

Or, la possibilité intrinsèque des choses dépend de l'objet que l'intelligence divine perçoit, dans la détermination des possibles.

Donc, la possibilité intrinsèque des choses dépend d'une manière éloignée de l'essence divine.

La majeure se prouve en Théodicée, thèse XVIIᵉ.

A la mineure. — L'ordre réel procède toujours l'ordre logique; or, les possibles sont dans l'ordre logique; donc, la possibilité intrinsèque suppose un objet réel que l'intelligence divine perçoit, et dépend de lui.

Contre Locke, Hume niant la causalité; contre Malebranche et son École occasionaliste.

XIIᵉ THÈSE

LA NOTION DE CAUSE EFFICIENTE RÉELLE EST DÉDUITE DE L'OBSERVATION MÊME DES PHÉNOMÈNES, DE TELLE SORTE QUE, MALGRÉ LES ASSERTIONS DES OCCASIONNALISTES, LES NATURES CORPORELLES ET SPIRITUELLES JOUISSENT D'UNE VÉRITABLE ACTIVITÉ.

Prænotanda

La cause efficiente est un principe qui, par son action

positive et réelle, produit en dehors de lui une nouvelle existence.

L'effet est ce qui résulte de cette action de la cause efficiente.

Locke et Hume prétendent que l'expérience nous fait connaître la succession, mais non l'enchaînement des phénomènes de la nature ; de sorte qu'il n'est pas permis de conclure que l'un est la cause de l'autre ; ils détruisent ainsi la notion de causalité. Les Matérialistes contemporains adoptent à l'envi cette doctrine.

Les Occasionnalistes nient toute activité aux créatures. Ils prétendent que Dieu fait directement et par lui-même tout ce que nous attribuons aux créatures. Ainsi, lorsqu'on approche une paille du feu, la paille est brûlée ; mais, d'après eux, ce n'est pas le feu qui brûle, c'est Dieu lui-même, qui, toutes les fois qu'on approche ainsi une paille du feu, détruit cette paille. On distingue les *Occasionnalistes rigides* qui refusent toute activité aux corps et aux esprits ; et les *Occasionnalistes mitigés* qui attribuent cependant une causalité aux esprits.

Ire Partie. — La cause efficiente est un principe qui par son action positive et réelle produit en dehors de lui une nouvelle existence.

Or, la notion d'un principe qui par son action positive produit en dehors de lui une nouvelle existence, se déduit de l'observation des phénomènes.

Donc, la notion de cause efficiente se déduit de l'observation des phénomènes.

La majeure est la définition de la cause efficiente.

A la mineure. — Lorsque nous observons les phénomènes qui se passent autour de nous, nous voyons beaucoup de choses qui existent et qui auparavant n'existaient pas, et qui, par conséquent, arrivent à l'existence. Or, de l'inspection d'une chose qui existe et qui n'existait pas auparavant se déduit la notion d'un principe qui par son action positive produit cette chose. Donc, de l'observation des phénomènes se déduit la notion d'un principe qui par une influence positive produit une nouvelle existence.

La mineure se prouve ainsi. Le commencement d'une chose qui arrive à l'existence suppose nécessairement une raison suffisante (1) faisant que cette chose a l'existence. Or, la raison suffisante d'une chose qui arrive à l'existence, est ce principe qui par son action positive produit une nouvelle existence. Donc, de l'inspection d'une chose qui arrive à l'existence, nous déduisons la notion d'un principe qui par son action positive produit une nouvelle existence.

A la mineure. — La raison suffisante d'une chose qui commence d'être est, ou bien l'essence de cette chose, ou bien sa possibilité, ou bien un principe extrinsèque qui par son action positive produit une nouvelle existence. Or, la raison suffisante d'une chose qui commence à exister, ne peut être ni son essence, ni sa possibilité. Donc, c'est un principe qui par son action positive produit une nouvelle existence.

A la mineure. — 1° La raison suffisante d'une chose qui commence à exister, ne peut être l'essence de cette chose ; car les essences sont indifférentes d'elles-mêmes, à exister ou à ne pas exister : ce n'est donc pas à cause de son essence qu'une chose reçoit l'existence ; 2° la possibilité n'est pas davantage la raison suffisante d'une chose qui arrive à l'existence: car, dans ce cas, pour qu'une chose eût l'existence il suffirait qu'elle fût possible, et alors tous les possibles existeraient : ce qui est impossible.

On déduit de là que l'idée de cause n'est pas une idée purement imaginaire, mais réelle ; cette idée a une

(1) La raison suffisante est ce qui contient en soi tout ce qui suffit pour qu'une chose se fasse.

valeur objective et réelle, parce qu'elle est déduite de l'observation des phénomènes.

IIᵉ Partie. — On ne doit pas admettre une opinion qui est contraire au témoignage de la conscience, qui détruit la liberté de l'homme et la nature de Dieu.

Or, telle est l'opinion des Occasionnalistes rigides, disant que notre esprit est privé de toute activité.

Donc, l'opinion des Occasionnalistes est fausse, et notre âme est douée d'une vraie activité.

La majeure est évidente.

A la mineure. — 1º Je sens, en effet, et je sens bien vivement que c'est moi qui sens, qui pense, qui remue la main en écrivant, qui écris, qui parle, et je sens que ces actions viennent de moi, et non d'un principe étranger. Or, les Occasionnalistes disent que c'est Dieu qui parle, qui écrit, etc., tandis que je ne serais qu'une occasion de tous ces actes. Donc, ils vont contre le témoignage de la conscience. 2º La liberté est la faculté de choisir ; or, cette faculté suppose nécessairement l'activité ; donc, les Occasionnalistes, en niant l'activité de l'âme, nient aussi sa liberté. 3º Si notre âme était privée de toute activité et que Dieu fût la cause efficiente de tout ce qui se fait, Dieu serait l'auteur direct et immédiat du mal comme du bien ; or, ceci est contre la nature de Dieu, qui ne peut pas faire le mal ; donc, l'opinion des Occasionnalistes détruit la nature de Dieu.

IIIᵉ Partie. — On ne doit pas admettre une opinion qui est contraire à l'expérience, au sens commun, et à la sagesse de Dieu.

Or, telle est l'opinion des Occasionnalistes mitigés, disant que les corps sont privés de toute activité.

Donc, les corps jouissent d'une vraie activité.

La majeure est évidente.

A la mineure. — 1º L'expérience quotidienne nous fait

8.

voir que le feu brûle, que l'eau mouille, que le soleil éclaire, et que tel et tel effet déterminé n'est produit que si l'on emploie telle et telle cause déterminée. Or, les Occasionnalistes prétendent le contraire ; donc, ils vont contre l'expérience. 2º Tous les hommes, en effet, admettent qu'il ne faut pas attribuer uniquement à l'action de Dieu tout ce qui arrive, mais que pour obtenir certains effets, il faut poser certaines causes déterminées. 3º Il est contre la sagesse de Dieu, d'employer des moyens qui ne serviraient de rien dans la production de l'effet qu'il veut produire. Or, si les corps étaient privés d'activité, Dieu emploierait des moyens qui seraient inutiles à la production de l'effet qu'il veut produire, puisque Dieu seul agirait, et que les corps n'auraient aucune activité. — Donc, l'opinion des Occasionalistes est contraire à la sagesse de Dieu.

APPENDICE A L'ONTOLOGIE

I. — DE L'ESPACE

La solution de cette grave question suppose trois études :

1º Exposer la notion vulgaire de l'espace, avec les caractères contradictoires qu'elle semble présenter au premier coup d'œil ;

2º Exposer les divers systèmes qui ont essayé d'élucider et d'expliquer cette notion ;

3º Enfin dire lequel de tous ces systèmes semble préférable, et sur quelles raisons il est fondé ;

I. — L'espace, comme tous les hommes, même ceux qui sont dépourvus d'instruction, le conçoivent facilement, est l'extension, l'étendue que les corps occupent ou peuvent occuper ; c'est ce en quoi sont placés et se meuvent les corps, ce à quoi on ne peut attribuer aucune autre propriété des corps que l'étendue. Cette réalité, quelle qu'elle soit, semble au premier coup d'œil revêtue de caractères assez opposés. En effet, d'un côté, l'espace nous apparaît comme ayant une existence propre, et comme étant tout à fait distinct des corps qui l'occupent ; comme *éternel*, car avant la création du monde, il dut y avoir l'espace où le monde est placé ; comme *nécessaire et indestructible*, car nous pouvons supposer que le monde visible soit anéanti : mais à cet anéantissement survit pour ainsi dire l'espace, c'est-à-dire la place où Dieu posera un nouveau monde qu'il peut créer ; comme *infini*, puisque Dieu peut toujours créer de nouveaux corps, et qu'il y a par conséquent toujours pour les recevoir un espace appelé imaginaire dont on ne saurait trouver les limites ; comme *immuable*, car les corps se meuvent en lui et occupent successivement ses diverses parties ; pour lui, il ne participe en aucune manière à leur mouvement, mais il se tient toujours immuable.

D'un autre côté, cet être revêtu d'attributs si admirables, mérite à peine le nom d'être, si on examine à fond sa réalité. En effet, il nous apparaît comme *divisible*, c'est-à-dire comme composé et formé d'une collection d'êtres nombreux, car la partie de l'espace qu'occupe un corps, nous paraît évidemment distincte de la partie de l'espace occupée par un autre corps. L'espace est même *divisible à l'infini*, c'est-à-dire composé, et formé d'une agrégation de corps si petits, si l'on peut ainsi parler, et si imperceptibles qu'il n'est pas possible d'arriver au fond de leur réalité, de telle sorte qu'ils paraissent plutôt *dépourvus de réalité* que réels. Bien que, comme nous l'avons déjà dit, ce même espace nous paraisse d'un côté comme tout à fait distinct des autres corps, et revêtu d'une existence qui lui est propre, il nous paraît cependant, d'un autre côté, comme complètement identifié avec le corps qui l'occupe pour un temps, de telle sorte qu'aucune propriété ne peut le distinguer de ce corps, du moins pour ce qui concerne la partie de l'espace occupée par ce corps. Si nous voulons enfin trouver en lui une note constitutive et spécifique, nous ne voyons en lui que quelque chose d'étendu. De là vient que saint Augustin a pu dire avec tant de raison : « On ne saurait rien dire des espaces. »

II. — Exposons maintenant ce que les philosophes ont pensé de cette notion si obscure et si contradictoire en elle-même.

Les systèmes peuvent se réduire à deux classes : 1° la première classe embrasse les systèmes de ceux pour qui l'espace est quelque chose de distinct des corps qu'il renferme, de telle sorte que l'espace existerait réellement lors même que les corps n'existeraient pas. 2° La seconde classe comprend les systèmes de ceux qui affirment que l'espace serait impossible sans les corps.

La première classe comprend des subdivisions : 1° Les uns, chez les anciens, Leucippe, Démocrite et Épicure, et chez les modernes, Gassendi, prétendent que l'espace est un être d'un genre particulier, complètement distinct de tous les corps et de Dieu, revêtu d'une existence qui lui est propre, et dans lequel, comme dans un vase immense est contenu tout ce qui existe; 2° les autres, parmi lesquels on distingue Newton, Clarke et peut-être Fénelon lui-même, suivis par beaucoup de philosophes contemporains, affirment que l'espace est sans doute distinct des corps, mais non pas de Dieu, dont il est un attribut. En effet, puisque l'espace nous paraît éternel, nécessaire, disent-ils, qualités qui ne conviennent qu'à Dieu seul, l'immensité ne peut appartenir qu'à Dieu. Quant aux parties de l'espace, ou lieux particuliers, elles seraient, d'après cette opinion, des parties de l'espace absolu ou de l'immensité divine.

La seconde classe, c'est-à-dire la classe de ceux qui affirment que l'espace n'est pas réellement distinct des corps, et qu'il n'a pas une existence propre et indépendante, se subdivise aussi : 1° Elle comprend d'abord le système de Descartes. Ce philosophe pose ainsi son premier principe. L'essence des corps est l'étendue. D'où il argumente ainsi : Tout ce qui est étendu est un corps; or, nous ne pouvons concevoir l'espace sans étendue; donc, l'espace est un corps. De là, deux conséquences : *a*) Puisque l'espace nous paraît comme n'ayant pas de limites, la substance des corps est illimitée, et le monde est infini, du moins quant à son étendue. *b*) Il n'est aucun espace dans le monde qui soit vide à proprement parler; en effet, le vide, s'il existait, aurait une étendue; il serait donc un corps, puisque tout ce qui est étendu est un corps.

2° Leibnitz, surtout dans sa célèbre controverse épistolaire avec Clarke, soutient que l'espace n'a pas de réalité propre et distincte de la réalité des corps qui l'occupent. Il affirme que l'espace n'est autre chose que les relations de position entre les corps qui existent en même temps, relations que nous appelons relations de présence et de distance, ou de contact et d'éloignement entre les corps. De là, il conclut que s'il n'y avait pas d'êtres contingents, il n'y aurait pas d'espace. En vérité, nous employons un nom spécial, *espace*, comme si l'espace était un être distinct des corps; mais cela vient de ce qu'éloignant par abstraction les propriétés absolues des corps, nous ne faisons attention qu'aux relations de coexistence qu'ils ont entre eux. Nous désignons cette abstraction avec un nom substantif, comme si elle était quelque chose de distinct, de même que les autres abstractions, mais en réalité ces relations ne sont pas des êtres distincts des corps entre lesquels elles existent. C'est pourquoi Leibnitz définit l'espace. « L'ordre des êtres qui existent en même temps, en tant qu'existant en même temps. »

III. — Cette définition de Leibnitz mise d'accord avec la doctrine des meilleurs scolastiques paraît préférable. Nous en prouverons la vérité de trois manières. 1° *indirectement*, c'est-à-dire en réfutant les autres systèmes ; 2° *directement*, c'est-à-dire en montrant que l'espace est réellement dans nos concepts quelque chose de relatif ; 3° en montrant que ce système résout heureusement les contradictions apparentes dont nous avons parlé plus haut.

Nous prouvons : 1° *indirectement* ; c'est-à-dire par la réfutation des autres systèmes.

1° L'opinion de Leucippe, d'Épicure, etc., se contredit elle-même manifestement. Elle admet en effet d'une part l'espace comme un être indépendant de tous les autres êtres, et d'autre part, elle affirme qu'il est étendu, c'est-à-dire composé de nombreuses parties. Or, ou ces parties sont quelque chose de réel, ou elles ne le sont pas. Si ces parties sont quelque chose de réel, l'espace n'est donc pas indépendant de tous les êtres, puisque ces parties, étant réelles, sont de véritables êtres. Si ces parties ne sont pas réelles, l'espace n'est rien, et comme tel ne devrait et ne pourrait être l'objet de la pensée. Outre cela, cette opinion admet deux êtres infinis, nécessaires, éternels, ce qui répugne.

2° L'opinion de Newton et Clarke doit aussi être rejetée. D'après cette opinion, l'espace absolu n'est autre chose que l'immensité divine. Or on ne peut admettre cela. Car l'espace, de l'aveu même des auteurs de ce système, est quelque chose de composé, c'est-à-dire formé de plusieurs parties dont l'une ne saurait être l'autre.

Or, en Dieu, il ne peut y avoir de parties réellement distinctes, sans quoi Dieu ne serait pas simple, mais corporel : ce qui est absurde.

3° L'opinion de Descartes ne doit pas être admise davantage. En effet : 1° En disant que l'espace est un corps ou une collection de corps parce qu'il est étendu, et que l'essence du corps est son extension, il n'explique pas la nature de cette extension, et par conséquent il ne dit pas ce qu'est l'espace. 2° Cette opinion confond l'espace réel ou les corps réels avec l'espace purement possible, car elle dit que le monde est infini parce que l'espace paraît infini.

Nous prouvons : 2° *directement*, c'est-à-dire en prouvant que l'espace est dans notre concept quelque chose de relatif. Avant de prouver, il faut remarquer que l'espace n'est pas quelque chose de distinct de la série des lieux qui sont occupés ou qui peuvent être occupés par les corps.

En effet, un lieu se définit, « une partie de l'espace ». Or, le lieu est externe ou interne. Le lieu externe d'un corps est l'espace qui se trouve à l'extérieur du corps. Le lieu interne d'un corps est la partie de l'espace occupée par ce corps. Après ces préliminaires, on peut argumenter ainsi : L'espace est la collection des lieux internes ou externes que les corps peuvent occuper ou occupent réellement. Or, la place, soit externe soit interne d'un corps, est la relation de coexistence de ce corps avec les autres corps, ou de quelques parties de ce corps avec d'autres parties ; donc, l'espace est la série des relations de coexistence entre les corps qui existent en même temps, ou, comme le dit Leibnitz, l'ordre des coexistants en tant qu'ils existent en même temps.

Nous prouvons la mineure dans chacune de ses parties.
1° Quant au lieu externe : c'est-à-dire, nous prouvons que

le lieu externe d'un corps n'est pas autre chose que sa relation de coexistence avec les autres corps.

En effet, ce qui s'identifie avec la relation de coexistence; ce qui, lorsqu'on songe à cette relation, se présente à l'esprit d'une manière qui peut être bien déterminée; ce qui, en l'absence de cette relation, ne peut être conçu; ce qui lorsque la relation change d'une manière quelconque, change aussitôt dans le concept, ce qui, lorsque la relation ne change pas, reste le même dans le concept, n'est pas autre chose que la relation de coexistence. Or, tel est le lieu externe des corps ; donc...

Nous prouvons chaque partie de la mineure : 1° Lorsque la relation de coexistence est présente, on peut aussitôt concevoir et déterminer le lieu externe; et lorsqu'elle est absente, il est impossible de le concevoir. En effet, quand nous demandons où est un corps, par exemple : les Pyramides, c'est-à-dire la place occupée par ce corps relativement aux corps qui l'entourent, nous concevons et déterminons aussitôt cette place en disant : que cette merveille du monde est en Afrique, en Égypte, à telle distance du Caire et d'Alexandrie, c'est-à-dire que nous concevons et déterminons immédiatement cette place par les relations de coexistence. Que si, au contraire, les Pyramides se trouvaient seules sans relations de coexistence, par exemple, sans les autres corps avec lesquels elle a des relations de coexistence, on ne peut plus les concevoir, quant à l'espace, c'est-à-dire quant au lieu qu'elles occupent, et la question : où sont-elles? n'a plus aucun sens. Il est impossible d'y répondre. Donc, le lieu externe d'un corps est ce qui, suivant que les relations de coexistence sont présentes ou non, peut ou ne peut pas se concevoir.

2° Lorsque la relation de coexistence change, on conçoit aussitôt que le lieu change; si, au contraire, cette relation ne change pas, le lieu reste le même.

En effet, si tous les corps qui entourent un autre corps sont changés de place, lors même que ce corps reste immobile, ne disons-nous pas que la place de ce corps a été changée? Par exemple : Supposons un homme qui ne participe pas au mouvement de la terre, pourrons-nous dire, dans une heure, que cet homme soit à la même place? Point du tout. Donc, si on change sa relation avec les autres corps, on conçoit immédiatement que sa place est changée. Si, au contraire, on suppose que tous les corps du monde conservent leur position relative, et que leur relation de coexistence ne soit pas changée, il est impossible de concevoir que la place d'un seul de ces corps soit changée. Donc, si on ne change pas la relation, on ne peut concevoir que la place soit changée.

3° Pour le lieu externe de chaque corps, on peut faire le même raisonnement. En effet, chaque corps étant composé de parties qui ont entre elles des relations de position, le lieu interne de ce corps s'identifie avec la somme de ces relations; et cette assertion pourrait être prouvée de la même manière que plus haut, c'est-à-dire en considérant chaque partie comme un corps dans sa relation avec les autres. La conclusion est donc que la place occupée par les corps n'est autre chose que la série de leurs relations, et par conséquent que l'espace est l'ordre des êtres coexistants en tant que coexistants.

4° Cette doctrine résout d'une manière satisfaisante les contradictions apparentes qui semblent contenues dans la notion vulgaire de l'espace. En distinguant l'espace réel, ou les relations de coexistence entre les corps réellement existants, de l'espace possible imaginaire ou des relations de coexistence qu'on conçoit comme possibles entre les corps que Dieu pourrait créer, on comprend aussitôt pourquoi l'espace nous paraît orné de qualités qui ne peuvent s'accorder qu'à Dieu seul. Puisqu'en effet, il s'agit du possible, nous concevons que l'infinie puissance de Dieu a pu créer des corps, toujours, et de toute éternité, qu'il peut en créer encore de nouveaux, et par conséquent l'espace possible nous paraît éternel, nécessaire et immense. On explique de même facilement pourquoi l'espace nous paraît jouir d'une seule propriété, c'est-à-dire de l'étendue, car c'est là précisément la propriété des corps que par la seule abstraction nous considérons, et désignons d'un nom spécial, comme une substance.

Donc, ce système résout avec succès les contradictions apparentes qui semblent contenues dans la notion de l'espace.

L'espace est donc une relation réelle n'existant pas en dehors des objets coexistants mais ayant une réalité propre dans ces objets.

II. — DU TEMPS

Sur cette difficile question, nous rechercherons aussi trois choses :

1° Quelle est la notion vulgaire du temps, et comment elle semble renfermer des caractères contradictoires, du moins au premier coup d'œil ?

2° Quels ont été les systèmes inventés pour mettre en lumière cette notion ?

3° Quel est celui d'entre ces systèmes qui nous semble préférable ?

I. — Le temps, selon la notion vulgaire, est ce que l'on dit constituer et mesurer la durée de toutes les choses qui existent. Toutes les existences durent plus ou moins ; les unes succèdent aux autres, mais toutes correspondent à quelques moments du temps. Cette série de moments ou d'instants qui se succèdent sans cesse, qui mesurent toutes les existences, quelles qu'elles soient, c'est le temps. D'un côté le temps nous paraît quelque chose d'*éternel*, toujours existant, avant la création du monde et après son annihilation, si on suppose que le monde soit annihilé; *nécessaire*, car si tout disparaissait, il resterait encore une durée indestructible, et tout à fait indépendante des existences qui lui correspondent; *immuable*, puisque chacun des instants qui composent le temps, a une place fixe, si l'on peut ainsi parler, dans cette série infinie, et que l'un ne peut pas prendre la place de l'autre. D'un autre côté, le temps nous paraît *divisible à l'infini*, puisqu'il n'est aucune partie de temps qu'on ne puisse concevoir plus petite.

Bien plus ce temps éternel, nécessaire, immuable, semble presque *n'avoir aucune réalité*. En effet, on dit que cela seul a une réalité qui existe.

Or, le temps existe à peine, puisqu'il est tout entier, pour ainsi dire, ou dans le passé ou dans le futur, et que le présent, qui semble cependant constituer la réalité existentielle du temps, s'écoule sans cesse, s'évanouit et s'envole ainsi rapidement du futur au passé sans s'étendre à aucun instant. « Et l'instant où je parle est déjà loin de moi » dit le poète. C'est donc une énigme insoluble que cet être qui d'une part présente des caractères n'appartenant qu'à Dieu seul, et d'autre part laisse douter s'il est quelque chose de réel. Qu'est-ce donc que le temps? s'écrie saint Augustin étonné de trouver tant de mystères dans une si simple notion?

II. — Pour expliquer cette notion, on a inventé plusieurs systèmes qui peuvent se ramener à deux classes. Les uns affirment que le temps a une réalité distincte et indépendante des réalités qui se succèdent en lui. Les autres prétendent que le temps n'a aucune réalité en dehors des choses temporaires, et qu'il ne désigne que les propriétés relatives des êtres.

La première classe se subdivise elle-même :

1° Certains donnent au temps une réalité indépendante

de toutes les existences, de telle sorte que si, par impossible, aucun être (et Dieu lui-même), n'existait, le temps existerait encore. Le temps est donc, d'après cette opinion, une immense série d'instants, à laquelle correspondent toutes les existences. On dit que l'existence de Dieu est éternelle parce qu'elle correspond à la série infinie tout entière. Les existences contingentes sont appelées passagères, parce qu'elles n'embrassent qu'un petit nombre d'instants. — Cette notion, comme on le voit, n'exprime rien autre chose que la notion vulgaire dont nous avons parlé plus haut. Cette opinion est attribuée à quelques philosophes anciens : Épicure, Leucippe, Démocrite, et à quelques théologiens scotistes.

2° Newton et Clarke et à leur suite plusieurs philosophes modernes donnent au temps une réalité indépendante de toutes les existences contingentes, mais non de l'existence de Dieu, puisque le temps nous paraît une réalité éternelle et nécessaire, et qu'aucun être, si ce n'est Dieu, ne peut avoir de telles propriétés. Donc, d'après eux, le temps qu'ils appellent *absolu*, est un attribut divin. C'est l'éternité divine qui n'est pas simultanée, mais successive, de telle sorte que les êtres créés durent plus ou moins longtemps, selon qu'ils correspondent à un nombre plus ou moins grand des instants qui composent l'éternité divine.

La seconde classe de systèmes est représentée surtout par Leibnitz. Dans sa célèbre controverse épistolaire contre Clarke, s'inspirant des notions scolastiques, Leibnitz prouve que le temps n'est pas un être réel distinct des êtres contingents, mais seulement une relation de succession entre les êtres, ou du moins entre les divers états d'un même être contingent, de telle sorte que s'il n'y avait pas d'êtres contingents, il n'y aurait pas de temps. Si le temps paraît désigné d'un nom spécial, comme s'il était un être spécial, cela provient de ce qu'on considérant mentalement et avec soin les êtres qui se succèdent, nous pouvons, par abstraction, négliger toutes leurs autres propriétés, pour ne faire attention qu'à cette relation de succession, que nous désignons alors par un nom spécial, comme les autres abstractions de notre esprit. C'est pour cela que Leibnitz définit le temps : L'*ordre des êtres successifs en tant que successifs*, ce qui revient à la définition d'Aristote et de saint Thomas : « *Numerum motûs secundum priùs et posteriùs.* »

III. — Nous croyons devoir admettre cette doctrine, nous appuyant sur trois raisons :

1° Sur une raison *indirecte*, c'est-à-dire en montrant qu'on ne peut admettre sans contradiction les autres opinions ;

2° Sur une raison indirecte, en prouvant que le concept du temps est en effet pour nous un concept essentiellement relatif, basé sur la relation de succession ;

3° En montrant enfin qu'après avoir admis cette opinion, on explique très facilement les contradictions apparentes de la notion vulgaire.

I. — Nous prouvons, par la réfutation des autres opinions :

1° L'opinion de ceux qui se représentent le temps comme une réalité absolue et indépendante de toutes les existences se contredit manifestement. En effet, d'après eux cette réalité est multiple, c'est-à-dire composée d'un nombre infini d'instants qui se succèdent tour à tour. Or, ou ces instants qui se succèdent sans qu'aucune existence leur réponde, sont quelque chose, ou ils ne sont rien. S'ils sont quelque chose, le temps ne se conçoit pas comme quelque chose d'indépendant de tous les êtres qui se succèdent. S'ils ne sont rien, le temps qui est composé de ces instants n'est rien ; mais le rien ou néant n'a pas de propriétés. On ne peut même y songer.

— Outre cela, cette réalité indépendante de Dieu lui-même conduit à la conséquence absurde de deux infinis. Elle doit donc être rejetée.

2° L'opinion de Newton et Clarke d'après lesquels le temps absolu n'est rien autre chose que l'éternité de Dieu successive, renferme aussi des contradictions. En effet, d'après eux, le temps se compose d'instants qui se succèdent, et il ne peut se concevoir autrement. Donc, s'il est un attribut divin, il faut admettre en Dieu une succession ; or, toute succession répugne en Dieu : car toute succession ne saurait être comprise sans changement, c'est-à-dire sans passage du non être à l'être. Or, en Dieu, il ne peut y avoir de passage du non être à l'être, puisque Dieu a la plénitude de l'être. Donc... Outre cela, cette opinion est forcée d'admettre une série d'instants sans premier terme, c'est-à-dire l'éternité de Dieu qui se compose d'un nombre infini d'instants, mais qui n'a pu avoir de premier instant, puisqu'elle n'a pas eu de commencement. Or, cette hypothèse d'une chaîne sans premier anneau, Clarke lui-même pour réfuter les athées l'avoue contradictoire. On ne peut donc défendre cette opinion sans contradiction.

II. — Nous prouvons aussi en démontrant que nous concevons le temps comme quelque chose de successif, consistant dans une relation de succession. En effet, cela consiste en une relation de succession, qui, en présence de cette relation se conçoit et peut se définir, et qui, en son absence disparaît aussitôt et ne peut plus se concevoir ; qui, lorsqu'on change la relation, change dans notre concept, et qui, lorsque la relation est la même, reste le même dans notre concept... Or tel est le temps ; donc le temps consiste en une relation de succession.

Nous prouvons séparément chaque partie de la mineure. — 1° En présence d'une relation de succession, le temps se conçoit aussitôt ; mais, en son absence, il disparaît sans pouvoir se définir ni se concevoir.

En effet, supposons un fait : par exemple, la nativité de Notre-Seigneur Jésus-Christ. Je conçois aussitôt et je puis définir le temps où ce fait s'est produit, par sa relation avec les faits qui l'ont précédé, et avec ceux qui l'ont suivi. Supposons au contraire un fait qui ne soit précédé ni suivi d'aucun fait, par exemple, la création d'un être solitaire, et dans lequel il n'y aurait aucune succession. N'est-il pas impossible de concevoir et définir le temps de ce fait, c'est-à-dire de répondre à cette question : à quelle époque tel être fut-il créé ? Donc, en présence de la relation le temps se conçoit, et en son absence, il ne peut ni se concevoir, ni se définir.

2° Lorsqu'on change la relation de succession, aussitôt le temps change dans le concept; mais lorsque la relation ne change pas, le temps ne change pas dans le concept. Supposons, par exemple, que le mouvement de la terre autour du soleil qui pour nous est la mesure du temps, se fasse avec un mouvement deux fois plus rapide, et que ce mouvement qui se fait maintenant en vingt-quatre heures, se fasse alors en douze heures. Cette hypothèse serait fort possible, si le temps était quelque chose d'absolu.

Or, dans cette hypothèse, ou l'ordre de succession sera changé, c'est-à-dire que les autres faits faciles à constater, par exemple : la course des autres planètes, l'ordre de nos pensées, l'indication de nos horloges, conserveront entre eux la même relation (bien que leur relation avec le soleil soit changée), ou bien tous ces autres faits s'accompliront avec une rapidité double de même que le mouvement de la terre, c'est-à-dire que l'ordre de succession restera le même qu'auparavant. — Si l'ordre de succession est changé, nous affirmerons immédiatement que le temps de la course de la terre est changé, parce que sa relation avec les autres mouvements nous paraîtra changée. — Si l'ordre de succession n'a pas changé, le temps restera le même dans notre concept, et nous pourrons affirmer que le temps n'a pas changé, car tout se succède dans le même ordre, et avec les mêmes relations qu'auparavant. Donc, lorsque la relation de succession change, le temps change aussitôt dans notre concept ; mais si la relation de succession ne change pas, le temps reste le même dans notre concept. Donc le temps consiste en une relation de succession.

III. — Nous prouvons encore en démontrant que cette doctrine résout très facilement les contradictions apparentes de notre notion vulgaire.

En effet, si on distingue avec soin le temps réel, c'est-à-dire les relations de succession des êtres existants, et le temps abstrait ou imaginaire, c'est-à-dire les relations de succession des êtres purement possibles, on comprend aussitôt dans quel sens le temps nous paraît éternel, nécessaire, etc. ; car, de même qu'on peut concevoir indéfiniment des êtres nouveaux créés par l'infinie puissance de Dieu, de même on conçoit indéfiniment les relations de succession possibles entre ces êtres, c'est-à-dire le temps.

En effet, puisque le temps est une relation de succession considérée abstraitement, on comprend facilement pourquoi le temps nous apparaît comme quelque chose d'indépendant des êtres et n'ayant aucune autre propriété que la succession.

C'est ainsi que sont conciliées les contradictions apparentes de la notion vulgaire du temps.

Le temps est donc une relation réelle n'existant pas en dehors des objets successifs mais ayant une réalité propre dans ces objets.

COSMOLOGIE [1]

DE L'ESSENCE DES CORPS OU DE LA MATIÈRE ET DE LA FORME

Le physicien étudie le composé des corps au point de vue de ses propriétés et des sensations diverses qu'il produit. Il observe que ce composé est divisible en un certain nombre de parties distinctes appelées *particules*. Il divise à leur tour celles-ci en particules infimes qu'il nomme *molécules*. Voulant diviser encore ces dernières, il arrive aux *atomes* qu'il dit être indivisibles.

Les différences des corps pouvant provenir des divers modes de groupement des atomes, et ces diverses divisions suffisant à lui expliquer les faits, le physicien ne pousse pas plus loin l'objet de son analyse.

Le métaphysicien est plus curieux. Que sont ces atomes? demande-t-il. Quelle est leur nature intrinsèque? Quel est leur principe constitutif? Peuvent-ils ou ne peuvent-ils pas eux aussi être divisés jusqu'à l'infini?

[1] Les questions principales de Cosmologie étant traitées dans les thèses d'Ontologie, de Psychologie et de Théodicée, nous exposerons ici seulement celle de la Matière et de la Forme, ou de l'Essence des corps, qui est le fondement de toute la science cosmologique comme de toute la philosophie scolastique.

Or, il est bien évident que la solution de ces graves questions ne peut plus dépendre de l'expérience. Il s'agit en effet de l'essence des corps, c'est-à-dire d'un principe qui d'aucune manière ne peut tomber sous les sens. Seule la raison peut donc se prononcer et donner sur ce point sinon une complète certitude (tant il est vrai qu'elle se heurte même dans le domaine des faits naturels les plus élémentaires à des vérités au-dessus d'elle) au moins une réponse philosophiquement suffisante.

Suivant en partie une savante dissertation inédite du P. Musto, l'un des disciples les plus distingués du R. P. Tongiorgi, nous exposerons :

1° Les divers systèmes imaginés pour résoudre la question.

2° La critique de ces mêmes systèmes.

CHAPITRE PREMIER

EXPOSÉ DES SYSTÈMES SUR L'ESSENCE DES CORPS

On en compte quatre : 1° l'Atomisme; 2° le Dynamisme; 3° l'Atomisme dynamico-chimique; 4° le Système péripatéticien ou scolastique.

ARTICLE PREMIER

Atomisme pur ou mécanique.

La première théorie présentée sur la nature intime des corps est celle des anciens philosophes : Empédocle, Démocrite, Leucippe, Anaxagore, Épicure, etc. D'après eux, les corps sont composés d'un nombre infini d'atomes crochus et improduits qui, après avoir été mêlés dans des tourbillons éternels, ont été enfin agencés par le hasard de manière à former une combinaison durable, celle des corps et du monde actuel. Selon Démocrite, ces atomes sont étendus, mais si petits qu'on ne peut les diviser sans les détruire, et ils n'ont entre eux aucune différence essentielle. Anaxagore soutient que la diversité de nature de ces atomes est incalculable. Leucippe croit qu'elle se réduit à quatre espèces (Eau, Air, Feu, Terre).

Chez les modernes, Gassendi et Newton adoptent cette doctrine. Ils admettent que l'essence des corps consiste dans des atomes infiniment petits, créés, étendus. Toutefois, il y a une différence profonde entre leur théorie et celle des anciens. Pour eux, ce n'est pas le hasard qui a communiqué à ces atomes l'être et le mouvement, c'est Dieu.

Descartes admet aussi formellement l'Atomisme.

D'après lui, la matière est divisible à l'infini et l'étendue est l'essence de la matière. Dieu l'a créée en masse et l'a divisée ensuite en un nombre infini d'atomes auxquels il a imprimé un mouvement rotatoire (les tourbillons des anciens). Ainsi s'est formé le monde.

Ces atomes sont essentiellement étendus, inertes par eux-mêmes, mais se communiquant mutuellement le mouvement qu'ils ont reçu de Dieu. Or pour se communiquer ce mouvement il faut bien que ces atomes se touchent. Il n'y a donc point de vide dans le monde : tout ce qui est matière est étendu et tout ce qui est étendu est matière. L'espace lui-même est étendu et matière et, l'espace étant indéfini, le monde est aussi indéfini.

L'Atomisme pur affirme donc que lorsqu'il se produit un composé corporel il n'y a aucune production de nouvelle substance. Les atomes ou molécules déjà préexistants sont simplement coordonnés ainsi que les pierres d'un édifice tirées d'une carrière commune. S'il y a diversité dans les corps, elle ne provient que de la variété des atomes eux-mêmes. Les corps simples sont ceux qui ne peuvent pas se réduire en d'autres corps hétérogènes. Tels sont l'hydrogène et l'oxygène. Les corps composés ou mixtes sont ceux qui peuvent se réduire en d'autres plus simples ; tels sont l'air, l'eau, le bois, etc.

Rappelons ici que les anciens n'admettaient que les quatre corps simples cités plus haut (Air, Feu, Eau, Terre), tandis que les progrès de la chimie ont fait porter ce chiffre à soixante-trois. Les Atomistes modernes admettent donc que ces soixante-trois corps simples constituent l'essence de tous les composés.

Dans ses *Lettres philosophiques* CXXV°, CXXVII° et CXXX°, Euler embrasse la théorie de Descartes. Les philosophes de Port-Royal et Malebranche professaient aussi cet Atomisme, bien qu'il eût été réprouvé par l'Université de Louvain et condamné à Rome, treize ans après la mort de son auteur. Ce système ne compte d'ailleurs aujourd'hui que de très rares partisans.

ARTICLE II
Dynamisme pur.

L'indivisibilité d'atomes simples étendus implique une contradiction flagrante. Toute étendue, en effet, se conçoit comme divisible ; et, ce qui n'est pas divisible ne saurait se concevoir comme étendu. Les Métaphysiciens devaient donc nécessairement rechercher une solution autre que l'Atomisme.

Déjà, dans l'antiquité, Pythagore et Zénon, basés sur ce principe, avaient enseigné que la matière ne peut pas se composer de points étendus, qu'elle est nécessairement constituée d'éléments simples ou forces (δυναμις) qui, placés à côté les uns des autres, forment la ligne. La ligne à son tour forme la surface ; et les surfaces forment la masse. Ces philosophes n'expliquaient pas davantage leur théorie. Il est cependant bien évident que ces points, dits *zénoniques*, doivent eux-mêmes être étendus : car, s'ils ne l'étaient pas, ils ne se pénétreraient jamais les uns les autres et ne présenteraient jamais aucune face.

Néanmoins, Leibnitz, dans sa célèbre Lettre à Pfaffius, reprit cette doctrine, la présentant d'ailleurs comme une hypothèse que ses disciples se sont empressés d'ériger en théorie. D'après lui, les corps se composent d'êtres ou points simples doués de forces attractives et répulsives. Les forces répulsives tiennent les molécules à un certain intervalle et produisent ainsi le phénomène de l'étendue. Les forces attractives unissent entre elles ces mêmes molécules et produisent ainsi la distinction et l'admirable variété des corps. Ces points ou éléments simples sont appelées *monades, entelechies, formes, énergies*. Ces monades sont en nombre infini dans chaque corps composé, diffèrent entre elles, n'occupent aucun espace et sont douées d'une certaine inclination et perception en vertu desquelles s'opèrent leurs mouvements et leurs combinaisons.

Toutes les propriétés de la matière reçoivent ainsi leur explication en prenant la monade ou force comme attribut primaire de la matière. La seule propriété difficile à expliquer, c'est l'étendue ou la continuité dans des éléments simples.

Ici les Dynamistes observent que pour avoir une idée juste de cette continuité il faut absolument proscrire toute imagination. Notre esprit cherchant toujours à se représenter la continuité comme l'être subsistant en soi, on ferait d'elle une substance alors qu'elle est un rapport constant entre un ensemble d'êtres. Un concert, disent-ils, tombe sous les sens de même qu'un corps étendu. Toutefois chacun des sons qui composent ce concert bien que tombant sous les sens en tant que son n'y tombe pas en tant que concert. Ainsi les monades non étendues ne tombent pas sous les sens, mais leur ensemble y tombe et produit le rapport d'étendue, de même que chaque son pris séparément n'est pas le concert, constitué seulement par les différents rapports de tous les sons. La continuité n'est de même qu'un rapport constant entre les différents éléments de la matière. Dès que cette relation existe il y a continuité et représentation sensible. Chaque monade prise séparément n'est pas l'étendue mais la réunion des monades l'est. L'étendue externe tout en étant réelle n'est donc ni un mode ni une substance, mais seulement un rapport entre toutes les parties composantes. Il résulte de cette théorie que l'étendue ne pouvant être ni une substance, ni un mode, ni un attribut primaire de la matière, n'en est pas même une propriété essentielle. Elle en est seulement une propriété secondaire résultant du rapport des éléments simples de la matière. Quand ces éléments se trouvent dans un rapport voulu, il y a continuité et étendue : au cas contraire, il n'y en a pas.

Ayant ainsi très ingénieusement expliqué la continuité de la matière, les dynamistes expliquent aussi son impénétrabilité. En effet, disent-ils, les monades étant douées de forces répulsives comme de forces attractives, elles résistent à la pénétrabilité les unes des autres en vertu de leur répulsion ; et, comme d'après les lois de la physique la force de répulsion est inversement proportionnelle au carré des distances, il s'ensuit que plus les monades se rapprochent et plus leur force de répulsion augmente. Elles sont ainsi absolument impénétrables.

On voit combien, avec ces théories de Leibnitz, il est facile d'expliquer la présence réelle du corps de Jésus-Christ au sacrement de l'Eucharistie, l'impénétrabilité des corps ressuscités qui sans cesser d'être matière peuvent pénétrer les corps les plus durs, etc.

Les Dynamistes tirent aussi de la causalité des substances composées une autre preuve de leur théorie. En effet, dire que les substances sont des causes c'est reconnaître qu'elles sont simplement des forces, c'est placer l'essence de la matière dans les monades, c'est professer implicitement le Dynamisme. Toute activité est le déploiement d'une force agissante. Dans le sujet qui l'a produite il faut donc trouver et affirmer cette force active, ce qui est essentiel à la masse devant se trouver dans ses éléments. Or, dans les corps nous ne percevons pas les substances. On peut même dire que nous ne percevons pas les modes mais seulement les effets produits par les modes de la substance. Il faut donc avouer que les corps ne sont pas autre chose que des forces sous peine de leur nier toute activité.

Enfin, tout composé suppose nécessairement des composants simples. En effet, à moins de supposer des composants simples on est forcé d'admettre dans tout corps un nombre infini de composants, ce qui répugne. Or, les corps sont des composés : et dire qu'ils sont des composants composés eux-mêmes, c'est tomber dans l'absurde. Saint Thomas enseigne lui-même que le composé est postérieur au composant parce qu'il faut d'abord évidemment des composants pour avoir un composé. Il faut donc admettre ou que les composants des corps sont simples ou qu'ils sont dans les corps en nombre infini introuvable même par Dieu, puisque cela seul qui est unité peut exister. Les composants constitutifs des corps ne peuvent donc pas être des composés.

Le Dynamisme compte de nombreux et éminents partisans. Wolf adopta la théorie des monades. Il modifia la théorie de Leibnitz pour substituer à la propriété perceptive de ces éléments une simple force motrice.

Le savant Jésuite Boschowich le professait à Rome, à Milan, à Paris, avec quelques modifications.

Le P. Rotenfluc, Noget-Lacoudre, Bossuet, Pascal, le comte de Maistre, Cousin, Damiron, Bouillet, etc., sont Dynamistes. Il est à remarquer toutefois que Bossuet, fort embarrassé dans la question, est partisan de Leibnitz dans ses *Lettres* à ce grand philosophe, et partisan de Descartes dans son *Traité du libre arbitre*.

Kant a propagé en Allemagne la doctrine dynamiste sous le nom de Téléologisme. Il est suivi par le plus grand nombre des professeurs des Universités tudesques. Il reconnaît dans les corps une force intrinsèque (qu'il nomme *plastique*) soumise aux lois mécaniques externes et douée des deux propriétés d'extension et d'attraction.

Le savant Jésuite Palmieri dont nous avons entendu les doctes leçons au Collège Romain, tout en maintenant les données scolastiques, ne craint pas de soutenir cette thèse dans sa *Cosmologie* (T. XXIII, p. 174) : « 1° Il est certain que les éléments des corps sont des substances ; 2° Il est très probable que les êtres simples qui sont les éléments de l'étendue sont aussi, en vertu de leurs forces, les éléments des corps. »

ARTICLE III
Système péripatéticien ou scolastique.

I. Notions préliminaires.

Avec Aristote les Scolastiques distinguent la matière première et la matière seconde (1).

Aristote définit la matière première : *Id quod non est nec quid, nec quale, nec quantum*. Les Scolastiques la définissent : « La substance physiquement incomplète déterminable par la forme substantielle pour constituer un corps naturel. » Ils l'appellent aussi : « Pure puissance ; Sujet premier ; Partie déterminable. » En d'autres termes, la matière première est celle que notre esprit considère non pas comme douée d'une forme quelconque, ni disposée à la recevoir, ou déterminée par sa nature à un mode d'être, mais celle qui est absolument indifférente à recevoir quelque forme que ce soit. — La matière première n'est donc pas un corps mais un principe de corps. Elle

---

(1) Résumé du P. Musto.

n'est pas par elle-même existante ou seulement créable mais elle coexiste nécessairement et est cocréée avec la forme substantielle, bien que, par une abstraction de notre esprit, elle puisse être séparée de cette forme. La matière seconde est le corps constitué dans son être par la matière première et la forme substantielle. Elle est triple :

1° La matière de laquelle (*ex quâ*). Elle est tout ce dont on peut faire quelque chose comme de son sujet. Ainsi de l'or on peut faire une statue, un diadème, un anneau, etc.

2° La matière dans laquelle (*in quâ*). Elle est tout ce en quoi tout être composé subsiste comme dans son sujet. Ainsi le mur ou le papier en qui subsiste la blancheur.

3° La matière sur laquelle (*circa quam*) est tout ce qui sert aux opérations d'un agent. Ainsi le bois est la matière (*circa quam*) du feu.

La *forme* signifie en général ce par quoi existe un être. On distingue : 1° La forme artificielle ; 2° la forme naturelle. La première dépend de l'art ; ainsi avec un morceau de marbre on peut faire une forme d'homme ou une forme de cheval. La seconde est prise de la nature même de l'être. Elle est à son tour subdivisée en forme substantielle et forme accidentelle.

La *forme* accidentelle est celle qui s'ajoute à tout corps naturel déjà constitué. Ainsi la couleur, et toutes les autres qualités observées par nos sens dans les corps.

La *forme* substantielle est celle qui s'ajoute à la matière pour constituer avec elle un composé substantiel. Les Scolastiques la définissent. « Une substance physiquement incomplète déterminant la matière à constituer un corps naturel. — Ils disent : 1° « *Substance physiquement incomplète* », parce qu'elle n'est pas un corps et parce que d'elle-même elle ne peut pas exister dans l'ordre des êtres. Ils disent : 2° « *déterminant la matière* », parce que c'est par elle que la matière devient quelque chose de déterminé puisque par elle-même la matière est indifférente et indéterminée. Ils disent : 3° « *pour constituer avec la matière un corps naturel* », parce que le corps naturel résulte de la jonction de la matière et de la forme comme de ses deux éléments, non pas en ce sens que ces deux principes préexistent au corps ou puissent subsister séparément, mais en ce sens qu'ils remplissent diverses fonctions dans le corps déjà constitué et qu'elles peuvent être distinguées l'une de l'autre par la conception de notre esprit.

La *forme* substantielle est appelée par les Scolastiques : *Ratio rei ; actuatio prima; principium informans; aut determinans : Actus primus.*

Le composé de matière et de forme est le corps naturel qu'ils définissent ainsi : « La substance composée douée de résistance et d'étendue. »

II. Doctrine des Péripatéticiens.

Comme dans toutes les altérations ou transmutations des corps quelque chose est perdu, et quelque chose est acquis, il faut conclure que dans tout corps il y a un sujet commun soumis à toutes ces mutations qui acquiert quelque chose après en avoir perdu une autre. Exemple : Le bois se change en feu ; la nourriture, en chair et en sang; et le bois et la nourriture ne restent pas absolument le même être qu'ils étaient auparavant, mais ils perdent un état qui était propre à leur nature et ils en acquièrent un autre tout à fait divers.

Ceci posé, quelle est l'essence du corps? Quel est l'état qu'il acquiert et celui qu'il perd constamment? Quel est cet élément qui reste? Quel est ce changement et comment s'opère-t-il dans les corps?

Le système péripatético-scolastique résout ces questions comme il suit :

Les éléments essentiels et constitutifs du corps peuvent être considérés sous deux rapports (*in facto esse* et *in fieri*).

Si on les considère *in facto esse*, c'est-à-dire en tant que constituant actuellement *hic et nunc* un corps existant dans la nature, ces éléments sont au nombre de deux : L'un qui est en puissance et qui doit être déterminé, l'autre qui est en acte et qui détermine. Le premier est un sujet commun, indifférent par lui-même à *informer* un corps quelconque. Le second détermine ce sujet commun à former un corps déterminé. Celui-là est appelé matière première, parce qu'il est le premier élément du corps. Celui-ci est appelé forme substantielle, parce que c'est lui qui réduit la substance en acte, et qui lui donne pour ainsi dire sa première information.

Si les éléments constitutifs du corps sont considérés *in fieri*, c'est-à-dire en tant que le corps est soumis à des transformations substantielles, ils sont au nombre de trois : la *matière première*, la *forme substantielle*, et la *privation*.

La matière première est le sujet commun qui reste toujours le même dans toutes les transformations. La forme substantielle est ce qui actue de diverses manières la matière première, et qui fait que le corps étant tel avant la transformation est devenu tout autre après la transformation. La privation est dans le sujet qui est transformé, l'absence de la forme que ce sujet acquiert après sa transformation. Prenons pour exemple le bois qui se change en feu.

Ce qui reste du bois après qu'il a été changé en feu, c'est la matière première. Ce par quoi le bois devient feu, c'est la forme substantielle du feu. L'absence de la forme substantielle du feu dans le bois avant sa transformation, c'est la privation. On voit clairement que la matière et la forme substantielle sont des principes positifs du corps tandis que la privation est un principe négatif ou plutôt une condition, *sine qua non* des transformations des corps. Ce passage de la matière première d'une forme à une autre, tel qu'il a lieu dans les transformations substantielles, s'appelle corruption et génération. La corruption est la disparition d'une forme ; la génération est la production de l'autre. Ainsi, dans l'exemple cité plus haut, la corruption du bois, c'est la disparition de la forme du bois ; et la génération, c'est la production de la forme du feu. D'où cet axiome : « *Corruptio unius est generatio alterius :* la corruption d'une chose est la génération d'une autre. » De là encore cet autre axiome des Péripatéticiens : « *Forma educitur de potentia materiæ :* la forme est tirée de la puissance de la matière. » Non pas que la matière existe avant la forme, ou ait en elle-même la puissance active de produire telle ou telle forme, mais parce que la matière, étant indifférente par elle-même à prendre telle ou telle forme, est par cela même en puissance passive à recevoir quelque forme que ce soit. En d'autres termes, elle peut recevoir une forme quelconque. La cire, par exemple, peut prendre toutes sortes de formes.

Les Péripatéticiens admettent encore les formes accidentelles qui ne changent pas la substance du corps, mais qui causent en lui diverses modifications, comme le mouvement, la couleur, la chaleur, etc... Tel est en résumé le système des Péripatéticiens, imaginé par Platon et Aristote, et suivi par saint Augustin, saint Thomas et toute l'École scolastique. Le système théologique de Leibnitz se rapproche beaucoup de cette doctrine, au moins en substance. Voici les paroles mêmes de cet auteur, tirées de ses œuvres posthumes : « L'essence du corps consiste dans la matière et la forme substantielle, c'est-à-dire dans un principe passif et dans un principe actif ; car le propre de la substance est de pouvoir agir, et subir une action externe. Aussi la matière première est la première puissance passive, et la forme substantielle est l'acte premier, ou la première puissance active, qui doit être délimitée dans un lieu d'une certaine étendue, comme le demande l'ordre naturel des choses. » On sait d'ailleurs que Leibnitz a toujours eu pour but dans ses théories de confirmer les doctrines scolastiques.

III. Arguments qui établissent le Système péripatéticien.

Iᵉ THÈSE

LES CORPS VÉRITABLES, C'EST-A-DIRE CEUX QUI SONT DES SUBSTANCES ET NON DES AGRÉGATS DE SUBSTANCES, SONT COMPOSÉS ESSENTIELLEMENT DE MATIÈRE ET DE FORME.

Iᵉʳ *Argument.* — L'essence du corps consiste ou dans une réalité étendue, ou dans un principe sans étendue, ou dans l'un et l'autre en même temps. Or, les deux premiers éléments pris séparément ne suffisent pas pour constituer un corps, comme on le prouve facilement dans la réfutation de l'Atomisme et du Dynamisme. Donc, l'essence d'un corps consiste dans la réunion d'une réalité étendue et dans un principe sans étendue. Par conséquent si on appelle matière cette réalité étendue, et si on donne le nom de forme à ce principe sans étendue, les éléments essentiels et constitutifs des corps seront la matière et la forme.

IIᵉ *Argument.* — Ce système explique parfaitement la distinction essentielle des choses. Il distingue : 1° les corps des esprits parce qu'il place l'essence de l'esprit dans l'idée d'une substance simple, et l'essence du corps dans l'idée d'une substance composée : ce que confond complètement le dynamisme pur. 2° Il distingue par leur essence les diverses espèces des corps, et les diverses formes substantielles qui leur sont propres. Il ne les distingue pas seulement accidentellement par la diverse disposition des atomes, comme le fait l'Atomisme pur.

III° *Argument*. — Dans un corps naturel, on trouve deux choses : l'étendue et l'activité. Or, ces deux choses supposent deux principes différents et opposés, qui sont la matière et la forme. Donc, les corps se composent de matière et de forme.

A la majeure. — Les corps sont étendus. C'est une vérité manifeste d'après l'expérience de nos sens. Les corps sont doués d'activité, car nous les percevons et nous ne pourrions pas les percevoir, s'ils n'agissaient pas sur nous de quelque manière.

A la mineure. — Des propriétés qui ont des caractères tout opposés ne peuvent provenir d'un seul et même principe, car l'effet doit *être assimilé à la cause*. Or, les caractères de l'activité dans les corps sont tout opposés aux caractères de l'extension. En effet, l'extension tend par elle-même à multiplier un objet, à le propager et à le dilater sans mesure. Au contraire, l'activité importe l'unité, la simplicité, la négation de parties et de division. Donc, dans les corps, outre la matière qui est le principe de l'extension, on doit admettre un autre élément principe de l'activité, et ce principe c'est la forme.

IV° *Argument*. — Les principes qui constituent l'essence d'une chose sont très bien manifestés par les propriétés de cette même chose. Or, les propriétés des corps, de quelque manière qu'on les considère, manifestent toujours la matière et la forme, telle que l'entendent les Scolastiques. Donc, les corps se composent essentiellement de matière et de forme.

La majeure est bien certaine parce que les essences des choses, ne nous sont pas connues par elles-mêmes, vu qu'elles ne peuvent point être soumises à l'expérience, mais elles nous sont manifestées par les propriétés, qui sont perçues par les sens, et qui découlent de l'essence, comme un effet de sa cause.

A la mineure. — Les principales propriétés des corps sont : l'étendue, la résistance, la figure et le mouvement et chacune d'elles manifeste clairement la matière et la forme. En effet : 1° L'étendue d'une part importe la position des parties en dehors des parties, et par conséquent la multiplicité. D'autre part, elle requiert l'unité, premier élément de l'étendue. Le continu est un *indivis* en soi; mais l'unité et la multiplicité étant opposées entre elles, supposent aussi dans le corps des principes opposés d'où elles découlent, et ces principes sont : la matière pour la multiplicité, et la forme pour l'unité. 2° La résistance suppose l'étendue, car rien ne résiste à la pénétration, que ce qui par sa masse occupe un lieu. D'autre part, la résistance est quelque chose de simple et *actif*. Elle suppose donc un principe d'étendue et un principe d'activité; celui-là est la matière et celui-ci la forme. 3° La figure (*configuratio*) suppose aussi l'étendue, car les objets étendus peuvent seuls avoir une figure. La figure suppose encore quelque chose qui termine l'étendue de telle ou telle manière. Or, ce principe qui limite l'étendue et la détermine de telle ou telle manière ne peut être le même que le principe de l'étendue, parce que celui-ci tendrait sans cesse par lui-même à se dilater sans mesure, et d'autre part il est indifférent à prendre une forme quelconque. Donc, outre le principe de l'étendue qui est la matière, on doit admettre un autre principe qui détermine la configuration propre de chaque corps : c'est la forme des Scolastiques.

4° Le mouvement est une qualité simple et sans étendue par elle-même, parce que le mouvement est une action, et que l'action dans son idée essentielle est quelque chose de simple. Le mouvement est cependant extensible par accident, parce qu'il affecte un corps qui est étendu. Mais pour qu'une qualité puisse se trouver dans un sujet, il faut que ce sujet lui soit proportionné. Or, la qualité du mouvement, est une qualité sans étendue par elle-même, mais extensible par accident. Donc elle ne peut se trouver que dans un sujet qui soit par lui-même sans étendue et extensible par accident. Or, dans un corps, ce sujet ne peut pas être la matière, qui par elle-même est étendue. Ce sera donc la forme qui par elle-même est sans étendue (car elle est le principe de l'activité); et qui par accident est extensible (parce qu'elle informe un principe étendu).

Le V° *argument* est tiré des phénomènes de la Cristallographie. Les corps, placés dans une dissolution et préservés de toute influence extérieure, prennent d'eux-mêmes des formes diverses et variées, selon la diversité de la substance qui leur est propre à chacun. Ceci est l'indice d'un principe substantiel existant dans les corps, outre la matière, et poussant, d'une manière uniformément régulière, les molécules des corps à se combiner entre elles de telle ou telle façon. Ce principe est précisément la forme des Scolastiques.

II° THÈSE

MÊME LES CORPS MIXTES, OU COMPOSÉS DE DIVERSES SUBSTANCES, DOIVENT ÊTRE EXPLIQUÉS PAR LA MATIÈRE ET LA FORME.

Pour établir clairement la démonstration de cette thèse,

il faut établir deux observations préliminaires bien conformes à l'expérience et à la raison :

1° Les corps mixtes diffèrent substantiellement, soit entre eux, soit des corps simples qui les composent. Ainsi l'air diffère substantiellement de l'eau, et l'eau diffère substantiellement de l'oxygène et de l'hydrogène dont elle est composée. Ceci est bien certain : car des propriétés diverses et opposées supposent des substances spécifiquement distinctes. Mais les corps mixtes ont des propriétés diverses et opposées relativement aux autres corps mixtes, ou aux corps simples dont ils sont composés. Donc, les corps mixtes diffèrent substantiellement soit entre eux soit des corps simples qui les composent.

2° Les transformations et les changements ont lieu dans les corps mixtes, comme dans les corps simples. L'expérience le prouve, car les corps mixtes sont décomposés en corps simples, et les corps simples sont changés en corps composés. Ainsi de l'air on tire de l'oxygène et de l'azote, et de la combinaison de l'oxygène et de l'hydrogène résulte l'eau : ce qui confirme cet axiome : *Corruptio unius est generatio alterius.*

Ainsi il est manifeste que, soit la substance qui est corrompue, soit la substance qui est engendrée se composent de deux principes. En effet, il y a dans la nature de vraies transformations des corps. Or, une transformation ne peut avoir lieu, sans qu'il ne disparaisse quelque chose de la substance transformée, et qu'il n'en reste quelque chose : car si rien ne disparaissait, il n'y aurait pas production d'une nouvelle substance, et s'il ne restait rien de la première substance, il y aurait anéantissement de cette substance, et création d'une nouvelle, mais non corruption de l'une et génération de l'autre. Donc dans ces transformations des corps, il y a toujours quelque chose qui reste : c'est la matière première. Il y a toujours quelque chose qui disparaît pour être remplacé par une autre. C'est la forme substantielle.

De plus, des propriétés contraires et opposées exigent des principes substantiellement distincts. Or, les corps mixtes ou composés ont des propriétés contraires à celles des corps simples ou composants. Ainsi, l'oxygène et l'hydrogène ont des propriétés tout à fait diverses selon qu'on les prend séparément ou unis ensemble lorsqu'ils forment l'eau. Donc, dans les corps de cette nature, il doit y avoir quelque principe ou sujet commun qui reste le même dans toutes les transformations, et un autre principe qui vient actuer de diverses manières ce sujet commun pour constituer tel ou tel corps dans une espèce déterminée.

Le premier est désigné par le nom de matière, le second par le nom de forme.

A ces preuves les Scolastiques ajoutent encore deux arguments, l'un d'analogie et l'autre d'autorité.

Ier *Argument d'analogie*. — Le concile de Vienne, tenu sous Clément V, a déclaré que l'âme rationnelle est *per se et essentialiter* la forme du corps humain ; et Pie IX condamnant des erreurs de Günther a déclaré catholique la doctrine enseignant que l'homme est composé d'un corps et d'une âme, de telle sorte que l'âme soit, *per se*, la forme vraie et immédiate du corps. On peut donc argumenter ainsi : « D'après, le dogme catholique, l'âme est la forme substantielle du corps humain. » Donc, le corps est actué par l'âme qui en fait une substance qui est le corps humain. Ainsi le corps n'est un être complet et actué dans l'ordre des substances que parce qu'il est informé par l'âme. Si le corps était séparé de l'âme, il cesserait à l'instant même d'être un être complet, parce qu'il n'aurait pas son principe actuant.

Donc, les autres corps, qui ont de l'analogie avec le corps humain, réclament aussi nécessairement un principe essentiel qui les informe et les constitue dans l'ordre des corps. C'est la forme substantielle des Péripatéticiens.

II° *Argument d'autorité.* — On doit embrasser de préférence à toutes les autres une doctrine qui, appuyée d'ailleurs sur des raisons très graves, a été durant de longs siècles soutenue par les plus illustres savants. Or, telle est la doctrine que nous venons d'exposer. Sans parler de Platon et d'Aristote, les plus sages de tous les philosophes de l'antiquité, saint Augustin, saint Anselme, Pierre Lombart, Albert le Grand et enfin l'Angélique, saint Thomas d'Aquin, avec la plus grande partie des saints Pères, des Docteurs et des théologiens ont toujours exposé et soutenu brillamment le système des Péripatéticiens. Ajoutons que ce système, mieux que tous les autres, s'accommode avec les enseignements de la théologie, et sert avantageusement à expliquer les dogmes de la foi. On le voit dans la définition de l'Église, que nous avons citée plus haut, dans le dogme de la présence réelle de Notre-Seigneur Jésus-Christ en l'Eucharistie, et enfin dans l'explication de tous les sacrements.

ARTICLE IV

Atomisme dynamico-chimique

L'Atomisme pur veut que l'essence de la matière soit l'atome étendu. Le Dynamisme pur soutient qu'elle est dans la monade simple. Les Scolastiques enseignent que tout corps simple ou mixte est essentiellement constitué par la matière et la forme.

Entre ces opinions contraires, quelques Métaphysiciens éminents ont recherché, de nos jours, une solution plus exacte et vraiment scientifique du grand problème cosmologique.

M. H. Martin dans son livre intitulé : *Philosophie spiritualiste de la Nature;* le docteur Frédault dans son remarquable ouvrage : *Forme et Matière;* Bayman, Tongiorgi, le P. Ramière, le P. Musto, etc., voulant mettre d'accord la doctrine scolastique avec les modernes progrès de la science, ont imaginé ou vaillamment soutenu l'Atomisme dynamico-chimique. Telle est aussi la doctrine récemment présentée par le savant Directeur de la *Revue scientifique* de Bruxelles, le P. Carbonnel, dans ses brillantes polémiques avec notre éminent confrère de Saint-Sulpice et ami, M. l'abbé de Broglie, professeur à l'Institut catholique de Paris.

Notions préliminaires.

Nous appelons atomes, dit M. H. Martin, *une substance étendue sans aucune discontinuité.*

« Les atomes premiers, liés entre eux par des formes qui leur appartiennent, forment les *atomes chimiques* et les molécules. Les atomes tels que nous les concevons, sont des substances non seulement étendues mais douées d'une activité dynamique externe. L'étendue n'est réelle que par la puissance résistante et par l'impénétrabilité qui est une force limitée à un certain espace mais invincible dans ses limites. L'étendue d'une substance inactive serait une étendue nulle ou purement idéale, l'étendue de rien, ou l'étendue d'une chose abstraite quelconque, par exemple, l'étendue d'une figure géométrique, que l'esprit connaît, mais qui n'appartient à aucun corps réel. Des atomes étendus, mais privés de toute activité essentielle, seraient des substances sans attribut ; car tout attribut implique l'activité. Ce seraient des substances sans loi ; toute loi étant une loi d'activité. Une substance inactive serait donc l'abstrait pur c'est-à-dire le néant. Il ne pourrait y avoir en elle aucune manière d'être ; car, qui dit manière d'être, dit existence réelle et persistante. Cette existence est impossible sans attribut et sans facultés... »

Ces principes posés, la théorie dynamico-chimique se résout dans les trois propositions suivantes (1).

I° THÈSE

LA SUBSTANCE DES ATOMES CONSTITUTIFS DES CORPS NE PEUT PAS ÊTRE ABSOLUMENT SIMPLE.

En effet : 1° La quantité répugne à la substance absolument simple. Or, la substance des atomes est une quantité puisqu'elle produit une quantité. Donc, elle ne peut être absolument simple.

La majeure est indiscutable. L'être simple, en effet, est plus parfait que le composé ; sinon, Dieu serait moins parfait que sa créature. Or, s'il en était ainsi, la substance, simple par elle-même, ne pourrait tendre à la quantité de l'être composé sans tendre par le fait même à son imperfection et destruction. De plus cette substance simple, susceptible de quantité, aurait en elle-même sa force motrice ou elle ne l'aurait pas. Si elle l'avait, elle serait une substance complète et spirituelle : ce qui répugne. Si elle ne l'avait pas, elle serait une substance incomplète par elle-même : ce qui serait contre la nature et contre l'hypothèse.

2° La force propre des atomes est à la fois substantielle et matérielle. Or, une pareille force ne peut provenir que d'une substance composée. Donc la substance des atomes est composée.

A la majeure. — La force des atomes est substantielle ; car, si elle était simplement accidentelle, les atomes seraient, d'une part, indifférents à recevoir toute force ou forme, et, d'autre part, ils seraient des substances com-

---

(1) Exposé du R. P. Musto.

plètes. Il y aurait en eux une matière première sans forme subsistante, ce qui répugne.

La force des atomes est matérielle, car elle agit sur la matière, de manière à s'exercer sur chaque partie des atomes et sur chaque partie de la matière, comme le démontrent leur gravité et leur résistance.

A la mineure. — La force substantielle dans la substance simple constitue par elle seule la substance entière et complète. Donc, par la raison inverse, puisque la force substantielle et matérielle ne peut être trouvée que dans la matière, elle ne peut constituer à elle seule une substance complète, mais elle doit concourir avec la matière pour la constituer.

II° THÈSE

LA SUBSTANCE DES ATOMES EST COMPOSÉE DE PRINCIPES SUBSTANTIELS RÉELLEMENT DISTINCTS LES UNS DES AUTRES

Pour être intelligible, tout être doit :

1° Ou bien inhérer à un autre comme à son sujet (et tel est l'accident); 2° ou bien subsister sous un autre comme sujet (et telle est la substance); 3° ou bien subsister à la fois (et inhérer et telle est la substance incomplète); 4° ou bien ne subsister et n'inhérer avec aucune autre (et telle est la seule et très parfaite entité de Dieu). Or, ceci posé :

1° les principes des corps ne peuvent pas être de purs accidents; car, ils ne formeraient jamais de substance et la théorie de Locke que nous avons réfutée serait vraie. (Voir notre Thèse IX d'Ontologie.)

2° Ils ne peuvent pas être des substances; car alors la substance corporelle ne serait pas un composé substantiel, mais un composé accidentel c'est-à-dire un agrégat de substances : ce qui est contre l'hypothèse. Donc, les atomes ne peuvent être que des substances incomplètes distinctes entre elles.

3° On ne peut concevoir aucun être fini qui ne soit constitué par la proportion d'éléments opposés. Donc, la substance corporelle doit contenir cette proportion dans les principes qui la constituent.

L'antécédant est vrai. En effet, les notes abstraites qui constituent l'essence d'un être, faisant abstraction de toute limitation, sont en elles-mêmes négativement infinies. Elles ne sont limitées que dans l'être individuel en qui on les trouve actuées. Or, elles n'ont pas d'elles-mêmes cette limitation. C'est évident. Elles n'ont pas non plus cette limitation par le fait de leur individuation; car l'infini ne répugne pas en lui-même à une individualité. C'est évident dans l'Être divin. Donc, elles reçoivent cette limitation des autres notes opposées à elles-mêmes, avec lesquelles elles concourent dans la proportion voulue à constituer l'individualité.

Le conséquent est vrai. La substance corporelle se compose d'étendue et d'activité; notes qui dans leurs conceptions abstraites ne supposent aucune limitation et qui sont opposées l'une à l'autre puisque l'activité accuse la simplicité, et puisque l'étendue nécessite la composition. Donc, pour faire une telle individuation, il faut que ces deux notes actuées se contraignent et se limitent l'une l'autre.

IIIe THÈSE

LA SUBSTANCE DES ATOMES EST CONSTITUÉE PAR UN DOUBLE PRINCIPE SUBSTANTIEL.

Dans la substance des corps, il faut admettre les principes substantiels qui sont nécessaires et suffisants pour expliquer tout composé. Or, deux principes substantiels sont nécessaires et suffisants pour expliquer tout composé. Donc la substance des corps est constituée par un double principe substantiel.

La majeure est évidente. Si on admettait un plus grand nombre de principes qu'il en faut pour expliquer un composé, il y aurait excès. Si on en admettait un nombre moindre il y aurait défaut.

A la mineure. — Tout ce qui est dans un corps regarde ou sa composition, ou ses accidents, ou ses relations avec les autres corps. Or, ces trois choses peuvent et doivent être expliquées par un double principe substantiel. En effet :

1° La composition est expliquée : si on la regarde comme logique, c'est-à-dire en tant que les atomes sont dans un genre et une espèce elle peut et doit tirer son origine d'un double principe, l'un générique, l'autre spécifique. Si on la regarde comme métaphysique, c'est-à-dire en tant que la substance individuelle de l'atome est constituée intrinsèquement d'éléments opposés, on peut et on doit seulement la comprendre par ce double principe, puisque l'opposition ne peut exister qu'entre deux éléments. Si on la regarde comme physique, c'est-à-dire en tant que l'atome quoique un et individuel en lui-même, a cependant des parties intégrantes, cette composition requiert aussi deux principes dont l'un soit la cause de l'unité et de la continuité, dont l'autre soit la cause de la multiplicité et de la distinction.

2° Les accidents sont expliqués. Comme les accidents ne peuvent pas être dans un sujet absolument simple, car ils agissent matériellement et sur la matière, comme ils sont, de plus, opposés entre eux (par exemple l'étendue et la figure, l'absence de poids et la gravité, le mouvement et l'inertie), ils ne peuvent subsister que dans un composé constitué de deux principes substantiels opposés.

3° Les relations sont expliquées. Toutes les relations que les corps peuvent avoir entre eux se réduisent à la distance et à l'activité. La distance est constituée par la localisation ; l'activité, par le mouvement local qui est essentiellement successif.

Les corps n'ont donc de relation entre eux que parce qu'ils sont établis dans l'espace et le temps. Or, les corps ne peuvent être établis dans l'espace et le temps que par deux principes opposés. Ils sont, en effet, dans l'espace par leur quantité qui est l'attribut de la matière. Ils sont dans le temps par la succession qui répugne à la matière en tant que matière, puisque la succession est aussi l'attribut de l'être spirituel. Donc pour expliquer les relations des corps, il faut admettre un double principe substantiel.

Il faut donc conclure avec les Péripatéticiens et les Scolastiques que les atomes sont composés de matière et de forme. Ces deux principes substantiels des atomes ont en effet, entre eux la même proportion et opposition que les substances incomplètes des Péripatéticiens. Elles ont la même proportion puisqu'elles possèdent :

1° Une mutuelle affinité et ordination l'une envers l'autre ;

2° Une mutuelle dépendance de laquelle il résulte que l'une ne peut être sans l'autre ;

3° Une mutuelle causalité, puisqu'elles se limitent et s'actuent réciproquement.

Elles ont la même opposition, puisque : 1° L'une est un principe générique (matière), l'autre est un principe spécifique (forme) ; 2° l'une est indéterminée (matière), l'autre est déterminante (forme).

Il faut donc conclure avec les Péripatéticiens que la

matière et la forme sont les principes constitutifs des corps.

Après avoir adopté la doctrine péripatéticienne dans son principe fondamental de la matière et de la forme, pour expliquer l'essence des corps simples, les partisans de l'Atomisme dynamico-chimique ne croient pas pouvoir l'accepter pour l'essence de corps mixtes.

Il nous reste à exposer :

1° Leurs réponses aux diverses objections faites contre la théorie scolastique ;

2° Les preuves de leur théorie particulière sur le problème cosmologique.

ARTICLE V

Comment l'Atomisme dynamico-chimique résout les objections faites contre le système péripatético-scolastique.

Les adversaires du système scolastique raisonnent ainsi (1) : « On doit rejeter une doctrine qui, 1° ne s'appuie sur aucun fondement ; 2° non seulement est incapable d'expliquer les faits empiriques ; mais 3° leur est absolument opposée ; et 4° contient un grand nombre de difficultés inextricables. Or, tel est le système péripatético-scolastique. Il ne saurait donc être admis.

Le *premier argument* ne prouve rien. — En effet, ces adversaires nous le disent : 1° Le système scolastique est tout à fait exclusif. Or, de la fausseté des autres systèmes, il n'est pas permis de conclure à la vérité du système péripatéticien ; 2° admettrait-on cet argument, on pourrait encore en déduire la vérité de l'Atomisme dynamique et non du système péripatético-scolastique qui en est tout à fait distinct.

Réponse. — 1° Cela prouve que le système scolastique n'est pas tout à fait certain et évident. Oui.

Cela prouve que cette théorie n'est pas bien plus pro-

(1) Résumé du P. Musto.

bable et plus conforme à la raison que tous les autres systèmes imaginés jusqu'à nos jours. Non.

En effet, un système par cela même qu'il est système ne peut jamais être certain et évident. Il ne serait plus étant certain et évident une hypothèse, mais une thèse indiscutabble. Nous soutenons seulement que le système péripatéticien doit être préféré à toutes les autres théories, soit parce qu'il a des arguments à son appui et qu'il n'est pas affirmé gratuitement comme les autres, soit parce qu'il a de moins grands inconvénients qu'eux.

2° Le système péripatéticien est distinct de l'Atomisme dynamique si on le considère dans son intégrité. C'est possible. Si on le considère quant à sa partie substantielle et principale, il en est distinct apparemment et en paroles. C'est possible. Réellement. Non.

En effet, le système péripatéticien enseigne que les corps sont essentiellement constitués de matière et de forme. Mais un corps peut être considéré sous un double point de vue : ou bien selon qu'il dit simplement une substance composée et corporelle (telle est la dernière molécule d'un corps, c'est-à-dire, un atome, ou quantité continue), ou bien selon qu'il est une agrégation de substances corporelles, c'est-à-dire une quantité contiguë (tels sont tous les corps que nous apercevons dans l'univers).

Le système péripatéticien admet la matière et la forme non seulement dans les quantités continues, mais aussi dans les quantités contiguës ; tandis que le système atomico-dynamique admet seulement dans les quantités continues l'étendue et la force, qui dans le langage plus philosophique des Péripatéticiens ont reçu le nom de matière et de forme, principes d'où découlent l'étendue et la force, comme un effet de sa cause.

Le *deuxième argument* ne prouve rien : 1° Tous les systèmes expliquent la diversité des corps. Ils établissent tous une matière commune, qui reste toujours la même (ce sont les atomes et les points simples) et reconnaissent ensuite la diversité des formes, c'est-à-dire la diverse disposition de la matière ; 2° il n'est pas dit autre chose dans l'hypothèse des Péripatéticiens, au moins dans la première partie.

Les Dynamico-Chimistes répondent : 1° Tous les autres systèmes expliquent la diversité accidentelle des corps : c'est vrai ; la diversité substantielle : c'est faux. Ils admettent la matière seconde et les formes accidentelles : c'est vrai ; ils admettent la matière première et les formes substantielles : c'est faux. La distinction n'a pas besoin d'être expliquée après ce que nous avons dit.

2° Dans l'hypothèse des Péripatéticiens les corps ne sont distincts qu'accidentellement. Nous distinguons. Les corps simples ne sont distincts qu'accidentellement entre eux : c'est faux. Les corps mixtes ; nous distinguons. Les corps mixtes ne sont distincts entre eux qu'accidentellement si on admet le système dans toute son intégrité. C'est faux. Si on n'admet le système que dans sa première partie, c'est vrai ; mais ceci ne prouve rien contre lui. En effet, les corps diffèrent essentiellement par les diverses formes substantielles. Mais ces formes substantielles peuvent être conçues seulement dans les atomes des corps simples, ou bien dans la masse entière d'un corps mixte. Dans le premier cas les corps simples diffèrent substantiellement entre eux, parce qu'ils ont diverses formes substantielles dans leurs atomes. Mais les corps mixtes ne diffèrent qu'accidentellement des corps simples parce qu'ils résultent des diverses combinaisons des corps simples. Dans le second cas, tous les corps sans exception diffèrent substantiellement les uns des autres, parce que chaque corps, qu'il soit simple ou mixte, continu ou contigu, a une forme substantielle qui lui est propre. Or, pour expliquer la diversité substantielle des corps, la première partie de l'hypothèse suffit pleinement.

Le *troisième argument* est un sophisme. 1° L'étendue et la force, propriétés essentielles des corps, peuvent fort bien provenir d'une même réalité, et non de la substance d'un atome ; 2° sans quoi, par le même raisonnement on devrait dire que l'homme a deux âmes, puisqu'il a lui aussi deux propriétés essentielles ; l'intelligence et la volonté.

Nous répondons : 1° Les propriétés essentielles des corps peuvent découler d'une seule et même réalité. Nous distinguons. Si ces propriétés ne sont pas opposées entre elles. C'est vrai. Si ces propriétés sont opposées. C'est faux. D'où, 2° nous nions la comparaison et la supposition. En effet : parce qu'une substance jouit de plusieurs propriétés, ce n'est pas une raison pour qu'elle contienne plusieurs principes. Ceci n'a lieu que lorsque les propriétés dont elle jouit ont des caractères tout à fait opposés, parce que, dans ce cas, un principe unique ne pouvant produire des effets opposés et contraires à sa nature, il faut nécessairement qu'il y ait en elle plusieurs principes. Dans l'homme, la volonté, loin d'avoir des caractères opposés à l'intelligence en est, au contraire, une dérivation naturelle.

Le *quatrième argument* est faux. 1° L'étendue provient de la continuité même des parties juxtaposées ; 2° la résistance provient de la même réalité étendue, par cela même qu'elle occupe un lieu par sa masse ; 3° la forme est le résultat de la conformation des atomes, ou d'une autre cause extrinsèque que nous ignorons ; 4° les forces d'un corps peuvent provenir de l'étendue elle-même.

Nous répondons : 1° Si l'étendue résulte de la continuité des parties, d'où provient la continuité des parties ? On répondra : De l'étendue ; c'est là un cercle vicieux.

Donc, de même qu'il y a quelque chose dans le corps qui est l'élément de l'étendue, c'est-à-dire de la multiplicité, de même aussi il doit y avoir quelque autre chose qui soit l'élément de la continuité, c'est-à-dire de l'unité ; 2° La résistance ne peut découler de l'étendue, parce qu'on ne peut concevoir l'étendue, sans concevoir auparavant la résistance dans ses parties ; et encore parce que la résistance est une action et que la matière, qui est le principe de l'étendue, est par elle-même et essentiellement inerte et privée de toute activité ; 3° Soit. La forme des corps est le résultat de la conformation des atomes. Mais cette conformation elle-même, quelle en est la cause ? Recourir à la volonté du Créateur, c'est en assigner la cause éloignée, non la cause prochaine. Prétexter l'ignorance, ce n'est pas une raison digne d'un philosophe, et ceci ne résout point la question, mais l'élude. D'ailleurs, comme l'étendue est indifférente par elle-même à prendre une forme quelconque, et que, d'autre part, elle ne peut exister dans la nature qu'avec une forme déterminée, nous sommes bien portés à conclure qu'un principe actif de la configuration des atomes, tout à fait distinct de la configuration des atomes, fait partie de l'essence intime des corps ; 4° Les forces que possèdent les corps sont étendues. Nous distinguons : Par soi ; c'est faux. Par accident ; c'est vrai. En effet, les forces disent par elles-mêmes l'activité. Or, l'activité, dans son idée essentielle, comprend des degrés, non des parties. Si les forces admettaient des parties, elles pourraient exister par elles-mêmes et prendre une forme quelconque, ce qui est contraire à la raison. Mais on dit que les forces sont étendues par accident ; car, comme elles existent dans un corps et qu'elles en dépendent, elles le pénètrent de toutes parts et lui sont pour ainsi dire coétendues. En raison du corps où elles se trouvent, on peut donc dire que les forces sont étendues et divisées·

L'argument d'analogie est inutile : 1° car du particulier on ne peut pas conclure au général ; 2° cet argument n'est porté que par les Thomistes, qui croient que l'être même du corps humain dépend de l'âme, en tant que corps. Les Scotistes nient cette assertion, et disent que le corps humain dépend de l'âme en tant que corps humain seulement, et cette explication suffit pour sauvegarder le dogme catholique.

Nous répondons : D'une entité, on ne peut pas conclure à toutes, *si entre elles* il n'y a aucune relation ou ressemblance. C'est vrai. S'il y a entre elles quelque relation ou ressemblance ; nous distinguons. On ne peut pas tirer une conclusion stricte et rigoureuse : c'est vrai ; une conclusion dans un sens plus large et dite conclusion de convenance ; c'est faux.

Certainement nous ne voulons point nous-même accorder à cet argument une valeur démonstrative dans un sens rigoureux. Nous ne l'aurions pas appelé un argument d'analogie, mais un argument apodictique. Nous reconnaissons aussi que les Thomistes et les Scotistes expliquent la question diversement et avec autant de probabilité et d'orthodoxie les uns que les autres. Mais, dans l'un et l'autre cas, nous maintenons notre assertion : qu'il existe toujours une raison d'analogie entre le corps humain, et les autres corps existants dans la nature.

L'argument d'autorité est de peu de poids : car les auteurs cités plus haut ont une grande autorité en ce qui concerne la philosophie et la théologie. Pour ce qui est de la physique et de la chimie, il n'en est pas de même. A l'époque où vivaient ces grands hommes, ces sciences étaient très peu connues.

Nous répondons. La question qui nous occupe en ce moment est plutôt une question philosophique et métaphysique, qu'une question physique et expérimentale. On peut donc la porter devant de tels juges. Nos adversaires ne peuvent exiger de nous qu'une seule chose, c'est que notre doctrine ne soit pas en opposition avec les faits d'expérience. Or, elle ne l'est point. Elle est patronnée, non seulement par les théologiens du moyen âge, mais aussi par les hommes les plus savants de notre époque dans les sciences physiques. Sans parler de Leibnitz, Cuvier, Conte, Martin, Frédault, et des autres physiciens de France et d'Allemagne, voici ce que dit le savant physiologiste de Turin, Tommasi. « Les concepts de matière et de force sont inséparables tant du monde organique que du monde inorganique. » Voici encore les paroles de Santi, professeur de physiologie à l'Université de Pérouse : « Pour constituer un être corporel, la matière ne suffit pas, il faut encore qu'un principe formel vienne l'actuer. L'être humain et tous les êtres corporels résultent de la matière et de la forme substantielle, qu'on appelle pour cela êtres de combinaison, ou coexistants, ou éléments primitifs des corps. » Son collègue Liverani ajoute : « Pour expliquer l'existence des corps nous admettons un double élément, un élément multiple, la matière, et un autre qui est la force, mais force véritablement primitive, ou pour mieux dire substantielle, c'est-à-dire composant avec la matière l'être substantiel ou premier de la molécule corporelle. » Et Brentarlez, docteur de Bologne : « La forme, dit-il, constitue le principe actif dans les êtres naturels. » En présence de ces autorités scientifiques, il nous est bien permis de demander à nos adversaires si ce sont des ignorants ou des savants en fait de physique et de chimie, qui ont défendu le système péripatéticien ? — On objecte encore :

1° Le système scolastique est contraire aux découvertes récentes de physique : car il admet bien des choses, qu'aujourd'hui on sait être fausses ; 2° il ne peut s'accorder avec les faits d'expérience, qui résultent de la chimie.

Nous répondons : Le système péripatéticien contredit les découvertes modernes et les expériences de physique et de chimie ; dans sa partie physique, c'est possible ; dans sa partie métaphysique ; nous distinguons : Si on l'accepte dans toute son intégrité ; c'est possible. Si on l'accepte dans le sens dynamico-chimique ; c'est faux. En effet : la doctrine des Péripatéticiens touchant les corps comprend deux parties : l'existence des corps physiques dans la nature, et l'essence ou la constitution intime des corps. La première partie peut s'appeler la partie physique et expérimentale, et ne nous regarde nullement. La seconde est la partie métaphysique, et la seule qui nous occupe ici. — Cette deuxième partie, qui est la substance du système, peut elle-même s'entendre de deux manières : 1° ou bien l'on admet que la matière et la forme doivent se trouver seulement dans les atomes primitifs des corps simples, de telle sorte que les corps mixtes ne soient pas des substances, mais des assemblages ou agrégats de substances (d'atomes) ; 2° ou bien on peut admettre que la matière et la forme se trouvent indistinctement dans tous les corps, simples ou mixtes. Pour nous, nous défendons ce système dans sa première, non dans sa seconde acception, et nous prétendons que, entendu dans ce sens, il n'est nullement opposé aux lois de la physique. En effet : 1° La physique distingue les corps, en pondérables et impondérables, et décrit leurs propriétés et leurs actions. Ceci n'est point attaqué dans notre système. 2° La physique enseigne que, étant données certaines circonstances, les corps passent d'un état à un autre. Nous ne prétendons point le contraire. 3° La physique cherche les lois qui régissent les corps. Loin de nier ces lois, nous en assignons les principes intimes. 4° La chimie nous apprend que le volume apparent d'un corps n'est pas une quantité continue, mais qu'il résulte de la contiguïté des molécules, douées de la force de cohésion. Nous répétons la même chose. 5° La chimie n'admet pas la divisibilité indéfinie de la matière, mais elle s'arrête aux atomes, qui, quoique divisibles mathématiquement, ne peuvent plus cependant être divisés à cause de l'étendue qu'ils réclament essentiellement. Telle est pour ainsi dire la base de tout notre système. 6° La chimie prouve qu'il existe entre les corps simples certaines affinités en vertu desquelles ils tendent à se combiner selon leur nature particulière et dans des proportions données. Notre système ne rejette point ce fait, au contraire il l'accepte volontiers. 7° La chimie dit que les corps mixtes ne sont pas substantiellement, mais accidentellement distincts des corps simples qui les composent, parce que les propriétés du composé résultent des propriétés des composants, et qu'un composé quelconque peut être décomposé en ses éléments composants. Notre système accepte toutes ces données. 8° La chimie a horreur des corruptions, et des générations dans les corps mixtes, et refuse d'admettre *de nouvelles substances par la création de nouvelles substances :* mais les corruptions, les générations et les créations de cette sorte ne sont établies que dans la seconde partie du système péripatéticien, et nous laissons à d'autres plus savants que nous le soin de la défendre et de la soutenir. 9° La physique et la chimie fixent les lois et les procédés de la Cristallographie, précisent la forme primitive des atomes, et disent que les forces inhérentes à ces atomes suffisent pour expliquer la production des cristaux. Dans notre système, nous accordons tout cela pourvu que l'on affirme que cette forme et ces forces proviennent d'un principe intrinsèque autre que le principe de l'étendue. En cela nous sommes d'accord avec les savants les plus célèbres de notre époque dans les sciences naturelles. 10° Enfin, pour ne rien dire autre chose, la physique et la chimie, prouvent que les forces inhérentes aux atomes persistent non seulement dans les minéraux, mais encore dans les végétaux et dans les corps animés, et que, par un principe supérieur, principe vital ou animal, elles sont dirigées, et amenées à produire des effets naturels dans un ordre supérieur. Nous admettons volontiers tous ces faits. Les détracteurs du système scolastique ont donc bien mauvaise grâce en nous accusant de ne tenir aucun compte de la science empirique !

Nos adversaires ajoutent : 1° Le système scolastique est inintelligible, parce qu'il distingue la matière du corps, alors que dans le langage ordinaire ces deux noms ne désignent qu'une même chose ; 2° parce qu'il ne peut définir si cette matière est une simple abstraction, ou bien quelque chose de concret, ou bien le pur néant ; 3° l'esprit ne peut pas se faire une idée de cette matière.

Nous répondons : 1° Le corps et la matière, dans le langage ordinaire, signifient une même chose ; par synecdoque, oui ; à proprement parler, nous distinguons. Le corps et la matière seconde : oui ; le corps et la matière première : non. Ainsi, souvent le mot « âme » est employé pour homme ; c'est l'emploi de la partie pour le tout. D'autre part, le corps est appelé avec raison matière seconde ; mais cette dernière expression est tombée en désuétude à cause de la brièveté du langage ordinaire. 2° La matière première n'est point une pure abstraction, ni quelque chose de concret, ni le pur néant. C'est quelque chose. C'est une simple puissance, non active, mais passive, non purement idéale, mais physique. Aristote la définit : « *Nec quid, nec quale, nec quantum.* » Parce qu'elle n'est pas un être complet (*quid*), parce qu'elle n'a aucune qualité (*quale*), ni aucune quantité (*quantum*). 3° Nous ne pouvons pas nous faire une idée de la matière première. Par une représentation sensible ou fantastique : c'est vrai ; par une simple opération de l'intelligence : c'est faux. Ce qui ne peut pas tomber sous les sens, ne peut se représenter sous une forme sensible et, *a fortiori*, ce qui ne peut exister seul, comme la matière première. Nous pouvons cependant la percevoir par le raisonnement, puisque des effets, nous pouvons conclure l'existence de la cause.

Ainsi, la vie dans les plantes et l'âme sensitive dans les bêtes peuvent fort bien se concevoir comme quelque chose de distinct du corps de la plante ou de l'animal, et cependant, elles ne sont point des substances complètes par elles-mêmes et elles ne peuvent exister seules dans la nature des choses. Il en est de même, proportion gardée, de la matière première et de la forme des Scolastiques.

On objecte enfin : « Il est impossible de comprendre cet axiome : « La forme est tirée de la puissance de la matière. » On ne voit pas ce qu'est ce troisième principe, la privation, et pour quelle cause il est admis. Toutes les fois qu'il y aurait quelque transformation dans un corps, il y aurait aussi un anéantissememt et une création de formes substantielles; ce qui répugne au sens commun ».

Nous répondons : on peut faire ces objections à ceux qui embrassent la seconde partie du système péripatéticien, mais non à nous qui ne l'avons pas adoptée. Cependant, pour notre instruction, répondons à toutes les objections, l'une après l'autre : 1° Par cet axiome, la forme est tirée de la puissance de la matière, les Scolastiques veulent dire non pas que la forme est tirée d'une puissance active de la matière, mais qu'elle est reçue dans celle-ci, comme dans une puissance passive. 2° Par privation, on entend un principe non positif, mais négatif, ou plutôt une condition sans laquelle la matière ne pourrait pas recevoir une nouvelle forme, et ce terme a été admis dans le système pour une plus grande précision. 3° Cette création ne serait pas une vraie création, telle que l'entendent les Scolastiques : car les formes seraient tirées du néant d'elles-mêmes : *ex nihilo sui*, mais non du pur néant : *non ex nihilo subjecti*. Si on veut regarder ceci comme une création, il ne répugne pas que Dieu se serve des créatures, comme d'instruments pour produire cette espèce de création. Du reste ces objections et autres semblables, qui sont tirées de l'ignorance de la question, ou de la difficulté à la comprendre ne détruisent point et ne diminuent en rien la force de la vérité, quand la vérité s'appuie sur des raisons graves et suffisantes. Sans cela, tous les principes philosophiques seraient en grand danger de crouler, puisqu'il n'y en a aucun qui n'offre de graves et même très graves difficultés.

ARTICLE VI

Comment l'Atomisme dynamico-chimique complète la théorie péripatéticienne ou scolastique.

On peut résumer en trois points tout ce que disent les Péripatéticiens sur les corps mixtes (1) : 1° Tous les corps inorganiques sont autant de substances inorganiques ; 2° les formes substantielles ou les forces des atomes 'existent plus en acte dans les corps mixtes ; 3° il n'y a u'une forme substantielle qui informe, au moment de la 'énération, chacun des corps inorganiques qui existent ans la nature. Contre ces assertions, l'Atomisme dyamico-chimique établit les propositions suivantes :

Ire THÈSE

LES ATOMES SEULEMENT SONT DES SUBSTANCES CORPORELLES INDIVIDUELLES

Les atomes seulement sont essentiellement indivi-'bles. Or, c'est l'indivisibilité essentielle qui constitue

(1) Résumé du P. Musto.

l'individualité. Donc, les atomes seulement sont des substances corporelles individuelles.

A la majeure. — 1° Les atomes sont des parties continues. Or, les parties continues ne peuvent être divisées sans que l'atome ne soit détruit; car leurs extrémités ne se touchent pas, mais se confondent. Mais, ce qui ne peut être divisé sans être détruit, est essentiellement indivisible. Donc, les atomes sont essentiellement indivisibles.

2° Si les atomes étaient divisibles jusqu'à l'infini, ils auraient un nombre infini de parties : car il n'y a de divisible que ce qui a des parties exactes. Or, un nombre infini de parties répugne. Donc...

3° Ce qui est possible positivement, Dieu peut l'effectuer. Ceci posé, on devra dire que Dieu peut effectuer cette divisibilité successivement, ou en un instant : Dans le premier cas, Dieu devrait diviser un atome pendant toute une éternité, sans pouvoir jamais atteindre le terme de la division : ce qui est ridicule autant qu'absurde. Dans le second cas, les parties résultant de la division ne seraient plus divisibles, et cependant elles seraient étendues. Or, tels sont les atomes dont nous établissons l'indivisibilité... Donc...

A la mineure. — Tout ce qui peut être divisé d'une manière quelconque *de manière à subsister* sans être détruit par la division, n'est un qu'accidentellement. En effet, si cela peut être divisé, l'union des parties entre elles n'est pas essentielle, mais seulement accidentelle. — Or, ce qui est accidentellement un n'est pas essentiellement individuel : parce que, comme l'unité est une propriété essentielle de l'être, un être est un et par conséquent individuel dans le même sens qu'il est être ou quelque chose. De plus, si le corps indivisible en acte peut être un individu, il n'y aura plus, si ce n'est l'atome, aucun corps qui ne contienne des individualités innombrables et qui ne puisse former une seule individualité que par une union accidentelle. Or, s'il en est ainsi, il n'y a plus de principe d'individualité, car il n'y a plus possibilité de fixer un critérium invariable et constant d'individualité.

II° THÈSE

DANS LES CORPS INORGANIQUES, LES FORMES DES ÉLÉMENTS COMPOSANTS PERSISTENT DANS LEUR INTÉGRITÉ.

I. — Les formes ou les forces des éléments qui composent un corps ne peuvent ni exister, ni agir, prises séparément. Elles ne peuvent pas exister, parce qu'elles sont des substances incomplètes. Ne subsistant point par elles-mêmes, elles ne peuvent pas agir parce que leur action demande un sujet qui la reçoive. Or, s'il en est ainsi, ces forces seraient inutiles; parce qu'elles n'agissent point avant la composition, et lorsqu'elles viennent à se combiner, elles disparaissent. Donc, si ces forces ne demeuraient pas encore dans les corps mixtes ou composés, elles n'auraient aucune raison d'être.

II. — Les éléments des corps ont été créés, pour que, combinés entre eux selon des lois diverses, ils formassent l'admirable variété de l'univers, et ils ont été doués chacun d'une force spéciale comme d'un moyen connaturel pour atteindre une telle fin. Or, il répugne qu'un être soit privé par la nature d'un moyen connaturel pour atteindre une fin fixée par la nature elle-même : C'est ce qui aurait lieu si les formes des éléments disparaissaient.

III. — D'après les Scolastiques, les formes des composants disparaissent dans le corps composé ou mixte, parce que, par la mixtion, il se fait une génération par laquelle une nouvelle forme est introduite dans le composé.

Or, si les formes des composants ne duraient pas encore, on ne pourrait pas expliquer cette nouvelle forme, ni la recomposition des formes primitives, supposé que l'on détruise cette nouvelle forme.

La majeure n'est qu'une assertion des Scolastiques.

A la mineure. — 1° La forme d'un corps est la faculté qu'a ce corps d'agir de diverses manières, selon qu'il est placé dans des conditions ou des circonstances diverses. Or, cette diversité d'action ne peut être expliquée là où il n'y a qu'une force nécessaire, qui ne peut avoir qu'une seule manière d'agir. 2° Les formes ou forces des éléments qui reparaissent après la dissolution de la mixtion ou de la composition, doivent être tirées du néant ou produites par la corruption de la forme du composé. Or, outre que cela est une assertion gratuite, il ne paraît pas convenable d'admettre sans une nécessité sérieuse la destruction et la création de ces forces; et, de plus, il paraît incompréhensible d'admettre que cette forme par sa corruption produise des formes qui ne sont point contenues en elle formellement, mais éminemment, selon l'opinion de Scot, ou virtuellement, comme le veulent les autres Scolastiques. Ceci ne serait plus une production, mais une création.

Les Scolastiques diront peut-être : Les formes des éléments demeurent dans les corps mixtes. Elles n'y sont pas en acte, elles y persévèrent en puissance. Mais, 1° Comment le prouvent-ils? 2° Nous avons prouvé qu'elles y sont en acte, puisqu'elles agissent *actu*. 3° Dans la vertu de quoi demeurent-elles? dans la vertu de la matière ou de la forme? Mais la matière, étant passive et indifférente, ne peut avoir aucune vertu. Dans celle de la forme? Mais comment se fait-il que ces forces reviennent lorsque disparaît la forme dans la vertu de laquelle elles existaient?

IV. — Qu'il nous soit permis de porter à l'appui de notre

doctrine l'autorité de ceux que les Scolastiques se font gloire de suivre pas à pas. Commençons par Aristote : « Les composés, dit ce grand philosophe, sont constitués d'éléments qui étaient séparés auparavant, et qui peuvent de nouveau être séparés. Donc, ils ne persistent point en acte, et ils ne sont point corrompus ni l'un ni l'autre; puisque leur force demeure intacte. » Et ailleurs : « Comme il y a trois sortes de composition, on peut en fixer une, celle qui se fait de ce que quelques-uns appellent les éléments, c'est-à-dire de la terre, de l'eau, de l'air, et du feu; ou *plutôt de leurs forces* (ἐκ τῶν δυνάμεων). » — Écoutons aussi saint Thomas : « Par forme d'un corps mixte, on peut entendre deux choses : d'abord la forme substantielle du corps mixte... ou bien une qualité composée et formée de la mixtion des qualités simples, qui est à la forme substantielle du corps mixte, ce qu'une qualité simple est à la forme substantielle d'un corps simple. » Suarez est d'accord avec saint Thomas. (Voir *Disput.*, XV, Sect. X, art. 1.) Ces grands docteurs n'en passent pas moins pour les premiers représentants des doctrines scolastiques et les adversaires déclarés de l'Atomisme dynamico-chimique.

Concluons, d'après leur propre témoignage, que les formes des composants persistent dans leur intégrité dans le composé, et que la substance résulte de leur aggrégation. C'est pourquoi : 1° Toutes les fois qu'il est dit dans ces auteurs qu'il n'y a qu'une seule forme dans le composé, il faut entendre par ce nom, une forme résultant de la combinaison mutuelle de toutes les formes élémentaires. 2° Chaque fois qu'il y est affirmé que les formes élémentaires ne persistent pas dans le composé, *etu sed virtute*, il faut entendre qu'elles ne persistent plus de la même manière que si elles étaient séparées ; mais qu'elles sont entre elles dans un parfait équilibre : c'est-à-dire qu'elles se modifient par une action réciproque, et qu'elles constituent une nouvelle forme, résultant de toutes les autres.

III· THÈSE

LES CORPS INORGANIQUES COMPOSÉS D'ATOMES N'ONT PAS UNE FORME SUBSTANTIELLE COMMUNE A TOUT LE CORPS, ET, PAR CONSÉQUENT, ILS N'ONT QU'UNE UNITÉ ACCIDENTELLE.

La seule raison pour laquelle les Scolastiques croient devoir admettre une seule forme substantielle dans les corps mixtes ou inorganiques composés, c'est que sans la génération substantielle des corps inorganiques on ne peut pas expliquer les diverses transformations qui se présentent dans leurs mixtions et leurs compositions. Or, sans cette génération substantielle on peut parfaitement expliquer les générations de ce genre. Donc, il n'est pas nécessaire d'admettre cette génération substantielle, et une forme unique dans un corps composé.

La majeure est le problème à résoudre tel que le posent les Scolastiques.

A la mineure. — I. Tous les changements qui peuvent avoir lieu dans un corps, de l'aveu même des Scolastiques, sont attribués ou à la matière ou à la forme, c'est-à-dire qu'ils regardent ou la quantité ou l'activité. Or, ces deux espèces de changements sont des changements accidentels, non substantiels. En effet :

1° Tous les changements qui peuvent avoir lieu dans la quantité, se réduisent à une augmentation, à une diminution ou à un changement d'état. Or, de l'aveu même des Scolastiques, ces phénomènes dans les corps doivent être expliqués par la juxtaposition des parties, qui n'est rien que d'accidentel.

2° Les forces du composé ne diffèrent qu'accidentellement des forces des composants. En effet : *a*) Toute force corporelle est locomotive, car les corps n'agissent que par le contact qui suppose le mouvement local. Or, une force locomotive ne diffère pas spécifiquement mais accidentellement d'une autre force locomotive. — *b*) Les divers effets de ces forces ne prouvent pas que ces forces soient spécifiquement distinctes, mais seulement que les mêmes forces sont placées dans des circonstances diverses. Ainsi, la même chaleur, placée dans des circonstances diverses, dilate ou contracte les corps, fait fondre les uns, et durcir les autres. — *c*) Une force corporelle ne suppose point l'unité et l'individualité du principe, comme il en est dans la conscience et dans la vie; mais une force simple peut être la résultante de plusieurs forces dont les unes se neutralisent, et les autres se corroborent. — *d*) On comprendra mieux en prenant des exemples. Les couleurs diffèrent entre elles selon les diverses manières dont elles réfléchissent la lumière; mais cette diversité de réflexion dépend de la variété des angles que présentent à la lumière les atomes qui forment la superficie du corps. Les saveurs, les odeurs diffèrent entre elles, selon qu'elles affectent plus ou moins vivement la langue ou le nez, mais cette diversité provient de la configuration et de la mobilité diverses des atomes ou molécules, et peut-être même de la vibration de l'éther intermédiaire. Le diamant diffère du charbon par une diverse réflexion de la lumière, par la dureté, et une aptitude diverse à recevoir l'électricité; mais tout ceci dépend de la diverse formation des cristaux. Enfin les solides diffèrent des liquides et les liquides diffèrent des gaz par la diversité dans la disposition, la dilatation et la cohésion des molécules.

II. — En admettant l'hypothèse des Scolastiques, on aura une série, pour ainsi dire infinie, d'un côté et de l'autre. Or, cette série répugne. Donc cette hypothèse est inadmissible.

A la majeure. — 1° On aura une série infinie ascendante. Si, d'après les Scolastiques, une pierre composée d'atomes et de molécules juxtaposés n'a qu'une seule forme substantielle, pourquoi, *a pari*, un mur, composé de ces pierres, n'aura-t-il pas lui aussi une seule forme substantielle? Si oui, pourquoi pas aussi la maison tout entière composée de ces murs? Pourquoi pas la ville tout entière, et la province, et, enfin, l'univers tout entier? Ils diront peut-être que ces corps sont séparés les uns des autres. Mais il n'y a aucun corps qui ne soit juxtaposé à un autre : car le vide physique n'existe nulle part dans la nature; et le vide chimique existe dans l'univers entier, comme dans cette pierre dont nous parlons. Ils auront recours à la distinction entre la continuité et la contiguïté. Mais la continuité n'existe que dans les atomes. Dans tous les autres corps, il n'y a que contiguïté, comme le prouve l'expérience. 2° On aura une série infinie descendante. Nous pouvons demander aux Scolastiques, si chaque corps céleste est une substance numériquement une, ou bien un amas de substances. Prenons la lune, par exemple. S'ils nous disent que la lune possède une unité accidentelle, nous ne voyons pas pourquoi la même unité ne conviendrait pas à cette montagne, à cette pierre, à chaque molécule de cette pierre, jusqu'à ce qu'enfin nous arrivions aux atomes. Mais s'ils disent que la lune a sa forme substantielle, ils seront obligés de dire la même chose pour la terre, puisque celle-ci est aussi une planète. Donc, si la terre, qui d'après eux est une substance individuelle, contient en elle autant de substances diverses qu'il y a de corps, pourquoi ces derniers ne pourront-ils pas contenir en eux autant de substances diverses qu'il y a en eux de molécules, et les molécules contenir autant de substances diverses qu'il y a en elles d'atomes?

A la mineure. — Étant admis que dans une seule et même quantité de matière, il y ait plusieurs formes supérieures les unes aux autres, les Scolastiques doivent admettre que chacune de ces formes conserve sa force qui lui est propre (quoiqu'elle soit subordonnée à une autre forme, comme il arrive dans une armée), ou bien que toutes ces formes sont reçues et absorbées par une force supérieure, comme dans un rayon du soleil sont absorbées et unifiées toutes les couleurs de la lumière. Or, dans le premier cas, ils admettent notre thèse ; dans le second cas, ils conservent en paroles, mais détruisent en réalité les forces propres aux atomes, contre ce que nous avons prouvé dans la thèse précédente. Nous ne dirons pas que ce système pourrait fournir aux Panthéistes le moyen de soutenir leur fameuse unité de substance qui absorbe toutes les autres, et de laquelle elles découlent toutes.

III. — L'hypothèse de l'unité de la forme substantielle a été imaginée par les Scolastiques pour donner une explication plausible : 1° de l'individualité ; 2° de l'activité ; 3° de la génération des corps. Or, rien de tout cela n'est expliqué. Donc, cette hypothèse doit être rejetée.

A la mineure. — 1° L'individuation n'est pas expliquée ; car on appelle individuel ce qui ne peut pas être divisé en parties qui existent après la division. Or, dans l'hypothèse des Scolastiques, une substance corporelle quelconque, qui est supposée individuelle, peut se diviser par la séparation des parties, en autant de substances individuelles qu'il y a de parties : ainsi, de l'eau, qui est numériquement une tant qu'elle est contenue dans un vase, il sortira en un clin d'œil autant de substances que l'on pourra extraire de gouttes d'eau. S'ils disent que cette unité doit être placée dans la continuation des parties intégrantes, il n'y a rien de plus accidentel que cette forme substantielle. S'ils placent cette unité de forme dans l'identité des forces, toutes les eaux qui sont dans l'univers ont une seule forme substantielle, et constituent par conséquent un seul individu. Dès lors l'espèce est confondue avec l'individu.

2° L'activité n'est pas expliquée : car on ne comprend pas assez bien d'où provient cette nouvelle substance par la génération. Ils disent qu'elle est produite *ex nihilo sui, non ex nihilo subjecti :* C'est parfait. Or, si elle n'est pas produite *ex nihilo subjecti*, elle doit être *précontenue* de quelque manière dans le sujet. Mais comment ? Si on dit qu'elle est contenue dans une puissance passive, on n'avance en rien, car être contenu dans une puissance passive signifie avoir la puissance d'être reçu dans quelque chose, mais non de produire. Or nous ne parlons pas de la réceptibilité, mais de la production. Si on dit que cette forme est contenue dans une puissance du sujet, on va se heurter à de plus grandes difficultés : car si, par ce sujet qui acquiert une nouvelle forme par la génération, ils entendent la matière première, les Scolastiques doivent rejeter leur système, d'après lequel la matière première étant purement passive ne peut avoir aucune puissance active. Si, par ce sujet, ils entendent la matière seconde, c'est-à-dire un assemblage d'atomes jouissant chacun de leurs forces propres, ils embrassent notre système, et ils n'accordent pas à ce sujet une unité substantielle, mais une unité accidentelle.

3° On n'explique pas la génération : car nous pourrions demander comment il se fait que les qualités du corps qui se corrompt, disparaissent avant la génération, alors que cependant c'est par ces qualités que doit être déterminée la nouvelle forme substantielle? Mais nous nous contenterons de poser cette question : la génération se fait-elle instantanément, ou bien successivement? Ils disent qu'elle se fait instantanément, c'est-à-dire à l'instant où la matière devient apte à une nouvelle forme, et impropre à la première. Soit : mais comment la matière devient-

elle propre à une nouvelle forme et impropre à la première ?
Cela vient-il du côté de la matière ? Mais elle est indifférente et incorruptible. Est-ce du côté de la forme ? Mais celle-ci est essentiellement telle forme et est immuable. Est-ce le lien de l'union qui commence à s'affaiblir ? Mais celui-ci subsiste dans son intégrité, sans quoi la génération n'aurait pas lieu instantanément. Cela vient-il d'un agent extrinsèque ? Mais notre argument revient : car cette force extérieure doit agir ou bien sur la matière, ou bien sur la forme, ou bien sur le lien de leur union. Que diront-ils si nous leur faisons voir que la génération instantanée est contraire à l'expérience ? Approchons, par exemple, un morceau de bois du feu. Si la génération était instantanée, le bois devrait aussitôt s'enflammer, c'est-à-dire perdre à l'instant même toute la forme substantielle du bois, et acquérir la forme substantielle du feu tout entière. Or, l'expérience nous montre que le bois ne s'enflamme que peu à peu, et successivement dans ses diverses parties intégrantes.... Ils diront peut-être que la génération se fait successivement, mais ils tombent de Charybde en Scylla. Qu'il nous soit permis, en effet, de leur demander quelle sera la forme que possèdera la matière, tant que durera la génération ? Non pas la première qui a déjà été corrompue et a disparu ; non pas la seconde parce que la matière ne l'a pas encore reçue ; ce ne sera pas non plus une forme intermédiaire, parce que, par le même raisonnement, on devrait en supposer une autre entre la première et cette intermédiaire, et ainsi de suite jusqu'à l'infini. Ainsi, pour prendre le même exemple, le bois qui brûle, ne serait ni bois, ni feu, ni quelque chose d'intermédiaire.

IV. — Enfin, ces trois phénomènes que le système péripatéticien est impuissant à expliquer, s'expliquent facilement avec notre système.

En effet : 1° Nous expliquons l'individualité, car nous

ne l'admettons que dans les atomes, dans lesquels elle se trouve véritablement et essentiellement : par conséquent, d'après nous, les atomes seulement sont des substances corporelles individuelles, et les autres corps, composés d'atomes, ne sont que des aggrégations accidentelles de substances. 2° Nous expliquons aussi l'activité: car nous la réduisons tout entière à l'activité des atomes qui, soumise à des lois découlant de leur essence même, ou des décrets du Créateur, est dirigée par ces lois vers la fin qui lui a été assignée. Quant à l'activité des atomes, s'il s'agit des atomes pondérables, elle semble consister en ce qu'ils attirent certains atomes, et en repoussent d'autres, ou plutôt en ce qu'ils les attirent tous avec plus ou moins d'intensité. Quant à l'activité des atomes impondérables, elle semble consister en ce qu'ils prennent divers mouvements vibratoires, par lesquels ils modifient diversement les atomes pondérables interposés. Ceci étant établi, nous pouvons argumenter ainsi: «L'action d'un corps est essentiellement composée, parce qu'elle provient d'un corps étendu, physiquement divisible, et a pour terme un corps étendu. Or, une action composée peut et doit être expliquée par la réunion des forces fournies par tous les atomes : car toutes les forces corporelles sont ou chimiques, ou statiques, ou dynamiques. Les forces chimiques, qui ne sont que les actions mutuelles des atomes les uns sur les autres, doivent être expliquées par la répulsion et l'affinité qui existent entre les atomes, comme on peut le voir dans les expériences de chimie. Les forces statiques dépendent surtout de l'attraction, comme on le voit dans la pesanteur et la chute des corps. Les forces dynamiques manifestées dans le mouvement paraissent résulter des forces d'attraction et de répulsion. Cette réaction d'un corps, si elle surpasse l'action d'un autre corps, met cet autre corps en mouvement ; si elle est surpassée, c'est ce corps qui se meut.

3° On explique la génération, et la corruption, ou plutôt les phénomènes auxquels on a donné ces noms. En effet, la corruption d'un corps consiste tout entière dans la séparation des atomes, qui peut être produite de deux manières : ou bien par un principe intrinsèque (tel que la chaleur, qui fait sortir d'un corps composé tous les éléments d'une nature, et unit plus étroitement les autres) ; ou bien par un principe extrinsèque (si, par exemple, on applique à un corps un autre corps qui a la proriété chimique d'attirer seulement certaines molécules qui le composent). — Pour la génération, ou la producion d'un nouveau corps, on l'explique de la même maière : car les atomes qui ont été séparés par la corrupion, soit qu'ils demeurent séparés les uns des autres, oit qu'ils s'unissent entre eux, forment un nouveau comosé accidentel, ou un nouveau corps accidentellement ivers du premier. Ainsi, même dans notre système, se érifie le célèbre axiome des Péripatéticiens : *Corruptio nius est generatio alterius.*

Tout ce que nous avons exposé et prouvé jusqu'ici est ésumé dans le passage suivant de M. Martin : « On omme vulgairement substance un agrégat d'atomes, nis par la cohésion et formant une masse homogène de uantité quelconque. La substance ainsi conçue a cela de ommun avec l'atome, qu'elle a dans toutes ses parties ne même activité, soumise à des lois déterminées. Mais lle n'a pas l'individualité, ni l'identité persistante de la ature. Elle peut perdre des parties et en acquérir de iouvelles, sans changer de nature ; elle peut changer de ature, sans perdre ni acquérir aucune partie... seuleent nos connaissances trop imparfaites ne nous perettent pas de saisir le rapport qui existe entre les ropriétés sensibles de la substance composée et les odes d'activité des atomes composants, dont les effets arient suivant les divers modes de rapprochement et d'association dont ces atomes sont susceptibles. De cette ignorance, il résulte que la substance composée nous offre l'apparence d'une activité interne, lorsque ses propriétés essentielles changent sous l'influence de quelque agent, tel que la lumière ou la chaleur. »

ARTICLE VII
Solution des objections faites contre le système dynamico-chimique (1).

1° Contre la première partie

Obj. Ire. — Ce système ne peut être démontré ni *a priori* ni *a posteriori;* non *a posteriori,* parce que l'expérience ne peut pas aller jusqu'aux atomes ; non *a priori,* parce que, admettrait-on même l'existence de ces atomes, on ne pourrait prouver qu'ils se composent de deux principes.

Nous répondons : Cette doctrine peut fort bien se démontrer *a priori* et *a posteriori.* Nous savons, en effet, que les corps peuvent être divisés jusqu'aux plus petites molécules, et nous savons d'autre part que cette division ne peut pas aller jusqu'à l'infini. Nous concluons donc que l'on doit admettre un terme où s'arrêtera la division. Ce terme ne pouvant être contigu sera nécessairement continu. Que ces atomes se composent de deux principes, on le démontre *a priori* et *a posteriori,* car ces atomes ont les mêmes propriétés que les corps simples qu'ils composent, et nous avons prouvé assez longuement que ces propriétés exigent deux principes, lorsque nous défendions le système péripatéticien.

Obj. IIe — Ces atomes dynamiques sont ou bien homogènes, ou bien hétérogènes. S'ils sont homogènes, on ne peut expliquer la diversité substantielle des corps ; s'ils sont hétérogènes, d'où tirent-ils leur hétérogénéité?

(1) Exposé du P. Musto.

Nous répondons : Ils sont hétérogènes selon la diversité des corps simples, et tirent leur hétérogénéité de leurs propres formes substantielles.

Obj. III° — On suppose que ces atomes sont étendus ; mais s'ils sont étendus, ils ont des parties, et peuvent par conséquent se diviser en ces parties. Donc, on doit dire que ces atomes ne sont pas étendus, sans quoi on devrait admettre la divisibilité jusqu'à l'infini.

Nous répondons : Les atomes dynamiques sont étendus, mais continus. Ce qui est étendu et a des parties est divisible. Nous distinguons : mathématiquement : Oui ; physiquement, nous distinguons : si rien ne s'y oppose ; Oui ; si quelque chose s'y oppose : Non. En effet, un atome, considéré géométriquement ou mathématiquement, est toujours susceptible d'être divisé ; car il renferme toujours une composition de parties, qui donne lieu à une division. Mais l'atome considéré physiquement, c'est-à-dire selon qu'il existe ou peut exister dans la nature, serait toujours divisible, si la continuité des parties ne venait enfin s'opposer à la division. Cette continuité consiste dans cette quantité de matière qui est nécessaire pour que l'atome puisse exister. Car quoique l'étendue ne constitue pas par elle-même l'essence des corps, elle est cependant une condition *sine qua non* de l'existence des corps à l'état naturel. Saint Thomas expose cette doctrine en plusieurs endroits.

Obj. IV° — L'essence de la puissance est de pouvoir être réduite en acte. Or, cette divisibilité des atomes ne peut être réduite en acte, ni *in abstracto* (car *in abstracto*, il n'y a pas d'étendue réelle), ni *in concreto* parce que au moins Dieu pourrait diviser un atome. Donc, une puissance de cette sorte n'est pas réellement une puissance.

Nous distinguons :

A la majeure. — Si cette puissance est négative : Non.

Si cette puissance est positive; nous distinguons encore. Étant posées certaines conditions: Oui. Ces conditions n'étant pas posées : Non. En effet, on doit distinguer deux sortes de puissances : la puissance positive et la puissance négative. La première dénote une perfection dans le sujet où elle se trouve, parce qu'elle le perfectionne lorsqu'elle passe en acte. La seconde, au contraire, importe une imperfection, parce que lorsqu'elle passe en acte elle détruit le sujet. Cette puissance ne peut jamais s'effectuer, sans que la nature du sujet ne soit détruite. Ainsi, le feu a la puissance d'absorber l'eau, les corps organiques ont la puissance de se fondre; mais si cette puissance se réalise dans le feu, le feu s'éteint; si les corps organiques se fondent, ils cessent d'être organiques. La puissance active suppose pour son exercice certaines circonstances. Ainsi la puissance de raisonner ne peut point passer en acte sans une détermination normale chez les petits enfants, ou chez les aliénés. De même, la puissance de choisir, ou la liberté, ne peut être en acte dans les hommes qui dorment. C'est pourquoi la divisibilité des atomes étant purement négative ne peut être réalisée sans que l'atome ne soit détruit; mais elle peut se réaliser dans les corps qui se composent d'atomes, parce que ces derniers ont des parties séparables. En un mot : L'étendue existe. Or, l'indivisibilité est la condition sans laquelle l'étendue ne peut exister. Donc, les atomes sont indivisibles.

La majeure est un fait d'expérience.
La mineure découle de la définition de l'étendue.

Contre la seconde partie:

Obj. 1ʳᵉ — Si les atomes seulement étaient des substances individuelles, nous ne pourrions voir dans la nature aucune substance corporelle individuelle.

Réponse. — Nous ne pourrions voir dans la nature aucune substance corporelle individuelle, de nos yeux : Oui ; par l'esprit et par un facile raisonnement : Non.

Si vous considérez de loin une armée, direz-vous que cette armée est un seul homme, parce que, avec vos yeux, vous ne pourrez distinguer aucun individu ?

Obj. II° — Il est contraire au sens commun que tous ces corps, vus de nos yeux et touchés de nos mains, ne soient pas autant de substances distinctes.

Réponse. — Le sens commun nous dit tout le contraire. Chez toutes les nations et dans tous les temps, on a employé ces expressions : « Beaucoup, peu de vin, d'eau, de fer. » Or, ces locutions ne s'emploient jamais pour désigner un individu. Ainsi on ne dira pas : « Beaucoup de fleur, ou de plante; peu d'âne, ou de bœuf; » mais elles ne s'emploient que pour signifier des aggrégations, des quantités, ou bien un nombre. Ainsi on dira : « Beaucoup d'argent, peu de froment, etc. ». Donc, le sens commun accorde la même unité à cette masse d'argent, et à ce tas de froment.

Obj. III° — On nous fait beaucoup d'objections tirées des formes des cristaux : 1° La forme des cristaux varie suivant la diversité des substances. Donc, on ne peut l'expliquer par l'attraction, qui est la même dans toutes les substances. 2° Le Dimorphisme suppose bien une certaine force directrice de l'attraction, qui fait que cette attraction obéit tantôt à une loi, tantôt à une autre. 3° Certains corps mixtes prennent des formes qui ne peuvent être produites par les formes des éléments composants. Donc, il ne suffit pas de l'apposition d'une partie auprès de l'autre. 4° D'autant plus que, par suite des expériences de Brame, il est constaté que certaines substances qu'on appelle fusibles arrivent à la cristallisation, non par une figure d'abord rectiligne, mais par de petits globules, pleins de liquide, en tout semblables aux cellules organiques. 5° Ce phénomène des globules montre que les figures cristallines ne doivent point être attribuées à l'électricité ni à la polarité des atomes, surtout lorsque les auteurs ne peuvent expliquer comment ces forces pourraient ainsi produire des formes déterminées. 6° On peut citer d'autres phénomènes : Si vous tronquez l'angle d'un cristal, au moment de sa formation, et que vous replaciez le cristal dans la solution qui le compose, l'angle sera bientôt reformé en entier. Si vous placez sur le fond du vase la face résultant de la section de l'angle, de telle sorte que l'angle ne puisse pas se reformer, le cristal décroîtra, jusqu'à ce que l'angle diamétralement opposé paraisse également tronqué et présente une surface plane symétrique à la première. 7° Ces phénomènes et autres semblables prouvent que l'on doit admettre une force hypermécanique qui dirige et effectue cette cohésion : et cette force n'est autre chose que la forme substantielle.

Réponse. — 1° Et nous ne prétendons pas aussi expliquer tous ces phénomènes par la seule force de cohésion ; mais aussi par l'affinité et par toutes les autres causes naturelles qui influent sur l'affinité, comme, par exemple, la chaleur, l'électricité et le magnétisme. L'expérience nous montre que, suivant les variations de ces forces secondaires, la forme des cristaux varie elle-même.

2° L'objection pourrait se faire si les substances dimorphes ou polymorphes, placées dans les mêmes circonstances, prenaient des formes diverses. Mais qu'y a-t-il d'étonnant que, sous l'influence de causes diverses, il résulte des effets différents ? Et, d'ailleurs, l'expérience a prouvé que, de toutes ces figures que prend une substance polymorphe, il n'y en a qu'une qui lui soit connaturelle, et que toutes les autres affectent des formes violentes résultant d'une cause qui agit contre l'influence de la nature.

3° Lors même que l'on admettrait la forme substantielle, on se trouverait en face de la même difficulté, car dans tous les cas il est vrai de dire que les figures cristallines ont été formées des formes des atomes. Comme on peut conclure de l'acte à la possibilité, on doit admettre que ces figures cristallines peuvent être produites par les formes des atomes.

4. Ces globules montrent que, dans les corps fusibles, le passage de l'état soluble à l'état solide ne se fait pas instantanément, mais qu'entre les deux il y a l'état liquide. Il n'y a rien d'étonnant qu'après la formation d'une gouttelette élémentaire, la solidification commence d'abord sur les parties extérieures, de manière à former un petit globule plein de liquide, et qu'elle s'étende ensuite peu à peu aux parties qui touchent les parois, suivant les lois posées par la nature, comme la chose se passe dans la congélation de l'eau contenue dans un vase.

5° Que l'électricité et la polarisation aient une grande influence dans la formation des cristaux, c'est constaté avec une entière certitude par les expériences récentes de Brame, Grove, et Plucker. Que les savants ne connaissent pas encore les lois d'après lesquelles opèrent ces agents, ceci ne prouve rien contre nous. Les Scolastiques eux-mêmes seraient bien en peine d'assigner les lois d'après lesquelles agit la forme substantielle. Du reste, les Scolastiques ne se servent de l'argument tiré de la cristallisation, que pour établir la nécessité de la forme substantielle. Quant à nous, pour diminuer la valeur de cet argument, qu'il nous suffise de dire qu'on peut admettre un autre moyen d'expliquer la cristallisation, sans admettre la forme substantielle, celui de la force des atomes.

6° Nous ne voyons pas bien ce que ces phénomènes peuvent prouver contre notre théorie. Le premier prouve seulement qu'une cause nécessaire, ou plutôt la réunion de plusieurs causes nécessaires, placées dans les mêmes circonstances, produit toujours les mêmes effets. Nous ne contestons pas cela. Le second phénomène est plutôt en notre faveur : car il prouve que la polarité exerce une si grande influence dans la cristallisation, que non seulement les angles tronqués avec violence, mais aussi toutes les parties opposées, possèdent une symétrie parfaite.

7° Cette force hypermécanique, réclamée par les Scolastiques, serait-elle accidentelle ou substantielle? Les arguments que nous venons de donner prouvent bien qu'une force accidentelle serait plus que suffisante pour expliquer tous les phénomènes cités plus haut. Mais supposons qu'elle soit substantielle, nous demanderons alors si cette force appartient aux atomes, ou bien au crista. S'ils l'attribuent aux atomes, ils sont de notre avis. S'ils l'attribuent au cristal, est-ce que cette force est unie au cristal avant sa formation, ou bien seulement après? Dans le premier cas, les atomes parsemés dans la dissolution formeraient déjà une substance numériquement une. Dans le second cas, rien n'influerait sur la formation du cristal, parce que le cristal se forme successivement, et que la forme substantielle doit le pénétrer instantanément lorsqu'il est parfaitement formé. En outre, que fait cette forme substantielle dans la cristallisation? Les Scolastiques répondent qu'elle dirige les formes des atomes, afin de former telle figure déterminée. Donc, 1° ils accordent que les forces des atomes persévèrent *actu* et dans toute leur intégrité dans les composés cristallins. 2° Donc, *a pari* et même *a fortiori*, ils doivent admettre une forme substantielle dans les flocons de neige qui offrent des figures beaucoup plus parfaites que celles des cristaux. Mais qui pourra sérieusement admettre des formes substantielles si transitoires? 3° Donc, *a pari* et *a fortiori*, ils devront admettre une forme substantielle dans chaque planète, car l'unité de forme paraît dans les figures curvilignes non moins que dans les figures rectilignes. Que répondront les Scolastiques à tout cela ?

Obj. IV° — On ne doit point rejeter l'autorité de tant de Docteurs d'une si haute réputation, confirmée par la croyance de tant de siècles écoulés, en considérant surtout que les auteurs catholiques n'ont pas seulement reçu cette doctrine d'Aristote, mais aussi de saint Augustin et de saint Thomas.

Remarquons d'abord qu'on peut distinguer ici deux questions : une première physique, et une seconde, métaphysique. La première doit passer avant la seconde. Nous ne devons pas fixer les lois de la nature, par la métaphysique. Celle-ci, après avoir étudié les faits de la nature, doit les ramener à leurs principes, les coordonner entre eux et les réunir par la synthèse. C'est pourquoi la question sur la constitution substantielle des corps doit s'occuper des corps proprement dits, c'est-à-dire des corps, mais non des agrégats d'autres corps. Ces derniers peuvent être soumis à l'action des savants, et regardent uniquement, ou au moins principalement, les physiciens. Après ces considérations venons à l'objection.

Ces auteurs si célèbres, en traitant de cette question, faisaient de la métaphysique, et non de la physique. Aussi, quant à ce qui est de la partie métaphysique, loin de rejeter leur autorité, nous ne cesserons jamais de l'invoquer. Quant à ce qui regarde la partie physique, si de tels Docteurs ont dit quelque chose qui soit contre notre théorie, nous ne croyons pas faire injure à leur autorité en ne nous trouvant pas d'accord avec eux sur cette question. Ces Docteurs, traitant de la physique, n'ont point prétendu l'enseigner *ex cathedrâ* et sans appel. De plus, les sciences peuvent mieux se prononcer sur le monde corporel, lorsqu'elles sont arrivées au plus haut degré de leurs progrès, que lorsqu'elles étaient à peine soupçonnées.

Enfin le désaccord existant entre nous et de si grands Docteurs est plus apparent que réel, comme nous le montrent suffisamment les passages que nous avons cités d'Aristote, de saint Thomas; et comme il serait facile de le prouver pour saint Augustin lui-même.

CHAPITRE II

CRITIQUE DES SYSTÈMES COSMOLOGIQUES SUR L'ESSENCE DES CORPS.

ARTICLE PREMIER

L'Atomisme pur est faux.

1° Son principe fondamental est faux, car l'étendue n'est pas l'essence des corps. En effet : 1° L'étendue étant le placement des parties du corps en dehors des parties suppose la résistance de ces parties. Or, la résistance est une action et toute action suppose l'être déjà constitué dans son essence. Il faut être avant d'agir. Donc l'étendue est une qualité des corps mais non pas leur essence. 2° Si l'étendue était l'essence du corps, la compénétration du corps serait métaphysiquement impossible. Or, la compénétration est possible et même certaine : ainsi que le prouve surtout la Révélation. Si l'Atomisme pur était vrai, on ne saurait admettre, en effet, d'aucune manière le sacrement de l'Eucharistie.

2° L'Atomisme pur détruit la diversité substantielle des corps. D'après lui, en effet, cette diversité n'est constituée que par la disposition accidentelle des atomes primitifs des corps.

3° L'Atomisme pur détruit dans les corps tout vrai principe d'activité. En effet, ou bien ces atomes s'unissent pour former un seul corps par la volonté purement extrinsèque de Dieu et alors Dieu seul agit par eux, ou bien ces atomes restent unis par une force qui est propre à leur nature. Mais, dans ce dernier cas, cette force leur est accidentelle et alors elle suppose le corps déjà constitué (car l'accident suppose la substance et lui est surajouté); ou bien, elle leur est essentielle, et alors l'Atomisme pur doit admettre un autre principe essentiel dans l'atome qui en sera la véritable essence. Au lieu de résoudre la difficulté, l'Atomisme pur ne fait donc que la déplacer arbitrairement et tout métaphysicien sérieux doit le rejeter, comme incomplet et faux.

ARTICLE II

Le Dynamisme pur est faux.

1° Il détruit absolument l'étendue physique des corps. En effet, des éléments simples excluent essentiellement toute étendue et ne suffiront jamais à l'expliquer, quels que soient les subtils arguments ou les ingénieuses comparaisons des Dynamistes. Il est évident que tout ce qui est dans le composé doit être d'une certaine manière dans les composants. S'il n'en est pas ainsi, le composé ne sera jamais réalisé.

2° Il détruit la distinction essentielle des corps. En effet, le rapport, quel qu'il soit, des atomes entre eux, et leur collocation respective et accidentelle n'expliqueront jamais la diversité substantielle des corps.

3° Enfin, les monades (ou points simples) se touchent ou elles ne se touchent pas. Si elles se touchent, elles se compénètrent forcément puisque la résistance est impossible à chacune d'elles. Dès lors on ne conçoit plus de placement des parties en dehors des parties : et par conséquent on ne conçoit plus d'étendue. Si, au contraire, les monades ne se touchent pas, ou bien elles agissent à distance, ou bien elles n'agissent point du tout. Si elles agissent à distance, elles agissent là où elles ne sont pas : ce qui répugne. Si elles n'agissent d'aucune façon, les corps n'ont aucune activité intrinsèque, ce qui n'est pas moins inadmissible.

4° Le Dynamisme mène fatalement à l'Idéalisme et au Panthéisme. D'après ce système, en effet, la réalité des corps n'est qu'un rapport, une simple apparence, une perception de notre esprit. C'est l'Idéalisme absolu. Le corps n'étant pas un être véritable, puisqu'il n'a rien de corporel et rien d'actif en lui-même, ne sera plus qu'une partie du grand Tout. Il faudra conclure de même et *a fortiori* pour l'âme : comme pour tous les autres êtres connus. C'est le Panthéisme le plus vulgaire.

5° Le sens commun rejette enfin péremptoirement le Dynamisme. On ne fera jamais concevoir au commun des hommes que la matière est constituée d'éléments simples, que l'étendue n'a rien d'objectif en elle-même, rien de réel dans son être, mais qu'elle est exclusivement un rapport perçu par notre esprit.

ARTICLE III

L'Atomisme dynamico-chimique ne résout pas toutes les difficultés de la question.

Le P. Liberatore, dans son chef-d'œuvre intitulé : *Le Composé Humain*, p. 465, établit cette vérité avec une force de logique vraiment péremptoire : Quelle preuve, demande-t-il, apporte-t-on en faveur de ce système ? Uniquement celle-ci. Ce système doit être accepté comme hypothèse parce qu'il suffit pour rendre raison des phénomènes corporels ; d'hypothèse ensuite on le transforme en thèse, par l'exclusion de toute autre hypothèse possible. Or, les deux parties de cet argument nous paraissent plus que contestables. Afin que l'hypothèse puisse être transformée en thèse, il faudrait prouver que ces atomes ne sont pas composés de matière et de forme.

Il nous paraît également contestable qu'on puisse le recevoir comme hypothèse dans le sens métaphysique (le seul dont il s'agit ici); car, en réalité : 1° il n'explique pas tous les phénomènes, en commençant par le plus grand de tous, c'est-à-dire l'atome existant dans l'unité de substance et de substance active : l'unité comme l'activité ne pouvant s'expliquer sans un principe formel différent de la pure matière; 2° il n'explique pas le changement total des qualités spécifiques des corps élémentaires lorsqu'ils se combinent entre eux pour constituer le composé ou qu'ils se séparent. Dire qu'ils restent neutralisés n'est qu'une phrase inventée pour exprimer le phénomène. Or, exprimer n'est pas expliquer. Ce phénomène ne peut être expliqué que par le changement de l'être spécifique de la chose ; et l'être spécifique ne change pas, quand la substance reste actuellement la même ou qu'elle ne fait que se mêler avec d'autres substances ; 3° il n'explique pas la compénétration des atomes des corps simples dans le composé; car, d'un côté, il est certain qu'il n'y a aucun point de l'espace occupé par le corps composé où l'on trouve ces éléments séparés ; et, de l'autre, le système rejette comme impossible la compénétration naturelle des corps. Cela soit dit uniquement pour ce qui regarde les phénomènes plus généraux ; car, si on voulait entrer dans les phénomènes particuliers de la chimie, on verrait que plusieurs d'entre eux sont inexplicables, surtout dans les procédés plus compliqués et plus difficiles. De plus, ce système répond bien moins encore aux faits quand on l'applique à l'homme dont il détruit l'unité de nature.

1° La théorie dynamico-chimique détruit la différence intrinsèque entre la substance corporelle et la substance spirituelle; car elle les admet toutes les deux comme simples, quant à l'essence, en faisant découler l'extension aussi bien que la résistance d'une seule et identique réalité. Le système scolastique seul maintient cette différence en enseignant que le corps est substantiellement composé de deux principes dont l'un produit l'extension et l'autre l'activité, tandis que l'esprit subsiste en simplicité de nature. Il ne suffit pas pour cela de dire que dans le système atomique la différence essentielle entre l'esprit et le corps demeure en admettant que l'extension est une qualité dont le corps seul est doué. L'extension est une propriété qui résulte de l'essence, mais elle n'est pas l'essence. Si l'on disait que supprimer l'extension, serait supprimer l'essence même substantielle, je ne sais pas comment on trouverait possible la présence de Jésus-Christ au Très Saint Sacrement.

2° Il est antiphilosophique de donner pour éléments constitutifs des corps, les corps mêmes, quoique plus petits, comme si l'on disait que la plante se compose de petites plantes et un édifice de petits édifices. La petitesse de la masse n'y fait rien. Ce n'est pas, en effet, le plus ou le moins qui change l'espèce : et ici, l'on cherche non pas les premiers éléments de la masse visible, mais ce qui constitue l'essence même de ce qui est visible. On ne voit pas d'ailleurs dans ce système pourquoi les atomes doivent être physiquement indivisibles. Si le principe de la résistance est en eux le même que celui de l'extension, on devra admettre la divisibilité physique jusqu'à l'infini ; car l'étendue est de soi divisible à l'infini ; et la résistance, en excluant la compénétration, ne s'oppose pas de soi à cette loi de l'étendue.

3° L'Atomisme dynamico-chimique mène à dire que les corps ne sont autre chose que le vide, c'est-à-dire le néant doué de résistance. Il soutient qu'en écartant l'idée de résistance, il ne reste autre chose dans le corps que le vide dans lequel on conçoit les trois dimensions ; et il concède que ce vide n'est rien de réel. Donc, il suffira pour avoir l'idée de corps de concevoir la résistance adjointe au vide. Le corps sera donc un composé de résistance et de vide.

4° Un autre inconvénient non moins grave, c'est qu'on admet dans ce système la matière essentiellement active par elle-même, puisqu'on fait dériver d'une même réalité la double manifestation de l'extension et de la résistance. Que si la matière peut d'elle-même être active (quelle que soit cette activité), il n'y aura plus de raison de nier qu'elle puisse vivre et sentir par sa propre vertu. Cela répugne : car alors la matière en tant que matière pourrait aussi produire la vie et le sentiment. On tombe ainsi dans les erreurs de Günther et de Baltzer condamnés par Pie IX. En dernier lieu, ce système, en mettant en avant les atomes chimiques, ne prétend pas expliquer l'intime essence des corps, qu'il nous dit être inconnue, mais seulement signaler les deux propriétés par lesquelles les corps se manifestent à nous.

Nous ferons à ce propos trois remarques :

1° Par là ce système se renie lui-même en avouant qu'il n'est plus un système, puisqu'il n'atteint pas le but qu'on en attendait, savoir, celui d'expliquer l'essence des corps.

2° Il ouvre une large voie au scepticisme. Si l'on ne déduit pas l'essence des corps des propriétés qu'on y observe, on ne pourra pas non plus déduire l'essence de l'esprit des propriétés de l'esprit. D'après ce système, nous pourrions dire : Le corps se manifeste doué d'extension et de résistance, mais qu'est-il en lui-même? Nous n'en savons rien. Ainsi nous devrions dire : Notre esprit se manifeste en nous doué d'intelligence et de volonté, mais qu'est-il en lui-même? Nous ne pourrions le définir.

3° Si ce système admet que l'essence des corps n'est point expliquée par les atomes chimiques, comment peut-on reprocher à ceux qui sont du même avis, de chercher en quoi consistent leurs composants? N'est-ce pas adorer un Dieu inconnu et faire la guerre à ceux qui travaillent à le faire connaître?

Concluons avec le cardinal Zigliara : 1° La théorie dynamico-chimique est incomplète en elle-même, parce qu'elle n'explique pas quels sont les principes intrinsèques des corps simples. 2° Elle n'explique pas non plus comment les corps simples eux-mêmes sont doués d'activité et d'extension. 3° Elle n'explique pas davantage la nature des corps mixtes ou composés. Ceux-ci, en effet, ne gardent pas dans le corps mixte les propriétés qu'ils avaient étant séparés. Or, par cette combinaison chimique se fait-il oui ou non une mutation substantielle dans ces éléments? Les partisans de ce système répondent négativement, et disent qu'il y a uniquement neutralisation. C'est une pure pétition de principe, puisqu'il s'agit de savoir si, même d'après les lois chimiques, une nouvelle mutation substantielle a lieu dans le composé.

Conclusion.

En résumé, le système dynamico-chimique ayant, par la doctrine de la Forme et de la Matière, les mêmes principes fondamentaux que la théorie scolastique, semble lui être plus opposé en apparence qu'en réalité. Il peut être d'une très grande utilité pour défendre la philosophie chrétienne et les dogmes catholiques contre les attaques des soi-disants savants contemporains qui prétendent mettre la Foi en contradiction avec les progrès de la science moderne; et, malgré quelques difficultés inséparables de tout système imaginé par la raison, l'ensemble de ces deux théories est incontestablement la plus satisfaisante solution du grand problème cosmologique donnée par les philosophes jusqu'à nos jours.

PSYCHOLOGIE

Contre les Matérialistes et les Sensualistes niant la nécessité d'un élément simple pour la sensation;
Contre les Cartésiens matérialistes par rapport aux animaux qu'ils disent être de simples machines perfectionnées (1).

XIII° THÈSE

POUR QUE LA SENSATION EXTERNE AIT LIEU, IL NE SUFFIT PAS D'UN PRINCIPE ÉTENDU SEULEMENT, NI D'UN PRINCIPE SIMPLE SEULEMENT ; MAIS IL FAUT EN MÊME TEMPS UN PRINCIPE SIMPLE ET UN PRINCIPE ÉTENDU, QUI NE FASSENT ENSEMBLE QU'UNE SEULE NATURE.

Prænotanda

Les sens externes sont des facultés sensitives et cognoscitives, qui exercent leurs opérations au moyen d'organes extérieurs, et dont l'objet est de saisir les choses sensibles. L'opération des sens externes se nomme la sensation. Les sens externes sont au nombre de cinq. (Voir Log., Thèse XIII.)

(1) Cuvier et le célèbre chimiste Berzel ont scientifiquement réfuté les doctrines matérialistes.

Un principe étendu est celui qui a des parties distinctes les unes des autres.

La sensation est un acte simple, parce que ou elle a lieu, ou elle n'a pas lieu ; elle n'admet pas de parties.

I° Partie. — Lorsque nous sentons un objet étendu, nous sentons que c'est le même sujet, qui sent les diverses parties de cet objet ; et, de même, quand nous éprouvons en même temps des sensations contraires, nous sentons aussi que c'est le même sujet qui les éprouve.

Or, ceci prouve qu'un principe étendu seulement n'est pas le principe suffisant de la sensation externe.

Donc, un principe étendu seulement ne suffit pas pour que la sensation externe ait lieu.

La majeure est évidente, d'après le témoignage du sens intime.

A la mineure. — En effet, si le principe simple était le principe suffisant de la sensation, on ne pourrait pas expliquer comment un seul et même sujet sent les diverses parties d'un objet étendu, comment un seul et même sujet éprouve des sensations tout à fait opposées. Ainsi, si j'applique ma main sur un livre, chaque partie de ma main sentira la partie correspondante du livre, et il y aura autant de sujets sentants qu'il y a de parties dans ma main ; ce ne serait donc pas un seul et même sujet qui éprouverait ces diverses sensations. De même, si l'homme éprouve une sensation de froid à une main et une sensation de chaud à l'autre main, et qu'il n'y ait en lui qu'un principe étendu, une partie éprouvera le chaud, l'autre partie éprouvera le froid, et il y aura ainsi deux principes distincts qui éprouveront l'un le froid, l'autre la chaleur, et ce ne serait pas le même sujet qui éprouverait ces sensations opposées.

II° Partie. — La sensation externe est une perception simple, de telle sorte cependant que nous percevons l'objet d'une manière étendue.

Or, ceci ne peut pas s'expliquer, si le principe de la sensation était seulement un principe simple.

Donc, un principe simple seulement n'est pas suffisant pour la sensation externe.

La majeure est évidente, car lorsque nous sentons un objet étendu, il est vrai que nous voyons que c'est un seul et même sujet qui éprouve la sensation ; mais en outre nous sentons l'objet d'une manière étendue, c'est-à-dire que nous sentons les diverses parties de cet objet.

A la mineure. — En effet, si le principe de la sensation était seulement simple, nous ne pourrions pas sentir d'une manière étendue. Évidemment, il y aurait alors dans l'effet quelque chose qui ne se trouverait pas dans la cause ; ce qui est inadmissible.

III° Partie. — Lorsque nous éprouvons une sensation, non seulement nous sentons d'une manière étendue, mais encore nous percevons que c'est un seul et même sujet qui éprouve la sensation.

Or, ceci ne peut pas s'expliquer, si l'on n'admet en même temps un principe simple et un principe étendu qui ne fassent ensemble qu'une seule nature.

Donc, il faut admettre ces deux principes pour la sensation externe.

La majeure est évidente d'après le témoignage du sens intime.

A la mineure. — 1° Le principe étendu est nécessaire, parce que sans lui nous ne sentirions pas d'une manière étendue ; 2° le principe simple est nécessaire, parce que sans lui, nous ne sentirions pas que c'est le même sujet qui éprouve une sensation, et qui sent les diverses parties d'un objet ; 3° il faut que ces deux principes ne fassent ensemble qu'une seule nature, parce que s'ils formaient deux natures distinctes, il y aurait plusieurs sujets qui éprouveraient la sensation.

Contre les idéologues, disciples de Tracy. — *Contre les Phrénologistes, disciples de Gall, et les Physiognomonistes disciples de Spurzheim, tous Sensualistes, ou Matérialistes.*

XIV° THÈSE

LA SENSIBILITÉ NE CONSISTE PAS DANS L'ORGANISATION DU CORPS, NI LA SENSATION DANS LE MOUVEMENT DES FIBRES.

Prænotanda

Destutt de Tracy, et tous les Matérialistes prétendent que le principe étendu, c'est-à-dire la matière seule, du corps organisé, par ses propres forces, jouit de la sensibilité ; de là, ils nient la nécessité et l'existence de l'âme dans l'homme. Les nerfs ou fibres sont de petits fils blancs organes moteurs de la sensation qui se trouvent dans notre corps comme dans celui des animaux. Ils affluent tous dans le cerveau, comme le sang afflue dans le cœur.

Ire PARTIE. — La faculté qui n'existe pas ou qui peut ne pas exister, lorsqu'existe l'organisation du corps, ne consiste pas dans l'organisation du corps.

Or, la sensibilité, n'existe pas ou peut ne pas exister, lorsqu'existe l'organisation du corps.

Donc, la sensibilité ne consiste pas dans l'organisation du corps.

La majeure est évidente, car si la sensibilité consistait dans l'organisation du corps, lorsque l'organisation du corps existe, la sensibilité devrait exister nécessairement.

A la mineure. — L'expérience prouve, en effet, que l'organisation du corps, l'ordre et la disposition des parties peuvent exister sans que la sensibilité existe pour cela. En effet, un sujet chloroformisé, une personne en léthargie, etc... gardent complètement l'organisation de leur corps et perdent complétement leur sensibilité. Bien plus un mort conserve, du moins quelque temps, la première et perd la seconde.

II° Partie. — L'opération qui se compose d'éléments tout à fait contraires à ceux du mouvement, ne consiste pas dans le mouvement.

Or, la sensation est une opération dont les éléments sont tout à fait contraires aux éléments du mouvement.

Donc, la sensation ne consiste pas dans le mouvement des fibres.

La majeure s'appuie immédiatement sur le principe de contradiction.

A la mineure. — Le mouvement n'offre autre chose que l'aller et le retour de plusieurs parties d'un point à un autre, il peut changer de vitesse et de direction, il peut se communiquer, et si deux mouvements contraires sont en présence, ils se neutralisent. Or, la sensation offre des caractères tout différents ; dans la sensation, en effet, rien n'est transporté d'un point à un autre ; rien n'est accéléré ou retardé ; la direction ne se conçoit pas dans la sensation ; car, elle ne va ni en ligne droite, ni en ligne courbe, ni à droite, ni à gauche ; elle ne peut pas se communiquer, car c'est un acte immanent ; enfin, un même sujet peut éprouver en même temps des sensations contraires sans qu'elles se neutralisent. Donc, les éléments et les notes constitutives du mouvement sont tout à fait opposés aux éléments qui constituent la sensation.

Contre l'École positiviste de Darwin, Littré, etc., etc. contre l'École cartésienne :

XV° THÈSE

LA SENSATION : 1° EST UNE VRAIE CONNAISSANCE IMPARFAITE ; 2° ELLE EST DÉTERMINÉE PAR L'ESPÈCE SENSIBLE *im-*

presse ; 3° QUI DIFFÈRE DE L'IMPRESSION PUREMENT MATÉRIELLE ET ORGANIQUE ; 4° ELLE EST PERÇUE PAR L'ESPÈCE SENSIBLE *expresse*, COMME MOYEN DERNIER ET DIRECT DE LA REPRÉSENTATION DE L'OBJET ; 5° ELLE NE S'EXERCE NI DANS L'AME SEULE ; 6° NI SEULEMENT DANS LE CERVEAU ; 7° MAIS DANS LES ORGANES PROPRES DE CHAQUE SENS.

Ire PARTIE. — La sensation est un acte vital et immanent, c'est-à-dire qui réside dans la puissance d'où elle découle, et qui manifeste un objet sensible au sujet éprouvant cette sensation.

Or, un acte qui a ces caractères est un acte cognoscitif imparfait.

Donc la sensation est une connaissance vraie bien qu'imparfaite.

La majeure est un témoignage du sens intime.

A la mineure. — L'acte de l'intelligence est un acte cognoscitif ; or, l'acte de l'intelligence ne constitue une connaissance, qu'en tant qu'il est immanent, et qu'il manifeste et fait connaître quelque objet ; donc, l'acte cognoscitif est un acte vital et immanent.

Rosmini objecte que la connaissance ne se trouve que dans le jugement ; et que la sensation n'étant pas un jugement la connaissance ne s'y trouve pas. Nous répondons : la connaissance parfaite n'est que dans le jugement, je l'accorde ; la connaissance imparfaite ne se trouve que dans le jugement, je le nie. La sensation est en effet un acte à la fois subjectif (puisqu'elle est une modification du sujet) et objectif (puisqu'elle rapporte un objet et le représente). Tout acte de connaissance parfait suppose la perception des notes abstraites de l'objet, de son genre, propre, et différence, ce qui ne peut être connu que par l'Intellect ; et tel est le jugement.

L'acte imparfait de connaissance ne suppose que la simple représentation de l'objet : et telle est la sensation.

II. Partie. — La puissance sensitive est une puissance intrinsèquement indifférente.

Or, une puissance indifférente a besoin, pour agir, d'une détermination extrinsèque.

Donc, la puissance sensitive, pour agir, a besoin d'une détermination extrinsèque.

A la majeure. — La puissance sensitive est la puissance de sentir et de percevoir toutes les choses sensibles. Elle n'a pas en elle-même la raison suffisante de percevoir un objet plutôt qu'un autre. En effet, si cette puissance était déterminée d'elle-même à percevoir tel objet plutôt qu'un autre, elle percevrait toujours cet objet, et comme il n'y aurait pas de raison pour qu'elle perçoive un objet plutôt qu'un autre, il s'ensuivrait que cette puissance percevrait toujours toutes les choses sensibles, ce qui est faux et absurde. Cette puissance est donc purement passive par elle-même.

A la mineure. — Il n'y a rien sans raison suffisante. Or, la raison suffisante de la sensation n'étant pas dans la puissance sensitive elle-même, puisque celle-ci est indifférente. Elle doit donc être en dehors de la puissance sensitive, c'est-à-dire, que la puissance sensitive, pour agir, a besoin de recevoir une détermination provenant d'un objet extrinsèque à elle-même.

Cette détermination, qui affecte intrinsèquement la puissance sensitive et par laquelle elle est déterminée à percevoir un objet, est appelée par les Scolastiques, l'*espèce sensible impresse*.

III. Partie. — Ce qui peut ne pas exister lorsqu'existe l'impression matérielle, diffère de l'impression matérielle, qui est reçue par l'organe.

Or, l'espèce sensible impresse peut ne pas exister lorsqu'existe l'impression matérielle organique.

Donc, l'espèce sensible impresse diffère de l'impression matérielle organique.

La majeure est évidente.

A la mineure. — Les cadavres, par exemple, reçoivent l'impression matérielle organique mais non l'espèce sensible ; l'image d'un objet peut encore se réfléter sur la rétine des morts, et cependant l'acte visuel n'a pas lieu.

Les oreilles des sourds sont bien frappées par les vibrations de l'air, et cependant ils n'entendent pas. Ainsi l'impression matérielle est bien la condition *sine quâ non* de la sensation, mais l'espèce sensible impresse peut ne pas exister alors même que cette impression purement organique a lieu.

IV° Partie. — L'acte parfait de connaissance sensible suppose nécessairement que la faculté sensitive dans une représentation formelle perçoit activement et directement l'objet de la sensation.

Or, le moyen direct actif et dernier, dans lequel est perçue la représentation formelle de l'objet de la sensation, s'appelle l'*Espèce sensible expresse*.

Donc le moyen dernier et direct, dans lequel est perçu l'acte parfait de connaissance sensible (ou sensation), est l'espèce sensible expresse.

La majeure est certaine puisque nous avons déjà prouvé que l'espèce sensible impresse n'est qu'une représentation passive de l'objet résultant de l'impression organique.

La mineure ne l'est pas moins puisque telle est la notion scolastique de l'espèce expresse qui seule est l'acte complet, parfait, et dernier de la connaissance sensible.

V° Partie. — Ce qui, au témoignage de la conscience, s'opère dans l'âme et dans le corps, ne s'opère pas dans l'âme seule.

Or, au témoignage de la conscience, la sensation s'opère dans l'âme et dans le corps.

Donc, la sensation ne s'opère pas dans l'âme seule.

La majeure est évidente.

La mineure l'est aussi ; car la conscience nous dit que nous voyons par les yeux, que nous entendons par les oreilles, etc.

VI° Partie. — L'opinion, qui s'appuie sur une fausse hypothèse et qui d'ailleurs est hérétique, est fausse.

Or, telle est l'opinion de Descartes, disant que la sensation s'opère seulement dans le cerveau.

Donc, cette doctrine est fausse.

La majeure est évidente.

A la mineure. — Descartes, en effet, supposait que l'âme se trouvait tout entière dans le cerveau, ce que nous prouverons être faux, et ce qu'a condamné le concile de Vienne. Le docteur Flourens a fait même un grand nombre d'expériences, démontrant péremptoirement que l'âme n'est pas tout entière dans le cerveau.

Il a gardé vivants durant plusieurs jours et même plusieurs mois des animaux dont il avait extrait le cerveau. L'histoire naturelle d'ailleurs prouve que les acéphales ne sont nullement dénués de leurs sensations.

VII° Partie. — La sensation s'opère là où se trouve le principe de la sensation tout entier.

Or, le principe de la sensation se trouve tout entier dans les organes de chaque sens en particulier.

Donc, la sensation s'opère dans les organes propres de chaque sens.

La majeure est évidente ; car, là où est le principe tout entier, là doit être l'effet qui en résulte.

A la mineure. — Nous savons que le principe de la sensation est un principe simple uni à un principe composé, c'est-à-dire, l'âme unie au corps. Or, dans l'organe de chacun des sens se trouve l'âme, car nous verrons bientôt que l'âme est tout entière dans chaque partie du corps; et l'organe est le principe composé. Donc, dans l'organe propre de chacun des sens est le principe tout entier de la sensation.

Cette mineure est aussi évidente par l'expérience ; car c'est bien par les yeux que nous voyons, et non par le cerveau. S'il en était autrement, tous les sens externes seraient inutiles. Toutes ces opinions cartésiennes doivent donc être rejetées.

ANALYSE DE LA SENSATION D'APRÈS LES SCOLASTIQUES

D'après les Scolastiques toutes nos sensations supposent donc quatre éléments :

1° L'objet qui est perçu. Ils l'appellent *objectum quod cognoscimus*. Exemple : Une rose que je puis voir.

2° L'impression organique. Ils l'appellent *conditio sine quâ non cognoscimus*. Exemple : Mon œil fixe cette rose.

3° L'espèce sensible impresse. Ils l'appellent *medium quo cognoscimus*. Exemple : Ma faculté visuelle reçoit passivement la représentation sensible de cette rose.

4° L'espèce sensible expresse. Ils l'appellent *medium in quo cognoscimus*. Exemple : Ma faculté visuelle se reproduit activement cette représentation sensible ; et l'acte vital et immanent de la Sensation est complet.

Les Scolastiques ne placent pas entre ces trois derniers faits une distinction réelle, la sensation étant essentiellement un acte simple, mais une distinction logique. La raison seule en effet analyse ces diverses phases de la sensation externe qui en elle-même reste une et indivisible comme tout acte vital et immanent.

XVIᵉ THÈSE

LE SENS INTERNE EST UNE FACULTÉ ORGANIQUE DONT L'OPÉRATION NE PRÉCÈDE PAS, MAIS SUIT LA PERCEPTION DES SENS EXTERNES.

Prænotanda

Le sens interne est une faculté par laquelle l'âme connaît l'existence des sensations qui proviennent des sens externes, ainsi que leurs différences.

L'expérience nous prouve évidemment que cette faculté existe en nous ; car, ce ne sont pas les yeux, ce ne sont pas les oreilles qui voient ou qui entendent leur opération, c'est une autre faculté qui a pour objet de percevoir les opérations des sens externes, et de distinguer entre elles les diverses sensations.

Dans l'école, le sens interne est appelé *sens commun*, et son organe *sensorium commune*, parce qu'il est comme le centre des sens externes, et parce qu'en lui se réunissent toutes les sensations pour être comparées entre elles.

Nous disons que le sens interne est une faculté organique, parce qu'il exerce son activité au moyen d'un organe, appelé par les Scolastiques *sensorium commune*, de même que la vue, l'ouïe s'exercent au moyen d'organes que nous appelons les yeux, les oreilles, etc., etc.

Iʳᵉ PARTIE. — Le sens commun est une faculté qui a pour objet de percevoir les sensations et leurs différences.

Or, une faculté qui a pour objet de percevoir les sensations et leurs différences est une faculté organique.

Donc, le sens interne est une faculté organique.

La majeure n'est que l'indication de l'objet du sens interne.

A la mineure. — La nature d'une faculté se connaît

d'après son objet formel. Or, une faculté qui a pour objet la perception des sensations et de leurs différences, qui ne sont que des modifications des sens, a pour objet formel des faits sensibles, qui ne peuvent agir que sur une faculté organique et sensitive. Donc, une faculté qui a pour objet de percevoir les sensations et leurs différences est une faculté organique. De plus :

Une faculté, qui se trouve même dans les bêtes, est une faculté organique.

Or, le sens interne est une faculté qui se trouve même dans les bêtes

Donc, le sens interne est une faculté organique.

A la majeure. — On distingue les facultés organiques ou sensitives, et les facultés intellectuelles. Or, les bêtes sont privées d'intellect. Donc les facultés qui se trouvent dans les bêtes ne peuvent être que des facultés sensitives ou organiques.

A la mineure. — Le sens interne est la faculté qui a pour objet de percevoir les sensations et leurs différences ; or, les animaux perçoivent les sensations et les distinguent les unes des autres, car ils éprouvent la douleur, et la volupté, ils recherchent les choses utiles et repoussent les nuisibles. Donc les animaux ont un sens interne.

IIe Partie. — La perception du sens interne ne précède pas, mais suit nécessairement son objet.

Or, les perceptions des sens externes sont l'objet du sens interne.

Donc, l'opération du sens interne ne peut pas précéder, mais suit les perceptions des sens externes.

La majeure est évidente, car toute opération s'exerce sur un objet ; par conséquent l'opération ne peut pas précéder son objet.

La mineure n'a pas besoin de preuve ; car, nous savons

déjà, que l'objet du sens interne est de percevoir les sensations des sens externes et de les distinguer entre elles.

XVIIᵉ THÈSE

L'INTELLECT EST UNE FACULTÉ INORGANIQUE, QUI A POUR OBJET FORMEL L'ESSENCE DES CHOSES ; POUR OBJET MATÉRIEL ADÉQUAT TOUT ÊTRE ; POUR OBJET PROPORTIONNÉ LES ESSENCES ABSTRAITES DES CHOSES SENSIBLES.

Prœnotanda

L'intellect est une faculté qui a pour objet de comprendre les choses, en tant qu'immatérielles.

Nous disons que l'intellect est une faculté inorganique, c'est-à-dire qui agit indépendamment et sans le secours des organes.

L'objet de l'intellect est quelque chose d'immatériel ; ainsi les choses en tant que matérielles ne peuvent être l'objet de l'intellect, mais des sens externes.

Iʳᵉ Partie. — L'intellect est une faculté par laquelle nous connaissons, sans raisonnement, les choses en tant qu'elles sont immatérielles.

Or, une faculté qui perçoit les choses en tant qu'elles sont immatérielles est une faculté essentiellement inorganique.

Donc, l'intellect est une faculté inorganique.

La majeure n'est que la définition de l'intellect. Elle est en outre évidemment prouvée par l'expérience, car c'est par l'intellect que nous avons l'idée de Dieu, l'idée de l'honneur, l'idée de la vertu, l'idée de l'être immatériel, etc.

A la mineure. — Une faculté organique ne peut percevoir que des objets matériels ; car une faculté organique ne saurait exercer son activité qu'au moyen d'un organe, matériel, ne pouvant saisir que des objets matériels. Donc, une faculté, qui ne perçoit les choses qu'en tant qu'elles sont immatérielles, est une faculté essentiellement inorganique.

L'objet matériel de l'intellect, c'est l'objet sur lequel s'exerce l'activité de l'intelligence.

L'objet formel de l'intellect est la raison objective sous laquelle l'intellect perçoit son objet matériel.

L'objet adéquat comprend tout ce que l'intellect peut connaître, et par conséquent il est tel que, en dehors de lui, rien autre chose ne peut être connu par l'intellect.

L'objet proportionné de l'intellect est celui qui correspond à la manière d'être de l'intellect.

II° PARTIE. — L'intellect perçoit, plus ou moins parfaitement, les choses comme elles sont en elles-mêmes.

Or, une faculté, qui perçoit les choses considérées en elles-mêmes, a pour objet formel les essences des choses.

Donc, l'intellect a pour objet formel les essences des choses.

A la majeure. — Nous savons, en effet, par expérience, que l'intellect a des notions universelles, qu'il connaît les relations des choses, qu'il établit l'analyse et la synthèse des notes qui constituent la nature intime d'un objet, qu'il porte des jugements et fait des déductions. Il connaît donc, plus ou moins parfaitement, les choses considérées en elles-mêmes.

A la mineure. — L'objet formel d'une faculté est la raison objective sous laquelle est perçu l'objet matériel. Or, dans notre cas, la raison formelle sous laquelle la faculté perçoit son objet matériel n'est autre chose que cet objet considéré en lui-même, c'est-à-dire l'essence de cet objet (car l'essence est ce par quoi une chose est ce qu'elle est). Donc l'objet formel de cette faculté, qui perçoit les choses considérées en elles-mêmes, n'est utre que les essences ou la *quiddité* des choses (*quiddias rerum.*).

IIIᵉ Partie. — L'objet matériel adéquat d'une faculté est tout ce en quoi peut se trouver l'objet formel de cette faculté.
Or, l'objet formel de l'intellect peut se trouver dans tout être.
Donc, l'objet matériel adéquat de l'intellect est tout être.

A la majeure. — Toute faculté perçoit essentiellement son objet formel. Donc elle peut percevoir aussi tout ce qui contient son objet formel.

A la mineure. — L'objet formel de l'intellect est l'essence des choses. Or l'essence se trouve dans tout être ; car nous savons que tout être a son essence. Donc l'objet formel de l'intellect se trouve dans tout être.

IVᵉ Partie. — L'objet proportionné de l'intellect est celui qui répond à la manière d'exister de l'intellect.
Or, les essences qui peuvent être abstraites des choses sensibles sont l'objet qui répond à la manière d'être de l'intellect.
Donc, l'objet proportionné de l'intellect sont les essences abstraites des choses sensibles.

A la majeure. — C'est la définition même de l'objet proportionné.

A la mineure. — L'intellect, bien qu'il ne soit fixé à aucun organe, existe cependant dans un principe sensitif, et n'exerce ses opérations que par le secours du corps. Donc, l'objet qui correspond à la manière d'être de l'intellect est quelque chose qui existe dans la matière ; mais, comme nous savons que l'objet de l'intellect est l'essence même des choses, l'objet proportionné sera constitué par les essences qui existent dans les choses matérielles.

XVIIIᵉ THÈSE

LA MÉMOIRE INTELLECTUELLE ET LA CONSCIENCE NE SONT PAS DES FACULTÉS SPÉCIFIQUEMENT DISTINCTES DE L'INTELLECT.

Prœnotanda

La mémoire est une faculté conservant les idées que nous avons eues, se les rappelant et reconnaissant les avoir eues déjà.

Iʳᵉ PARTIE. — Deux facultés ne diffèrent pas spécifiquement l'une de l'autre, si elles ont le même objet formel.
Or, l'intellect et la mémoire ont le même objet formel.
Donc, la mémoire ne diffère pas spécifiquement de l'intellect.

A la majeure. La nature d'une faculté, en effet, est déterminée d'après son objet formel.

A la mineure. — L'objet formel de la mémoire est de conserver et de se rappeler les idées passées. Or, l'intellect peut conserver et se rappeler les idées passées ; car 1° l'intellect étant d'une nature stable, les idées qu'il reçoit s'y fixent solidement, et sont conservées par lui ; 2° l'intellect peut considérer et se rappeler les idées passées ; car l'intellect peut contempler tout être en tant qu'immatériel. Or les idées ont quelque chose de réel, et par conséquent, l'intellect peut les voir ; et, de même qu'il peut considérer les idées qu'il a actuellement, ainsi il peut reconnaître les idées qu'il a eues autrefois, sans avoir besoin de recourir à une faculté de nature différente.

Ainsi, la faculté de voir n'est pas différente lorsqu'elle aperçoit un objet noir ou un objet blanc ; de même, l'intellect n'est pas spécifiquement distinct, lorsqu'il considère les idées présentes ou les idées passées.

II° Partie. — La conscience est une faculté par laquelle l'âme revient sur ses propres actes, et prend connaissance de ses propres perceptions :

Cette faculté est appuyée sur la réflexion, qui est un acte par lequel nous savons que nous connaissons.

La conscience est appelée quelquefois sens intime.

Une faculté qui revient sur ses propres opérations intellectuelles, n'est pas spécifiquement distincte de l'intellect.

Or, la conscience est une faculté qui revient sur ses propres connaissances intellectuelles.

Donc, la conscience ne diffère pas spécifiquement de l'intellect.

A la majeure. — La faculté qui revient sur ses propres actes, est celle qui a produit ces actes. Or, l'intellect seul a des connaissances intellectuelles. Donc, la faculté qui revient sur ses propres opérations intellectuelles n'est autre que l'intellect.

La mineure est la définition de la conscience.

La seule raison pour laquelle l'intellect ne pourrait pas revenir sur ses propres actes, est que cette faculté serait organique, un organe ne pouvant pas se replier et réfléchir sur lui-même. Or, l'intellect est tout à fait inorganique et indépendant des organes : nous l'avons prouvé par la thèse précédente. Donc, il n'y a pas de raison pour que l'intellect ne puisse pas revenir sur ses propres actes par la réflexion.

XIX° THÈSE

LA VOLONTÉ NE JOUIT PAS DE LA LIBERTÉ DANS L'APPÉTIT QU'ELLE A POUR LE BONHEUR OU POUR LES MOYENS NÉCESSAIREMENT UNIS AVEC LE BONHEUR ; QUANT AUX BIENS CONCRETS QUI NE SONT PAS DES MOYENS NÉCESSAIRES POUR OBTENIR LE PARFAIT BONHEUR, LA VOLONTÉ JOUIT D'UNE VRAIE LIBERTÉ DE NÉCESSITÉ.

Prænotanda

On nomme appétit, en général, l'inclination et la disposition d'une chose par rapport à une autre qui lui convient.

L'appétit raisonnable est un penchant à poursuivre un bien connu par la raison.

La volonté n'est qu'un appétit raisonnable. L'objet formel de la volonté est le bien connu par la raison, et qui convient à la raison.

La volonté peut poser des actes en vue d'une fin, ou bien en vue des moyens. La fin dernière de la volonté est le parfait bonheur. On entend par moyens tout ce qui sert à obtenir une fin. Ainsi la volonté peut vouloir la santé, comme fin, et la promenade, comme moyen pour arriver à cette fin.

Les actes de la volonté peuvent être nécessaires ou libres. L'acte de la volonté est nécessaire, lorsque, un objet lui étant proposé, la volonté ne peut pas ne pas le vouloir. L'acte de la volonté est libre, lorsqu'un objet lui étant proposé, la volonté peut le vouloir ou ne le vouloir pas, vouloir son contraire, ou un autre objet quelconque.

Par rapport à la nature de nos actes ; on distingue trois sortes de liberté : *la liberté de contradiction*, la *liberté de contrariété*, et la *liberté de spécification*.

La liberté de contradiction a lieu lorsque la volonté est dans l'indifférence entre deux contradictoires, c'est-à-dire quand elle peut aimer ou ne pas aimer une même chose. — La liberté de contrariété a lieu quand la volonté est dans l'indifférence entre deux contraires, c'est-à-dire peut vouloir une chose ou son contraire, comme le bien ou le mal. — La liberté de spécification a lieu lorsque la volonté est dans l'indifférence entre deux objets distincts sans être opposés ; ainsi je puis vouloir dormir ou jouer.

otons que la liberté de contradiction suffit pour l'essence de la liberté, qui consiste dans l'élection entre eux objets.

Par rapport à la nature de la volonté on distingue : 1° La *iberté de nécessité*, lorsqu'il n'y a aucun principe intrinsèque qui puisse forcer la volonté à vouloir ou à ne pas ouloir. 2° *La liberté de coaction*, lorsqu'il n'y a aucun rincipe extrinsèque pouvant forcer les actes de nos acultés.

Par exemple : Un confesseur de la foi, contraint d'encenser une idole, a la liberté de nécessité, mais non la iberté de coaction.

Ire Partie. — Un appétit rationnel, auquel la raison déclare u'il faut nécessairement désirer le bonheur, ne jouit pas de la iberté au sujet du bonheur.

Or, la volonté est un appétit rationnel auquel la raison déclare u'il faut nécessairement tendre au bonheur.

Donc, la volonté ne jouit pas de la liberté dans l'appétit du onheur.

A la majeure. — L'appétit rationnel suit la connaissance de la raison, et agit pour un motif qui lui est signifié par la raison. Donc, si la raison lui dit qu'il faut nécessairement tendre au bonheur, il y tendra nécessairement et n'aura pas la liberté.

A la mineure. — Le bonheur est la réunion de tous les biens. Or, la raison conduit toujours la volonté vers ce qui lui paraît comme un bien; et l'éloigne de ce qui lui semble un mal. Donc, la raison conduit toujours la volonté vers ce qui lui paraît être le bonheur. — Et, en effet, dans toutes nos actions nous tendons au bonheur, nous voulons toujours être heureux, et nous ne pouvons pas agir directement en vue d'être malheureux.

IIe Partie. — La faculté qui n'est pas libre au sujet du bonheur, ne jouit pas de la liberté au sujet des moyens qui sont nécessairement liés avec le bonheur.

Or, la volonté ne jouit pas de la liberté au sujet du bonheur.

Donc, la volonté ne jouit pas de la liberté au sujet des moyens qui sont nécessairement liés avec le bonheur.

A la majeure. — On appelle moyens tout ce qui nous sert pour arriver à notre fin. Les moyens, qui ont une relation nécessaire avec le bonheur, sont ceux sans lesquels nous ne pouvons pas arriver au bonheur. Par conséquent, celui qui veut nécessairement le bonheur, veut aussi nécessairement les moyens sans lesquels on ne peut l'obtenir : car s'il ne voulait pas ces moyens, il ne voudrait pas la fin. Donc, la faculté qui ne jouit pas de la liberté au sujet du bonheur, n'est pas libre au sujet des moyens qui ont avec lui une relation nécessaire.

La mineure a été prouvée dans la première partie de cette thèse.

III° PARTIE. — La volonté, si elle peut vouloir ou ne pas vouloir les biens concrets qui ne sont pas nécessairement liés avec le bonheur, jouit de la liberté au sujet de ces biens.

Or, la volonté peut les vouloir ou les repousser.

Donc, la volonté jouit de la liberté au sujet de tous les biens concrets, qui n'ont pas une relation nécessaire avec le bonheur.

La majeure est évidente d'après ce que nous avons dit sur la liberté.

A la mineure. — 1° La volonté peut vouloir ces biens, car il y a en eux un certain bien qui peut être l'objet de la volonté; 2° la volonté peut les repousser, parce que dans les biens finis il y a la privation d'un bien supérieur : privation qui constitue le mal.

La même vérité est aussi évidente par l'expérience; car, je puis chanter ou ne pas chanter, jouer ou ne pas jouer, lever mon bras ou le baisser, me livrer au travail ou à la paresse.

Contre les Matérialistes: Locke, Collins, Dodwel, Hume, Lamettrie, Voltaire, Littré, Broussais, Vogt, etc.

XX° THÈSE

L'AME HUMAINE EST : 1° SIMPLE, QUAN A L'ESSENCE, C'EST-A-DIRE QU'ELLE N'ADMET PAS DE PARTIES CONSTITUTIVES ; 2° SIMPLE PAR RAPPORT A LA QUANTITÉ EXTENSIVE, C'EST-A-DIRE QU'ELLE N'ADMET PAS DE PARTIES INTÉGRANTES ; 3° ELLE EST SPIRITUELLE.

Prœnotanda

Un être simple quant à l'essence est celui qui ne se compose pas de plusieurs principes qui constitueraient sa nature intime.

Un être est simple quant aux parties quantitatives ou intégrantes, quand il ne peut pas se décomposer en parties, qui, prises un certain nombre de fois, égaleraient le tout.

Nous disons que l'âme humaine est simple, non seulement quant à son essence, mais encore quant aux parties quantitatives.

Ire PARTIE. — L'âme humaine est un principe qui par un seul et même acte perçoit toutes les parties diverses d'un objet étendu ; 2° qui pense ; 3° qui juge et qui raisonne.

Or, un principe de cette sorte doit être un principe simple quant à l'essence.

Donc, l'âme humaine est simple quant à l'essence.

La majeure ne saurait être révoquée en doute.

A la mineure. — 1° Un principe qui par un seul et même acte perçoit les diverses parties d'un objet étendu, est simple quant à l'essence.

En effet ; si le principe de la sensation se composait de

plusieurs êtres distincts, la sensation serait exercée tout entière par chaque être, ou bien en partie par chacun d'eux. Or, dans la première hypothèse, il y aurait autant de principes de sensation qu'il y aurait d'êtres constituant la nature de l'âme; et, aussitôt serait détruite l'unité de sensation, ce qui est contre le témoignage de la conscience. Dans le second cas, il n'y aurait pas de sensation complète ; car la sensation est un acte vital, immanent, qui réside tout entier dans la puissance d'où il découle, et ne peut se communiquer. Donc le principe de sensation doit être essentiellement simple.

2° Le principe qui pense est essentiellement simple. En effet, si le principe qui pense se composait de plusieurs êtres constituant sa nature intime, la *pensée serait tout entière dans chacun de ces êtres, ou en partie dans chacun d'eux*. Or, dans le premier cas, il y aurait en nous plusieurs êtres pensant, parfaitement distincts entre eux, contrairement au témoignage de la conscience. Dans le second cas, il n'y aurait pas de pensée complète, ou plutôt il n'y aurait aucune pensée, car l'idée est indivisible, et la pensée est un acte vital et immanent qui réside tout entier dans la puissance d'où il découle.

3° Le principe qui juge et qui raisonne est essentiellement simple. En effet, si le principe qui juge se composait de plusieurs êtres distincts constituant sa nature intime, les éléments du jugement se trouveraient tous dans chacun de ces êtres, ou en partie dans chacun d'eux. Or, dans le premier cas, il y aurait en nous plusieurs êtres qui porteraient le même jugement simultanément : ce qui est contre le témoignage de la conscience. Dans le second cas, le jugement serait impossible ; car le jugement est le résultat de la comparaison entre deux idées. Or, la comparaison entre ces deux idées ne peut être faite que par un sujet qui les perçoit en même temps. Donc le jugement serait impossible, si les éléments du jugement, c'est-à-dire les deux idées, se trouvaient l'une dans un premier être, et l'autre dans un second.

IIe PARTIE. — L'âme humaine exclut les parties intégrantes, c'est-à-dire, n'est pas un principe étendu et corporel.

Un sujet qui ne contient pas un objet par mesure de quantité étendue, et qui peut se replier sur lui-même, est simple quant aux parties intégrantes.

Or, l'âme est un sujet de cette sorte.

Donc, l'âme est simple quant aux parties intégrantes : c'est-à-dire l'âme n'est pas un principe étendu.

A la majeure. — 1° En effet, tout sujet qui a des parties intégrantes, c'est-à-dire tout principe étendu, comme les corps, contient le contenu par mesure de quantité étendue. Ainsi un vase contient de l'eau; mais une plus grande partie du vase contient une plus grande quantité d'eau, et une moindre partie du vase, contient une plus petite quantité d'eau ; ainsi ma main, appliquée sur un livre, touche le livre tout entier, mais une partie de ma main touche une partie du livre, et non le livre tout entier ; 2° Un principe étendu ne peut pas revenir sur lui-même ; ainsi, plions une feuille de papier ; une partie vient sur une autre, mais jamais la même partie ne revient sur elle-même.

A la mineure. — 1° L'âme ne contient pas le contenu par mesure de quantité ; car l'âme abstrait et sépare son objet de toute matière corporelle. L'idée en effet n'a pas de quantité. Elle existe, ou elle n'existe pas. En outre, l'âme appliquée aux objets, perçoit tout entière, le tout et la partie, les quantités grandes ou petites ; 2° L'âme revient tout entière sur elle-même par la réflexion, et perçoit toutes ces modifications : ceci est un fait d'expérience.

IIIe PARTIE. — Un être spirituel est celui qui, non seulement, exclut toute composition de parties, mais encore qui, dans ses actes et ses opérations est intrinsèquement ou subjectivement indépendant de la matière.

On distingue : l'indépendance subjective et l'indépendance objective.

L'indépendance objective consiste en ce que l'objet sur lequel s'exerce l'activité de l'âme peut être autre que la matière.

L'indépendance subjective consiste en ce que l'âme soit le principe adéquat de son acte, c'est-à-dire que l'âme puisse exercer son activité sans le concours de la matière, comme cause principale, comme instrument, ou comme condition.

Cet être est spirituel qui, dans l'exercice de son activité est intrinsèquement indépendant de la matière, comme cause, comme instrument, ou comme condition.

Or, l'âme est ainsi intrinsèquement indépendante de la matière.

Donc, l'âme est spirituelle.

La majeure n'est que la définition apportée plus haut.

A la mineure. — 1° L'âme humaine, étant en nous le principe qui pense, n'a pas besoin de la matière, comme cause concourant à la production de son acte. La pensée, en effet, est un acte indivisible et immatériel, qui ne peut nullement dépendre d'un corps. En outre, la pensée est une, immanente, et ne peut provenir de deux causes concourant également à sa production. Elle ne peut provenir que d'une cause. 2° La matière ne peut servir d'instrument que pour la production d'un effet dans un objet matériel : car un instrument matériel ne peut pas agir sur un objet spirituel. Or, l'âme humaine, étant en nous le principe qui pense, exerce son activité sur des objets immatériels, qui sont souvent absents, et qui, quelquefois même n'existent pas physiquement. Donc, la matière ne peut pas être l'instrument de l'âme.

3° L'âme n'a pas besoin de la matière comme condition ; parce qu'elle s'élève au-dessus de toute condition matérielle. En effet, l'âme connaît les corps d'une connaissance immatérielle, universelle, et nécessaire, tandis que la matière est matérielle, contingente, particulière.

En outre, l'âme est spirituelle, parce qu'elle désire vivement les choses spirituelles, et s'en délecte, tandis qu'elle repousse les choses matérielles. Qui, par hasard, a jamais désiré être pierre, ou âne?

Enfin, si l'âme humaine n'était pas spirituelle, il n'y aurait aucune différence essentielle entre elle et l'âme des bêtes, qui est simple, mais non spirituelle : et Broussais aurait raison de proclamer, qu'un chien ne diffère de l'homme que par l'habit.

N. B. Newton et Clarke, avec l'autorité de leur génie, ont démontré à tous les Matérialistes qu'il répugne intrinsèquement même à la puissance divine que la matière puisse penser, ces deux modes d'être étant entre eux aussi contradictoires que la quadrature l'est au cercle.

Contre tous les systèmes matérialistes anciens et positivistes contemporains.

XXIe THÈSE

L'AME HUMAINE EST IMMORTELLE

Prœnotanda

On appelle immortel ce qui persévère toujours dans l'être et dans la vie, c'est-à-dire ce qui continue toujours à produire des actes conformes à sa nature.

Cet être est immortel : 1° qui, séparé du corps, peut encore exister par sa nature ; 2° qui peut encore produire des actes conformes à sa nature ; 3° et qui ne peut être dépouillé de son existence par aucune cause extrinsèque.

14

Or, l'âme humaine est un être de ce genre.
Donc, l'âme humaine est immortelle.

A la majeure. — Si les deux premières hypothèses sont réalisées, l'âme sera immortelle intrinsèquement, parce qu'elle ne contient en elle aucun principe de corruption, elle sera aussi immortelle extrinsèquement, parce qu'il n'y aura aucune cause extérieure qui puisse la réduire au néant.

A la mineure. — 1° L'âme humaine, même après la corruption du corps, est apte à exister. En effet :

L'âme est un être simple et spirituel.
Or, un être simple et spirituel peut exister séparé du corps.
Donc, l'âme séparée du corps peut encore exister.

La majeure a été prouvée dans la thèse précédente.
A la mineure. — La corruption peut avoir lieu de deux manières ; *en soi* (*per se*), ou bien *par accident* (*per accidens*). Or, un être simple, n'admettant aucune composition de parties, ne peut pas périr par la corruption intrinsèque, qui se produit par la dissolution et la séparation des parties ; comme, par exemple, lorsque le corps humain se réduit en poussière. La corruption par accident a lieu lorsqu'un être périt par suite de la destruction du sujet qui le maintenait dans l'existence : ainsi lorsque le corps des bêtes meurt, leur âme périt par accident, parce qu'elle dépend du corps dans l'existence. Or, l'âme humaine est indépendante du corps, puisqu'elle est spirituelle. Donc, elle ne peut pas se corrompre par accident, et par conséquent elle ne peut nullement se corrompre, puisque outre la corruption *per se* et la corruption *per accidens*, il n'y a pas d'autre genre de corruption.

2° L'âme peut encore produire des actes conformes à sa nature, même après la corruption du corps. En effet :

Cet être dont les opérations sont essentiellement spirituelles, peut continuer à produire des actes conformes à sa nature, même après la corruption du corps.

Or, l'âme est un être dont les opérations sont essentiellement spirituelles.

Donc, l'âme après la corruption du corps peut continuer à agir.

La majeure est évidente ; car les opérations spirituelles sont absolument indépendantes du corps.

A la mineure. — L'âme perçoit des objets, que le corps ne peut nullement atteindre, et les perçoit d'une connaissance immatérielle ; elle pense, elle veut, et la pensée et la connaissance sont absolument indépendantes du corps.

Pour connaître, dit saint Thomas, il n'est pas requis que l'âme soit unie au corps ; mais, au contraire, séparée du corps, l'âme est plus libre, et n'est pas entravée par la corruption des sens. L'âme accomplit d'autant mieux ses opérations intellectuelles, qu'elle se soustrait davantage à l'influence des sens.

3° L'âme humaine ne peut être dépouillée de son existence par aucune cause extrinsèque.

Cet être dont l'anéantissement est contraire à la sagesse, à la justice, et à la sainteté de Dieu ne peut être dépouillée de son existence par aucune cause extrinsèque.

Or, l'âme humaine est un être de ce genre.

Donc, l'âme humaine ne peut être dépouillée de son existence par aucune cause.

A la majeure. — Nous avons vu que l'âme humaine, étant simple et spirituelle ne peut périr par corruption ; il reste donc qu'elle périsse par anéantissement. Or, Dieu seul peut anéantir un être. Donc, si l'anéantissement de l'âme est contraire aux attributs de Dieu, notre âme est un être qui ne peut être dépouillé de son existence par aucune cause extrinsèque.

A la mineure. — 1° Dieu nous a donné un désir vif et

naturel d'une existence sans fin, désir qui ne se trouve pas dans les animaux privés de raison. Or, il répugne à la souveraine sagesse de Dieu que ce désir soit vain ; car Dieu serait en contradiction avec lui-même, si d'un côté il donnait à notre âme cette inclination naturelle, et s'il s'opposait lui-même à cette inclination en réduisant l'âme au néant. Donc, ce désir doit être satisfait par une durée sans fin, c'est-à-dire par l'immortalité.

De plus, l'homme a une inclination naturelle qui le porte au bonheur. Or, le bonheur, qui est la paisible possession de tous les biens, ne se trouve pas sur cette terre. Donc, il faut nécessairement une autre vie, sans fin (1). Sans l'immortalité de l'âme, l'homme désespéré pourrait se donner raisonnablement la mort, pour mettre fin aux malheurs de toute sorte qui l'accablent la plupart du temps.

2° L'anéantissement de l'âme répugne à la justice de Dieu. En effet, la justice est une vertu qui consiste à rendre à chacun ce qui lui est dû. Or, si Dieu anéantissait notre âme, il s'ensuivrait que les bons ne seraient pas assez récompensés, et que les méchants ne seraient pas suffisamment punis. Souvent, en effet, sur cette terre, les méchants sont dans la prospérité, tandis que les bons mènent une vie malheureuse. Il faut donc une vie immortelle dans laquelle les bons et les méchants seront suffisamment punis ou récompensés.

3° L'anéantissement de notre âme répugne à la sainteté de Dieu ; car la sainteté de Dieu veut la conservation et l'observation de l'ordre moral. Or, de la destruction de notre âme résulterait le renversement complet de l'ordre

---

(1) Nous disons sans fin ; car, comme l'observe très bien Cicéron, si cette vie bienheureuse devait avoir un terme, elle ne serait pas heureuse. En effet, celui qui n'espère pas la perpétuité des biens qu'il possède craint toujours d'être malheureux, après les avoir perdus.

moral. En effet, s'il n'y avait pas d'autre vie après la corruption du corps, l'homme n'aurait plus de motif pour faire le bien ; ni la paix de la conscience, ni les remords ne seraient une raison suffisante pour le maintenir dans la voie de la vertu.

Nous pouvons ajouter à tous ces arguments qu'il n'y a rien de plus populaire que le dogme de l'immortalité de l'âme ; rien de plus universellement reçu que la croyance à une vie future. Tous les peuples ont eu cette croyance. Les monuments, les rites funèbres, les sacrifices nous le prouvent bien évidemment.

La raison doit-elle admettre l'éternité des châtiments ? C'est une question très grave. Les ennemis de la religion catholique répondent négativement. — Le fait est que les anciens païens l'admettaient :

> Sedet, æternùmque sedebit Infelix Theseus,
> Discite justitiam moniti et non temnere divos, etc.
> (VIRGILE, *Énéide*, VI, 617).

Et en cela, il n'y a aucune répugnance ; car la faute, bien qu'elle soit finie quant à son sujet qui est l'homme, est infinie relativement à son objet, qui est Dieu, et par conséquent elle est digne d'un châtiment infini.

Contre les Pythagoriciens, les Stoïciens, les Manichéens, les Traducianistes à la suite de Tertullien et Apollinaris ; contre Poiret, Spinoza et les Panthéistes ; contre Frohschammer et Rosmini Cerbati, etc., etc.

XXII° THÈSE.

LE TRADUCIANISME EST FAUX, ET L'AME DE CHAQUE HOMME EST IMMÉDIATEMENT CRÉÉE PAR DIEU.

Prænotanda

Les Traducianistes prétendent que l'âme des enfants

est engendrée par les parents, et passe ainsi (*traducitur*) des parents aux enfants, de la même manière que le corps.

Les uns disent que l'âme des enfants est engendrée par le corps des parents, au moyen d'un rejeton corporel. D'autres, au contraire, prétendent que, comme le corps des enfants est engendré par le corps des parents, ainsi l'âme des enfants est engendrée de l'âme des parents, par un rejeton spirituel.

Ire Partie. — Si l'âme humaine était transmise par les parents, elle serait transmise ou bien par le corps, ou bien par l'âme des parents.

Or, l'âme des enfants ne peut leur être transmise ni par le corps ni par l'âme des parents.

Donc, le Traducianisme est faux.

La majeure n'est que l'exposition de la doctrine des diverses catégories de Traducianistes.

A la mineure. I. — Si l'âme était transmise par le corps, l'âme serait ou bien une partie détachée du corps, ou bien elle serait produite par l'action directe du corps. On ne peut supposer un autre mode de propagation. Or, 1° on ne peut pas admettre que l'âme des enfants soit une partie du corps des parents : car la partie est de la même nature que le tout dont elle est détachée, et dans ce cas l'âme serait une substance corporelle, ce qui est faux (Th. XX). 2° L'âme ne peut pas être produite par l'action positive du corps des parents : car l'âme aurait une existence dépendante de la matière, ce qui est faux. Nous savons en effet que l'âme humaine est spirituelle et indépendante de la matière (Th. XX). Donc, l'âme des enfants n'est pas transmise par le corps des parents.

II. — Si l'âme des enfants était transmise par l'âme des parents, ou bien elle serait une partie détachée de l'âme des parents, ou bien elle serait produite par l'action immédiate de l'âme des parents. Or, 1° il est impossible que l'âme de l'enfant procède de l'âme du père, par la section d'une partie de cette dernière, car l'âme étant simple, il répugne qu'une partie en soit détachée pour être communiquée à une autre âme ; 2° il est pareillement impossible que l'âme soit produite par l'action immédiate de l'âme des parents. En effet, l'âme humaine est un être subsistant par lui-même et pouvant exister sans un autre sujet. Or, si l'âme humaine était produite par l'action immédiate de l'âme des parents comme sujet préexistant, elle ne serait plus un être subsistant par lui-même, mais elle dépendrait d'un autre sujet non seulement quant à son être mais aussi quant à sa possibilité. Donc, en aucune hypothèse l'âme des enfants ne peut être transmise par l'âme des parents.

II° Partie. — L'être produit sans aucune matière préexistante est immédiatement créé par Dieu.

Or, l'âme est un être de ce genre.

Donc, l'âme est un être qui est créé immédiatement par Dieu.

La majeure n'est que la définition de la création.

A la mineure. — Nous savons, en effet, que l'âme ne peut être produite ni avec une matière corporelle, ni avec une matière spirituelle préexistante. Il faut donc qu'elle soit créée, tirée du néant. Or, Dieu seul peut créer; car la création suppose une puissance infinie, que n'ont pas les créatures. Donc, l'âme est immédiatement créée par Dieu.

Les païens eux-mêmes ont compris cette vérité. Cicéron l'avoue dans ces admirables paroles : « *Animal hoc sagax plenum rationis et consilii quod hominem vocamus, præclara quadam conditione generatum est a summo Deo... cùm animus generatus sit à Deo ex quo vera est agnatio nobiscum cum cælestibus.* » (I, *de Legibus*.)

La tradition juive est encore plus explicite et plus sublime. « Je ne sais, dit (au chapitre VII) l'héroïque mère des Machabées à ses sept enfants, je ne sais comment vous êtes apparus dans mon sein ! Ce n'est pas moi qui vous ai donné l'esprit, l'âme, la vie et les diverses aptitudes de vos membres : mais ce Créateur de toutes choses, qui fait naître les hommes, qui connaît toutes les origines, vous rendra dans sa bonté cet esprit et cette vie que vous allez sacrifier pour sa Loi ! »

La doctrine catholique sur ce point comme sur tous les autres est en parfait accord avec les données de la raison. Le IV° concile de Latran a déclaré : « *Animam rationalem infundi in corpore* » et Pie IX condamnant les erreurs du docteur allemand Frohschammer (11 décembre 1862) n'a pas été moins précis.

Contre Platon, Cudworth, Malebranche et Descartes, Leibnitz et Wolf, Euler et Locke, Rosmini Cerbati et leurs Écoles.

XXIII° THÈSE

L'UNION SUBSTANTIELLE QUI EXISTE ENTRE L'AME ET LE CORPS N'EST PAS BIEN EXPLIQUÉE PAR LES DIVERS SYSTÈMES : 1° DU MOTEUR ; 2° DU MÉDIATEUR PLASTIQUE ; 3° DES CAUSES OCCASIONNELLES ; 4° DE L'HARMONIE PRÉÉTABLIE ; 5° DE L'INFLUX PHYSIQUE ; 6° DE LA PERCEPTION FONDAMENTALE.

Prænotanda ad I

L'homme n'est pas seulement un corps, ou seulement une âme, il est composé d'un corps et d'une âme, intimement unis. De cette union résulte une seule et nouvelle nature, qui est la nature humaine.

Ire PARTIE. — L'union substantielle a lieu, lorsque plusieurs substances sont unies ensemble de manière à ne former qu'un seul sujet ontologique, qu'une seule substance composée, et que de cette union résulte une nouvelle nature.

Or, tout cela a lieu dans l'union de l'âme avec le corps.

Donc, l'union de l'âme et du corps est une union substantielle.

La majeure est la définition de l'union substantielle.

A la mineure. — 1° Le sujet ontologique est celui auquel on attribue toutes les opérations, toutes les modifications des parties qui le composent. Or, l'union de l'âme et du corps forme un sujet, auquel on attribue toutes les opérations ou modifications des parties composantes. De cette union, en effet, résulte ce tout complet qui est l'homme et auquel on attribue le sentiment, l'intelligence, la conscience, la sensibilité, etc. : opérations ou modifications de l'âme ou du corps, qui le composent. Donc, de l'union de l'âme et du corps résulte un seul sujet ontologique.

2° De l'union de deux substances résulte une nouvelle nature, lorsque le composé, qui résulte de cette union, a des opérations et des propriétés tout à fait différentes de celles des substances qui le composent. Or, c'est ce qui arrive dans l'union de l'âme et du corps. Donc, de l'union de l'âme et du corps résulte une nouvelle nature. Nous prouverons facilement la mineure : Le composé qui résulte de l'union de l'âme et du corps, c'est-à-dire l'homme éprouve des sensations. Or, nous savons (d'après la XIII° Thèse) que la sensation ne peut convenir ni au corps seul, ni à l'âme seule. Donc, l'homme a des opérations différentes de celles des corps, et de celles de l'esprit séparés.

Prænotanda ad II

Pour expliquer cette union de l'âme et du corps, plusieurs systèmes ont été imaginés.

1° Le premier, celui de Platon, est le système du *moteur*. D'après lui, l'âme ne serait unie au corps qu'accidentellement ; à peu près comme un pilote est uni à son navire un cavalier à son cheval. De cette sorte, l'homme serait seulement une âme, qui en punition de quelque crime, serait enfermée dans un corps comme dans une prison. Les partisans de ce système admettent en outre trois âmes : 1° l'âme nutritive, dont le siège principal serait le foie ; 2° l'âme sensitive serait le cœur ; 3° et l'âme intellective serait le cerveau.

2° Le système du *médiateur plastique*. D'après Cudworth, auteur de ce système, l'âme spirituelle et le corps matériel, sont essentiellement opposés l'un à l'autre, et ne peuvent être unis immédiatement entre eux; mais ils sont unis par une troisième nature intermédiaire qui participe de l'un et de l'autre.

3° Le système *des causes occasionnelles*, que Malebranche a déduit des principes de Descartes. D'après lui, l'âme et le corps seraient privés de toute activité, et n'auraient aucune influence l'un sur l'autre. Mais Dieu, à l'occasion de certaines impressions produites dans le corps, exciterait aussitôt dans notre âme des idées et des impressions correspondantes ; et de la même manière, il produirait dans notre corps des mouvements conformes aux volitions et aux impressions de notre âme. Ainsi l'assistance de Dieu serait continuellement nécessaire.

4° Le système de *l'harmonie préétablie*, imaginé par Leibnitz. D'après lui, l'âme agit tout à fait indépendamment du corps, et le corps indépendamment de l'âme. Dans ces deux séries d'actions, de l'âme d'un côté et du corps de l'autre, une action quelconque est un effet de l'action précédente. Mais Dieu a choisi, pour unir à l'âme, un corps dont les modifications et les sensations concorderaient parfaitement et toujours avec les opérations de cette âme. Ainsi il existe entre les mouvements et les perceptions de l'âme une si grande harmonie, qu'ils paraissent exercer l'un sur l'autre une véritable et réelle influence. L'âme et le corps sont comme deux horloges, subissant les mêmes variations que s'ils agissaient l'un sur l'autre, mais qui néanmoins agissent indépendamment l'un de l'autre.

5° Le système de *l'influx physique*, imaginé par Euler et Locke établit que l'âme agit sur le corps, ou sur le fluide nerveux en le déterminant à percevoir les objets extérieurs. De l'action mutuelle de ces deux principes résulterait l'union de l'âme et du corps qui conservent cependant leur être parfaitement distinct. Ce système est adopté par tous les Matérialistes.

6° Le système de la *perception fondamentale* de Rosmini. L'âme, dit-il, en tant que sensitive est unie au corps en le sentant ou percevant. Être rationnel, l'âme s'unit fondamentalement au corps en considérant cette sensation, comme un objet de sa connaissance. C'est par la perception de cette sensation fondamentale que l'âme est unie au corps.

Tous ces systèmes sont faux, qui s'appuient sur des fondements sans valeur, et qui détruisent l'union substantielle de l'âme et du corps.

Or, tous les systèmes, énumérés plus haut, sont de cette sorte.
Donc, ils sont tous faux.

La majeure est évidente, car nous savons d'après la première partie de cette thèse que l'union qui existe entre l'âme et le corps est une union substantielle.

A la mineure. — 1° Ce système du moteur s'appuie sur un mauvais fondement : car Platon admet dans l'homme trois âmes ; ce qui est faux (voir Thèse XXV°). Il détruit l'union substantielle ; car entre un moteur et un mobile, il n'y a pas une union subtantielle, mais seulement accidentelle. De l'union du moteur et du mobile ne résulte jamais une seule nature.

2° Le système du médiateur plastique admet tout à fait gratuitement ce médiateur entre l'âme et le corps. Qui de nous en a jamais soupçonné l'existence ? En outre, ce système détruit l'unité de nature dans l'homme, en disant que le corps et l'âme sont deux natures différentes. Enfin, loin d'expliquer l'union de l'âme et du corps, il ne fait que l'obscurcir : car il reste encore à expliquer comment se fait l'union entre le corps et le médiateur, entre ce médiateur et l'âme, enfin entre l'âme et le corps au moyen de ce médiateur.

3° Le système des causes occasionnelles, s'appuie sur l'Occasionnalisme, d'après lequel les causes secondes corporelles ou spirituelles sont privées de toute activité : ce qui est faux (Thèse XII°). En outre, cette théorie détruit l'union substantielle de l'âme et du corps, parce que l'âme et le corps seraient comme deux machines juxtaposées. Le corps pourrait être sur la terre, et l'âme dans le ciel, et Dieu pourrait encore faire naître dans l'un et dans l'autre des mouvements et des perceptions correspondantes.

4° Le système de l'harmonie préétablie s'appuie sur un mauvais fondement; car, il suppose qu'une perception quelconque de l'âme ou du corps a pour raison suffisante la perception précédente : ce qui est faux. Souvent en effet, entre deux perceptions consécutives, il y a une grande opposition ; et l'une ne peut pas être la raison suffisante de l'autre. — Il détruit l'union substantielle, puisque si le corps et l'âme agissaient séparément et indépendamment l'un de l'autre, il ne résulterait pas un principe unique d'opération, mais il y en aurait deux très distincts. Bien plus, le corps pourrait être à Rome et l'âme à Paris, et tous les deux rester cependant unis, en posant des actes parfaitement concordants : ce qui est absurde.

5° On doit sans doute admettre un influx physique entre l'âme et le corps ; mais cet influx est le résultat de l'union entre l'âme et le corps : il ne peut être la cause de leur union comme le veut le système de l'influx physique. Cette doctrine détruit de plus l'union substantielle ;

car le corps et l'âme seraient deux principes distincts qui agiraient par eux-mêmes, et qui ne seraient unis que par l'action mutuelle qu'ils exerceraient l'un sur l'autre. Il n'y aurait donc pas union substantielle, *quia non esset unum principium operandi.* — Enfin, il favorise le Matérialisme; car le corps ne peut agir que par un contact quantitatif et matériel; or le contact matériel ne peut s'exercer que sur un objet matériel. Donc, l'âme, d'après ce système serait un objet matériel.

6° Le système de la perception fondamentale, place l'union de l'âme et du corps, en ce que l'âme perçoit, qu'elle sent le corps. Mais cette perception est une action. Or, l'action est un accident, non une substance, dans les créatures. Donc, l'union qui consiste dans l'action, n'est pas substantielle, mais accidentelle. Le système de Rosmini au lieu d'expliquer l'union substantielle de l'âme et du corps la détruit donc totalement.

XXIV° THÈSE

L'AME INTELLECTUELLE EST LA FORME SUBSTANTIELLE DU CORPS; ET, LE SYSTÈME SCOLASTIQUE EXPLIQUANT AINSI L'UNION DE L'AME ET DU CORPS EST CONFORME A LA RAISON COMME A LA RÉVÉLATION.

1re PARTIE. — Dans un composé, on appelle forme substantielle la partie principale qui 1° constitue l'autre partie dans une espèce déterminée; 2° en se joignant à cette seconde partie lui communique sa perfection de manière à ne former avec elle qu'une seule et nouvelle nature; 3° qui est le principe de vie et d'activité pour tout le composé.

Or, dans le composé humain l'âme est cette partie principale par rapport au corps. Donc, l'âme est la forme substantielle du corps.

A la majeure. — Elle est indiscutable, étant la définition de la forme substantielle.

A la mineure. — Elle est certaine dans chacune de ses parties.

1° *L'âme est en l'homme la partie qui détermine le corps dans l'espèce humaine.* En effet : c'est l'âme qui venant se joindre au corps le fait corps humain ; car, sans l'âme, le corps étant par lui-même matière, c'est-à-dire un principe indéterminé, ne serait pas établi dans son espèce c'est-à-dire déterminé. L'âme seule distingue donc l'homme de tous les autres êtres ; et, par elle seule l'homme est constitué dans son espèce déterminée.

2° *Dans le composé humain, l'âme est cette partie qui en se joignant au corps lui communique sa perfection de manière à ne former avec lui qu'une seule et nouvelle nature.* En effet, l'homme n'est pas un corps seul ni une âme seule ; mais il est un être dont la nature spécifiée est une résultante de l'union de ces deux éléments constitutifs. Or, c'est par cette union seule que le corps s'élève à l'être substantiel humain. Sans elle, il ne serait que chair et matière c'est-à-dire un élément de lui-même indéterminé, indifférent et imparfait. De cette union au contraire résulte un seul et nouveau principe ou sujet complet, une seule et nouvelle nature dans un suppôt qui est la personne humaine à laquelle seule sont attribuées toutes les actions du composé humain parfait, selon cet axiome : *Actiones sunt suppositorum.*

3° *L'âme est le principe de vie et d'activité pour le corps.* En effet : Comment le corps est-il fait substance vivante et active ? Ce n'est par lui-même ; puisqu'il serait dans cette hypothèse doué de vie et d'activité en dehors de son union avec l'âme. Or, ceci est absolument contraire non seulement à sa nature de matière indifférente et inerte par elle-même, mais encore à tous les phénomènes em-

intrique connus. L'âme informant le corps est donc le seul principe de vie et d'activité dans le composé humain.

IIᵉ Partie. — Le système scolastique de l'union de l'âme et du corps est conforme à la raison.

La raison doit en effet résoudre deux questions pour expliquer cette union :

1° Comment des deux composants (corps et âme) résulte-t-il un seul sujet ontologique ?

2° Comment en résulte-t-il aussi une seule nature ?

Or, dès qu'on admet que l'âme est la forme substantielle du corps, la solution de ces deux questions est facile et logique. En effet : « 1° Il y a un seul sujet ontologique, c'est-à-dire un seul suppôt là où il y a un seul principe adéquat d'opération. Or, dès qu'on admet l'âme comme forme substantielle du corps, il s'ensuit que dans l'homme il y a un seul principe adéquat d'opération alors seulement que l'âme informe le corps. La sensation, par exemple, ne convient ni à l'âme seule ni au corps seul. Chacun de ces principes de la sensation peut bien en être un principe essentiel ; mais, pris isolément, chacun en est un principe inadéquat ne suffisant jamais à l'expliquer complètement. (Voir Iʳᵉ thèse de Psychologie.) Au contraire, dès que l'âme, forme substantielle, est unie au corps comme à sa matière, le principe d'opération devient adéquat et complet et le sujet ontologique ou suppôt est constitué. 2° Il en est de même pour expliquer comment une seule nature résulte de l'union de l'âme et du corps. Une seule nature résulte, en effet, d'une seule spécification des êtres. Il n'est pas possible de concevoir, dans une même espèce d'êtres, des sujets de nature différente. Un homme, par exemple, ne peut pas être en même temps dans l'espèce des végétaux ou des minéraux. Or, dès qu'on admet que l'âme est la forme substantielle du corps, l'homme ne peut être constitué dans son espèce que par la seule union de ces deux constitutifs (corps et âme) se complétant l'un l'autre. Dès lors une seule nature qui est la nature humaine est constituée.

III⁰ Partie. — Le système scolastique de l'union de l'âme et du corps est conforme à la Révélation.

Une doctrine est dite conforme à la révélation quand elle s'accorde avec les enseignements des saintes Écritures, des Pères et Docteurs, des Conciles et des Papes. Or, le système scolastique s'accorde parfaitement avec tous ces enseignements. En effet :

1° La sainte Écriture (Genèse livre II) expose ainsi la formation du composé humain : « *Formavit igitur Deus hominem de limo terræ et inspiravit in faciem ejus spiraculum vitæ et factus est homo in animam viventem.* » Ce texte détermine parfaitement la matière du composé humain « *limum terræ* » et sa forme « *spiraculum vitæ* » et le seul sujet ontologique ou la nouvelle nature qui, résultant de ces deux principes constitue l'homme parfait : « *Et factus est homo.* »

2° Les Pères et Docteurs de l'Église n'ont pas d'autre doctrine (V. saint Augustin *in Joannem*, 26. — Saint Jean Chrysostôme, Hom. XIII *in Genesim*. — Saint Grégoire le Grand. *Moralium*, cap. vii. — Suarez dans tous ses livres philosophiques. — Saint François de Sales et saint Thomas d'Aquin, etc., etc.) Pour nous borner, citons seulement ces derniers. Dans sa 1ʳᵉ part. Quest. 76, art. i, saint Thomas s'exprime ainsi : « *Necesse est dicere quod intellectus qui est intellectualis operationis principium sit humani corporis forma.* » Il n'est pas moins explicite dans son *Contra Gentes.*, Cap. lvii, Disput. Qu. *De spiritualibus creaturis*, art. ii. — Qu. *De anima* art. ix.

Saint François de Sales, au livre chap. vii de l'*Amour de Dieu*, résume admirablement en trois lignes toute la doctrine scolastique sur la question. « L'âme, dit-il, est le premier acte et principe de tous les mouvements vitaux de l'homme : et, comme parle Aristote, elle est le principe par lequel nous vivons, nous sentons et entendons. »

3° Le Concile général de Vienne (1320) a défini contre Pierre Oliva, disciple d'Averroès : « *Quisquis asserere, defendere, seu tenere pertinaciter præsumpserit quod anima Rationalis seu Intellectiva non sit forma corporis humani per se et essentialiter tanquam hæreticus sit censendus.* » Le concile V de Latran, session VIII, a renouvelé les mêmes déclarations contre Pomponatius.

4° Plusieurs Papes ont confirmé la même doctrine. Pie IX en particulier, condamnant en 1857 les erreurs de Günther, la proclame seule catholique : « *Noscimus iisdem libris lædi catholicam sententiam ac doctrinam de homine qui corpore et animâ ita absolvatur ut anima ea que rationalis sit vera per se atque immediata corporis forma.* »

Contre Platon et Galien, les Apollinaristes et les Manichéens : Averroës, Oliva, Pomponatius, Cousin, Rosmini, etc. ; les Pythagoriciens, les Boudhistes, les Spirites et autres partisans de la Métempsycose actuels, M. Laurent, M. Reynaud etc., etc. ; les Vitalistes contemporains, Barthez, Lordat, Günther, Baltzer, etc.

XXVe THÈSE

L'AME INTELLECTUELLE EST DANS L'HOMME LE PRINCIPE UNIQUE DE LA VIE INTELLECTUELLE, SENSITIVE, ET VÉGÉTATIVE, QUI PEUT ÊTRE DISTINGUÉ PAR LA RAISON ; MAIS CHAQUE HOMME A UNE AME QUI LUI EST PROPRE, ET, PAR CONSÉQUENT, LA MÉTEMPSYCOSE EST UNE DOCTRINE ABSURDE.

Prænotanda ad I

Parce que dans l'homme, outre les opérations intellectuelles, il existe des opérations sensitives et végétatives, comme dans les bêtes et les plantes, Platon prétendit que ces diverses opérations provenaient de divers principes, et admit ainsi, dans l'homme, l'âme intellectuelle, dans le cerveau, l'âme sensitive, dans le cœur, et l'âme végétative dans le foie.

D'autres philosophes, comme Apollinaire et Günther, etc., n'admettent dans l'homme que l'âme intellectuelle et l'âme sensitive.

Ire Partie. — Si l'âme rationnelle n'était pas, dans l'homme, l'unique principe de la vie intellectuelle et de la vie végétative, la conscience ne nous attesterait pas que ces diverses opérations appartiennent à un seul et même sujet.

Or, la conscience nous atteste que toutes les opérations dans l'homme appartiennent à un seul et même sujet.

Donc, l'âme rationnelle est en nous l'unique principe de la vie intellectuelle, sensitive et végétative.

A la majeure — En effet, si l'âme intellectuelle était en nous une substance différente de l'âme sensitive, chacune de ces âmes aurait des opérations indépendantes, et l'une ne pourrait pas regarder comme lui appartenant un acte qui aurait été posé par l'autre. Dès lors, en nous il y aurait deux principes, deux moi, distincts. A l'un se rapporteraient les opérations intellectuelles, à l'autre les opérations sensitives ou végétatives.

A la mineure. — Je vois clairement que c'est moi qui comprends, et qui raisonne, et moi qui éprouve aussi des sensations. Ma conscience me dit clairement que c'est moi qui pense, moi qui souffre, moi qui mange et qui grandis.

Nous ne pouvons donc admettre aucune distinction réelle entre les principes des vies intellectuelle, sensitive et végétative dans l'homme, puisque réellement il n'y a qu'un seul principe : mais, nous pouvons admettre des distinctions de raison pour ce principe, suivant qu'on le considère sous divers aspects. En ce sens, seule, l'âme intellectuelle produit dans l'homme les mêmes effets que produisent dans les bêtes et les plantes l'âme sensitive et l'âme végétative.

Prænotanda ad II

Averroès enseigna que l'âme est une substance distincte de l'homme, qui existe en dehors de lui, qui est la même pour tous, qui éclaire tous les hommes, et produit en eux des opérations diverses. Cette âme agit, selon ce philosophe, à peu près comme le vent produisant diverses harmonies, selon la variété des organes musicaux qu'il fait vibrer.

II° PARTIE. — Le principe de l'opération principale dans les hommes ne peut pas être le même pour tous.
Or, l'âme est le principe de l'opération principale dans l'homme.
Donc, tous les hommes ne peuvent pas avoir la même âme.

A la majeure. — Les hommes, en effet, sont réellement distincts entre eux, et ont des opérations personnelles diverses; car, les opérations de l'un ne sont pas les opérations de l'autre. Or, l'opération suit l'être. Donc, si le principe de l'opération principale dans l'homme était le même pour tous, l'opération serait la même dans tous les hommes, et les hommes alors ne seraient pas distincts entre eux.

A la mineure. — L'opération principale de l'homme est l'intelligence. Or, le principe de l'intelligence est l'âme. Donc, l'âme est le principe de l'opération principale dans l'homme.

De plus, s'il n'y avait qu'une âme pour tous les hommes, tous les hommes comprendraient par le même intellect, et par conséquent, les pensées de l'un seraient connues de tous les autres, et ce que l'un saurait, les autres le sauraient aussi. Or, qui ne voit l'absurdité d'une telle assertion? Si mon intellect était celui de Thomas d'Aquin et si mon âme était celle de Vincent de Paul, et si cet intellect et cette âme étaient les mêmes pour tous, la science et la vertu ne nous seraient-elles pas à tous plus familières?

Prœnotanda ad III

Pythagore et Platon enseignent que toutes les âmes ont existé dès le commencement. Depuis, Dieu n'en a pas créé de nouvelles; mais les premières passent d'un corps dans un autre corps soit d'un homme, soit d'une bête. C'est ce passage des âmes d'un corps dans un autre qu'on apelle métempsycose.

III° PARTIE. — La transmigration d'un corps dans un autre d'une forme substantielle essentiellement destinée à informer un corps déterminé, est absurde.
Or, telle est la doctrine de la métempsycose.
Donc, la doctrine de la métempsycose est absurde.

La majeure est évidente ; car s'il est essentiel à une forme substantielle d'informer un corps déterminé, il est impossible que cette forme passe dans un autre corps; car son essence serait changée, ce qui est absurde. Les essences des choses sont immuables. (V. Thèse III d'Ontologie.)

A la mineure. — Pythagore, et avec lui toute l'École de la métempsycose, prétend que les âmes passent d'un corps dans un autre. Or, l'âme est une forme substantielle qui est essentiellement destinée à informer un corps déterminé; car, de même que l'âme est destinée essentiellement à informer le corps de l'homme, ainsi telle âme déterminée est essentiellement destinée à informer le corps de tel homme en particulier. Donc, d'après la doctrine de Pythagore, une forme substantielle, essentiellement destinée à informer un corps déterminé passerait d'un corps dans un autre.

De plus ce système s'appuie sur un mauvais fondement : c'est-à-dire sur la préexistence des âmes, qui dès le commencement auraient été créées et placées dans les astres, et qui dans la suite, pour expier, je ne sais quel crime, auraient été emprisonnées dans les corps : ce qui est absurde, comme nous le verrons dans la thèse suivante.

Il répugne en outre qu'une âme rationnelle puisse informer indistinctement les corps des bêtes et les corps des hommes ; car, s'il en était ainsi, l'essence de l'âme serait changée. Dans l'homme elle serait rationnelle, et dans les bêtes elle serait irrationnelle. — Les bêtes jouiraient des mêmes droits que l'homme, et les tuer serait un homicide. Ce système se heurte ainsi à mille absurdités.

Contre Platon, Pythagore, Origène, les Sages Chaldéens et Égyptiens. — Contre les Spiritualistes disciples de Leibnitz.

XXVI° THÈSE

LA PRÉEXISTENCE DES AMES EST ABSURDE, ET L'AME EST CRÉÉE AU MOMENT OU ELLE S'UNIT AU CORPS.

Prænotanda

Platon et Pythagore croyaient que les âmes avaient été créées de toute éternité dans les astres, et que dans la suite elles avaient été enfermées dans des corps en punition de quelque crime ou pour toute autre cause inconnue.

Leibnitz disait que les âmes avaient toutes été créées par Dieu au commencement du monde, et unies aux germes de leurs propres corps, qui étaient tous contenus en Adam. Ces âmes ainsi placées dans les corpuscules organiques ne jouissaient d'abord que de la faculté sensitive; mais par un développement naturel et progressif, ou par une action directe de Dieu, ces âmes sont ensuite douées d'intelligence et de volonté.

1ʳᵉ Partie. — On doit rejeter comme absurde une doctrine, 1° qui ne s'appuie sur aucune raison grave; 2° qui nie l'union substantielle et établit une union violente entre l'âme et le corps; 3° qui enseigne l'oubli essentiel des idées passées; et 4° l'expiation d'un crime inconnu.

Or, telle est la doctrine de la préexistence des âmes.

Donc, la préexistence des âmes est absurde.

A la majeure. — 1° La première partie est évidente, d'après cet axiome : *Quod gratis asseritur, gratis negatur.* 2° L'union entre l'âme et le corps est une union substantielle; nous l'avons déjà prouvé (Th. XXIII). Elle est de plus fort naturelle. La crainte que nous avons de la mort, qui est la séparation de l'âme et du corps, nous montre en effet bien clairement que l'union de ces deux substances n'est pas contre la nature. 3° On ne peut pas concevoir que l'âme oublie essentiellement les idées qu'elle a eues autrefois : car, elle les fixe dans sa mémoire, et elles ne peuvent être effacées par le fait de l'union de l'âme avec le corps puisque les facultés de l'âme sont indépendantes du corps. 4° Enfin, la nature de l'expiation exige que celui qui la subit connaisse pour quel crime il est châtié.

A la mineure. — 1° Les partisans de ce système ne font qu'énoncer des faits arbitraires, mais ils ne portent aucune raison sérieuse en faveur de leur doctrine. Ils veulent, par cette théorie, expliquer les malheurs de l'homme, mais ils ne les expliquent pas du tout. 2° D'après Platon, les âmes ne sont pas essentiellement créées pour être unies à des corps, mais leur union n'est qu'accidentelle ; l'âme est unie au corps comme un moteur à un mobile. De plus, cette union est une union violente ; car, c'est pour expier quelque crime que l'âme a été unie au corps. 3° Platon prétend encore que l'âme oublie tout ce qu'elle savait auparavant, dès le moment de son union avec le corps, et 4° par conséquent, elle ne connaît point le crime pour lequel elle est châtiée.

D'après ce système, on devrait obliger les grands coupables à rester attachés à leurs corps le plus longtemps possible, pour leur faire expier leurs crimes, et délivrer tous les justes des liens du corps : ce qui est absurde. Les noyades de Nantes (1793), les fusillades de la Commune (1871) et les forfaits de tous les âges seraient moralement autant de bienfaits !

Quant à l'opinion de Leibnitz, c'est une pure fiction, qui ne s'appuie sur aucune raison. Ces germes des âmes ne se développent pas dans tous les hommes, dans ceux qui n'ont pas d'enfants, par exemple. Enfin, ce passage de la sensibilité à l'intelligence et à la volonté est impossible. Une même âme, en effet, ne peut pas tout en gardant la même nature recevoir ou perdre absolument des facultés qui lui sont essentielles.

IIe Partie. — L'âme est créée lorsque l'homme est créé.
Or, l'homme est créé lorsque l'âme s'unit avec le corps.
Donc, l'âme est créé lorsqu'elle est unie au corps.

Ceci n'est qu'une conséquence de ce que nous venons de prouver dans la première partie.

Tous les Scolastiques sont d'accord sur ce premier point. Mais, quel est le moment précis où l'âme est créée et unie au corps? Les uns disent que l'âme s'unit au corps dès le premier instant de la génération. D'autres, avec saint Thomas, croient que l'âme ne s'unit au corps que lorsque celui-ci est parvenu au complet développement de son organisme.

Les premiers raisonnent ainsi : L'âme est le principe de la vie végétative et de la vie sensitive, aussi bien que de la vie intellective. Or, dès le premier instant de la conception, le fœtus jouit de la vie végétative : sans quoi il serait mort. Donc, il a une âme dès le premier instant de sa conception.

Les seconds disent : Une forme ne peut s'unir qu'à un sujet dont elle puisse être proprement l'acte; or, l'âme humaine est la forme non d'un corps quelconque, mais d'un corps humain organisé; donc, l'âme ne s'unit au corps que lorsque l'on peut dire que c'est un corps humain, c'est-à-dire lorsque le corps a acquis le complet développement de son organisme.

Contre Platon, Démocrite, Straton, Erasistrate, Parménide, Herophile, Epicure, les Stoïciens : Diogène, Empédocle, Descartes, La Peyronnie, Locke, Littré et tous les Matérialistes, etc., etc...

XXVIIe THÈSE

L'AME HUMAINE NE PEUT PAS ÊTRE PLACÉE SEULEMENT DANS LE CERVEAU, MAIS, QUANT A SON ESSENCE, ELLE EST TOUT ENTIÈRE DANS TOUT LE CORPS, ET TOUT ENTIÈRE DANS CHAQUE PARTIE DU CORPS; QUANT A SA VERTU, ELLE EST PRINCIPALEMENT DANS LE CERVEAU ET DANS LE CŒUR.

Prænotanda

Sans parler des opinions des anciens philosophes, qui plaçaient l'âme, les uns dans la tête, les autres dans le cœur, les autres dans le sang, nous réfuterons ici seulement la principale, celle de Descartes et de Locke, qui prétendent que l'âme est seulement dans le cerveau.

I**re PARTIE**. — On doit rejeter comme absurde une opinion, qui détruit l'union substantielle de l'âme et du corps, qui nie le principe de la vie sensitive, qui s'appuie sur un fondement déraisonnable.

Or, telle est l'opinion qui place l'âme dans le cerveau seulement.
Donc, l'âme n'est pas seulement dans le cerveau.

La majeure est évidente.

A la mineure. — 1° Cette opinion détruit l'union substantielle de l'âme et du corps, car une seule partie du corps, c'est-à-dire le cerveau, serait unie à l'âme, et par conséquent celle-ci n'agirait que sur cette partie. Elle serait comme un moteur placé dans le cerveau, pour mouvoir et diriger le corps.

2° Cette opinion détruit la vie sensitive : car la vie sensitive s'exerce dans chaque partie de notre corps. Ainsi, nous voyons par les yeux, nous entendons par les oreilles, nous éprouvons les sensations des objets extérieurs avec les mains, ou toute autre partie de notre corps; mais, si la vie sensitive s'exerce dans toutes les parties de notre corps, le principe de la vie sensitive doit aussi se trouver dans toutes les parties de notre corps. En effet, les actes de la vie sensitive sont immanents, et demeurent dans le principe d'où ils découlent. Or, c'est précisément ce que nient les partisans de Descartes, en disant que l'âme, principe de la vie sensitive, ne se trouve que dans le cerveau. Donc, ils détruisent la vie sensitive.

3° Cette opinion s'appuie sur un fondement qui est faux. En effet, si l'âme est seulement dans le cerveau, elle en occupera un point indivisible, ou une partie étendue, ou elle l'occupera tout entier. Or, 1° si l'âme occupe un point indivisible du cerveau, ce point sera le centre où viendront se réunir tous les nerfs. Or, ceci est impossible ; car, les nerfs, étant quelque chose d'étendu et de composé, ne peuvent se réunir en un point indivisible. De plus, les divers mouvements des fibres, qui sont nécessaires pour percevoir les diverses sensations, arrivant tous en un point indivisible, se confondraient ou se détruiraient, et nous ne pourrions pas percevoir des sensations diverses : ce qui est contraire au témoignage de la conscience. 2° Si l'âme réside dans une partie étendue du cerveau, ou dans le cerveau tout entier, pourquoi répugnerait-il que l'âme résidât dans tout le corps, surtout lorsqu'elle manifeste sa vertu dans toutes les parties du corps ?

II° Partie. — Le principe de la vie sensitive doit se trouver dans tout le corps et dans chaque partie du corps.

Or, l'âme est dans l'homme le principe de la vie sensitive.

Donc, l'âme est dans tout le corps et dans chaque partie du corps.

A la majeure. — La vie sensitive s'exerce dans tout le corps et dans chaque partie du corps. Or, un acte de la vie sensitive ne peut pas avoir lieu là où ne se trouve pas le principe qui le produit. Donc, le principe de la vie sensitive doit se trouver dans tout le corps et dans chaque partie du corps.

La mineure est évidente, puisque nous savons que dans l'homme, l'âme intellectuelle est le principe unique de la vie intellectuelle, de la vie sensitive, et de la vie végétative. (Thèse XXV.)

Il est maintenant facile de prouver que l'âme est tout entière quant à l'essence, dans chaque partie du corps. En effet :

Un être simple qui est tout entier quant à l'essence dans tout le corps, est aussi tout entier dans chaque partie du corps.

Or, l'âme est un être simple qui est tout entier dans tout le corps.

Donc, l'âme est tout entière, dans chaque partie du corps.

A la majeure. — Un être simple n'admet pas de parties ; et par conséquent cet être qui est dans tout le corps, doit être aussi tout entier dans chaque partie du corps. Dans le cas contraire, il admettrait une division et ne serait pas simple.

La mineure vient d'être prouvée dans l'argument précédent.

III° Partie. — L'âme réside principalement quant à la vertu dans les principaux organes du corps.

Or, les principaux organes du corps sont le cœur et le cerveau.

Donc, l'âme réside principalement quant à la vertu dans le cœur et le cerveau.

A la majeure. — Résider principalement dans un organe quant à la vertu, c'est exercer sa vertu principale par cet organe. Or, comme la vertu de l'âme doit être proportionnée aux organes, elle doit exercer sa vertu principale dans les organes principaux.

Donc, l'âme réside principalement dans les organes principaux.

A la mineure. — La Physiologie et l'Anatomie prouvent que le cœur est le centre et l'organe principal de la vie végétative, et le cerveau le centre et l'organe principal de la vie sensitive.

Contre Leucippe, Démocrite, Épicure, Gassendi, Hobbes, Locke, Condillac, de Laromiguière, Littré, Taine, etc., etc; Contre Platon, Descartes, Leibnitz, Rosmini, etc., etc.

XXVIII° THÈSE

LE SYSTÈME DES SENSUALISTES SUR L'ORIGINE DES IDÉES EST FAUX, AINSI QUE LE SYSTÈME DES IDÉES INNÉES DE DESCARTES.

Prænotenda

On appelle Sensualisme le système qui fait dériver des

sens, comme de leur source unique, l'origine de toute connaissance humaine. Les principaux Sensualistes sont Locke, Condillac, Laromiguière, Taine, etc., etc.

Iʳᵉ Partie. — On doit rejeter un système qui n'explique pas ce qu'il devrait expliquer.
Or, tel est le système des Sensistes.
Donc, il est faux.

La majeure est évidente.

A *la mineure*. — Ce système n'explique ni l'origine des idées intellectuelles, ni la relation, ni l'attention, ni le jugement, ni la réflexion : toutes choses qu'il devrait expliquer.

1° Le Sensualisme n'explique pas l'origine des idées intellectuelles. Ses partisans, en effet, disent que les idées ne sont que des sensations, ou des fantômes se produisant dans les sens, ou dans l'imagination. Or, quels que soient ces fantômes ou ces sensations, ils n'expliquent nullement l'origine des idées intellectuelles; comme l'idée du bien, du juste, de la vertu, etc., qui surpassent absolument la puissance des sens.

2° Le Sensualisme n'explique pas la relation. En effet, comment la simple représentation de deux sensations pourrait-elle faire connaître la relation de temps, la relation d'antécédent, de conséquent, de moralité? Ces relations supposent des connaissances universelles, abstraites et indépendantes de la matière, tandis que les sens ne peuvent percevoir que des objets particuliers, concrets et matériels. Les Sensualistes disent bien que la connaissance est une sensation transformée; mais la sensation ne peut se transformer elle seule. Elle a besoin d'une autre faculté plus noble et plus parfaite qui la transforme elle-même.

3° D'après les Sensualistes, l'attention n'est qu'une vive impression dans un organe. Or, il arrive souvent qu'un organe éprouve une vive impression, sans que notre esprit fixe sur elle son attention, qui quelquefois se porte sur un objet tout différent. De plus, l'attention se porte sur des objets, qui surpassent la puissance des sens, et qui ne peuvent exercer aucune impression sur les sens.

4° Condillac prétend que le jugement n'est que la perception de deux sensations comparées entre elles. Or, ceci est faux : car, par la simple appréhension, nous pouvons percevoir deux sensations et les comparer entre elles, sans cependant porter de jugement sur elles. En outre, nous portons une foule de jugements sur des objets immatériels, qui sont au-dessus de la portée des sens.

5° La réflexion n'est pas, comme disent les Sensualistes, un assemblage de sensations. C'est un opération par laquelle l'intelligence revient sur elle-même et sur ses propres actes. Or, les sens ne peuvent pas revenir sur eux-mêmes. Donc, avec le Sensualisme, la réflexion est impossible.

Ajoutons encore que le Sensualisme fait déchoir l'homme de sa dignité d'être raisonnable pour l'élever à celle de la bête ! Car, si la sensation était l'unique source de notre connaissance intellectuelle, et que la connaissance intellectuelle ne fût qu'une sensation transformée, la connaissance propre de l'homme serait la même que celle de la bête ! et l'homme ne serait distingué de la bête que comme un animal un peu plus perfectionné.

II° PARTIE. — Les Cartésiens distinguent trois sortes d'idées : Les idées *adventices* sont celles qui nous arrivent au moyen des sens externes, comme l'idée du soleil. — Les idées *factices* sont formées par l'esprit, et dépendent de notre volonté, comme l'idée d'hippocentaure. — Les idées *innées*, qui découlent de l'essence même de notre faculté de connaître : ainsi sont, les idées de l'existence propre, du bonheur, de Dieu.

Descartes n'a jamais eu une opinion bien arrêtée sur l'origine des idées ; mais ses partisans soutiennent avec ardeur les idées innées. Ils disent que notre esprit ne perçoit pas actuellement ces idées, qui sont en lui comme dans un état d'habitude; par l'attention elles sont réveillées en nous et deviennent présentes à notre intelligence. C'est une erreur. En effet :

Ce système est faux qui s'appuie sur un principe vain, qui est basé sur une hypothèse gratuite et irrationnelle, qui donne facilement prise au Sensualisme et à l'Idéalisme, et n'explique pas ce qu'il devrait expliquer.

Or, tel est le système de Descartes sur les idées innées.

Donc, le système des idées innées de Descartes est faux.

La majeure est évidente.

A la mineure. — 1° Les Cartésiens s'appuient sur ce motif que l'âme humaine est le principe complet de nos idées. Or, ce principe est faux. En effet, l'âme humaine, étant unie à un corps, ne peut pas comprendre et avoir des idées, sans un objet; ainsi nous n'acquerrons l'idée de cause, de bien, etc., que par le raisonnement et l'analyse. Cette faculté de comprendre les choses, sans avoir un objet présent, ne peut appartenir qu'aux substances intellectuelles, dégagées de tout corps.

2° Ce système s'appuie sur une hypothèse irrationnelle: Dieu, en créant notre âme, aurait imprimé en elle, à l'état d'habitude, certaines idées, que, pour ce motif, on appelle innées. Telle est l'hypothèse cartésienne. Or, suivant l'ordre naturel, l'acte précède toujours l'habitude : puisque l'habitude ne provient que de la répétition fréquente des mêmes actes. Au contraire, d'après les Cartésiens, l'habitude précéderait l'acte, puisque Dieu imprimerait d'abord dans notre âme des idées dans un état d'habitude, et que ces idées ne passeraient à l'état d'acte que plus tard au moyen de l'attention. De plus, cette hypothèse est absolument gratuite : car, les Cartésiens n'apportent aucun argument pour démontrer que Dieu a imprimé dans notre âme ces idées dans un état d'habitude, plutôt que dans un état d'acte.

3° Ce système donne prise au Sensualisme; car, si Dieu imprime des idées dans notre âme, celle-ci peut avoir des idées sans aucune opération intellectuelle : ce qui est le principe des sensualistes. De plus, il conduit facilement à l'Idéalisme : car, l'âme percevrait ces idées sans une vraie appréhension, puisque l'appréhension n'est pas seulement passive, mais aussi active.

4° Ce système enfin n'explique rien. En effet, admettant même les idées innées, il reste encore à expliquer comment ces idées se réveillent en nous. Le système des Cartésiens élude donc la question en la transposant, mais ne la résout pas.

Contre les Traditionalistes : de Bonald, Ventura, Donney, Bonnetty, de Lamennais, Gerbet, etc., etc.
Contre les Ontologistes : Platon, Malebranche, Bossuet, Fénelon, Gerdil, Thomassin, Vercellone, Gioberti, Hugonin, Baudry, Laforest, Fabre d'Envieu, Brancherol, etc., etc.

XXIX° THÈSE

LE TRADITIONALISME ET L'ONTOLOGISME SONT FAUX

Prænotanda

L'illustre philosophe aveyronnais, de Bonald, attaquant le Rationalisme, tomba dans une erreur tout opposée, allant jusqu'à prétendre que la raison, par elle seule, sans l'enseignement de la société et de la tradition, ne pourrait arriver à aucune vérité. C'est ce système qu'on appelle Traditionalisme. La raison en est, dit-il, que l'homme, pour penser, a besoin du langage; et, comme la raison humaine, à elle seule, ne peut pas trouver le langage, elle doit le recevoir de l'enseignement de la société et de la tradition.

Les Traditionalistes plus mitigés, parmi lesquels Bonnetty et le P. Ventura, prétendent que, sans le secours de l'enseignement extérieur que nous recevons de la tradition et de la révélation, la raison humaine ne pourrait pas arriver à la connaissance des vérités métaphysiques ou morales; comme de l'idée de Dieu, de la nature humaine, etc.

Nous allons, d'abord, prouver que le développement de notre esprit, dans l'ordre des vérités expérimentales, comme dans l'ordre des vérités métaphysiques ou morales, ne dépend pas du langage. Nous établirons ensuite, que, pour commencer à se développer, notre intelligence n'a pas besoin de la traditon.

Ire Partie. — 1° L'acte, sans lequel le langage ne saurait avoir lieu, ne dépend pas du langage.

Or, le langage ne saurait avoir lieu sans les idées.

Donc, les idées ne dépendent pas du langage.

A la majeure. — C'est, au contraire, le langage qui dépend de cet acte sans lequel il ne saurait exister.

A la mineure. — Le langage se compose de mots, ou signes conventionnels, exprimant les idées qui existent dans notre esprit. Or, pour que la convention ait eu lieu, il faut nécessairement que des idées existent préalablement.

Donc, sans les idées, le langage n'existerait pas.

De plus, il répugne que le verbe mental, ou idée, dépende du verbe oral, ou parole, parce que le verbe oral n'est que l'expression extérieure, du verbe mental. (Voir notions de Logique.)

En outre, si les mots faisaient naître en nous les idées, les mots *Deus, Iddio,* Dieu, *Goth,* θεος, etc., devraient faire naître en nous l'idée de l'objet qu'ils représentent, et, s'il en était ainsi, il suffirait de lire un lexique pour avoir une idée et une connaissance des objets dont il y est fait mention.

Enfin, ce qui est matériel ne peut produire rien d'immatériel ; or, le langage et les mots sont matériels ; donc, ils ne peuvent pas produire les idées, qui sont immatérielles.

En un mot, nous pensons, non parce que nous parlons et que nous entendons ; mais, au contraire, nous parlons et nous comprenons ce que nous entendons parce que nous pensons. C'est en vain que nous entendrions des paroles, si nous n'avions déjà l'idée de la chose signifiée par ces paroles.

2º L'acte sans lequel tout enseignement est impossible, n'a pas besoin de l'enseignement de la tradition pour être commencé.

Or, sans les idées, tout enseignement est impossible.

Donc, pour commencer le développement de nos idées, n'est pas besoin de l'enseignement de la tradition.

La majeure est évidente.

A la mineure. — Tout enseignement, en effet, suppose une connaissance existant déjà. Le disciple, recevant les leçons de son maître, doit avoir déjà des idées, et pouvoir en déduire de nouvelles conséquences. Le maître ne fait que lui prêter un secours extrinsèque. Sans la faculté et l'acte intrinsèque du disciple, l'enseignement du maître resterait absolument infructueux.

3º Cette doctrine est fausse qui confond l'ordre naturel avec l'ordre surnaturel, et qui détruit la nature de la connaissance.

Or, telle est la doctrine des Traditionalistes.

Donc, elle est fausse.

La majeure est évidente.

A la mineure. — 1º Il y a deux ordres de vérités : l'ordre naturel et l'ordre surnaturel. Or, étant donné que l'homme ne peut connaître une vérité qu'au moyen de la révélation et de la tradition, l'ordre naturel est détruit. Donc, etc... 2° La connaissance est un acte immanent, provenant de l'activité de notre esprit. Or, la tradition est un acte externe et purement passif. Donc, elle ne peut constituer notre connaissance, sans en détruire la nature.

II° Partie. — Les Ontologistes, parmi lesquels on remarque surtout Malebranche, Bossuet, F. Thomassin, Gioberti, Hugonin, Baudry, M. Fabre, etc., etc., prétendent que nous avons une connaissance immédiate et intuitive de Dieu; 2° qu'en Dieu nous voyons tous les archétypes des choses; 3° que Dieu se manifeste à nous sans cesse, non seulement d'une manière abstraite; mais même d'une manière concrète.

Ce système est faux qui s'appuie sur un fondement irrationnel, qui détruit toutes les facultés de l'âme, qui donne prise au Rationalisme et au Panthéisme.

Or, tel est le système des Ontologistes.

Donc, le système des Ontologistes est faux.

La majeure est évidente.

A la mineure. — 1° L'Ontologisme s'appuie sur un fondement que contredit le témoignage de notre conscience. Qui de nous, en effet, a jamais eu conscience de cette vision directe et intuitive de Dieu, qui, d'après les Ontologistes, expliquerait l'origine de nos idées? Personne. Nous allons d'ailleurs péremptoirement établir la fausseté de cette assertion en Théodicée, Thèse I.

2° Ce système détruit les facultés de l'âme, et d'abord :
a) la raison. Les Ontologistes disent que nous voyons Dieu directement intuitivement et qu'en Dieu nous voyons tout le reste. Que fait la raison dans cette vision? Elle est tout à fait passive, et privée de toute activité. Sa nature est détruite.

b) Il détruit la conscience, en affirmant que la cognition n'est pas l'objet de notre conscience, mais l'objet de notre intellect. Il s'ensuit que la conscience ne perçoit rien ou qu'elle perçoit la notion de l'Être. Or, nous avons prouvé que la conscience perçoit seulement les modifications du sujet. Donc, la notion de l'être serait une simple modification du sujet. Une telle doctrine est la négation de la conscience et ne diffère en rien du Panthéisme égoïste de Fichte.

c) Il détruit nos facultés externes. En admettant, en effet, qu'il suffit du langage pour déterminer dans l'intellect l'idée de l'Être, l'imagination seule est nécessaire au développement de nos idées, et les sens externes sont vains et inutiles.

d) Il détruit la nature même de l'intelligence. En effet, selon la doctrine des plus éminents Ontologistes, l'intellect est une faculté incomplète en elle-même, mais complétée par le concours divin. Donc, l'intellect est une faculté incapable de comprendre par elle-même, et sa nature est détruite.

3° L'Ontologisme donne prise au Rationalisme. Les Rationalistes disent que rien n'est au-dessus de la raison humaine et qu'elle peut tout comprendre. Or, d'après les Ontologistes, la raison humaine ne comprendrait pas par ses propres idées, mais par les idées divines. Par conséquent, il n'y aurait rien qu'elle ne pût comprendre. Donc, l'Ontologisme donne prise au Rationalisme.

4° Il conduit aussi au Panthéisme. En effet, si les choses n'ont pas une intelligibilité propre, elles n'ont pas de réalité en elles-mêmes : car l'intelligibilité se confond avec la réalité. Or, d'après les Ontologistes, les choses ne sont pas intelligibles en elles-mêmes, mais seulement en Dieu. Donc, elles n'ont pas de réalité en elles-mêmes, mais seulement en Dieu ; c'est-à-dire qu'elles ont un être qui se confond avec l'être de Dieu. C'est le plus pur Panthéisme.

Enfin, cette doctrine confond l'ordre naturel avec l'ordre surnaturel. La vision béatifique ne serait pas différente de la vision intuitive que nous aurions en cette vie, si ce n'est quant au degré. Le mode resterait tout à fait le même.

Le Concile du Vatican (1870-71) a condamné le principe fondamental de l'Ontologisme : « *Esse illud quod in omnibus et sine quo nihil intelligimus est Esse divinum;* » et les partisans de cette belle erreur ont à peu près unanimement aujourd'hui abandonné ces séduisantes doctrines.

XXX° THÈSE

LE SYSTÈME PÉRIPATÉTICIEN OU SCOLASTIQUE EXPLIQUE SEUL L'ORIGINE DE NOS IDÉES

Praenotanda

Saint Thomas, et avec lui tous les Scolastiques, loin de dire que les idées nous viennent seulement des sens, ou seulement de l'intelligence, enseignent qu'elles proviennent du concours simultané des sens et de l'intelligence. Avant d'expliquer comment, avec ce concours simultané, se produit la génération des idées, nous devons faire observer ce qu'on entend par intellect *possible*, et intellect *agent*.

L'intellect possible est dans un état de puissance. On l'appelle *possible*, non parce qu'il ne fait rien, mais parce qu'il peut essentiellement comprendre, et n'attend pour cela qu'une détermination.

L'intellect *agent*, est celui qui, ayant reçu une détermination de l'objet, exerce aussitôt son activité.

Génération des idées. — Les objets corporels viennent frapper nos sens, et déterminent en eux l'espèce sensible expresse (Th. XV), qui est la représentation sensible de l'objet, et qu'on appelle fantôme. En présence de ce fantôme, l'intellect agent, qui par lui-même est déterminé à agir, et qui n'attend que la présence de l'objet, passe en exercice, et illumine le fantôme en se tournant vers lui, et en tirant de ce fantôme l'espèce intelligible (1).

L'intellect agent, après avoir abstrait de l'objet l'espèce intelligible, la produit et l'imprime dans l'intellect possible ; c'est pour cela que cette espèce a reçu le nom d'espèce *impresse*.

Alors l'intellect possible, ayant ainsi reçu l'espèce impresse, est déterminé à agir et s'exprime à lui-même l'objet dont il a reçu l'espèce. Cette expression vitale et intérieure s'appelle espèce sensible *expresse*, idée, concept ou verbe mental.

C'est ainsi que notre esprit acquiert premièrement les idées universelles, comme les idées d'être, de substance, etc... Il arrive ensuite facilement aux idées particulières, au moyen de l'analyse et de la synthèse.

Cette genèse scolastique est résumée dans le célèbre axiome de l'Ecole. « *Nihil est in intellectu quod priùs non fuerit in sensu.* »

On doit préférer à tous les autres un système : 1° qui explique l'origine de toutes nos idées ; 2° qui répond à la nature de l'intellect humain ; 3° qui explique l'exercice de la vie intellectuelle dans l'homme ; 4° qui n'a pas les absurdes conséquences des autres systèmes :

Or, tel est le système scolastique sur l'origine de nos idées.

Donc, on doit le préférer à tous les autres systèmes.

La majeure est évidente.

A la mineure. — 1° Le système scolastique explique parfaitement l'origine des idées universelles et des idées particulières. En effet, pour expliquer les idées univer-

(1) Cette abstration, qui constitue l'essence de la connaissance, n'est autre chose que l'essence des objets, détachée de toute condition matérielle, et de toutes ses notes individuantes.

selles, il suffit: *a)* que les essences des choses soient réelles, et que les idées universelles aient leur fondement dans des objets particuliers; *b)* que quelques-unes de ces essences réelles soient présentes à notre esprit ; *c)* que notre esprit jouisse de la faculté d'abstraction. Or, tout ceci est certain d'après ce que nous avons dit. Cela suffit pour expliquer l'origine des idées primitives, qui ne sont, comme nous l'avons dit plus haut, que les essences des choses, dépouillées de leurs notes concrètes et individuantes. Le système des Scolastiques explique aussi parfaitement l'origine des idées plus particulières. En effet, les idées particulières s'acquièrent facilement, si on suppose, avec les Scolastiques, les idées générales, la connaissance des objets extérieurs, et l'activité de notre esprit. Car les idées particulières ne sont que des idées générales combinées entre elles, ou avec des faits d'expérience, et elles s'en déduisent comme les effets de leur cause.

2° Ce système est conforme à la nature de l'esprit humain, exigeant que les idées soient formées par le concours simultané de l'intellect et des sens. En effet, l'intellect humain est uni à la sensibilité, comme l'âme est unie au corps. Or, l'opération d'un sujet est proportionnée à son essence. Donc, cette faculté intellectuelle, subsistant dans une faculté sensitive, réclame pour objet de son opération, un objet intelligible dans un objet sensible.

3° L'exercice de la vie intellectuelle n'est pas expliqué avec moins de clarté. En effet, la puissance de l'intellect décroît ou augmente, selon que notre organe est plus ou moins détérioré. Il s'ensuit que s'il arrive une perturbation dans l'organe, aussitôt est troublée l'opération de l'intellect, qui correspond à cet organe. Or, ceci ne saurait s'expliquer, si les sens ne concouraient pas de quelque manière à la formation des idées.

4° Les Sensualistes pêchent par défaut, en disant que l'intellect n'est pas distinct des sens, ou bien, en faisant de lui une faculté purement passive, recevant des sens tout ce qu'elle a. Les Spiritualistes cartésiens et ontologistes tombent dans un excès opposé, en disant qu'il y a dans notre âme des idées innées qui nous viennent de Dieu, ou de l'essence même de notre intellect. Or, le système scolastique est exempt de toutes ces conséquences absurdes. Tenant un juste milieu, il ne conduit ni au Scepticisme, ni au Panthéisme, ni à l'Idéalisme en enseignant que l'intellect humain a une connaissance certaine concrète et propre à son essence.

Saint François de Sales résume très bien toute cette théorie dans son *Traité de l'Amour de Dieu*, liv. III, chap. XI : « Quand nous regardons quelque chose, quoiqu'elle nous soit présente, elle ne s'unit pas à nos yeux elle-même ; mais seulement leur envoie une certaine représentation ou image d'elle-même que l'on appelle *espèce sensible* par le moyen de laquelle nous voyons. Et quand nous contemplons ou entendons quelque chose, ce que nous entendons ne s'unit pas non plus à notre entendement, sinon par le moyen d'une autre représentation et image très délicate et spirituelle que l'on nomme *espèce intelligible*. Mais encore ces espèces par combien de détours et de changements viennent-elles à notre entendement ? Elles abordent au sens extérieur, et de là elles passent à l'intérieur puis à la fantaisie, de là à l'entendement actif, et viennent enfin au passif jusqu'à ce qu'enfin passant par tant d'estamines et sous tant de limes elles soient par ce moyen purifiées, subtilisées et affinées, et que de sensibles elles soient rendues intelligibles (1). Nous voyons et entendons ainsi, Théotime, tout

---

(1) La théorie scolastique est ici admirablement d'accord avec toutes les découvertes de la Physiologie moderne. Pour les seules

ce que nous voyons ou entendons en cette vie mortelle. Oui, même les choses de la Foi. »

idées déterminées par la vision, les rayons de lumière avant de parvenir à la rétine souffrent trois réfractions, la première en passant de l'air dans l'humeur aqueuse, la seconde en passant de celle-ci dans le cristallin et la troisième en passant du cristallin dans l'humeur vitrée. (V. Brisson, *Phys. II*, 424.)

THÉODICÉE

I⁰ THÈSE

DIEU N'EST PAS L'OBJET IMMÉDIAT DE NOTRE CONNAISSANCE ; SON EXISTENCE QUOIQU'ELLE SOIT UNE VÉRITÉ IMMÉDIATEMENT CONNUE PAR ELLE-MÊME EN SOI, N'EST PAS IMMÉDIATEMENT CONNUE PAR ELLE-MÊME PAR RAPPORT A NOUS.

Prænotanda ad I

La connaissance *immédiate* est la connaissance d'une chose en elle-même. Ainsi, un homme que nous avons devant les yeux, est l'objet de notre connaissance immédiate. Il n'en serait pas de même si nous le voyions dans un miroir. La connaissance immédiate se nomme encore *vision-intuition*.

Ire PARTIE. — Si notre intelligence jouissait de la vue immédiate de Dieu, notre conscience nous le dirait.

Or, notre conscience ne nous dit pas que nous ayons la vue immédiate de Dieu.

Donc, nous n'avons pas la vue immédiate de Dieu.

La majeure est évidente. Il est impossible que la conscience ignore un fait si important qui se passerait en nous.

A la mineure. — Nous n'avons qu'à consulter notre conscience pour nous convaincre de cette vérité.

Donc, Dieu n'est pas l'objet immédiat de notre connaissance.

Prænotanda ad II et III

Une vérité *connue par soi, en elle-même,* et non par rapport à nous, est celle dont l'attribut appartient et convient essentiellement au sujet, mais qui n'est pas connue de tous. Ainsi : L'âme est immortelle. Les trois angles d'un triangle égalent deux angles droits.

On appelle, au contraire, vérité *connue par soi, en elle même, et par rapport à nous,* celle dont l'attribut appartient aussi à l'essence du sujet, et qui est immédiatement connue de tous. Exemple : Deux et deux font quatre. Le tout est plus grand que sa partie.

II⁰ PARTIE. — Une vérité connue par elle-même est celle dont l'attribut convient essentiellement au sujet.

Or, dans cette proposition : Dieu existe l'attribut (existe) convient essentiellement au sujet qui est (Dieu).

Donc, cette vérité, (Dieu existe) est immédiatement connue par soi en elle-même.

La majeure n'est que la définition.

La mineure. — L'existence appartient essentiellement à Dieu, et on ne peut pas supposer Dieu privé de cet attribut, puisque l'être constitue l'essence même de Dieu, comme nous le prouverons dans la Thèse X⁰.

III⁰ PARTIE. — Une vérité immédiatement connue par elle-même et par rapport à nous, est celle dont l'attribut convient essentiellement au sujet, et qui est immédiatement connue de tous.

Or, l'existence de Dieu n'est pas connue de tous immédiatement.

Donc, elle n'est pas une vérité immédiatement connue de soi et par rapport à nous.

La majeure est la définition donnée plus haut.

A la mineure. — Puisque nous ne voyons pas Dieu immédiatement, comme nous l'avons prouvé dans la Ire partie de la Thèse, nous ne connaissons pas immédiatement son existence, mais nous la connaissons seulement par le raisonnement. Prouvons encore cette mineure par l'observation suivante : On ne peut pas nier une vérité immédiatement connue par rapport à nous, comme *deux et deux font quatre;* on ne peut même pas raisonnablement en douter. Or, comme on peut douter de l'existence de Dieu, et même la nier en fait, il s'ensuit qu'elle n'est pas une vérité *connue par rapport à nous.*

IIe THÈSE

L'EXISTENCE DE DIEU PEUT SE DÉMONTRER DIRECTEMENT PAR LA RAISON, NON PAR UNE DÉMONSTRATION A PRIORI, MAIS SEULEMENT PAR UNE DÉMONSTRATION A POSTERIORI.

Ire PARTIE. — L'existence de Dieu peut se démontrer par la raison, si en effet on la démontre par toute sorte d'arguments.

Or, l'existence de Dieu se démontre par des arguments métaphysiques, physiques et moraux.

Donc, elle peut se démontrer par la raison.

Mais nous pouvons la démontrer directement. En effet :

IIe PARTIE. — On peut démontrer directement l'existence d'une cause dont on connait les effets.

Or, Dieu est une cause dont on connait les effets.

Donc, on peut démontrer l'existence de Dieu directement.

A la majeure. — Il n'y a pas d'effet sans cause ; si donc

nous connaissons un effet, nous concluons immédiatement qu'il a une cause. Ce qui est une démonstration directe.

A la mineure. — Le monde, en effet, est un être contingent réclamant une cause, de même qu'une horloge réclame un horloger. Notre raison peut donc démontrer l'existence de Dieu comme cause du monde.

IIIᵉ PARTIE. — La démonstration *a priori* est celle qui procède de la cause à l'effet.

La démonstration *a posteriori* est celle par laquelle on remonte de l'effet à la cause.

Nous ne pouvons pas prouver, *a priori*, l'existence d'un être qui n'a pas de cause.

Or, Dieu n'a pas de cause.

Donc, on ne peut prouver son existence *a priori*.

A la majeure. — Comme nous l'avons dit, la démonstration *a priori* est celle qui se fait par la cause. Il est donc évident qu'un être qui n'a pas de cause, ne peut pas être démontré par sa cause, c'est à dire : *a priori*.

La mineure est évidente ; car, nous concevons Dieu comme la première cause, et le premier être.

IVᵉ PARTIE. — On peut démontrer *a posteriori* l'existence d'une cause dont nous connaissons les effets.

Or, Dieu est une cause dont nous connaissons les effets.

Donc, nous pouvons démontrer *a posteriori* l'existence de Dieu.

A la majeure. — Notre raison, en effet, s'élève de la connaissance de l'effet à la connaissance de la cause, et c'est précisément en cela que consiste la démonstration *a posteriori*.

A la mineure. — Le monde est un effet que nous connaissons comme provenant d'une cause, c'est-à-dire, de Dieu.

IIIᵉ THÈSE

LES TROIS ARGUMENTS DE SAINT ANSELME, DE DESCARTES ET DE LEIBNITZ POUR DÉMONTRER « A PRIORI » L'EXISTENCE DE DIEU, DOIVENT ÊTRE REJETÉS.

Iʳᵉ PARTIE. — Voici l'argument de saint Anselme : Par le nom de Dieu nous entendons un être souverainement parfait, tel que nous ne puissions pas en concevoir de plus grand.

Or, cet être souverainement parfait doit exister.

Donc, Dieu existe.

Il prouve ainsi sa mineure : Cet être qui existe dans notre intelligence et dans la réalité est plus parfait que celui qui existerait seulement dans notre intelligence.

Or, si l'être souverainement parfait existait seulement dans notre intelligence nous pourrions en concevoir un plus parfait qui existerait aussi dans la réalité.

Donc, l'être souverainement parfait existe.

Nous prétendons que cet argument est faux : en effet :

Nous ne devons pas admettre l'argument *a priori* de saint Anselme, s'il ne prouve pas l'existence réelle de Dieu.

Or, l'argument *a priori* de saint Anselme ne prouve par l'existence réelle de Dieu.

Donc, nous ne devons pas l'admettre.

La majeure n'offre aucune difficulté, puisque saint Anselme imagina son argument pour prouver *a priori* l'existence réelle de Dieu.

Nous prouvons la *mineure* par l'argument suivant :

Lorsque nous concevons un être souverainemement parfait, nous avons un concept idéal et abstrait.

Or, d'un concept idéal et abstrait on ne peut déduire l'existence réelle de cet être.

Donc, de ce que nous concevons un être souverainement parfait, nous ne pouvons pas conclure qu'il existe.

A la majeure. — Nous entendons ici par concept idéal

et abstrait, un concept de notre intelligence auquel ne correspond aucune réalité existant en dehors de notre esprit. Et, nous disons que ce concept *ens quo majus cogitari nequit* n'a pas de réalité existant en dehors de notre esprit : car si nous supposions que, en dehors de notre esprit, il existe un être souverainement parfait, nous supposerions connu précisément ce qu'il faut prouver.

A la mineure. — Le concept idéal et abstrait, comme nous l'avons dit, est celui qui existe dans notre intelligence, et qui ne renferme nullement l'idée d'existence réelle en dehors de notre esprit. Mais il est bien évident que nous ne pouvons déduire d'une idée que ce qui s'y trouve, et par conséquent, nous ne pouvons pas déduire d'un concept idéal et abstrait l'existence réelle qui ne s'y trouve pas. Ainsi, parce que nous avons l'idée d'une montagne d'or, nous ne pouvons pas en conclure qu'elle existe réellement.

Donc, la seule conclusion que nous pouvons tirer de l'argument de saint Anselme est celle-ci : Lorsque nous concevons un être souverainement parfait, nous le concevons comme ayant l'existence, mais il reste à prouver que cet être que nous concevons comme ayant l'existence existe réellement.

IIe Partie. — Voici l'argument de Descartes : Nous avons l'idée claire et distincte de l'être infini.

Or, nous ne pouvons par l'avoir sans que l'être infini lui-même ne nous l'ait donnée.

Donc, l'être infini existe, puisqu'il nous a donné cette idée.

Et nous répondons : On ne peut dire l'idée de Dieu innée que si nous ne pouvons l'obtenir par nul autre moyen que par la révélation ou l'infusion de Dieu.

Or, nous pouvons avoir l'idée de Dieu par d'autres moyens que par la révélation ou l'infusion de Dieu.

Donc, on ne peut pas rigoureusement dire que l'idée de Dieu soit innée.

A la majeure. — En effet, si nous pouvons avoir l'idée de Dieu par d'autres moyens, il n'est pas nécessaire de dire qu'elle nous est donnée par Dieu seul.

A la mineure. — Nous avons l'idée de Dieu par la simple vue de l'univers, et nous le concevons de même comme cause suprême. Nous connaissons ensuite ses attributs, en éloignant de lui les imperfections des créatures, et en lui attribuant leurs perfections.

IIIᵉ Partie. — Voici l'argument de Leibnitz : Dieu est au moins possible.
Or, si Dieu est possible, il existe.
Donc, Dieu existe, car, en lui, l'existence se confond avec la possibilité.

Nous répondons que son existence se confond avec sa possibilité, mais seulement dans notre intelligence. Ceci ne prouve pas qu'il existe réellement. Cela prouve seulement que si nous le concevons comme possible, nous devons le concevoir comme existant logiquement c'est-à-dire dans notre esprit ; et rien de plus.

IVᵉ THÈSE

L'EXISTENCE DE DIEU SE DÉMONTRE AVEC ÉVIDENCE PAR DES ARGUMENTS MÉTAPHYSIQUES

Prænotanda (1).

Dieu est la première cause improduite, l'être souverain imparticipé, le premier moteur immobile, le premier fondement de toute vérité.

Or, il existe une première cause improduite, un être souve-

(1) Les arguments métaphysiques sont tirés de la nature des choses, et s'appuient sur des vérités nécessaires, principalement sur le principe de causalité.

rain imparticipé, un premier moteur immobile, un premier fondement de toute vérité.

Donc, Dieu existe.

La majeure n'est que l'énumération des idées que nous avons de Dieu.

1re *partie de la mineure*. — Il est nécessaire qu'il existe une cause première improduite.

Ou bien il existe un être improduit, ou bien tous les êtres ont été produits.

Or, il est impossible que tous les êtres aient été produits.

Donc, il existe un être qui n'a pas été produit.

La majeure est une proposition disjonctive complète.

A la mineure. — On pourrait dire que tous les êtres sont produits, s'ils s'étaient donné l'existence eux-mêmes, ou bien s'il la recevaient les uns des autres. Mais, d'abord, on ne peut pas dire qu'un être se soit donné l'existence lui-même : car, pour se donner l'existence, il aurait dû exister, puisque pour agir il faut auparavant exister. Secondement, on ne peut pas dire que les êtres contingents aient reçu leur existence les uns des autres ; car, d'abord un être contingent ne peut pas tirer du néant un autre être. Supposée même cette possibilité, on doit arriver toujours à l'existence d'un être qui soit la cause de tous les autres, et qui lui-même n'ait reçu l'existence d'aucun autre. En effet, tout être produit a été produit par un autre être. Ce dernier est-il improduit ou est-il produit? S'il est improduit, la thèse est prouvée, c'est-à-dire qu'il existe un être improduit. S'il a été créé, il a été produit par un autre être, qui lui-même est incréé, ou créé : et, comme on ne peut pas pousser ainsi jusqu'à l'infini, comme (nous le prouverons dans la thèse suivante) il est nécessaire de s'arrêter à une cause improduite.

IIe Partie. — Les êtres contingents qui existent n'ont pas la plénitude de l'être, mais ils possèdent divers degrés de réalité.

Or, ces divers degrés de réalité supposent un être qui possède la plénitude de l'être.

Donc, il existe un être souverainement parfait.

A la majeure. — Les êtres qui existent sont limités ; et par conséquent n'ont pas la plénitude de l'être : mais, on remarque en eux plus ou moins de bonté, de vérité, de perfection, etc.

A la mineure. — En effet, lorsque nous disons qu'il y a plus ou moins de perfection dans un être, nous voulons dire qu'il approche plus ou moins de l'être souverainement parfait. Il y a donc comparaison entre les divers degrés de perfection, et la plénitude de la perfection. Or, dans toute comparaison il faut deux termes qui existent. Donc, l'être souverainement parfait existe, et de lui découlent toutes les autres perfections, comme plusieurs ruisseaux d'une source commune.

III° Partie. — Tous les êtres sont soumis au mouvement et passent de la puissance à l'acte.

Or, ce passage de la puissance à l'acte ne peut se faire sans un être qui soit acte pur et immobile.

Donc, il existe un premier moteur immobile.

A la majeure. — Les corps, en effet, passent sans cesse du repos au mouvement, et les esprits aussi : notre esprit, par exemple, passe sans cesse d'une idée à une autre.

A la mineure. — La puissance en elle-même est indifférente, et pour passer à l'acte, elle a besoin d'une détermination. Or, cette détermination ne peut venir que d'un être en acte ; et cet être lui-même ne doit être nullement en puissance ; car, alors il supposerait un autre être en acte avant lui, et à moins que l'on veuille aller jusqu'à l'infini, on doit arriver à un être qui soit acte pur. Par conséquent, il doit être immobile, puisque s'il ne l'était pas, il serait en puissance. Donc, il existe un premier moteur immobile.

IV° Partie. — Il y a en nous des jugements nécessaires.

Or, ces jugements nécessaires ne seraient pas en nous, s'il n'existait un être, premier fondement de toute vérité.

Donc, il existe un être qui est le premier fondement de toute vérité.

La majeure est évidente : car il y a des jugements qui ne peuvent pas ne pas être vrais. Ainsi : *Le tout est plus grand qu'une de ses parties ; $2+2=4$*, etc.

A la mineure. — Ces jugements ont leur fondement ou bien dans les objets sensibles et contingents, ou bien dans notre âme, ou bien dans le premier fondement de toute vérité. Or, 1° ces jugements n'ont pas leur fondement dans les objets contingents, car leur vérité est nécessaire et éternelle : elle ne peut donc pas dépendre d'un objet contingent. 2° Ils n'ont pas non plus leur fondement dans notre âme ; car, notre âme ne les crée pas, mais seulement les atteint, ces vérités nécessaires s'imposant pour ainsi dire à notre esprit. Ces jugements nécessaires doivent donc avoir leur fondement dans le premier fondement de toute vérité, qui doit être immuable et nécessaire.

V° THÈSE

IL EST ABSURDE D'ADMETTRE UNE SÉRIE INFINIE D'ÊTRES CONTINGENTS, DONT L'EXISTENCE DÉPENDRAIT L'UNE DE L'AUTRE.

Ier Arg. — Cette hypothèse de la série infinie admet le nombre infini. Or, le nombre ne peut jamais être infini. Donc, cette hypothèse de la série infinie doit être rejetée.

A la majeure. — Le nombre est une collection d'unités. Or, les athées, qui admettent cette série infinie, admettent par le fait même une série infinie d'actes particuliers, c'est-à-dire une collection infinie d'unités. Donc, ils admettent le nombre infini.

A la mineure. — A l'infini on ne peut rien ajouter, et on ne peut rien retrancher. Or, à une collection d'unités, quelle qu'elle soit, on peut toujours ajouter une nouvelle unité, ou en retrancher une. Donc, une collection d'unités (en tant que nombre), ne peut jamais être infinie.

II° Arg. — On ne peut admettre une hypothèse, d'après laquelle l'infini serait plus grand que l'infini. Or, d'après l'hypothèse de la série infinie, l'infini serait plus grand que l'infini. Donc, on ne peut pas admettre cette hypothèse de la série infinie.

A la majeure. — L'infini, en effet, exclut toute idée de plus ou de moins, puisqu'on ne peut rien y ajouter, rien en retrancher.

A la mineure. — D'après cette hypothèse, la série infinie de jours, mois, années de 1882 serait plus petite que la série infinie de jours, mois, années, actuée en 1883, puisqu'un nombre infini l'aurait précédée. D'autre part, l'infini serait toujours augmenté, et la série infinie d'aujourd'hui serait plus grande que celle d'hier, et celle de demain que celle d'aujourd'hui. Tout autant de contradictions.

Nous avons donc prouvé qu'une série d'êtres ne peut pas être infinie. En outre, cette série, serait-elle infinie, ne peut pas exister : car, rien n'existe sans une raison suffisante. Or, la série infinie serait sans raison suffisante. Donc, elle ne peut pas exister. Nous allons prouver que cette série ne peut avoir de raison suffisante de son existence :

La raison suffisante de cette série serait ou bien sa nécessité dans l'existence, ou bien un être en dehors de la série, ou bien un être de la série.

Or, on ne peut admettre aucune de ces hypothèses.

Donc, la série infinie n'a pas de raison suffisante.

La majeure est une proposition disjonctive complète.

A la mineure. — La raison suffisante de cette série n'est : 1° ni sa nécessité dans l'existence, car elle ne se compose que d'êtres contingents, qui n'existent pas nécessairement; 2° ni un être de la série, car en produisant la série, il aurait dû se produire lui-même, puisqu'il est compris dans la série; 3° ni un être en dehors de la série, puisque les partisans de cette hypothèse n'admettent pas d'être en dehors de la série. Donc, la série n'a pas de raison suffisante, et par conséquent ne peut pas exister. Donc, l'hypothèse des athées est totalement absurde.

VI° THESE

L'EXISTENCE DE DIEU EST DÉMONTRÉE PAR DES ARGUMENTS PHYSIQUES.

Prœnotanda (1)

Il existe un ordre admirable dans l'univers entier.

Or, cet ordre ne peut exister sans une cause infiniment intelligente.

Donc, il existe une cause souverainement intelligente de l'ordre dans la nature ; cause que nous appelons Dieu.

A la majeure. — Pour nous convaincre de cette vérité, nous n'avons qu'à jeter les yeux sur tout ce qui nous environne. 1° L'ordre existe dans le système planétaire, dans le mouvement si varié et en même temps si régulier des astres. 2° Dans le règne minéral. Il serait trop long d'énumérer ici les lois d'attraction, de répulsion, de cohésion, etc. L'air convient admirablement au vol des oiseaux et à la respiration de tous les animaux, etc. 3° Dans

---

(1) Les arguments physiques sont ceux que l'on tire de l'ordre qui existe dans l'univers.

le règne végétal : la terre nourrit les plantes de son suc vivifiant, qui se transforme tous les ans en feuilles, rameaux, fleurs, fruits, etc. 4° Dans le règne animal, et surtout dans la structure de l'homme, quel ordre admirable !

A la mineure. — L'ordre qui existe dans l'univers dépend, ou bien de la matière, ou bien du hasard, ou bien d'un ordonnateur souverainement intelligent. Or, 1° l'ordre de l'univers ne dépend pas de la matière. S'il en était ainsi, on devrait dire que le mouvement, la belle disposition de tous les êtres, et certaines directions fixes dans le mouvement appartiennent essentiellement à la matière : mais, le mouvement n'est pas essentiel à la matière, puisqu'on peut la concevoir en repos. La juste disposition de toutes choses n'est pas essentielle à la matière, puisque le trouble règne souvent dans la matière, et puis qu'elle peut être indifféremment ici ou là. Enfin, la matière n'a pas essentiellement une direction fixe dans le mouvement, puisqu'elle peut se mouvoir indifféremment d'un côté ou de l'autre, et par conséquent l'ordre, qui règne dans la nature, ne vient pas de la matière. 2° Cet ordre ne peut pas venir du hasard. En effet, *par soi*, le hasard ne peut être la cause de l'ordre, puisque le hasard est la négation de l'ordre. Le hasard ne peut pas être davantage la cause *accidentelle* de l'ordre. Car, une cause accidentelle ne peut produire un effet constant et perpétuel, comme l'ordre qui règne dans l'univers.

Donc, puisque l'ordre ne peut venir ni de la matière, ni du hasard, il doit être l'effet d'un Ordonnateur souverainement intelligent. Et, d'abord, cet ordonnateur doit être intelligent : car, l'ordre est la juste disposition des moyens par rapport à une fin, et il appartient à un être intelligent de fixer une fin à son œuvre et de prendre les moyens pour obtenir cette fin. En outre, cet ordonnateur doit être souverainement intelligent : car, il a dû prévoir toutes les collisions, tous les événements possibles, toutes les actions libres de l'homme qui auraient pu troubler l'ordre général : ce qui réclame une intelligence infinie.

On admire l'intelligence et la sagesse de Newton, parce qu'il a découvert une ou deux lois qui régissent l'ordre de l'univers. Combien doit être infiniment plus sage et plus intelligent ; Celui qui les a toutes conçues et établies !

Le grand Newton lui-même était si pénétré de cette vérité qu'il ne laissait jamais prononcer devant lui le nom de Dieu sans s'incliner respectueusement et se découvrir.

VIIe THÈSE

ON DÉMONTRE L'EXISTENCE DE DIEU PAR DES ARGUMENTS MORAUX.

Prænotanda (1)

Le consentement unanime et constant de tous les peuples reconnaît l'existence d'un Être suprême.
Or, on doit admettre ce que reconnaît un pareil consentement.
Donc, on doit admettre l'existence d'un Être suprême.

A la majeure. — Si l'on niait le consentement unanime de tous les peuples à l'existence de Dieu, on devrait nier aussi toute la suite de l'histoire. Les poètes, en effet, les philosophes, les historiens, les lois de toutes les peuples, les relations des voyageurs nous prouvent que toutes les nations ont eu l'idée d'un Être suprême. Dans toutes

(1) On appelle arguments moraux ceux que l'on tire du consentement moralement unanime et constant de tous les peuples. — Ils peuvent admettre quelques exceptions chez les individus.

les langues, nous trouvons des mots qui désignent l'Être suprême : θεος, *Deus*, Dieu, etc. Or, les mots expriment les idées. Donc, tous les peuples ont eu l'idée d'un Être suprême. Enfin, les religions, les jours de fête, les autels, les sacrifices, les vœux, les prières prouvent que tous les peuples ont eu l'idée d'un Être souverain, auquel ils adressaient leurs vœux. Donc, le consentement unanime de tous les peuples a reconnu l'existence d'un Être suprême. Les athées eux-mêmes, à l'approche du danger, reconnaissent cette vérité, en s'écriant : « Mon Dieu ! »

A la mineure. — En Logique, on démontre, en effet, que le consentement universel de tous les peuples est un critérium de vérité. Mais nous allons encore le prouver ici en peu de mots, et réfuter les objections de nos adversaires :

On doit admettre ce que professe le consentement unanime de tous les peuples, si ce consentement provient des seules lumières de la raison, sans qu'on puisse lui assigner d'autre cause.

Or, il en est ainsi, pour la vérité qui nous occupe.

Donc, nous devons l'admettre.

A la majeure. — En effet, si la seule cause de ce consentement est la raison, et, si ce que reconnaît ce consentement était faux, on devrait dire que la raison de tous les hommes tend naturellement et invinciblement vers l'erreur, sans pouvoir trouver la vérité ; ce qui est absurde. Donc, si la seule raison est la cause de ce consentement, on doit admettre comme vrai ce qu'il professe.

A la mineure. — Ce consentement est un effet universel et constant. C'est un fait. Il professe une vérité qui s'oppose aux passions de l'homme. C'est bien évident. Enfin la raison est la seule cause constante et universelle, que l'on puisse assigner à ce consentement. En effet ; on ne peut lui en assigner d'autre. Voici les causes que nos adversaires voudraient lui donner :

1° *Les préjugés de l'éducation.* Mais, le consentement unanime de tous les peuples est un effet constant et uniforme, qui réclame une cause constante et uniforme. Or, l'éducation varie chez tous les peuples. Ajoutons que les préjugés de l'éducation sont bien vite rejetés, surtout s'ils s'opposent aux passions des hommes.

2° *La fraude des prêtres et des législateurs.* Mais, chez les peuples qui n'ont jamais eu ni prêtres ni législateurs, on trouve cette croyance à l'existence de Dieu ; et comment les prêtres et les législateurs auraient-ils pu faire prévaloir une erreur si opposée aux passions des hommes? Enfin, l'institution du sacerdoce suppose préalablement la croyance en Dieu, et dans ce sens cette seule institution prouve entièrement notre thèse.

3° *La crainte.* Mais des hommes courageux, qui ne savaient pas trembler, Bayard, Turenne, Condé, Du Guesclin, Louis XIV, Napoléon Ier et mille autres ont reconnu l'existence de Dieu. Non, la crainte n'a pas fait les dieux ; mais, plutôt les athées, qui pour donner libre cours à leurs passions, et craignant une punition, tâchent de se persuader qu'il n'y a pas de Dieu.

4° *L'ignorance des lois naturelles.* Mais alors à mesure qu'on avance dans la connaissance de ces lois naturelles, l'idée de Dieu devrait disparaître. Or, c'est le contraire qui arrive. Les hommes les plus savants ont reconnu l'existence de Dieu. Bacon l'a dit en termes profonds : « Peu de science éloigne de Dieu ; beaucoup y ramène. » Donc, le consentement unanime de tous les peuples à reconnaître l'existence d'un Être suprême, n'a d'autre cause que les lumières de la raison, et on doit le regarder comme un critérium de vérité.

VIII° THÈSE

ON PEUT TROUVER DES ATHÉES PRATIQUES, ET DES ATHÉES THÉORIQUES POSITIFS ; MAIS IL NE PEUT SE FAIRE QU'IL Y AIT DES ATHÉES THÉORIQUES NÉGATIFS.

Prænotanda

Les athées pratiques sont ceux qui sans ignorer ou nier l'existence de Dieu, vivent comme si Dieu n'existait pas.

Les athées théoriques positifs sont ceux qui nient l'existence de Dieu, et qui tâchent d'affirmer leur croyance par des sophismes.

Les athées théoriques négatifs seraient des hommes, qui, parvenus à l'âge de raison, et jouissant de leur bon sens, seraient dans une complète ignorance de Dieu.

Ire Partie. — L'athéisme pratique dépend tout entier de la volonté.

Or, la volonté, jouissant de la liberté, peut choisir l'athéisme pratique.

Donc, il peut se trouver des athées pratiques.

A la majeure. — L'athéisme pratique, en effet, consiste dans une certaine manière de vivre qui ne dépend que de la volonté

A la mineure. — L'athéisme pratique consiste à ne pas honorer Dieu, à ne pas penser à lui, et par conséquent à ne faire aucun acte de religion, ou à n'accomplir aucun devoir de piété. Or, la volonté peut fort bien consentir à cela, et l'expérience de tous les jours nous montre qu'il en est ainsi malheureusement trop souvent.

IIe Partie. — Les athées théoriques positifs sont ceux qui nient l'existence de Dieu.

Or, ceux qui peuvent détourner leur intelligence des arguments établissant l'existence de Dieu et appliquer leur raison aux sophismes prétendant le contraire, ceux-là peuvent nier l'existence de Dieu.

Donc, on peut trouver quelques athées théoriques positifs.

La majeure n'est que la définition.

A la mineure.— La volonté exerce un certain pouvoir sur la raison et peut la détourner des arguments qui prouvent une vérité, et la diriger vers les sophismes qui soutiennent le contraire. Alors naît le doute ; et à la suite d'actes répétés, l'esprit, perdant sa rectitude de jugement, s'habitue à la fausseté, et semble se reposer dans l'erreur. Ainsi, absolument parlant, il peut se rencontrer quelques athées théoriques positifs.

III° Partie. — Il ne peut y avoir des hommes qui, parvenus à l'âge de raison et jouissant d'un jugement droit, puissent ignorer pendant longtemps l'existence de Dieu.

Or, c'est ce qui aurait lieu, s'il y avait des athées théoriques négatifs.

Donc, il ne peut y en avoir.

A la majeure. — Tout homme, en effet, ayant l'usage de sa raison, sait qu'il ne peut y avoir d'effet sans cause, et par conséquent, à la seule vue de l'univers, il a l'idée d'une cause qui a produit toutes les merveilles étalées sous ses yeux. Le sauvage lui-même, vivant dans la solitude des forêts, ne peut ignorer pendant longtemps l'existence de Dieu. S'il jouit d'une parfaite santé de corps et d'esprit, sa raison lui dira qu'il doit existe une cause de tous les phénomènes dont il est témoin, et il aura ainsi au moins une idée vague et confuse de l'existence de Dieu.

La mineure paraît évidente d'après la définition que nous avons donnée plus haut des athées théoriques négatifs.

IXᵉ THÈSE

ON DOIT ABSOLUMENT REJETER L'ATHÉISME.

On doit rejeter une doctrine qui est en contradiction avec la nature de l'homme, qui rend impossible la société civile, et entraîne d'absurdes conséquences.
Or, tel est l'athéisme.
Donc, on doit le rejeter.

La majeure n'a pas besoin de preuve.

A la mineure. — 1° L'athéisme est en contradiction avec la nature de l'homme. La nature de l'homme réclame la pratique de la vertu, la fuite du vice, la conservation de l'ordre, la répression des passions, la récompense de la vertu, la punition du vice, la consolation dans l'adversité.

Or, si l'on supprime Dieu, quel motif pourra nous exciter à pratiquer la vertu et à fuir le vice ? Qui conservera l'ordre si admirable de l'univers ? Qui punira le vice ? Qui récompensera la vertu ? Qui nous consolera dans l'adversité ? — En outre, l'homme aspire naturellement au bonheur et à l'immortalité. Or, sans Dieu, le bonheur et l'immortalité ne sont que des songes chimériques, et il ne reste que misères, douleurs et afflictions. Donc, l'athéisme est en contradiction avec la nature de l'homme.

2° L'athéisme rend impossible la société civile. La société civile est fondée sur la bonne foi, la loyauté, le respect des lois dans le prince, l'obéissance de la part des sujets. Or, si on enlève Dieu de la société, plus de respect de l'autorité, plus d'obéissance, plus de loyauté. Il ne reste que fraude, trahison, violence, etc. Donc, l'athéisme rend impossible la société civile.

3° L'athéisme entraîne d'absurdes conséquences. Dieu est la première cause de toutes choses, de sorte que si on le supprime, tout devient mystérieux et inexplicable.

Ainsi, dans l'ordre naturel, si on détruisait le soleil, tout serait plongé dans les plus affreuses ténèbres. Avec l'athéisme, dans l'histoire, cet enchaînement si providentiel des événements ; dans l'ordre physique, l'existence et l'ordre de l'univers, la constance des lois naturelles, deviennent inexplicables ; et dans l'ordre moral, la raison nous porterait au vol, au brigandage et même au suicide. L'homme, accablé de misères, et n'ayant à attendre aucun bonheur, ni aucune récompense de la vertu, ni aucun châtiment après sa mort, ferait preuve de sagesse et de raison en mettant fin à ses jours. Le suicide serait donc très raisonnable. C'est ce qui faisait dire à un penseur contemporain : « Si je ne croyais pas en Dieu, je me suiciderais aussitôt ! »

X° THÈSE

L'ASÉITÉ CONSTITUE L'ESSENCE MÉTAPHYSIQUE DE DIEU, C'EST-A DIRE : 1° DIEU EST FORMELLEMENT ET NON EFFECTIVEMENT L'ÊTRE PAR SOI ; 2° L'EXISTENCE DE DIEU SE CONFOND AVEC SON ESSENCE ; 3° DIEU EST L'ÊTRE SUBSISTANT PAR SOI ; 4° NOUS CONCEVONS L'ASÉITÉ COMME LA PROPRIÉTÉ CONSTITUTIVE DE L'ESSENCE DIVINE.

Prænotanda

On appelle *Être par soi*, un être qui a, en soi-même, la raison suffisante de son existence.

Ire PARTIE. — Dieu est la première cause improduite.

Or, la première cause improduite doit être l'Être par soi, non effectivement mais formellement.

Donc, Dieu est l'Être par soi, non effectivement mais formellement.

La majeure a été prouvée dans les arguments métaphysiques sur l'existence de Dieu. (Thèse IV).

A la mineure. — 1° Tout être a la raison suffisante de son existence ou bien en soi, ou bien dans un autre être : il n'y a pas de milieu. Or, la première cause improduite ne peut avoir la raison suffisante de son existence dans un autre être, car alors elle dépendrait d'un autre être et ne serait pas la première cause. Donc, la première cause improduite doit avoir en soi la raison suffisante de son existence, c'est-à-dire l'*Être par soi*.

2° Il ne faut pas croire que Dieu soit l'Être par soi *effectivement*, c'est-à-dire, en tant qu'il se soit donné l'existence ; car, dans ce cas, il serait en même temps sa cause et son effet : ce qui répugne. Dieu est l'Être par soi, *formellement*, c'est-à-dire qu'il existe essentiellement et qu'il a en lui-même la raison suffisante de son existence.

II° Partie. — L'existence de Dieu est la même chose que son essence, si on ne peut pas les distinguer.

Or, on ne saurait distinguer l'existence de Dieu de son essence.

Donc, l'existence de Dieu se confond avec son essence.

La majeure est évidente.

A la mineure. — Si l'existence de Dieu était distincte de son essence, il y aurait en Dieu une composition de parties. Or, Dieu exclut toute sorte de parties, comme nous le verrons dans la thèse suivante. Donc, l'existence et l'essence en Dieu ne sauraient être distinctes.

En outre, un être qui n'existe pas essentiellement, c'est-à-dire dont l'existence se distingue de l'essence, peut ne pas exister, et, par conséquent, il est indifférent par lui-même à exister, et réclame une cause. Or, Dieu n'a pas de cause. Donc, en Dieu, l'existence et l'essence ne sont qu'une seule et même chose.

III° Partie. — L'Être subsistant par soi est celui qui n'a pas de cause et qui existe par sa propre essence.

Or, Dieu n'a pas de cause et existe par sa propre essence. Donc, Dieu est l'Être subsistant par soi.

La majeure est la définition.

A la mineure. — Dieu est l'Être par soi et n'a pas de cause, et il existe par sa propre essence, puisque l'existence n'est pas distincte de son essence, comme nous l'avons vu plus haut.

IV° Partie. — L'essence métaphysique de Dieu est la perfection que nous concevons la première en lui, qui le distingue des autres êtres, et qui est la source de toutes ses autres perfections. Quoique toutes les perfections de Dieu constituent son essence, comme nous ne pouvons les embrasser toutes d'un seul regard de l'esprit, il est permis d'examiner, quelle est celle qui nous paraît constituer l'essence divine. C'est l'aséité. En effet :

L'essence métaphysique de Dieu est ce que nous concevons en lui le premier, ce qui le distingue des autres êtres, et qui est la racine de toutes ses autres perfections.

Or, l'aséité est ce que nous concevons d'abord en Dieu, etc...
Donc, l'aséité est l'essence métaphysique de Dieu.

La majeure n'est que la définition.

A la mineure. — 1° Nous concevons d'abord Dieu, comme première cause, et n'ayant rien avant lui, c'est-à-dire, comme *Être par soi*. 2° L'aséité distingue Dieu de tous les autres êtres, qui sont tous produits, et ont reçu l'existence d'un autre être. 3° L'aséité est la racine de toutes les autres perfections de Dieu : car, l'Être subsistant par soi est la plénitude de l'Être, et possède par conséquent toutes les perfections de l'Être. Du reste, nous verrons, dans les thèses suivantes, que toutes les perfections de Dieu découlent de l'aséité.

XIe THÈSE

DIEU EST SIMPLE ET EXCLUT TOUTE COMPOSITION DE PARTIES.

Prænotanda

Un être simple est celui qui exclut toutes sortes de parties.

On distingue : les parties physiques, et les parties métaphysiques.

On définit les parties physiques, celles qui sont réellement distinctes entre elles, et qui peuvent se séparer les unes des autres : Exemple : La tête, les mains, etc., dans l'homme. Les parties métaphysiques sont celles qui n'étant pas réellement distinctes entre elles, peuvent être considérées chacune en particulier, en faisant abstraction de toutes les autres. Chacune prise en particulier est imparfaite, et reçoit son perfectionnement des autres parties. Exemple : Genre et Espèce. — Puissance et Acte. — Substance et Accident, etc.

Un être simple est celui qui exclut les parties physiques et les parties métaphysiques.

Or, Dieu exclut les parties physiques et les parties métaphysiques.

Donc, Dieu est simple.

La majeure n'est que la définition.

A la mineure. — 1° Dieu exclut les parties physiques. En effet, Dieu est la première cause, le premier être improduit et indépendant, l'être nécessaire. Or, *a)* la première cause exclut les parties physiques. Car, tout composé est postérieur à ses parties composantes. Donc, si le premier être était composé, il serait postérieur à ses parties composantes et ne serait pas le premier être. *b)* Le premier être, la première cause improduite et indépendante exclut les parties physiques. Tout composé dépend de la jonction des parties ; et, ainsi l'être indépendant, s'il était composé, dépendrait d'un autre être. En outre, la jonction des parties ne peut pas se faire sans cause ; et, ainsi, la première cause, si elle était composée, supposerait avant elle une autre cause : ce qui est absurde. Donc, la première cause improduite et indépendante doit être simple. *c)* L'être nécessaire doit exclure les parties physiques. Car, si l'être nécessaire était composé de parties, on pourrait se demander si ces parties sont toutes nécessaires, ou bien toutes contingentes, ou bien les unes nécessaires, les autres contingentes. Mais aucun de ces cas ne peut être admis. Et, d'abord, l'être nécessaire ne peut pas être composé de parties qui soient toutes nécessaires : car alors il existerait plusieurs êtres qui posséderaient la plénitude de l'être : ce qui est contradictoire. Deuxièmement, l'être nécessaire ne peut pas être composé de parties qui seraient toutes contingentes : car la contingence, qui convient essentiellement à toutes les parties, conviendrait aussi au tout composé ; et, ainsi, l'être nécessaire serait contingent : ce qui est aussi une contradiction. Enfin l'être nécessaire ne peut pas être composé de parties dont l'une serait nécessaire et les autres contingentes : car la partie nécessaire serait infinie, et suffirait pour constituer Dieu ; et, par conséquent, les parties contingentes seraient inutiles. Donc, l'être nécessaire exclut toute composition de parties physiques.

2° Dieu exclut toute composition de parties métaphysiques. Nous savons que les parties métaphysiques sont celles qui ne sont pas réellement distinctes entre elles, mais que l'on peut considérer chacune en particulier, de telle sorte qu'elles se perfectionnent les unes les autres. D'où il suit qu'une partie métaphysique est quelque chose de perfectible, et par conséquent que Dieu ne peut les admettre : (car alors il ne posséderait pas la plénitude de la perfection). Donc, Dieu est la ...licité même, il est esprit et pur esprit. Il est acte pur ; et pour tout dire en un mot : « Il est ! » « *Ego sum qui sum.* »

XIIe THÈSE

DIEU EST INFINI, ET POSSÈDE AU MOINS ÉMINEMMENT TOUTES LES PERFECTIONS CONTINGENTES DES ÊTRES EXISTANTS ET POSSIBLES.

Prænotanda

L'Être infini est celui qui exclut toute limite.
On entend par limite la privation d'une plus grande perfection.

Ire PARTIE. — Dieu est l'Être subsistant par soi, l'Être par soi, l'Être nécessaire.

Or, l'Être subsistant en soi, l'Être par soi, l'Être nécessaire est infini.

Donc, Dieu est infini.

La majeure a été déjà prouvée par la Thèse X^e.

A la mineure. — 1° Un être serait limité en tant qu'il serait contenu dans un sujet qui le recevrait. Or, l'être subsistant est précisément celui qui n'est reçu dans aucun autre. Donc, l'être subsistant en soi n'a pas de limite, c'est-à-dire qu'il est infini.

2° Si l'Être par soi était limité, cette limitation lui viendrait ou bien de lui-même, ou bien d'un autre Être. Or, *a)* l'Être par soi ne peut pas se donner de limites. Puisqu'il ne s'est pas donné l'être, il n'a pas pu se donner la manière d'être ; *b)* l'Être par soi ne peut pas avoir été limité par un autre être, puisqu'il est absolument indépendant de tout autre.

3° Le comble de la perfection est possible. Or, cette perfection infinie est possible ou bien dans un être contingent, ou bien dans l'Être nécessaire ; mais, la perfection infinie n'est pas possible dans un être contingent, puisque de sa nature il contient un grand nombre d'imperfections ; donc, le comble de la perfection n'est possible que dans l'Être nécessaire. Mais, dans l'Être nécessaire, tout ce qui est possible, existe : car en lui la possibilité se confond avec l'existence actuelle. Donc, l'infinie perfection existe dans l'Être nécessaire.

II° Partie. — Dieu est la première cause, le premier principe de tous les êtres existants ou possibles.

Or, les perfections qui sont dans les effets doivent se trouver de quelque manière dans la cause.

Donc, Dieu, de quelque manière, doit posséder les perfections des êtres existants ou possibles.

La majeure est évidente ; et tout ce qui existe, et tout ce qui est possible a en Dieu la raison de son existence ou de sa possibilité.

A la mineure. — C'est la cause qui donne aux effets les perfections qu'ils possèdent ; et d'après ce principe : « Personne ne donne ce qu'il n'a pas », il paraît bien évident que la cause, pour donner leurs perfections à ses effets, doit posséder elle-même, de quelque manière, toutes ces perfections.

Nota. — Pour bien se rendre compte de la manière dont les perfections des créatures doivent être attribuées à Dieu, il faut remarquer qu'il y a deux sortes de perfections : les perfections simples et les perfections mixtes. Les perfections simples sont celles qui, considérées dans leur idée propre, n'admettent aucune imperfection : comme la vie, l'intelligence, la sagesse. Les perfections mixtes, sont celles qui, quoique parfaites dans leur genre, contiennent une imperfection : comme l'étendue, le mouvement, etc. Dieu possède les perfections simples formellement, c'est-à-dire dans la plénitude de leur essence. Quant aux secondes, Dieu les possède d'une manière éminente, c'est-à-dire qu'il ne possède que ce qu'il y a de perfection, et exclut ce qu'elles ont de défectueux.

XIIIe THÈSE

DIEU EST UNIQUE ET IMMULTIPLIABLE. L'HYPOTHÈSE DES MANICHÉENS EST COMPLÈTEMENT ABSURDE.

Prœnotanda

Un être unique est celui qui n'admet pas la coexistence d'autres êtres, qui auraient la même nature que lui.

Ire Partie. — Dieu est un Être infini et souverainement parfait, l'Être nécessaire, la première cause.
Or, l'Être infini et souverainement parfait, etc... est unique.
Donc, Dieu est unique.

La majeure a été prouvée dans les thèses précédentes.
A la mineure. — 1° L'Être infini et souverainement parfait est unique. L'Être infini est l'être le plus grand que l'on puisse concevoir. Or, s'il y avait deux êtres infinis, on pourrait en concevoir un autre plus grand qui égalerait les deux autres. Donc, l'Être infini est unique.

2° L'Être nécessaire est unique. En effet, s'il y avait deux êtres nécessaires, ils devraient différer, ou bien dans la nécessité d'existence, ou bien par quelque chose de surajouté à leur essence. Or, ils ne pourraient pas différer par la nécessité dans l'existence, car ils existent tous deux nécessairement. Ils ne pourraient pas différer par quelque chose de surajouté à leur essence : car si cela découlait nécessairement de leur nécessité dans l'existence, ils le posséderaient l'un et l'autre; si cela ne découlait pas de leur essence, mais d'une cause extérieure, alors ces deux êtres nécessaires auraient quelque chose de contingent, et ne seraient pas indépendants : ce qui est contre leur nature. Donc, deux êtres nécessaires ne sauraient avoir entre eux aucune différence, et, par conséquent, il ne peut y en avoir qu'un (1).

3° La première cause de toutes choses est unique. En effet, pour créer l'universalité des êtres, ou bien une seule cause suprême suffit, ou bien il en faut plusieurs. Si une suffit, les autres sont inutiles. S'il en faut plusieurs, aucune d'elles ne sera toute-puissante, et ne sera la première cause, puisqu'elle a besoin du secours des autres. Donc, la première cause de tous les êtres qui existent est unique.

II° Partie. — La nature de Dieu ne peut se multiplier.

Si Dieu pouvait se multiplier, ou bien un Dieu serait produit par l'autre, ou bien tous les deux seraient des êtres par soi, et nécessaires.

Or, on ne peut admettre aucune de ces hypothèses.

Donc, Dieu ne peut pas se multiplier.

A la majeure, il n'y a pas de difficulté.

A la mineure. — 1° Un Dieu ne peut pas être produit par un autre, parce qu'il ne serait pas un Être par soi, un Être nécessaire et indépendant, c'est-à-dire qu'il ne serait pas Dieu. 2° Il ne peut y avoir plusieurs Êtres par soi et nécessaires. En effet, tout être qui existe est singulier, c'est-à-dire est un être déterminé et distinct de tous les autres : ou, en d'autres termes, *la singularité et l'immultiplicabilité appartiennent à l'existence de tous les êtres*. Mais, dans l'Être nécessaire, l'existence se confond avec la nature. Donc,

(1) En un mot, s'il y avait deux êtres nécessaires, ils différeraient ou bien par une note nécessaire, ou bien par une note contingente. Or, ils ne peuvent différer, ni par une note nécessaire, puisque tous deux sont nécessaires, ni par une note contingente, puisque l'Être nécessaire exclut toute contingence. Donc, il ne peut y avoir qu'un seul Être nécessaire.

a singularité et l'immultiplicabilité appartiennent à la nature même de l'Être nécessaire, de sorte qu'il ne peut absolument pas exister plusieurs êtres jouissant séparément de la nature divine.

Saint Thomas explique merveilleusement ceci par l'exemple suivant : Ce qui fait que Socrate est homme (c'est-à-dire sa nature), peut être communiqué à plusieurs ; mais ce qui fait que Socrate est tel homme (c'est-à-dire son individualité), ne peut être communiqué qu'à un seul ; de telle sorte que, si ce qui fait que Socrate est homme, était la même chose que ce qui fait que Socrate est tel homme, de même qu'il ne peut y avoir plusieurs Socrates, ainsi il ne pourrait y avoir plusieurs hommes.

Et c'est précisément ce qui a lieu pour Dieu ; car, sa nature et son individualité ne font qu'un, et, de même que son individualité ne peut pas se communiquer, de même sa nature ne peut pas se multiplier.

IIIe Partie. — L'hypothèse des Manichéens est absurde. Ceux-ci, en effet, voulant expliquer l'origine du mal, ont admis l'existence de deux principes nécessaires, l'un souverainement bon, qui serait la cause de tout le bien, l'autre souverainement mauvais, qui serait la cause de tout le mal.

L'hypothèse des Manichéens admet l'existence de plusieurs êtres nécessaires, et d'un principe souverainement mauvais. Or, ces deux suppositions sont absurdes. Donc, l'hypothèse des Manichéens est absurde.

La majeure n'est que l'exposition du système des Manichéens.

A la mineure. — 1° Il est absurde d'admettre l'existence de deux êtres nécessaires ; nous l'avons suffisamment prouvé dans les deux premières parties de cette thèse ; 2° Il est aussi absurde d'admettre l'existence d'un principe souverainement mauvais. Le mal, en effet, n'est qu'une absence de perfection : le souverain mal ne serait donc que l'absence absolue de toute perfection et exclurait toute réalité. Mais l'exclusion de toute réalité n'est que le néant. Donc, si le souverain mal existait, le néant absolu existerait.

Pour comprendre cette doctrine, nous devons savoir que le mal n'est que la privation d'un plus grand bien; et que, par conséquent, il ne peut exister que dans un sujet bon, privé de quelque perfection. Le mal étant la négation du bien, ou la négation de l'être, ou le néant, ne peut pas exister en soi, réellement.

Nous pouvons ajouter, en outre, que l'hypothèse des Manichéens, doit être rejetée parce qu'elle n'atteint pas la fin qu'elle se propose. Et, en effet, les Manichéen ont admis l'existence de deux principes opposés, pou expliquer l'existence du mal : mais ils ne l'expliquent pas du tout, comme nous allons le faire voir.

S'il existait deux principes, comme l'entendent les Mani chéens, ou bien ils seraient d'une égale puissance, ou bien l'u serait plus puissant que l'autre. Or, aucune de ces hypothèses n'expliquent l'existence du Bien et du Mal. Donc, le système de Manichéens n'explique pas ce qu'il devrait expliquer.

A la mineure. — Et, d'abord, si deux principes avaien une égale puissance, il n'y aurait ni bien ni mal sur l terre, car ce que l'un ferait, l'autre le détruirait aussi tôt, selon *cette Loi* que deux forces égales et opposée se neutralisent. Deuxièmement, si le principe bon es plus puissant que le mauvais, il empêchera tout mal d se produire, et si, au contraire, le principe mauvais l'em porte, il ne laissera faire aucun bien. Donc, l'hypothès des Manichéens n'explique pas l'existence du bien et d mal.

Bayle prétend que ces deux principes ont fait entre eu un traité pour ne pas se contrarier dans la production d leurs effets. Or, un tel pacte ne saurait être admis. E effet, ou bien le traité est bon ou bien il est mauvais. S'i est bon, le principe mauvais ne peut pas l'accepter; s'il est mauvais, le principe bon ne saurait y consentir : et s'il peut y consentir, il n'est plus nécessaire de recourir à l'existence d'un principe mauvais pour expliquer l'existence du mal. Donc, un pacte entre ces deux principes ne saurait être admis.

Contre Spinoza et son école; Contre Kant, Hégel, Schelling, Fichte, Renan, etc.

XIV° THÈSE

LE PANTHÉISME, SOIT RÉEL, SOIT IDÉAL DOIT ÊTRE REJETÉ

Prænotanda

Les Panthéistes prétendent que tous les êtres existants ne constituent qu'une seule et unique substance qui est Dieu. Leur premier principe est donc qu'il n'existe qu'une seule et unique substance; tous les autres êtres ne sont que des modifications ou réelles, ou idéales de cette unique substance infinie. Cette substance, par un progrès, ou une évolution nécessaire et continue tend toujours à son développement.

On doit rejeter un système qui est opposé: 1° à la saine raison; 2° au sens intime; 3° au sens commun; 4° aux sens externes. Or, tel est le Panthéisme. Donc, on doit le rejeter.

La majeure est évidente.

A la mineure, Ire PARTIE. — Le Panthéisme est opposé à la saine raison. Le Panthéisme affirme : 1° qu'il n'existe qu'une seule et unique substance; 2° que tous les autres êtres ne sont que les modifications réelles ou idéales de cette substance; 3° que cette substance, par un développement continu et nécessaire, tend à son perfectionnement. Or, tout cela est opposé à la saine raison. Donc, le Panthéisme est opposé à la saine raison.

La majeure n'est que l'exposition du Panthéisme.

A la mineure. — 1° Il répugne à la saine raison qu'il n'y

ait qu'une seule et unique substance : car elle aurait des attributs tout à fait contradictoires. En effet, Dieu est un Être par soi, nécessaire, simple, immuable et infini ; tandis que le monde est un être produit, contingent, composé, changeant et fini. Si donc, tout cela n'était qu'une seule et même substance, cette substance serait en même temps produite et improduite, simple et composée, nécessaire et contingente, immuable et changeante, finie et infinie : ce qui est absolument opposé à la saine raison.

2° Il est contraire à la saine raison, que tous les êtres qui existent ne soient que des modifications réelles ou idéales d'une substance unique : car, s'il en était ainsi, tous les êtres seraient ou bien des émanations, ou bien des modifications réelles, ou bien des modifications idéales de cette substance.

Mais *primò*, si tous les êtres étaient des émanations d'une substance unique et infinie, tous les êtres seraient des parties réellement détachées de cette substance, et, par conséquent, la substance nécessaire et infinie ne serait pas simple, ce qui est faux d'après notre XI° thèse.

Secundò. Si les êtres étaient des modifications réelles d'une substance infinie, cette même substance serait en même temps finie et infinie, active et inerte, intelligente et sans intelligence. Ce qui est absurde.

Tertiò. Si les êtres étaient des modifications idéales d'une même substance, l'intelligence infinie pourrait se tromper et l'intelligence de l'homme serait naturellement portée à l'erreur. D'après les Panthéistes, il n'y aurait en effet qu'une seule intelligence, qui serait l'intelligence humaine ; mais comme l'intelligence humaine se trompe souvent, on devrait dire que l'intelligence infinie peut se se tromper. De plus, notre intelligence serait naturellement portée à l'erreur ; car naturellement notre intelligence nous dit qu'il existe plusieurs êtres de substance différente ; ce qui serait faux d'après les Panthéistes.

3° Il est absurde que la substance infinie tende sans cesse par des évolutions éternelles à son perfectionnement : car, si elle pouvait se perfectionner, elle n'aurait pas toutes les perfections, et cette substance infinie ne serait pas infinie : ce qui est contradictoire.

II° Partie. — Le sens intime nous atteste que notre personnalité est distincte de toutes les autres, qu'il y a une différence entre nous et ceux que nous aimons, que nous craignons, etc. Or, d'après le Panthéisme, il n'y en aurait pas. Donc, il est opposé au sens intime.

III° Partie. — Le sens commun et les expressions du langage ordinaire nous montrent bien qu'il y a une différence entre le sujet qui connaît et l'objet connu, entre l'esprit et le corps, entre Dieu et le monde. Or, d'après le Panthéisme, il n'y en aurait pas. Donc, il est opposé au sens commun.

IV° Partie. — Les sens externes nous attestent qu'il y a une différence entre notre corps et les autres corps, entre l'homme et les animaux, entre les animaux et les végétaux, etc. Or, d'après Panthéisme, il n'y en aurait pas. Donc, il est opposé aux sens externes.

V° Partie. — Ajoutons que le Panthéisme engendre d'affreuses conséquences : 1° Il détruit la liberté de l'homme : car, nos actes ne seraient que le développement de la substance infinie, qui tend nécessairement à son perfectionnement; 2° La société civile serait impossible : car, le Panthéisme n'admet ni supérieur, ni inférieur, ni même la diversité de personnes; 3° La religion est supprimée, et celui qui adorerait la créature ne serait pas plus à blâmer que celui qui adorerait Dieu, puisqu'il n'y aurait qu'une substance unique ; 4° Enfin, toute science serait impossible : Car, il n'y aurait pas de différence entre le vrai et le faux, les deux étant identiques, selon la doctrine de Fichte.

XV° THÈSE

DIEU EST IMMUABLE PHYSIQUEMENT ET MORALEMENT.

Prœnotanda

L'immutabilité est la négation de la mutation.

La mutation, ou le changement est le passage d'un état à un autre.

On distingue : le changement physique et le changement moral.

Le changement physique a lieu quand un être peut perdre ou recevoir quelque chose d'intrinsèque.

Le changement moral a lieu quand un être passe d'une volition à une autre.

I⁰ Partie. — Un être est immuable physiquement quand il ne peut rien perdre, rien acquérir d'intrinsèque. Or, Dieu ne peut rien perdre, rien acquérir d'intrinsèque. Donc, Dieu est immuable physiquement.

La majeure paraît évidente, d'après la définition du changement physique.

A la mineure. — Un être qui peut perdre ou acquérir quelque chose, est en puissance relativement à l'état où il se trouvera après son changement. Or, Dieu est un acte pur, Dieu est un être souverainement simple, qui exclut toute composition de puissance et d'acte. Donc, Dieu ne peut rien perdre ni rien recevoir.

Cet être est immuable physiquement qui ne peut se changer ni en mieux, ni en pis, ni en équivalent. Or, Dieu ne peut se changer ni en mieux, ni en pis, ni en équivalent. Donc, Dieu est immuable physiquement.

La majeure est une proposition disjonctive complète.

A la mineure. — Dieu ne peut se changer en mieux, parce que s'il pouvait se changer en mieux, il pourrait acquérir une perfection qu'il n'a pas, et il ne serait pas infini. Dieu ne peut pas se changer en pis, parce qu'après son changement, il lui manquerait quelque perfection, et il ne serait plus Dieu. Si Dieu pouvait enfin perdre une perfection pour en recevoir une équivalente, il ne serait pas un être absolument infini, puisqu'il serait toujours privé de la perfection équivalente à celle qu'on suppose pouvoir être admise en Lui.

IIe Partie. — Dieu est immuable moralement s'il ne peut y avoir de raison suffisante pour que Dieu passe d'une volition à l'autre. Or, il ne peut y avoir de raison suffisante pour que Dieu passe d'une volition à une autre. Donc, Dieu est immuable moralement.

La majeure est évidente, d'après ce principe qu'il n'y a rien sans raison suffisante.

A la mineure. — Observons d'abord que la volonté tendant toujours au bien, un être peut changer de volonté : 1° ou parce que, se trouvant dans un état différent, quelque chose commence d'être pour lui un bien qui ne l'était pas auparavant (ainsi pendant l'hiver, c'est un bien pour nous d'être assis auprès du feu et c'est un mal en été); 2° ou parce qu'il commence de connaître un bien qu'il ignorait auparavant; 3° ou parce qu'il est inconstant. Or, Dieu, sous peine de n'être pas infiniment parfait, ne peut être soumis au changement physique, et on ne saurait trouver en lui ni une connaissance imparfaite ni de l'inconstance. Donc, Dieu ne peut pas changer de volonté, c'est-à-dire qu'il est immuable moralement.

XVIe THÈSE

DIEU EST ÉTERNEL ET IMMENSE.

L'éternité est la possession parfaite et tout entière à la fois d'une vie interminable. Ainsi nous concevons l'éternité, comme une durée sans commencement, sans fin et sans succession aucune.

Ire Partie. — Cet être est éternel qui ne peut avoir ni commencement, ni fin, ni succession. Or, Dieu ne peut avoir ni commencement, ni fin, ni succession. Donc, Dieu est éternel.

La majeure n'est que la notion de l'éternité.

A la mineure. — 1° Si Dieu pouvait avoir un commencement, on devrait supposer qu'il a reçu l'existence d'un autre être qui existait avant lui, et Dieu ne serait pas le premier être, ni un être par soi. De plus, il aurait été un certain temps où Dieu n'aurait pas existé, et, par conséquent, il ne serait pas un être nécessaire. Or, Dieu est le premier être, l'être par soi, l'être nécessaire. Donc, Dieu ne peut pas avoir eu de commencement. 2° Dieu est un être nécessaire qui ne peut pas ne pas exister. Or, si Dieu pouvait avoir une fin, il ne serait pas un être nécessaire qui ne peut pas ne pas exister. Donc, Dieu ne peut pas avoir de fin. 3° La succession n'est qu'un passage d'un état à un autre, et par suite, la succession n'est qu'un changement. Or, en Dieu il n'y a aucun changement, puisqu'il est absolument immuable et acte pur. Donc, en Dieu il n'y a aucune succession.

L'Eternité divine n'est pas un temps infini en acte, comme on se le figure vulgairement et comme le prétend Locke. Le Temps n'est pas non plus une partie de l'Eternité ainsi que le soutenait Cicéron. L'Eternité divine coexiste à tout le temps et à chaque partie du temps, selon la belle doctrine de saint Thomas, comme le centre immobile d'une sphère à tous les points mobiles de la circonférence (Sum., *Contrà Gentes*, I, 66). Elle est ainsi la même aujourd'hui qu'elle l'était hier et au moment de de la Création.

IIe Partie. — L'Ubiquité ou omniprésence de Dieu est cet attribut, par lequel il est présent à toutes les choses existantes dans l'espace réel.

L'Immensité est cet attribut de Dieu, par lequel il est présent à tous les êtres créés ou possibles dans l'espace réel et dans l'espace imaginaire.

1° Dieu agit et peut agir immédiatement dans tous les lieux. Or, Dieu ne pourrait pas agir immédiatement dans tous les lieux, s'il n'était pas immense. Donc, Dieu est immense.

La majeure paraît évidente, car Dieu peut créer dans tous les lieux possibles et imaginables.

A la mineure. — Dieu ne peut pas agir dans tous les lieux sans y être présent, au moins par sa puissance. Or, en Dieu la puissance n'est pas distincte de l'essence. Donc, Dieu doit être par son essence présent en tous lieux, c'est-à-dire immense.

2° Si Dieu n'était pas immense, il serait limité. Or, il ne peut se faire que Dieu soit limité. Donc, Dieu est immense.

La majeure paraît évidente.

A la mineure. — Si Dieu était limité, cette limitation lui viendrait ou bien de sa nature, ou bien d'une cause extrinsèque. Or, sa nature ne réclame pas de limites, puisque toute limite est une imperfection; et ces limites ne peuvent lui être assignées par une cause extrinsèque, puisque Dieu est absolument indépendant. Donc, Dieu ne peut pas être limité.

L'Immensité est donc un attribut absolu de Dieu, lui convenant alors même qu'il n'y aurait aucun être créé. L'Ubiquité, au contraire, est un attribut hypothétique de Dieu, lui convenant par le fait relatif de la création. Ce sont ces notions que le célèbre Clarke avait confondues et dont Leibnitz a si bien établi la démonstration, avec les données scolastiques.

XVIIᵉ THÈSE

DIEU POSSÈDE EN ACTE UNE SCIENCE TRÈS PARFAITE, QUI A POUR OBJET PREMIER L'ESSENCE DIVINE, ET POUR OBJET SECONDAIRE TOUS LES AUTRES ÊTRES DISTINCTS DE LUI-MÊME ; DIEU, PAR CETTE SCIENCE, CONNAÎT TOUS LES PURS POSSIBLES ET TOUS LES CONDITIONNELS FUTURS, SOIT NÉCESSAIRES, SOIT LIBRES.

Iʳᵉ Partie. — Dieu possède en acte et d'une manière très parfaite toutes les perfections. Or, la science est une perfection. Donc, Dieu possède en acte une science très parfaite.

A la majeure. — Dieu possède toutes les perfections d'une manière très parfaite, parce que Dieu est infini, et ses perfections n'ont point de bornes. Il les possède en acte, parce que tout ce qui est en Dieu est nécessairement acte pur, Dieu ne pouvant pas passer de la puissance à l'acte.

A la mineure. — Tous les hommes ont toujours regardé la science comme une très grande perfection, et l'ignorance comme une imperfection. C'est une vérité de sens commun.

Donc, Dieu possède une science très parfaite, une, immuable, nécessaire, infinie, qui n'est pas distincte de l'essence divine, et exclut toutes les imperfections de l'intelligence humaine. Par conséquent, la science de Dieu ne dépend pas des objets, ne passe pas d'une vérité à une autre, mais voit tout d'un regard intuitif.

IIᵉ Partie. — L'objet premier de la science est celui qui est connu directement en raison de lui-même.

L'objet secondaire de la science est ce qui est connu non en raison de lui-même, mais en raison d'une autre chose.

L'objet premier de la science de Dieu est ce qui répond pleinement à l'intelligence divine, et qui est la première raison pour laquelle Dieu connaît tous les autres êtres. Or, il en est ainsi pour l'essence divine. Donc, elle est l'objet premier de la science de Dieu.

La majeure est une conséquence de la définition de l'objet premier. En effet, ce qui est la première raison par laquelle Dieu connaît les autres êtres, ne peut être connu qu'en raison de soi-même ; car, s'il était connu en raison d'un autre, il ne serait pas la première raison pour laquelle Dieu connaît tous les autres êtres.

A la mineure. — 1° L'essence divine répond pleinement à l'intelligence de Dieu. La science de Dieu est infinie, et par conséquent l'objet, qui répond pleinement à cette science, est un objet infini. Or, l'essence divine seule est infinie. Donc, l'essence divine seule répond pleinement à la science de Dieu.

2° Si l'essence divine n'était pas la première raison par laquelle Dieu comprend tous les autres êtres, il y aurait en dehors de lui une cause qui le déterminerait à cette connaissance. Or, Dieu est absolument indépendant et ne peut recevoir aucune détermination extérieure. Donc, l'essence divine doit être la première raison pour laquelle Dieu connaît tous les autres êtres en dehors de lui.

II° Partie. — L'objet secondaire de la science de Dieu est dans les êtres connus de Dieu, en tant qu'ils ont reçu de lui tout ce qu'ils possèdent. Or, les êtres distincts de Dieu sont ainsi connus de lui. Donc, ils sont l'objet secondaire de sa science.

A la majeure. — Dieu, en effet, doit d'abord connaître ce qui est la source de tous les êtres, c'est-à-dire l'essence divine, et puis, secondairement, tous les êtres qui découlent d'elle, et qui en ont reçu leur existence et leur intelligibilité.

A la mineure. — Dieu connaît tous les êtres comme ils sont. Or, tous les êtres, soit qu'ils existent actuellement ou qu'ils soient simplement possibles, ont reçu de Dieu tout ce qu'ils sont, et même leur intelligibilité. Donc,

Dieu doit les connaître en tant qu'ils ont reçu de lui leur intelligibilité.

III° Partie. — On entend par *purs possibles* ce qui n'existe pas encore actuellement, mais peut venir à l'existence. Ce sont des essences qui ne sont pas actuées, et qui sont simplement en puissance.

Dieu connaît tout ce qui est intelligible. Or, les possibles sont intelligibles. Donc, Dieu connaît les possibles.

La majeure est évidente, car nous savons que la science de Dieu est très parfaite. Or, elle ne serait pas très parfaite si elle ne s'étendait pas à tout ce qui peut être connu. Donc, Dieu connaît tout ce qui est intelligible.

A la mineure. — Les possibles, quoiqu'ils n'aient pas l'existence actuelle, ont cependant leur possibilité, la convenance de leurs attributs. Or, la convenance des attributs est quelque chose d'intelligible. Donc, les possibles sont intelligibles.

Nous pourrions aussi ajouter que Dieu, connaissant parfaitement son essence, non seulement en elle-même, mais encore en tant qu'elle peut être imitée *ad extra*, doit connaître les possibles, qui ne sont que des imitations extérieures de l'essence divine et peuvent recevoir l'existence par la vertu de sa toute-puissance.

IV° Partie. — On entend par *conditionnels futurs*, ou *futuribles*, ce qui n'existera jamais, ou n'aurait jamais existé si telle ou telle condition n'avait pas été posée. Ainsi, les futuribles sont des effets des causes secondes. Ils sont *nécessaire* lorsqu'ils procèdent d'une cause nécessaire, c'est-à-dire d'une cause qui, la condition étant posée, agira nécessairement; au contraire, on les appelle *futuribles libres* lorsqu'ils procèdent d'une cause qui agira par élection.

1° Celui qui connaît parfaitement les causes secondes nécessaires, connaît leurs effets, c'est-à-dire les futuribles nécessaires. Or, Dieu connaît parfaitement les causes secondes nécessaires. Donc, Dieu connaît leurs effets, ou les futuribles nécessaires.

A la majeure. — Celui qui connaît parfaitement une cause nécessaire, voit que selon que telle condition sera ou ne sera pas posée, la cause produira ou ne produira pas son effet. La cause nécessaire, en effet, est déjà déterminée et n'attend que la condition pour agir.

A la mineure. — Nous avons vu, en effet, que la science de Dieu est très parfaite.

2° Dieu connaît tout ce qui est réellement vrai. Or, les futurs conditionnels libres sont réellement vrais. Donc, Dieu connaît les futurs conditionnels libres.

La majeure est évidente.

A la mineure. — Les futuribles libres sont ces effets, qui arriveraient, si la volonté libre était placée sous telle et telle condition. Or, avant l'avènement, il est vrai de dire, que si la condition était posée, ces effets arriveraient; car ce n'est pas l'avènement qui fait qu'ils sont vrais, mais il manifeste qu'ils sont vrais.

Les hommes ne connaissent ces futuribles libres que lorsqu'ils sont arrivés; mais la science de Dieu, qui ne dépend pas de l'évènement, les voit sans cette condition.

Distinctions des diverses espèces de science en Dieu, d'après les Thomistes et les Molinistes. — Quoique la science de Dieu soit en elle-même extrêmement simple et une, d'après ses divers objets on la divise ordinairement en *science de vision*, et en *science de simple intelligence*. Par la science de *vision*, Dieu connaît toutes les choses qui ont existé, existent ou existeront à une époque déterminée. Par la science de *simple intelligence*, Dieu voit toutes les choses qui ne sont pas, qui ne seront pas, et qui n'ont jamais été, mais qui sont simplement possibles. C'est la doctrine des Thomistes, qui ont à leur tête saint Thomas.

D'autres philosophes, à la suite de Molina, admettent en Dieu, outre ces deux sciences, une troisième qu'ils appellent *science moyenne*, par laquelle Dieu voit les conditionnels futurs libres par leur propre et actuelle réalité. Cette science moyenne est, au contraire, absolument rejetée par les Thomistes, ne voulant pas admettre que la science de Dieu puisse dépendre ainsi d'un principe formel, extrinsèque à lui-même. La science de vision leur suffit pour expliquer en Dieu la connaissance des futurs conditionnels libres.

XVIII° THÈSE

IL Y A EN DIEU UNE VOLONTÉ, QUI A POUR OBJET PREMIER L'ESSENCE DIVINE, ET POUR OBJET SECONDAIRE TOUS LES AUTRES ÊTRES ; DE TELLE SORTE QUE DIEU NE PEUT VOULOIR D'AUCUNE MANIÈRE LE MAL MORAL. IL PEUT CEPENDANT VOULOIR LE MAL PHYSIQUE NON PAR SOI, MAIS PAR ACCIDENT.

I⁽ʳᵉ⁾ PARTIE. — La volonté est une perfection. Or, Dieu possède toutes les perfection et d'une manière très parfaite. Donc, en Dieu il y a une volonté, et une volonté très parfaite.

A la majeure. — La volonté consiste dans le désir et l'amour du bien, et dans l'horreur du mal. Donc, c'est une qualité qui en soi est très parfaite et exclut toute imperfection.

La mineure n'est qu'une conséquence de l'infinie perfection de Dieu. Donc, en Dieu, il y a une volonté. Notons que la volonté en Dieu, n'étant pas distincte de l'essence divine, comme l'essence divine elle même, doit être immuable, infinie, et exclure toutes les imperfections de la volonté humaine.

II° PARTIE. — L'objet de la volonté est le bien connu par l'intelligence. Or, le bien que Dieu connaît premièrement et principalement est l'essence divine. Donc, en Dieu l'objet premier et principal de la volonté est l'essence divine.

La majeure est la définition de l'objet de la volonté.
La mineure a été prouvée dans la thèse précédente.
La conclusion peut encore être confirmée, comme il suit : La volonté de Dieu est infinie ; son objet principal doit donc être le bien infini ; mais, en dehors de l'essence divine, il n'y a pas de bien infini. Donc, l'objet principal de la volonté de Dieu est l'essence divine.

III.e Partie. — L'objet secondaire de la volonté est un bien qui est voulu non directement et pour lui-même, mais en vue d'un autre bien, comme un moyen pour obtenir une fin. Or, Dieu veut de cette manière les autres êtres. Donc, ils sont l'objet secondaire de sa volonté.

La majeure est la définition de l'objet secondaire de la volonté. Ainsi, lorsqu'un malade veut un remède, il ne veut pas le remède en tant que remède, mais il veut le remède en vue d'obtenir la santé. Ainsi le remède n'est que l'objet secondaire de sa volonté.

A la mineure. — Dieu ne veut pas directement et pour eux-mêmes les autres êtres ; car, s'il en était ainsi, ils seraient l'objet principal de la volonté divine, et ils détermineraient la volonté de Dieu. Tous les êtres finis tendent vers Dieu, comme vers leur fin dernière, et Dieu ne les veut que comme des moyens de manifester sa divine bonté.

IV.e Partie. — La volonté en se portant au mal moral s'éloigne de Dieu. Or, la volonté de Dieu ne peut pas s'éloigner de Dieu. Donc, la volonté de Dieu ne peut pas se porter au mal moral.

A la majeure. — La volonté en se portant au mal moral, s'éloigne de la règle des mœurs, et du souverain bien qui n'est autre que Dieu.

A la mineure. — La volonté de Dieu, en effet, se confond avec la règle des mœurs, avec le souverain bien, et par conséquent ne peut pas s'en éloigner. Elle ne peut donc pas se porter au mal moral, pas même pour en tirer un bien plus grand, parce qu'elle ne peut préférer aucun bien au souverain bien.

V⁰ Partie. — Vouloir quelque chose par soi, c'est se proposer cette chose comme fin. Or, la volonté ne peut se proposer comme fin le mal physique. Donc, la volonté ne peut pas vouloir le mal physique par soi.

La majeure n'est que l'explication de ce que nous entendons en disant vouloir par soi.

A la mineure. — En effet, l'objet formel de la volonté est le bien; et elle ne peut pas vouloir le mal, en tant que mal mais seulement sous l'apparence du bien.

VI⁰ Partie. — Dieu peut vouloir par accident le mal physique, si le mal physique peut être surpassé par un plus grand bien. Or, le mal qui résulte du mal physique peut être surpassé par un plus grand bien. Donc, Dieu peut le vouloir.

A la majeure. — Vouloir le mal par accident, c'est vouloir le mal, non en raison de lui-même, mais en vue d'un plus grand bien. Dans ce cas, la volonté veut directement le bien, et ne veut qu'indirectement le mal qui se trouve lié avec le bien.

A la mineure. — Le mal physique consiste soit dans la corruption des choses naturelles, soit dans une peine infligée à cause d'une faute. Il ne s'oppose pas directement à Dieu, mais il prive seulement les créatures de quelque perfection. Il peut donc être surpassé par un plus grand bien : car, de la corruption des choses naturelles suit l'ordre général de l'univers; et de la peine infligée à cause d'une faute suit le bien moral. Or, l'ordre général de l'univers, et le bien moral surpassent de beaucoup le bien et la perfection que le mal physique enlève aux créatures. Donc, le bien qui est empêché par le mal physique est surpassé par un plus grand bien.

XIX· THÈSE

LA VOLONTÉ DE DIEU VEUT NÉCESSAIREMENT LA DIVINE BONTÉ, ET LIBREMENT TOUS LES AUTRES ÊTRES ; ELLE NE PEUT PAS VOULOIR LE MAL MORAL INTENTIVÈ, MAIS SEULEMENT PERMISSIVÈ.

Ire Partie. — Aucune faculté ne peut être indifférente relativement à son objet adéquat. Or, la divine bonté est l'objet adéquat de la volonté de Dieu. Donc, la volonté de Dieu ne peut être indifférente relativement à la divine bonté.

A la majeure. — L'objet adéquat est tel que, en dehors de lui, une faculté ne peut en avoir d'autre ; donc, une faculté qui pourrait abandonner son objet adéquat, serait une faculté sans objet (1).

A la mineure. — L'objet adéquat d'une faculté est celui qui satisfait pleinement cette faculté ; or, la volonté de Dieu est infinie, et ne peut être satisfaite que par un bien infini, qui ne peut être que la bonté divine. Donc, la divine bonté est seule l'objet adéquat de la volonté de Dieu.

IIe Partie. — La volonté est libre relativement à des objets inadéquats. Or, les biens distincts de Dieu sont l'objet inadéquat de la volonté divine. Donc, la volonté de Dieu veut librement les objets distincts de lui.

A la majeure. — On prouve, en effet, en Psychologie, que la volonté n'est nécessairement attirée que par son objet adéquat, et jouit de la liberté relativement aux objets qui ne peuvent la satisfaire pleinement (Voir notre Thèse XIXe.)

(1) Ainsi la volonté de l'homme désire nécessairement le bonheur en général, et ne peut désirer le malheur.

A la mineure. — L'objet inadéquat de la volonté est celui qui ne la satisfait pas pleinement. Or, les êtres distincts de Dieu ne peuvent satisfaire sa divine volonté. Donc, les êtres distincts de Dieu sont l'objet inadéquat de la volonté divine.

III° Partie. — La volonté veut quelque chose *intentivè*, lorsqu'elle se la propose comme fin, ou comme un moyen pour arriver à une fin.

La volonté veut une chose *permissivè*, lorsqu'elle n'empêche pas cette chose, qu'elle ne l'approuve pas, mais qu'elle n'est pas tenue de l'empêcher.

Si Dieu voulait le mal moral *intentivè*, il se proposerait le mal moral comme fin, ou comme un moyen pour arriver à sa fin. Or, on ne peut dire cela de Dieu. Donc, Dieu ne veut pas le mal moral *intentivè*.

La majeure découle directement de la définition que nous avons donnée du volontaire *intentionnel*.

A la mineure. — Si la volonté de Dieu se proposait le mal moral comme fin, ou comme moyen pour arriver à sa fin, on devrait dire que Dieu approuve le mal moral, et en est la cause au moins médiate. Mais cela répugne à la souveraine Sainteté de Dieu, qui ne peut approuver le mal moral d'aucune manière, comme nous l'avons prouvé dans la thèse précédente.

IV° Partie. — Si Dieu ne pouvait pas permettre le mal moral, ce serait : 1° ou parce qu'il l'approuve; 2° ou parce que le mal moral suit nécessairement de ce qu'il a établi; 3° ou parce qu'il est tenu de l'empêcher. Or, il n'en est pas ainsi. Donc, Dieu peut permettre le mal moral.

A la majeure. — D'après la définition du volontaire *permissif*, nous savons que, pour permettre une chose, il faut qu'on ne l'approuve pas, qu'elle ne suive pas nécessairement de ce qu'on a établi, et qu'on ne soit pas tenu de l'empêcher.

A la mineure. — 1° Dieu n'approuve nullement le mal moral, comme nous venons de le voir dans la troisième partie. Au contraire, la loi naturelle et la conscience, qui sont en nous la voix de Dieu, nous commandent la vertu et nous défendent le vice;

2° Le mal moral ne suit pas nécessairement de ce que Dieu a établi; car le mal moral provient de causes tout à fait libres, qui ne sont pas poussées nécessairement au mal moral, comme nous l'atteste clairement le témoignage de notre conscience;

3° Dieu n'est pas tenu d'empêcher le mal moral :

a) Ni par sa sainteté; car, la sainteté consiste à désapprouver et à défendre le mal : or, Dieu désapprouve et défend le mal moral; donc, Dieu n'est pas tenu par sa sainteté à empêcher le mal moral.

b) Ni par sa justice; car, Dieu ne doit aux êtres que ce qu'il leur a promis : or, Dieu n'est pas tenu de promettre aux hommes de les préserver toujours de toute défectibilité et, il ne le doit pas, sous peine de changer leur nature d'êtres libres.

c) Ni par sa toute-puissance; car, Dieu n'est pas tenu de faire tout ce qui est son pouvoir : ainsi Dieu peut faire beaucoup de mondes, mais il n'est pas tenu cependant de les créer.

d) Ni par sa bonté; car, d'abord la bonté de Dieu ne peut pas être en opposition avec les autres attributs de de Dieu; et Dieu ne pourrait pas donner à l'homme la liberté, qui est un grand bien. Donc, Dieu n'est pas tenu d'empêcher le mal moral; mais, au contraire, en le permettant, il manifeste sa bonté, sa patience, sa miséricorde, sa clémence et sa justice; autant d'attributs qu'il ne pourrait pas manifester si le mal moral n'arrivait pas.

Il faut bien remarquer que la seule cause réelle du mal moral est la défectibilité de la créature, abusant de sa liberté.

Contre Aristote et Platon, qui pensaient que Dieu pour faire le monde avait besoin d'une matière première ;
Contre les Matérialistes, et les Idéalistes, affirmant que la création est impossible.

XXe THÈSE

LA CRÉATION NE RÉPUGNE PAS, ET ON DOIT DIRE QUE DIEU EST VÉRITABLEMENT CRÉATEUR.

Prœnotanda

Créer, c'est faire une chose de rien, c'est-à-dire sans une matière préexistante. Quand on dit : *Ex nihilo nihil fit*, on doit entendre que rien ne peut être fait sans une cause efficiente, mais on ne doit pas dire que rien ne puisse être fait sans une matière préexistante. Le néant n'a pu être la cause du monde, mais Dieu a pu faire le monde sans une matière préexistante.

Ire Partie. — S'il y avait quelque répugnance dans la création, elle viendrait ou bien de ce qu'il répugne que quelque chose qui n'existait pas arrive à l'existence, ou soit tiré du néant ; ou bien de ce que nous ne pouvons pas comprendre comment cela se fait. Or, rien de cela ne prouve qu'il y ait une répugnance dans la création. Donc, la création ne répugne pas.

La majeure n'est que l'exposition de toutes les objections que peuvent porter nos adversaires.

A la mineure. — 1° Il ne répugne nullement que quelque chose, qui n'existait pas auparavant, commence à exister. Que de choses, en effet, qui existent, et qui n'existaient pas auparavant ! Ainsi, nous avons toujours de nouveaux désirs, de nouvelles pensées. Autour de nous, nous voyons chaque jour des animaux, des végétaux qui n'existaient pas avant d'être produits. Donc, il ne répugne pas que quelque chose qui n'existait pas auparavant commence à exister.

2° Il ne répugne pas qu'une chose soit tirée du néant. En effet, tirer du néant signifie produire une chose sans une matière préexistante ; et cela ne renferme en soi aucune contradiction, mais réclame seulement une puissance infinie, qui pour produire un effet n'a pas besoin du concours de la matière. Or, Dieu est une puissance infinie. La vertu de son acte peut donc être aussi infinie.

3° Quand bien même nous ne comprendrions pas comment Dieu a pu tirer le monde du néant, nous ne devrions pas nier la possibilité de la création. Que de choses que nous ne comprenons pas et qui, cependant ne sont pas impossibles ! Comment se fait-il que certaines matières se durcissent au feu, tandis que d'autres se fondent ? Comment se fait-il que la corruption et la pourriture soient une source de vie pour les plantes ? etc. Nous n'en savons rien, et cependant nous ne regardons pas ces choses comme impossibles. Elles sont réelles. Mais, bien que nous ne puissions pas nous représenter la création d'une manière concrète, nous en avons néanmoins une idée : et nous pouvons très bien concevoir que, tandis qu'une cause finie ne peut agir qu'avec une matière première, la cause infinie, qui est indépendante dans ses actions comme dans son existence, ne réclame pour agir le concours d'aucune matière préexistante.

II° PARTIE. — Il existe un être fini et contingent. Or, un être fini et contingent ne peut exister que par la création. Donc, la création existe et on doit dire que Dieu est véritablement créateur.

A la majeure. — Le monde est un être fini : car le monde est soumis au changement, c'est-à-dire qu'il peut perdre ou recevoir quelque chose, et, par conséquent, il n'a qu'une perfection limitée. Le monde est un être contingent, parce qu'il n'est pas immuable et infini, comme l'Être nécessaire.

A la mineure. — Un être contingent existe : 1° ou bien, parce qu'il s'est lui-même donné l'existence ; 2° ou bien, parce qu'il l'a reçue d'un autre être contingent ; 3° ou bien, par la communication de la substance divine ; 4° ou bien, enfin, par la création. Or, 1° l'être contingent n'a pas pu se donner lui-même l'existence, parce que il aurait agi avant d'exister ; 2° si un être contingent avait reçu l'existence d'un autre être contingent, on pourrait demander de qui la tient ce dernier. Et comme on ne peut pas remonter jusqu'à l'infini d'une cause à une autre, on sera obligé de s'arrêter à une cause suprême, improduite et nécessaire ; 3° cette cause suprême n'a pas pu tirer le monde de sa propre substance ; car, alors le monde jouirait de la nature divine, Dieu aurait des parties, et le monde ne serait nullement distinct de Dieu. On voit l'absurdité de cette doctrine, qui n'est autre que le Panthéisme ; 4° donc, puisque le monde ne peut avoir été tiré d'une matière préexistante, il n'a pu être tiré que du néant. Donc, la création existe, et la cause de la création est la première cause de toutes choses, c'est-à-dire Dieu.

XXI° THÈSE

L'ACTE DE LA CRÉATION NE PEUT APPARTENIR QU'A DIEU SEUL, ET LA CRÉATURE NE PEUT PAS MÊME EN ÊTRE LA CAUSE INSTRUMENTALE.

Ire Partie. — L'action, qui ne peut appartenir à une cause créée, ne peut convenir qu'à Dieu seul. Or, l'acte de la création ne peut appartenir à une cause créée. Donc, il ne peut convenir qu'à Dieu seul.

A la majeure. — L'action, qui ne peut provenir d'une

cause finie et créée, ne peut appartenir qu'à une cause infinie et incréée, c'est-à-dire à Dieu.

A la mineure. — (La création réclame une puissance infinie, que ne possèdent pas les créatures. Les créatures, en effet, ne peuvent agir qu'avec une matière préexistante, sur laquelle s'exerce leur activité : tandis que la création ne suppose aucune matière préexistante, et réclame par conséquent une cause autre que la créature.)

La création est une action qui ne suppose aucune matière préexistante, et par conséquent elle réclame une cause absolument indépendante, et qui puisse agir sans le concours de la matière. Or, la créature ne peut agir qu'avec une matière première, sur laquelle s'exerce son activité. Donc, la création ne peut dépendre d'une cause finie.

En outre, cette action par laquelle est franchie une distance infinie ne peut appartenir à une cause finie ; — Or, la création est une action par laquelle est franchie une distance infinie : car la création est la production d'une chose du néant : or, entre le néant et l'être il y a une distance infinie, puisqu'elle ne peut pas être plus grande. Donc l'acte créateur ne peut appartenir à une cause créée.

IIᵉ PARTIE. — Dieu ne peut pas agir inutilement. Or, Dieu agirait inutilement, s'il faisait de la créature une cause instrumentale de la création. Donc, la créature ne peut être une cause instrumentale de la création.

A la majeure. — Il répugne à la divine sagesse d'agir inutilement.

A la mineure. — L'office de l'instrument est d'aider la cause efficiente dans son action, lorsque celle-ci par elle seule est incapable de produire son effet : Ainsi, l'homme emploie la hache pour fendre le bois. Mais Dieu pour créer les êtres n'avait besoin d'aucun instrument, et, par conséquent, s'il avait employé la créature comme cause instrumentale de la création, il aurait agi inutilement. Mais Dieu ne peut même pas employer la créature comme cause instrumentale de la création. En effet :

La créature ne peut pas concourir à la création comme cause instrumentale, si la création est une action incommunicable. Or, telle est la création. Donc, elle ne peut pas appartenir à la créature, pas même comme à une cause instrumentale.

La majeure est évidente.

A la mineure. — Nous avons vu que la création est une action propre à Dieu seul. Mais, comme disent les Scolastiques, le *mode d'action suit le mode d'existence;* et, de même que l'être de Dieu ne peut être communiqué à aucune créature, ainsi la création lui appartient tellement en propre, qu'elle est incommunicable comme son être lui-même.

XXII° THÈSE

DIEU EN CRÉANT LE MONDE A DU NÉCESSAIREMENT SE PROPOSER UNE FIN, QUI N'EST AUTRE QUE LUI-MÊME. CETTE FIN EST, PREMIÈREMENT LA GLOIRE EXTRINSÈQUE DE DIEU, NÉCESSAIREMENT FINIE; DEUXIÈMEMENT, LA CRÉATURE RAISONNABLE.

Ire PARTIE. — Tout être sage doit se proposer une fin en agissant. Or, Dieu est l'être sage par excellence. Donc, Dieu a dû nécessairement se proposer une fin en créant le monde.

A la majeure. — Celui qui ne se propose pas une fin en agissant, agit inconsidérément et sans raison. Or, un être sage ne doit pas agir inconsidérément et sans raison : (car agir de la sorte est le comble de la folie). Donc, un être sage en agissant doit se proposer une fin.

A la mineure. — Dieu possède toutes les perfections

d'une manière très parfaite : Or, la sagesse est une perfection (car il vaut mieux être sage que fou). Donc, Dieu est l'être sage par excellence.

IIe Partie. — Dans une action, la fin est le bien qui attire la volonté. Or, en dehors de Dieu, il ne peut y avoir de bien qui attire la volonté divine. Donc, Dieu en créant le monde n'a pu se proposer d'autre fin que lui-même.

La majeure n'est que la définition de la fin. Lorsque nous agissons, ce qui nous détermine à l'action, c'est la fin que nous nous proposons d'obtenir.

A la mineure. — 1° Dieu comprend en lui-même tous les biens, et, par conséquent, il ne peut se trouver en dehors de lui aucun bien qui attire sa volonté ; 2° La fin est le premier moteur, la première des causes, puisque c'est elle qui détermine la cause efficiente à agir. Donc, si en dehors de Dieu il y avait un bien qui pût attirer la volonté divine, Dieu ne serait pas le premier moteur et la première cause. Or, Dieu est le premier moteur et la première cause ; donc, en dehors de Dieu, il ne peut y avoir de bien qui attire la volonté divine.

IIIe Partie. — La gloire en général se définit : une claire connaissance avec louange. La gloire intrinsèque de Dieu consiste dans la connaissance et l'amour que Dieu a de lui-même. Notons que cette gloire intrinsèque de Dieu est éternelle, qu'elle ne peut être ni augmentée, ni diminuée, et qu'elle est absolument indépendante des créatures.

La gloire extrinsèque de Dieu consiste dans la connaissance et l'amour que les créatures ont de Dieu : cette gloire, qu'on appelle aussi *glorification*, n'est que la manifestation des divins attributs.

Dieu a créé le monde, ou pour sa gloire intrinsèque, ou pour sa gloire extrinsèque. Or, Dieu n'a pas créé le monde pour sa gloire intrinsèque. Donc, il l'a créé pour sa gloire extrinsèque.

A la majeure. — Nous avons vu que Dieu a tout fait pour lui-même et pour sa bonté. Or, comme le remarque saint

Thomas, un agent peut agir de deux manières en vue de sa bonté : ou pour l'augmenter, ou pour la communiquer aux autres. Donc, Dieu a dû agir ou pour augmenter sa bonté, c'est-à-dire pour sa gloire intrinsèque, ou pour la communiquer aux autres, c'est-à-dire pour sa gloire extrinsèque.

A la mineure. — Dieu n'a pas pu agir pour sa gloire intrinsèque ; car elle ne peut pas être augmentée, comme nous l'avons remarqué plus haut. L'amour et la connaissance que Dieu a de lui-même sont infinis et par conséquent ne sont susceptibles d'aucune augmentation.

Donc, Dieu a créé le monde pour sa gloire extrinsèque, c'est-à-dire pour la manifestation de ses divins attributs ; et, en effet, la fin dernière de toutes les créatures est de manifester la bonté, la sagesse, la puissance et les autres attributs de Dieu.

IVe Partie. — La gloire extrinsèque de Dieu consiste dans l'amour et la connaissance que les créatures ont de lui. Or, cette connaissance et cet amour ne seront jamais infinis. Donc, la gloire extrinsèque de Dieu est nécessairement finie.

La majeure n'est que la définition de la gloire extrinsèque de Dieu.

A la mineure. — Les créatures sont finies et ne peuvent avoir une connaissance et un amour infinis ; jamais elles ne pourront connaître et aimer Dieu autant qu'il peut être connu et aimé.

Ve Partie. — La fin secondaire de la création est celle qui a un rapport immédiat avec la fin dernière. Or, seule, la créature raisonnable se rapporte immédiatement à la fin dernière de la création. Donc, la créature raisonnable est la fin secondaire de la création.

La majeure est la définition de la fin secondaire.

A la mineure. — La fin première de la création est, comme nous l'avons vu, la gloire extrinsèque de Dieu ; qui consiste dans la connaissance que les créatures ont du Créateur. Or, Dieu ne serait pas connu s'il n'y avait pas une créature raisonnable et intelligente, capable de le connaître. Les autres êtres, il est vrai, louent et glorifient Dieu à leur manière, mais ils ne le connaissent pas. Donc, la créature raisonnable est seule en rapport immédiat avec la fin première de la création.

On dit encore, que l'homme est la fin secondaire de la création, parce que tout ce qui existe a été fait pour le service de l'homme; tout converge à son utilité, tandis que lui-même n'est fait que pour Dieu seul. Il est encore la fin intermédiaire de la création, parce qu'il occupe le milieu entre toutes les créatures; et réunit pour ainsi dire en lui seul toute la création : son âme l'élève à la dignité des esprits, et son corps le rend semblable à la matière. L'homme est ainsi le vrai *microcosmos* comme, l'appellent les philosophes, c'est-à-dire un petit monde, ou un résumé parfait des sublimes créations de Dieu.

XXIII° THÈSE

LE MONDE, TIRÉ DU NÉANT PAR DIEU A ÉTÉ CRÉÉ DANS LE TEMPS ; IL N'EST PAS ABSOLUMENT, MAIS RELATIVEMENT LE PLUS PARFAIT.

Ire Partie. — Le monde n'est pas un être par soi, mais un être contingent. Or, les êtres contingents ont été tirés du néant par Dieu. Donc, le monde a été tiré du néant par Dieu.

A la majeure. — Un être par soi est immuable, infini, nécessaire; or, le monde n'est pas un être immuable, infini, nécessaire. Donc, il n'est pas un être par soi, mais un être contingent.

A la mineure. — Nous avons vu qu'un être contingent

n'a pu recevoir l'existence d'un autre être contingent; mais, en dehors de la collection des êtres contingents dont se compose le monde, il n'y a que Dieu. Donc, le monde a reçu son existence de Dieu. Or, Dieu, Être par soi, n'a pas pu le tirer de sa propre substance. Donc, il a dû le tirer du néant.

II° Partie. — Cet être dont la nature ne réclame pas une création éternelle, et qui, d'après tous les témoignages, a eu un commencement, a été créé dans le temps. Or, il en est ainsi du monde. Donc, il a été créé dans le temps.

La majeure est évidente.

A la mineure. — 1° Si le monde réclamait une création éternelle, cela proviendrait ou bien de ce que la nature du monde l'exige ainsi, ou bien de ce que Dieu eût été tenu de le créer de toute éternité. Or, premièrement, le monde étant un être essentiellement contingent, ne réclame pas l'existence, et par conséquent n'exige pas une création éternelle ; deuxièmement, Dieu n'est pas tenu à créer le monde de toute éternité, car il n'a nullement besoin du monde, et il l'a créé fort librement au moment qu'il lui a plû. Donc, ni du côté du monde, ni du côté de Dieu, on ne peut conclure la nécessité de la création *ab æterno ;*

2° D'après le témoignage de tous les peuples, de tous les écrivains sacrés et profanes, d'après la géologie, l'astronomie, la cosmogonie, et les sciences modernes qui font tous les jours de nouveaux progrès, il est certain que le monde n'a pas toujours existé, quoiqu'on ne soit pas d'accord sur l'époque où il a commencé. Donc, le monde a été créé dans le temps, ou plutôt avec le temps, puisque le temps a commencé avec la création.

III° Partie. — *Optimisme de Leibnitz.* — Leibnitz et Mallebranche ont prétendu que le monde actuel est absolument le plus parfait de tous les mondes possibles, de telle sorte que Dieu n'aurait pas pu en créer un meilleur. Ils s'appuient sur ce principe, qui est faux : « La volonté de Dieu étant très parfaite ne peut être déterminée à agir que par ce qu'il y a de plus parfait. » Nous allons les réfuter brièvement :

On ne saurait admettre une opinion qui détruit la liberté comme la toute-puissance de Dieu, et qui soutient une absurdité. Or, tel est l'optimisme de Leibnitz. Donc, le monde n'est pas absolument le plus parfait.

La majeure est évidente.

A la mineure. — 1° Leibnitz prétendait que Dieu est tenu nécessairement à choisir ce qu'il y a de plus parfait. Or, s'il en était ainsi, Dieu ne serait pas libre dans ses œuvres *ad extrà ;* donc, l'optimisme de Leibnitz détruit la liberté de Dieu ; et Dieu n'est pas tenu à créer le monde le plus parfait.

2° Si le monde était le plus parfait possible, Dieu ne pourrait pas en créer de meilleur. Or, si Dieu ne pouvait créer un monde meilleur, il ne serait pas tout-puissant. Donc, l'optimisme met une borne à la puissance de Dieu ; et le monde n'est pas absolument le plus parfait, puisque Dieu peut en créer un plus parfait.

3° Enfin, le monde le plus parfait de tous répugne intrinsèquement et ne peut exister. Le monde absolument le plus parfait serait celui qui imiterait l'essence divine autant qu'elle peut être imitée. Or, il ne peut pas exister un monde qui imite l'essence divine autant qu'elle peut être imitée. Donc, le monde absolument le plus parfait ne peut pas exister. *La majeure* est évidente ; car tous les êtres qui existent sont des imitations de l'essence divine, et par conséquent l'être le plus parfait sera celui qui imitera le plus parfaitement l'essence divine. *A la mineure* L'essence divine possède une perfection infinie. Elle ne peut donc jamais être imitée par un être fini de manière à ne pouvoir être imitée plus parfaitement.

Donc, le monde n'est pas absolument parfait, puisqu'il n'imite pas l'essence divine, autant qu'elle peut être imitée.

IV° Partie. — Un ouvrage est très parfait relativement, lorsqu'il répond parfaitement à la fin pour laquelle il a été fait. Or, le monde convient parfaitement à la fin que Dieu lui a fixée. Donc, le monde est relativement très parfait.

La majeure n'est que l'explication de ce qu'on entend par « œuvre relativement très parfaite ».

A la mineure. — Il convient, en effet, à la suprême sagesse de Dieu de prendre les moyens les plus propres à la fin qu'il se propose, et le monde doit manifester la gloire de Dieu, dans la mesure que Dieu a déterminée.

XXIV° THÈSE

LES CRÉATURES PERSÉVÈRENT DANS LEUR ÊTRE PAR LA CONSERVATION POSITIVE DE DIEU SEUL

Ire Partie. — Les créatures persévèrent dans leur être durant un temps déterminé. Or, elles ne peuvent persévérer dans leur être que par la conservation. Donc, les êtres persévèrent dans leur être par la conservation.

A la majeure. — C'est un fait constaté par l'expérience.

A la mineure. — La durée de l'existence est un effet qui réclame une cause. Pour qu'un être persévère dans l'existence, il faut qu'il y ait une cause qui le conserve : c'est ce qu'on appelle conservation.

Sachant qu'il y a une cause qui conserve tous les êtres dans leur existence, nous allons examiner quelle est cette cause.

II° Partie. — Cette cause est ou bien le commencement de l'existence, ou bien l'essence de la chose, ou bien un autre être contingent, ou bien Dieu. Or, les trois premières hypothèses sont fausses. Donc, les êtres persévèrent par la conservation de Dieu seul.

A la majeure. — On ne peut trouver d'autre cause de la conservation.

A la mineure. — 1° Le commencement de l'existence ne peut pas être la cause de la conservation ; car, entre le premier moment de la durée et les instants suivants, il n'y a aucune relation de causalité ; nous pouvons, en effet, très bien concevoir qu'un être soit réduit au néant, après le premier instant de son existence ; donc, parce qu'il a commencé d'être, ce ne sera pas une raison pour qu'il soit conservé dans l'existence, c'est-à-dire que le commencement de son existence n'est pas la cause de sa conservation.

2° L'essence de la créature ne peut pas être la cause de la conservation : car l'essence de la créature est d'être contingente. Elle ne réclame seulement pas l'existence. L'essence de la créature ne peut donc pas *a fortiori* exiger la durée dans l'existence.

3° Un être contingent ne peut être la cause de la conservation ; parce qu'un être contingent, ne pouvant être la cause de sa propre conservation (deuxième partie de la *Mineure*), ne peut pas, *a fortiori*, conserver les autres êtres dans leur existence.

IIIe Partie. — On distingue deux sortes de conservations : la conservation positive et directe, et la conservation négative ou indirecte.

La conservation positive a lieu lorsque la chose, qui est conservée, ne peut exister sans l'action actuelle, directe et positive de celui qui la conserve, de telle sorte que si l'action cessait, la chose serait aussitôt détruite. Ainsi le soleil conserve l'ombre.

La conservation est négative lorsque la chose conservée peut exister par elle-même sans l'action positive et réelle de celui qui la conserve. Cette conservation consiste simplement à ne pas détruire une chose, ou à éloigner d'elle tout ce qui pourrait la détruire. Ainsi le jardinier conserve ses plantes.

Durandus prétendait que Dieu conserve les créatures d'une manière purement négative; c'est-à-dire que les créatures existeraient par elles-mêmes sans l'action directe de Dieu, qui se contenterait simplement de ne pas les détruire.

Les créatures n'ont pas en elles-mêmes la raison suffisante de leur existence. Or, ceci rend nécessaire la conservation positive de Dieu. Donc, Dieu conserve les créatures par une conservation positive.

A la majeure. — L'Être, qui a en lui-même la raison suffisante de son existence, est un Être nécessaire. Or, les créatures ne sont pas des êtres nécessaires. Donc, elles n'ont pas en elles-mêmes la raison suffisante de leur existence : car, par elles-mêmes elles ne réclament nullement l'existence, puisqu'elles peuvent ne pas exister.

A la mineure. — Les êtres contingents, étant incapables par eux-mêmes de continuer leur existence ont besoin qu'un principe extérieur les conserve sans cesse. C'est la même puissance qui leur a donné l'existence et qui la leur conserve. Si la conservation était simplement négative, on devrait dire, au contraire, que les créatures peuvent par elles-mêmes, et sans le secours d'une cause extérieure, persévérer dans leur existence. On voit donc, que pour réduire les créatures au néant, Dieu n'aurait qu'à cesser son action conservatrice, qui maintient tous les êtres dans l'existence. De même, dit saint Thomas, que l'action du soleil venant à cesser, la lumière disparaît de l'air, de la même manière tous les êtres disparaîtraient aussitôt, si Dieu leur retirait son action conservatrice positive.

XXVᵉ THÈSE

DIEU CONCOURT IMMÉDIATEMENT DANS TOUTES LES ACTIONS DES ÊTRES CRÉÉS (SYSTÈME DES THOMISTES ET DES MOLINISTES SUR CE CONCOURS).

Prænotanda

Les créatures non seulement existent, mais encore agissent réellement ; et de même que Dieu influe sur leur existence, en la leur donnant d'abord par la création, et en la leur maintenant ensuite par la conservation positive, ainsi il doit influer sur leurs actions, car rien dans les créatures n'est indépendant de Dieu.

Le concours, ou l'influx divin, est donc la coopération de Dieu dans les actions des causes secondes.

On distingue le *concours médiat*, et le *concours immédiat*.

Le concours *médiat* est une coopération par laquelle une cause donne à une autre cause la faculté d'agir. Ainsi, je donne un glaive à quelqu'un. Je lui donne la faculté de se tuer, et s'il se tue, j'aurai concouru d'une manière médiate à sa mort.

Le concours *immédiat* est la coopération par laquelle une cause influe par elle-même d'une manière active et directe sur l'action d'une autre cause. Ainsi, deux chevaux qui traînent un char, concourent l'un et l'autre d'une manière immédiate à la production du même effet, le mouvement du char.

Le concours immédiat est ou *moral* ou *physique*.

Le concours est *moral*, lorsqu'une cause concourt directement et positivement à l'action, mais seulement moralement, c'est-à-dire par des conseils, par des ordres, des menaces, etc. Ainsi, un général influe immédiatement, mais moralement sur les actions de ses soldats.

Le concours est *physique*, lorsqu'une cause coopère à l'action d'une autre cause, mais d'une manière physique. Nous en avons un exemple dans le char traîné par deux chevaux.

Si Dieu conserve par une action positive l'existence des créatures, il doit concourir immédiatement à toutes les actions des causes secondes. Or, Dieu conserve positivement l'existence des créatures. Donc, il concourt immédiatement à toutes les actions des causes secondes.

A la majeure. — Considérons un effet d'une cause seconde. Si cet effet réclame une action positive de Dieu pour persévérer dans son existence, il réclame cette même action de Dieu, au moment même de sa production : car si cet effet ne réclamait pas l'action positive et immédiate de Dieu, au moment où il est produit, pourquoi la réclamerait-il après qu'il a été produit ? Donc, à l'instant même où un effet est produit par une cause seconde, cet effet dépend aussi de Dieu, et par conséquent Dieu concourt immédiatement avec la cause seconde à la production de cet effet.

La mineure a été prouvée dans la thèse précédente.

Thomisme et Molinisme

Les philosophes ne sont pas d'accord sur la nature du concours immédiat.

Les Molinistes, d'après la doctrine de Molina, soutiennent que le concours de Dieu dans les actions des créatures est exclusivement simultané. D'après eux, le concours simultané est une coopération par laquelle Dieu agit parallèlement et collatéralement à la créature pour produire le même effet. Ainsi, ce ne serait pas Dieu qui déterminerait les causes secondes à agir, mais lorsque celles-ci agiraient, Dieu agirait avec elles, en les aidant, mais sans les prévenir. Ils donnent pour exemple deux chevaux qui traînent un char ; l'un n'influe pas directement et physiquement sur l'autre, mais ils concourent tous les deux parallèlement à la production du même effet. Il en serait de même de Dieu et de la créature libre.

Les partisans de ce système font de la liberté une faculté absolue, sur laquelle Dieu n'a aucun pouvoir *prévial ;* car, disent-ils, si Dieu exerce la moindre influence prédéterminante sur cette faculté, aussitôt elle n'est plus libre.

Les Thomistes, à la suite de saint Thomas, pensent que le concours simultané ne suffit pas, parce que les créatures ne peuvent pas se déterminer d'elles-mêmes, et passer de la puissance à l'acte, et que, par conséquent, il faut une cause extérieure qui les détermine intrinsèquement. C'est cette détermination, cet influx physique de Dieu, qu'ils appellent prémotion, ou prédétermination physique.

Ainsi, la prémotion physique est cette coopération, par laquelle Dieu détermine activement et intrinsèquement les causes secondes à agir librement.

Il ne faut pas croire que cette détermination détruise la liberté de l'homme ; au contraire, elle la rend certaine. Car Dieu qui cause la détermination des causes secondes, cause aussi la nature de cette détermination. Comme Dieu fait que pour certaines causes la détermination est nécessaire, ainsi, pour certaines autres, il fait qu'elle est libre. S'il n'en était pas ainsi, l'acte libre, qui est la plus grande perfection de l'homme, lui viendrait réellement de lui-même et non de l'auteur de toute perfection : ce qui est inconcevable, disent les Thomistes.

Il est de mode parmi les Molinistes modernes de refuser à leurs adversaires l'autorité de saint Thomas. On ne saurait s'en étonner sachant tout ce qu'on peut faire sortir d'un texte et même d'une simple parole avec des arguties. Les plus graves Molinistes anciens étaient plus justes. Un grand nombre d'éminents professeurs, tous jésuites, Suarez et Molina lui-même, ont expressément reconnu saint Thomas comme le premier partisan du concours prévial et prédéterminant. Il serait difficile de le nier en présence de cette analyse de l'acte des causes secondes, donnée par saint Thomas (III, C. Gentes., Q. III, art. 1): *In agentibus subordinatis actio primi agentis est Prior in movendo quia actiones omnium secundorum agentium fundantur super actionem primi agentis... motio autem agentis præcedit motionem mobilis et naturâ et voluntate.*

Les principaux Molinistes sont : le P. Fonseca qui enseigna lui-même ce système avant Molina, son élève; Lessius, saint François de Sales, Suarez, Liberatore, Tougiorgi, Grandclaude, etc...

Les principaux Thomistes sont : Capreolus de Rodez, Bannez, Leimos, Alvarès, Billuart, Bossuet, Fénelon, Goudin, Sanseverino, Zigliara, etc.

Contre les Fatalistes, affirmant que Dieu est soumis aux lois immuables du destin. Presque tous les Païens, les Mahométans et un grand nombre de Philosophes anciens acceptent cette doctrine. Les Déistes, tout en admettant l'existence de Dieu, nient la divine Providence et disent que tout arrive par l'effet du hasard. Nos principaux Déistes sont : Cousin, Damiron et Jules Simon. Les Stoïciens, et Cudworth chez les Anglais, prétendent que Dieu ne s'occupe que des choses les plus importantes, disant qu'il est indigne de Dieu de s'occuper des autres.

XXVI° THÈSE

LA PROVIDENCE DE DIEU DIRIGE TOUT, MÊME LES MOINDRES

CHOSES. ELLE A UN SOIN TOUT SPÉCIAL DES ÊTRES RAISONNABLES

Ire Partie. — Toute cause sage doit prendre soin de ses œuvres, et les diriger à leur fin. Or, Dieu est une cause sage, qui a produit tout ce qui existe. Donc, Dieu doit prendre soin de toutes choses et les diriger à leur fin.

A la majeure. — Toute cause, si elle est sage, doit en agissant, se proposer d'obtenir une fin, et par conséquent si elle veut obtenir sa fin, elle doit prendre soin de ses œuvres, et les diriger à la fin qu'elle se propose.

A la mineure. — Dans les thèses précédentes, en effet, nous avons vu que Dieu a tiré du néant tout ce qui existe, qu'il conserve toutes les créatures dans l'existence et concourt même à toutes leurs actions.

Si Dieu ne dirigeait pas toutes choses, ce serait parce qu'il ne les connaît pas, ou qu'il ne veut pas, ou qu'il ne peut pas s'en occuper. Or, tout ceci est absurde. Donc, Dieu doit diriger toutes choses.

A la majeure. — On ne pourrait pas trouver d'autre raison.

A la mineure. — 1° On ne peut pas dire que Dieu ne connaît pas les créatures, car par sa science infinie, Dieu connaît tout ; 2° on ne peut pas dire que Dieu ne peut pas s'en occuper, car sa toute-puissance n'a pas de limites ; 3° on ne peut pas dire que Dieu ne veut pas s'en occuper, car ceci viendrait ou bien de la paresse, ou bien de la lassitude, ou bien du dégoût. Or, toutes ces causes sont absolument incompatibles avec la souveraine perfection de Dieu.

IIe Partie. — La providence de Dieu doit s'étendre autant que sa causalité. Or, la causalité de Dieu s'étend même aux choses les plus viles.

Donc, la providence de Dieu doit s'étendre aux moindres choses.

A la majeure. — Nous avons vu, en effet que, Dieu doit prendre soin de toutes ses œuvres, et qu'il doit les diriger vers leur fin parce qu'il est un agent infiniment sage.

A la mineure. — Il ne peut rien exister qui ne soit créé de Dieu. Donc, rien ne peut se soustraire à son gouvernement.

Mais pourquoi Dieu ne s'occuperait-il pas même des choses les plus viles ? Serait-ce parce que cela est indigne de Dieu, comme le disent nos adversaires ? Mais, s'il en était ainsi, on devrait dire la même chose des créatures même les plus parfaites. En effet, ce qui nous paraît le plus parfait est toujours à une distance infinie de la souveraine perfection de Dieu. En outre, s'il n'a pas été indigne de Dieu de créer les plus petites choses, il ne doit pas être indigne de lui de les conduire à leur fin.

Enfin, si nous étudions les infiniment petits, il nous manifestent, aussi bien que les choses les plus grandes, la puissance et la sagesse infinie de Dieu. Leur étude constitue même une des parties les plus intéressantes et les plus variées de la science ; et, comme l'a si bien dit saint Augustin, Dieu n'est pas plus grand dans ses œuvres les plus nobles ni plus petit dans les moindres. Chacune est un effet admirable de son infinie puissance qui est la même dans toutes.

IIIe Partie. — Dieu doit s'occuper de tous les êtres selon que le réclament leur nature et leur condition. Or, la nature et la condition des êtres libres réclament de Dieu un soin tout spécial. Donc, Dieu doit avoir un soin tout spécial des êtres libres.

A la majeure. — Dieu est très sage et fait tout avec ordre. Or, la sagesse et le bon ordre exigent que Dieu ait un soin proportionné à la nature de chaque créature. Donc, Dieu doit avoir un soin spécial des créatures qui le réclament.

A la mineure. — 1° La nature des êtres raisonnables est de beaucoup supérieure à celle des autres créatures, et ceux-ci sont destinés à une fin beaucoup plus noble ; 2° Ils sont dans une condition qui réclame un soin spécial : car, les êtres raisonnables sont libres, peuvent s'écarter de la règle des mœurs, et sont capables de mérite et de démérite. Donc, Dieu doit en avoir un soin tout spécial pour les diriger à leur fin, et les empêcher de troubler l'ordre général.

L'expérience nous prouve encore que Dieu s'occupe spécialement des êtres raisonnables. Tout ce qui a été créé, en effet, a été fait pour l'utilité et l'avantage de l'homme, tandis que lui-même n'a été fait que pour Dieu. L'homme a en partage de nombreux avantages ; dans l'ordre physique, la voix, la belle structure de son corps, l'aptitude à connaître, etc... et dans l'ordre moral, la loi naturelle, le déshonneur du vice, l'espoir d'une récompense, les remords de la conscience, etc., qui l'aident à atteindre sa fin : autant de précieux avantages dont Dieu a comblé l'homme, et qu'il n'a pas donnés aux autres créatures.

XXVII° THÈSE

DIEU POURVOIT IMMÉDIATEMENT A TOUTES CHOSES, QUANT A LA RAISON DE L'ORDRE ; MAIS POUR L'EXÉCUTION DE CET ORDRE, IL N'EXCLUT PAS LE CONCOURS DES CAUSES SECONDES.

Prænotanda

La providence de Dieu comprend deux éléments : 1° un ordre de choses existant dans la pensée de Dieu ; 2° l'exécution de cet ordre qu'on appelle aussi gouvernement.

On appelle donc raison de l'ordre, l'acte par lequel Dieu conçoit et approuve l'ordre des choses en lui-même. On appelle exécution de l'ordre, l'acte par lequel Dieu gouverne et dirige chaque chose à sa fin. Ainsi, quand un architecte, avant de bâtir un édifice, en conçoit le plan et en dispose chaque partie pour faire un tout harmonieux, il a la raison de l'ordre. Lorsqu'il a ainsi conçu l'ordre et la disposition de l'édifice, il le fait construire, et dirige les ouvriers dans leurs opérations, afin d'exécuter l'ordre qu'il avait conçu dans son esprit : c'est l'exécution de l'ordre.

D'après ces notions, lorsque nous disons que Dieu pourvoit immédiatement à chaque chose, quant à la raison de l'ordre, cela signifie que Dieu connaît immédiatement l'ordre de toutes choses, sans que personne puisse le lui suggérer, de même que l'architecte conçoit immédiatement et par lui-même l'ordre et la disposition des moindres parties de l'édifice.

Lorsque nous disons que Dieu n'exclut pas le concours des causes secondes pour l'exécution de l'ordre, cela signifie que Dieu emploie les créatures pour exécuter cet ordre qu'il a conçu dans son intelligence, de même que l'architecte emploie ses ouvriers et les dirige pour qu'ils exécutent le plan qu'il a conçu.

Ire Partie. — On doit attribuer à Dieu tout ce qui comporte une perfection.

Or, pourvoir à toutes choses dans la raison de l'ordre est une perfection.

Donc, Dieu pourvoit à toutes choses, quant à la raison de l'ordre.

A la majeure. — Dieu est infiniment parfait et possède toutes les perfections.

A la mineure. — Pourvoir à toutes choses quant à la raison de l'ordre, signifie concevoir par soi-même sans le secours d'aucun intermédiaire, l'ordre de toutes choses. Or, concevoir par soi-même et sans le secours d'un intermédiaire est une perfection. Donc, pourvoir immédiatement à toutes choses, quant à la raison de l'ordre, est une perfection.

Pour prouver que concevoir immédiatement dans son esprit l'ordre de chaque chose est une perfection, saint Thomas s'exprime ainsi : Sur la terre, un supérieur général, s'occupe des choses principales, et conçoit par lui-même comment elles doivent être disposées ; mais pour les petites choses, il ne s'en occupe pas par lui-même. Il laisse à ses inférieurs le soin de concevoir et d'imaginer l'ordre, suivant lequel elles devront être disposées.

Ainsi, il ne pourvoit pas immédiatement à toutes choses, quant à la raison de l'ordre ; mais il réclame l'intermédiaire de ses subordonnés. Or, ceci n'arrive qu'en raison de son imperfection, parce qu'il ne peut pas suffire à régler toutes choses, soit à cause de la fatigue, soit à cause du manque de temps. S'il était plus parfait, il pourrait suffire à tout par lui-même. Donc, concevoir par soi-même l'ordre de chaque chose est une perfection.

L'ordre extrinsèque de l'univers, dit encore saint Thomas, est l'expression de l'ordre qui existe dans la pensée de l'artiste. Mais, pour que cet ordre existe au dehors, il faut qu'il soit exécuté ou par l'artiste lui même ou par des subordonnés. Or, dans l'un et l'autre cas, l'artiste a la connaissance immédiate de l'ordre de toutes choses, et il l'exprime à ses subordonnés afin qu'ils puissent l'exécuter. Donc, Dieu doit avoir une connaissance immédiate de l'ordre de toutes choses, c'est-à-dire, pourvoir immédiatement à toutes choses, quant à la raison de l'ordre.

II° Partie. — La providence de Dieu ne détruit pas l'ordre de la nature.

Or, la Providence détruirait l'ordre de la nature, si elle excluait le concours des causes secondes.

Donc, la providence de Dieu n'exclut pas le concours des causes secondes pour l'exécution de l'ordre.

A la majeure. — La providence de Dieu est très sage et très bien ordonnée. Or, elle ne serait pas sage et bien ordonnée, si elle détruisait l'ordre qui convient à la nature. Donc, la providence de Dieu ne détruit pas l'ordre qui convient à la nature.

A la mineure. — Si la Providence excluait le concours des causes secondes, elle enlèverait aux créatures leur activité propre. Or, l'ordre de la nature exige que chaque créature ait son activité propre, comme nous le verrons dans la thèse suivante. Donc, la providence de Dieu, si elle excluait le concours des causes secondes, détruirait l'ordre de la nature.

Remarquons avec saint Thomas, que si Dieu admet le concours des causes secondes pour exécuter son plan divin, ce n'est point qu'il soit impuissant à l'exécuter par lui-même, mais c'est à cause de sa bonté infinie. Car, comme l'ordre des causes est de beaucoup supérieur à l'ordre des effets, Dieu a voulu admettre le concours des causes secondes pour l'exécution de l'ordre divin, afin de communiquer aux créatures la dignité de cause.

XXVIIIe THÈSE

LA PROVIDENCE DE DIEU N'ENLÈVE PAS AUX CAUSES SECONDES LEURS FORCES PROPRES, ET NE DIMINUE POINT LE LIBRE ARBITRE DES ÊTRES MORAUX ; PAR CONSÉQUENT, QUOI QU'EN DISENT NOS RATIONALISTES MODERNES, ENTRE AUTRES JULES SIMON, LES SOINS PRUDENTS DE L'HOMME NE SONT PAS DÉ-

TRUITS ET LES PRIÈRES DES JUSTES CONSERVENT LEUR UTILITÉ.

I**re** PARTIE. — Dieu doit diriger les créatures ver leur fins propres, selon que leur nature l'exige. Or, la nature des créatures exige qu'elles puissent exercer leurs forces propres. Donc, la providence de Dieu ne doit pas enlever aux créatures leurs forces et leur activité.

A la majeure. — L'ordre est la disposition convenable des moyens à la fin. Donc, la providence de Dieu, qui est l'ordre par excellence, doit disposer les créatures à leur fin propre, selon les propriétés de leur nature.

A la mineure. — En effet, les créatures ont par nature, non seulement une entité propre, mais encore une activité et une causalité. Or, si elles ne pouvaient pas exercer leurs forces propres, elles n'auraient ni activité ni causalité; Dieu agirait seul, et serait l'auteur immédiat de toute chose, même du péché; absurdités que soutiennent les Occasionalistes. Donc, la nature des créatures exige qu'elles puissent exercer leurs forces propres.

II**e** PARTIE. — La providence de Dieu suppose la science de vision, qui, à l'égard des hommes, est appelée Prescience. Or, la Prescience divine ne diminue pas le libre arbitre. Donc, la providence de Dieu ne diminue pas le libre arbitre.

A la majeure. — En effet, la Providence divine est la constitution de l'ordre, c'est-à-dire la disposition convenable des moyens à la fin, et l'exécution de cet ordre. Mais, la constitution comme l'exécution de l'ordre supposent la connaissance des moyens qu'on doit disposer convenablement pour atteindre la fin.

A la mineure. — En effet, la science de Dieu, quoique infaillible, ne rend pas les actes nécessaires. La science de Dieu voit des actes qui dépendent du libre choix des hommes, d'autres qui arrivent nécessairement. Donc, sa connaissance ne rend pas les actes nécessaires. De ce que je vois quelqu'un se suicider, il ne s'ensuit pas que je le fais moi-même suicider.

III° Partie. — L'ordre qui conserve à l'homme son activité ne détruit pas ses soins prudents. Or, l'ordre de la Providence conserve à l'homme son activité. Donc, la Providence ne détruit pas les soins prudents de l'homme.

A la majeure. — C'est le propre de chaque ouvrier de prendre soin de son travail ; par conséquent, si l'homme conserve son activité, s'il agit réellement, il doit prendre soin de ses œuvres.

A la mineure. — Elle se prouve : 1° par la *Raison*. Dieu agit assurément en tout, comme cause première. Cependant, il ne change et ne détruit pas la nature des causes secondes, comme nous l'avons remarqué dans la première partie de cette thèse ; 2° par l'*Expérience*. D'ordinaire, les effets sont proportionnés aux principes. Néanmoins le contraire peut quelquefois être vrai, comme dans l'Indépendance de l'Amérique ou de la Suisse. Une poignée de braves a suffi pour constituer ces États.

IV° Partie. — Cela est utile et nécessaire qui est comme la condition et le moyen d'atteindre une fin. Or, la prière des justes est la condition et le moyen d'atteindre une fin. Donc, la prière des justes est utile et nécessaire.

A la majeure. — La fin dépend de la condition qui y est attachée et du moyen de l'atteindre. Enlevez la condition et le moyen, et il vous serait impossible d'atteindre la fin.

A la mineure. — 1° Dieu, étant libre dans ses opérations extérieures, a pu attacher certains effets libres à la prière, de telle sorte que la prière en soit la condition. 2° L'expérience, l'histoire et la révélation prouvent qu'il en est ainsi.

XXIX° THÈSE

LA PROVIDENCE N'EXCLUT PAS L'EXISTENCE DU MAL SOIT PHYSIQUE, SOIT MORAL; PAR CONSÉQUENT LA SAINTETÉ, LA BONTÉ ET LA PUISSANCE DE DIEU RESTENT INTACTES.

Ire Partie. — Dieu n'est pas tenu d'empêcher le mal qui n'est pas opposé à la fin universelle de ses œuvres. Or, le mal physique n'est pas opposé à la fin universelle des œuvres de Dieu. Donc, la Providence n'exclut pas l'existence du mal physique.

A la majeure. — Dieu prévoyant toute chose, s'est proposé une fin en agissant, et peut permettre ce qui n'est pas opposé à cette fin.

A la mineure. — Le mal physique est un mal particulier qui ne s'oppose pas à la fin dernière de la créature, mais lui enlève seulement quelque perfection accidentelle.

II° Partie. — Dieu n'est pas tenu d'empêcher le mal, qui n'est pas opposé à la fin universelle de ses œuvres. Or, le mal moral n'est pas opposé à la fin universelle des œuvres de Dieu. Donc, la Providence n'exclut pas l'existence du mal moral.

La majeure a été prouvée dans la première partie.

A la mineure. — La fin universelle des œuvres de Dieu est sa gloire extrinsèque. Or, le mal moral n'est pas opposé à la gloire extrinsèque de Dieu, mais Dieu manifeste par lui beaucoup de ses attributs : sa miséricorde, sa clémence, etc... Donc, le mal moral n'est pas opposé à la fin universelle des œuvres de Dieu.

III° Partie. — L'existence du mal physique n'altère ni la sainteté, ni la bonté, ni la puissance de Dieu.

1° Pour la sainteté c'est évident, car :

La sainteté consiste dans la conformité de la volonté à la règle des mœurs. Or, le mal physique n'implique rien contre la règle des mœurs. Donc, l'existence du mal physique n'altère pas la sainteté de Dieu.

La majeure est la notion de la sainteté.

A la mineure. — En effet, le mal physique consiste ou dans la corruption des choses terrestres, ou dans les châtiments infligés aux coupables, mais il n'y a en cela rien de contraire à la règle des mœurs.

2° La bonté de Dieu n'est pas altérée par l'existence du mal physique, si du mal physique il suit un plus grand bien. Or, du mal physique il suit un plus grand bien. Donc, la bonté de Dieu n'est pas altérée par l'existence du mal physique.

A la majeure. — Si en effet le bien, qui suit du mal, est supérieur à celui-ci, ce n'est plus un mal que Dieu permet, mais un bien auquel est attaché un mal. Or, la bonté de Dieu n'est pas altérée lorsqu'elle accorde un bien. Donc, la bonté de Dieu n'est pas altérée, si avec un mal physique elle accorde un bien qui lui est supérieur.

A la mineure. — De la corruption des choses terrestres suit l'ordre de tout l'univers. L'infortune et les douleurs, infligées aux coupables, les sollicitent à faire pénitence. Ainsi les calamités ramènent souvent les impies à Dieu. Au contraire, infligées aux innocents, elles les détachent des fantômes de la terre pour les élever vers les biens célestes. Donc, quoique cela nous échappe quelquefois, les créatures retirent toujours un plus grand bien d'un mal physique.

3° La puissance de Dieu serait altérée par le mal physique, si Dieu était tenu à ce qu'il y a de parfait. Or, Dieu n'est pas tenu à ce qu'il y a de plus parfait. Donc, sa puissance n'est pas incompatible avec l'existence du mal physique.

A la majeure. — En effet, si Dieu devait accorder un bien sans aucun mélange de mal physique ou d'imperfection, et qu'il ne l'accordât point, ce serait parce qu'il ne le pourrait pas.

A la mineure. — Si Dieu était tenu à ce qu'il y a de plus parfait, il ne pourrait rien faire hors de lui. Son acte, quel qu'il soit, renfermera toujours une imperfection, relativement à la souveraine perfection divine. L'être infini ne peut se reproduire lui-même sans se détruire par le fait même. — Il est essentiellement unique (V. Thèse XIII).

IVᵉ Partie. L'existence du mal moral.
Le mal moral altérerait la bonté de Dieu, si Dieu était tenu de communiquer extérieurement toute sa bonté. Or, Dieu n'est pas tenu de communiquer extérieurement toute sa bonté, et ne peut pas le faire. Donc, le mal moral n'altère pas la bonté de Dieu.

A la majeure. — Le mal moral consiste dans la défaillance d'une action moins bonne qu'elle devait l'être. Or, Dieu ne peut empêcher cette défaillance sans communiquer extérieurement toute sa bonté.

A la mineure. — La nature de Dieu est incommunicable. En outre, Dieu ne pourrait pas alors communiquer à l'homme son plus grand bien, la liberté. Mais l'homme, être imparfait, possède aussi les imperfections de la liberté, puisque Dieu n'est pas tenu de lui communiquer sa perfection infinie. Ainsi l'homme n'a aucune faculté parfaite.

Si la sainteté de Dieu était altérée par le mal moral, ce serait parce que Dieu voudrait le péché, l'approuverait, exciterait l'homme à le commettre ou du moins parce qu'il ne punirait pas le pécheur. Or, toutes ces hypothèses sont fausses. Donc, la sainteté de Dieu n'est pas incompatible avec le mal moral.

A la majeure. — La sainteté de Dieu exige qu'il réprouve le péché, mais non qu'il l'abolisse.

A la mineure. — Dieu ne peut d'aucune façon vouloir le mal moral, ni par lui-même, ni par accident. Par conséquent il ne l'approuve pas, et ne peut pas exciter la créature raisonnable à le commettre, parce qu'alors il serait pour ainsi dire l'auteur du péché ! — Au contraire, il aide l'homme à l'éviter par son concours et il punit le péché de châtiments éternels.

La puissance de Dieu n'est pas altérée par l'existence du mal moral, si au contraire elle en augmente la manifestation. Or, la manifestation de la puissance de Dieu est augmentée par le mal moral loin d'en être diminuée. Donc, le mal moral peut exister avec la puissance de Dieu.

La majeure est évidente.

A la mineure. — En effet : 1° Dieu n'est pas tenu de faire tout ce qu'il peut, et par conséquent le mal moral ne peut pas diminuer sa puissance ; 2° Bien plus, la manifestation de sa puissance en est augmentée, parce que Dieu tire le bien du mal même. C'est pour cela que saint Augustin a dit : « Dieu ne serait pas tout puissant s'il ne pouvait faire sortir le bien même du mal. » De plus, en permettant le mal moral, Dieu manifeste sa clémence, sa justice, sa longanimité, sa miséricorde et d'autres attributs de ce genre qu'il ne pourrait pas manifester autrement. Donc, l'existence du mal moral augmente la manifestation de la puissance de Dieu. « *Diligentibus Deum omnia cooperantur in bonum, etiam peccata!* »

XXXe THÈSE

L'ÉQUITÉ DE LA PROVIDENCE N'EST PAS ALTÉRÉE, MAIS PLUS CLAIREMENT MANIFESTÉE PAR L'INÉGALE DISTRIBUTION DES BIENS ET DES MAUX. PAR CONSÉQUENT LA JUSTICE, LA SAGESSE ET LA BONTÉ DE DIEU NE SONT NULLEMENT ATTEINTES PAR CETTE INÉGALITÉ.

Cette thèse est posée contre les Déistes attaquant non l'existence de Dieu, mais sa Providence, et disant que s'il existait une Providence, les méchants et les impies ne regorgeraient pas toujours de biens et d'honneurs, tandis que les justes sont accablés de calamités.

I⁰ Partie. — Si l'inégale distribution des biens et des maux altérait la justice divine, cela viendrait de ce que Dieu, pour être juste, devrait récompenser ou punir immédiatement l'acte bon ou mauvais. Or, Dieu n'est pas tenu à cela. Donc, sa justice n'est pas altérée par l'inégale distribution des biens et des maux.

A la majeure. — C'est l'objection des adversaires.

A la mineure. — La justice consiste à proportionner les biens et les maux au mérite et au démérite de chacun ; mais elle ne regarde ni le temps ni la manière de les distribuer. Or, pour être juste, Dieu n'est pas tenu de récompenser ou de punir dans un temps et d'une manière déterminés, c'est-à-dire immédiatement, l'acte bon ou mauvais. Donc la justice de Dieu reste intacte. Il est prouvé qu'il existe une autre vie dans laquelle la justice de Dieu sera pleinement manifestée, et où les bons et les méchants recevront des récompenses ou des châtiments, suivant qu'ils l'auront mérité ; car, la justice de Dieu ne se borne pas aux courts instants de la vie présente, mais s'étend à la vie éternelle. Donc la justice de Dieu n'est pas altérée mais plus clairement manifestée, par l'inégale distribution des biens et des maux. Dieu est patient, a dit Tertullien, parce qu'il est Éternel.

La justice exige qu'il soit donné à chacun ce qu'il mérite. Or, par l'inégale distribution des biens et des maux, il est donné à chacun ce qu'il mérite. Donc, la justice est plus clairement manifestée par l'inégale distribution des biens et des maux.

A la majeure. — C'est la notion de la justice.

A la mineure. — Tout homme, si méchant qu'il soit, accomplit parfois des actes bons, et tout homme, si juste qu'il soit, commet quelque faute. Il est donc conforme à l'équité que le juste soit soumis à certaines peines temporelles pour expier sa faute. Dans l'autre vie il recevra la récompense due à ses bonnes actions. D'un autre côté, le méchant doit recevoir une récompense temporelle de ses bonnes actions, puisqu'il n'en doit point recevoir dans l'éternité. Donc, par l'inégale distribution des biens et des maux chacun reçoit ce qu'il mérite.

Bien plus, la justice de Dieu serait atteinte, si la récompense ou le châtiment accompagnaient immédiatement la vertu ou le crime. Souvent, en effet, dans la même famille, un père vertueux a un fils criminel, une épouse pieuse a un mari impie. Dieu doit-il punir entièrement le mauvais fils ou l'époux criminel dans cette vie? Mais alors il attriste le père vertueux et l'épouse pieuse. Est-ce juste? Il en est de même pour les nations.

II° Partie. — La sagesse de Dieu veut que l'ordre physique, l'ordre moral et l'ordre social soient conservés. Or, si Dieu punissait ou récompensait également et immédiatement la vertu ou le crime, ces divers ordres s'évanouiraient. Donc, la sagesse de Dieu n'est pas atteinte par l'inégalité des biens ou des maux dans cette vie.

La majeure est évidente.

A la mineure. — L'ordre physique serait détruit; car, il n'existerait plus de lois constantes, ni d'événements certains. Les effets naturels devraient changer aussi souvent que la volonté humaine. Dieu serait tenu d'envoyer un soleil bienfaisant aux champs du juste, et une tempête furieuse sur ceux de l'impie, voisin du premier.

L'ordre moral serait détruit; car, les hommes ne pratiqueraient la vertu qu'en vue de la récompense temporelle, non par amour de Dieu, et n'éviteraient le crime que par crainte du châtiment.

L'ordre social s'évanouirait. L'ordre social est fondé sur l'autorité, sur la bonne foi et sur l'estime réciproque. Or, si Dieu punissait sur-le-champ le criminel, toutes les fautes cachées des hommes seraient immédiatement dévoilées. Aussitôt s'évanouiraient l'autorité, la bonne foi, l'estime réciproque, et avec elles l'ordre social.

Donc, Dieu agit très sagement en distribuant inégalement les biens et les maux de la vie présente aux bons et aux méchants.

III° Partie. — Si Dieu comblait aussitôt les justes de biens, il leur ôterait l'occasion d'exercer certaines vertus très précieuses qui se montrent surtout dans les peines et les calamités. Sa bonté serait ainsi en défaut.

Si, au contraire, il privait entièrement les méchants de ses bienfaits, rien ne les porterait à faire pénitence, ce qui ne répugne pas moins à la bonté de Dieu. Elle donne aux bons et aux méchants des biens et des maux : 1° afin que nous fassions tous peu de cas des honneurs terrestres, qu'il a méprisés lui-même jusqu'à les prodiguer à ses ennemis, 2° pour nous donner un gage de la vie éternelle. En effet, puisque Dieu doit rendre à chacun ce qui lui est dû, et qu'il ne le fait pas en cette vie, c'est la preuve irréfragable qu'il le fera infailliblement dans une autre.

MORALE OU ÉTHIQUE

Contre Démocrite, Épicure, Fr. Bacon, Descartes, Buffon, Lesage, etc., niant le Principe des Causes finales ;
Contre tous les Panthéistes, Matérialistes, Positivistes et Athées.

I° THÈSE

DIEU A FIXÉ A L'HOMME UNE FIN DERNIÈRE, QUI, CONSIDÉRÉE, D'UNE MANIÈRE ABSTRAITE, EST LA FÉLICITÉ PARFAITE, VERS LAQUELLE NOUS DIRIGEONS TOUS NOS ACTES, AU MOINS IMPLICITEMENT.

Prænotanda

La fin est ce qui détermine la volonté à agir, le but qu'elle se propose d'obtenir en agissant.

La fin dernière est celle que nous voulons pour elle-même, et en vue de laquelle nous voulons tout le reste. La notion de la fin dernière renferme ces trois éléments : 1° elle doit être voulue pour elle-même ; 2° au-dessus et au-dessous d'elle, il ne doit pas y avoir d'autre fin dernière ; 3° elle doit complètement satisfaire la tendance de la volonté.

Ire Partie. — Dieu a dû fixer à toutes ses créatures une fin dernière conforme à leur nature.

Or, l'homme est une créature et même la plus noble créature de Dieu. Donc, Dieu a dû fixer à l'homme une fin dernière conforme à sa nature.

A la majeure. — Celui qui ferait un ouvrage sans se proposer une fin à obtenir, agirait au hasard et comme un insensé.

Or, Dieu est un être très sage. Donc, Dieu a dû fixer à toutes ses œuvres une fin qu'elles doivent atteindre les unes librement, les autres nécessairement, selon leur nature.

2° Dieu a dû, de plus, leur fixer une fin dernière. Car une série infinie de causes finales est aussi absurde et impossible qu'une série infinie de causes efficientes. (Théod., Th. V.) Or, il y aurait une série infinie de causes finales, s'il n'y avait pas une fin dernière. Donc, Dieu a dû fixer à toutes ses créatures une fin dernière.

A la mineure. — L'homme est la créature de Dieu, comme tous les autres êtres contingents. Nous l'avons prouvé en Théodicée. De plus, l'homme est la plus noble créature de Dieu, parce que, composé d'une âme et d'un corps, il est le résumé de toute la création, qui ne se compose que d'esprits et de corps.

Prænotanda ad II

Boëce définit la félicité : « Un état de repos dans la possession de tous les biens. » Nous disons que la fin dernière de l'homme est la félicité parfaite, considérée d'une manière abstraite, c'est-à-dire abstraction faite de l'objet dans lequel se trouve la félicité. Ainsi, tous les hommes tendent au bonheur, mais ne s'entendent pas sur l'objet où ils trouveront le bonheur.

IIe Partie. — La fin dernière de la volonté humaine est celle qui satisfait complètement la tendance de la volonté.

Or, ce qui satisfait pleinement la tendance de la volonté, c'est parfaite félicité.

Donc, la félicité parfaite est la fin dernière de la volonté humaine.

A la majeure. — La volonté, en agissant, se propose toujours une fin; par conséquent, la fin dernière sera celle qui pourra pleinement satisfaire la tendance de la volonté, de telle sorte que celle-ci ne puisse désirer rien au-delà.

A la mineure. — Ce qui satisfait pleinement la tendance de la volonté, c'est un bien tel que la volonté ne puisse en désirer de plus grand. Or, ce bien tel que la volonté ne puisse en désirer de plus grand, n'est autre chose que le parfait bonheur, comme on le voit facilement, d'après la définition que nous en avons donnée *Prænotanda ad II*). Donc, ce qui satisfait pleinement la tendance de la volonté, c'est le parfait bonheur.

Prænotanda ad III

On nomme appétit une tendance vers quelque chose. Mais nous pouvons tendre vers un but de trois manières différentes :

1° *Explicitement*, quand on pense à la fin que l'on veut obtenir, au moment même où l'on prend les moyens pour y arriver.

2° *Virtuellement*, lorsque l'on prend les moyens pour arriver à une fin, sans avoir l'intention actuelle d'obtenir cette fin. Alors, on l'a eue précédemment, et on agit en vertu de cette première intention.

3° *Implicitement*, lorsque quelqu'un agit sans penser actuellement à la fin qu'il veut obtenir, et sans y avoir pensé auparavant. Alors, il déterminerait cette fin s'il y pensait.

III° Partie. — Tout acte, toute tendance de la volonté a une cause propre.

Or, la première cause de toute tendance de la volonté est la félicité parfaite, ou la fin dernière.

Donc, tout acte de la volonté est dirigé vers la fin dernière.

A la majeure. — Un acte de la volonté est une détermination de la volonté. Or, toute détermination de la volonté a un motif, une cause qui attire la volonté, et fait qu'elle se détermine. Donc, tout acte, toute tendance de la volonté a une cause propre.

A la mineure. — La volonté dans toutes ses actions tend vers un bien, qui est sa fin. Or, cette fin est voulue pour elle-même, ou bien comme devant servir à obtenir une autre fin plus éloignée; dans le premier cas, cette fin sera ma fin dernière (*Prænotanda ad I*), et la cause première de la détermination de ma volonté.

Si cette fin est voulue en vue d'une autre fin, celle-ci, à son tour, sera voulue pour elle-même, ou en vue d'une autre fin; et, la même question reviendra jusqu'à ce que l'on arrive au dernier terme, qui sera la première cause de ma détermination.

Donc, dans tous ses actes, la volonté tend vers la fin dernière, quelquefois explicitement, quelquefois virtuellement, mais pas toujours (parce que l'agent ne se dit pas à chaque action qu'il fait : *Cet acte me servira pour obtenir ma fin dernière*); mais toujours au moins implicitement, parce que si elle n'avait pas au moins cette intention, elle n'y tendrait pas du tout.

Contre : 1° *Aristippe, Épicure;* 2° *Antisthène, Zénon, Cicéron et Sénèque;* 3° *Aristote et les Péripatéticiens;* 4° *les Matérialistes, Sensualistes et Positivistes contemporains.*

IIe THÈSE

CETTE PARFAITE FÉLICITÉ NE SAURAIT SE TROUVER DANS UN

BIEN CRÉÉ, DÉLECTABLE OU HONNÊTE, MAIS SEULEMENT DANS LE BIEN INCRÉÉ.

Prænotanda

Nous avons vu que la fin dernière de l'homme, le but vers lequel tendent toutes ses actions, c'est le parfait bonheur. Mais, quel est le bien dans lequel l'homme trouvera le parfait bonheur? Il y a deux sortes de biens : 1° le bien créé ; 2° le bien incréé. Le bien créé se divise en bien *utile*, bien *délectable*, et bien *honnête*. On appelle bien utile un bien qui peut servir pour obtenir un autre bien, ainsi la nourriture sert à conserver notre vie, l'argent sert à acheter quelque chose. Il est donc évident que le bien utile n'est pas la fin dernière. Nous avons donc à choisir entre le bien délectable, le bien honnête, et le bien incréé.

Le bien délectable, ou volupté, est le repos qu'éprouve notre appétit dans la possession d'un bien. Ainsi, la nourriture, la science nous procurent, la première une volupté sensible, et la seconde une volupté spirituelle.

Le bien honnête est celui que nous recherchons parce qu'il convient à notre nature, et que, par lui-même, il est digne d'amour; comme la science, la vertu, etc.

Ire PARTIE. — *Contre Épicure, Aristippe, Maupertuis, Gioia, les Matérialistes et les Sensualistes, comme Taine et Littré*, etc. — 1° La volupté sensuelle ne peut pas être le souverain bien de l'homme.

La volupté sensible est un bien commun à l'homme et à la bête.

Or, un bien, qui est commun à l'homme et à la bête, ne peut être le souverain bien de l'homme.

Donc, la volupté sensuelle n'est pas le souverain bien de l'homme.

A la majeure. — Les bêtes, en effet, sont, comme l'homme, des êtres doués de sensibilité. Elles ont des facultés sensitives, qui peuvent éprouver une délectation sensible dans la possession d'un bien corporel.

A la mineure. — Le souverain bien de l'homme doit satisfaire premièrement la plus noble faculté de l'homme : car, le bien qui répond à une faculté plus noble est nécessairement supérieur et préférable à celui qui correspond à une faculté inférieure. Or, le bien qui est commun à l'homme et à la bête, ne satisfait pas premièrement la plus noble faculté de l'homme : puisqu'il ne satisfait que la faculté sensitive, et non l'appétit rationnel qui élève l'homme beaucoup au-dessus de la bête. Donc, un bien commun à l'homme et à la bête ne peut être le souverain bien de l'homme.

Nous pourrions ajouter que la volupté est un bien passager, honteux et désastreux, tandis que le souverain bien doit être un bien durable, procurant à l'homme sa plus grande perfection.

2° La volupté ou le plaisir de l'esprit ne peut être le souverain bien de l'homme.

Un bien qui résulte de la possession de quelque bien, ne peut pas être le souverain bien de l'homme, c'est-à-dire l'objet dans lequel l'homme trouvera le parfait bonheur.

Or, la volupté ou le plaisir de l'esprit est un bien qui résulte de la possession d'un autre bien.

Donc, la volupté ou le plaisir de l'esprit ne peut être l'objet de la parfaite félicité.

A la majeure. — En effet, le plaisir qui résulte de la possession du souverain bien, n'est pas ce bien lui-même, mais un effet qui suit la possession de ce bien. Il ne faut donc pas confondre le souverain bien, avec la béatitude qui résulte de la possession de ce bien.

A la mineure. — La volupté, ou le plaisir de l'esprit est le repos de la volonté dans la possession d'un bien. Ce plaisir n'est donc que le résultat de la possession du bien que l'on poursuivait.

IIᵉ Partie. — *Contre Antisthène, Zénon, Cicéron et Sénèque.* — Le bien honnête, c'est-à-dire la sagesse et la vertu de cette vie ne peuvent être l'objet de la suprême félicité.

L'objet de la souveraine félicité doit rendre l'homme qui l'atteint parfaitement heureux, de telle sorte qu'il n'ait rien de plus à désirer.

Or, telles ne sont pas la sagesse et la vertu de cette vie.

Donc, la sagesse et la vertu de cette vie ne peuvent être l'objet du souverain bonheur.

A la majeure. — L'objet de la souveraine félicité n'est autre chose que la fin dernière de l'homme. Or, si la fin dernière ne rendait pas l'homme parfaitement heureux et lui laissait encore quelque chose à désirer, elle ne serait plus la fin dernière, puisque l'homme pourrait encore tendre vers un autre bien plus complet.

A la mineure. — 1° L'homme ayant acquis la science et la vertu de cette vie, n'est pas parfaitement heureux, parce que la science et la vertu entraînent avec elles de nombreux inconvénients; et, nous savons que pour acquérir ces deux biens, on est obligé de se priver de bon nombre d'autres biens et plaisirs de cette vie. 2° La science et la vertu de cette vie laissent toujours à désirer : car, celui qui est savant veut toujours devenir de plus en plus savant, et son désir n'est jamais entièrement satisfait. La vertu de cette vie n'est jamais inamissible et parfaitement pure, et, on peut en désirer une plus parfaite.

Remarquons bien que nous parlons ici de la félicité parfaite et non de la félicité imparfaite de l'homme. Assurément la sagesse et la vertu sont de grands biens pour l'homme, mais, elles ne peuvent être l'objet de la souveraine félicité.

IIIᵉ Partie. — *Contre Aristote et les Péripatéticiens, Ahrens, Damiron, etc.* — L'union du bien délectable avec le bien honnête, c'est-à-dire l'union de la volupté avec la sagesse et la vertu, ne peut constituer le souverain bien de l'homme.

L'objet de la souveraine félicité ne peut être placé dans un assemblage de biens que l'homme ne peut nullement atteindre.

Or, l'homme ne peut obtenir le bien délectable uni avec le bien honnête.

Donc, l'union de ces deux biens ne peut être l'objet du souverain bonheur.

La majeure est bien claire, car ce que l'homme ne peut pas atteindre, n'est pas la fin dernière de l'homme.

A la mineure. — D'abord, un grand nombre de biens créés, comme la puissance, la gloire, les honneurs, les richesses, etc., ne sont pas au pouvoir de la plupart des hommes. De plus, personne ne peut réunir en soi tous ces biens finis, car cet assemblage est impossible. Ces biens, en effet, se contredisent les uns les autres, et on ne peut obtenir les uns sans détriment pour les autres. Ainsi, celui qui veut obtenir les biens du corps, est obligé de renoncer aux biens de l'esprit ; et, ceux qui veulent pratiquer les vertus héroïques, sont obligés de supporter les plus grands maux de cette vie.

L'objet du souverain bonheur ne peut être qu'un bien incréé, c'est-à-dire Dieu lui-même.

IV° PARTIE. — L'objet du souverain bonheur existe, et n'est pas un bien créé.

Or, un objet qui existe et qui n'est pas un bien créé, est nécessairement un bien incréé.

Donc, l'objet du souverain bonheur ne peut être qu'un bien incréé, c'est-à-dire Dieu.

A la majeure. — 1° L'objet du souverain bonheur existe, parce que l'homme a une inclination naturelle vers le parfait bonheur, et il répugne que Dieu ait donné à l'homme ce désir naturel pour ne jamais le satisfaire.

2° L'objet du souverain bonheur n'est pas un bien créé; car le bien créé est le bien délectable, ou le bien honnête. Or, nous venons de voir que le bien honnête et le bien délectable ne peuvent être l'objet du souverain bonheur, parce qu'ils ne peuvent satisfaire complètement le désir de la volonté, parce qu'ils ne peuvent être atteints par tous les hommes, et parce qu'on peut toujours craindre de les perdre.

A la mineure. — En effet, outre les biens créés, il n'y a que l'Être incréé, c'est-à-dire Dieu lui-même.

IIIᵉ THÈSE

LA DESTINÉE DE L'HOMME, ICI-BAS, EST DE SE DISPOSER A OBTENIR SA FIN DERNIÈRE, EN OBSERVANT L'ORDRE MORAL ; ET C'EST DANS L'OBSERVATION DE L'ORDRE MORAL QUE SE TROUVE LE BONHEUR IMPARFAIT DE CETTE VIE.

Iʳᵉ PARTIE. — Si la destination de l'homme, ici-bas, n'était pas de se disposer à obtenir sa fin dernière, l'homme serait destiné à deux fins dernières, qui ne seraient pas subordonnées entre elles.

Or, l'homme ne peut pas être destiné à deux fins dernières non subordonnées entre elles.

Donc, la destination de l'homme, ici-bas, est de se disposer à obtenir sa fin dernière.

A la majeure. — Si la destinée ou fin de l'homme, ici-bas, était différente de sa fin dernière, et qu'elle ne lui fût point subordonnée, l'homme serait destiné à la fin dernière de cette vie, et à la fin dernière de l'autre vie. Donc, il serait destiné à deux fins qui ne seraient pas subordonnées entre elles.

A la mineure. — Il est bien évident, en effet, que l'homme ne peut pas tendre vers un objet, et en même temps vers un autre objet tout opposé.

IIᵉ PARTIE. — C'est en observant l'ordre moral que l'homme se dispose à sa fin dernière.

La direction de l'homme vers sa fin dernière doit lui procurer sa plus grande perfection ; elle doit être au pouvoir de tous les hommes, et se trouver contenue dans la fin universelle de tous les êtres.

Or, l'observation de l'ordre moral réunit ces trois caractères.

Donc, en observant l'ordre moral, l'homme se dirige vers sa fin dernière.

A la majeure. — 1° La fin dernière de l'homme est son plus grand bien. Or, tendre vers le souverain bien, c'est la plus grande perfection possible dans cette vie. Donc, l'homme, en se dirigeant vers sa fin dernière, doit trouver sa plus grande perfection.

2° Si la direction vers la fin dernière n'était pas au pouvoir de tous les hommes, tous ne pourraient pas atteindre leur fin dernière : ce qui est absurde.

3° Dieu, en créant l'universalité des êtres, s'est proposé une fin universelle, à laquelle est subordonnée la fin particulière de chaque être. Donc, la destinée de l'homme, ici-bas, doit être contenue dans la fin universelle de tous les êtres.

A la mineure. — 1° L'observation de l'ordre moral consiste dans la vertu. Or, la vertu est la plus grande perfection de l'homme. Donc, l'observation de l'ordre moral procure à l'homme sa plus grande perfection.

2° On observe l'ordre moral en agissant selon les règles de l'honnêteté. Or, tous les hommes, étant doués de la liberté, peuvent agir selon les règles de l'honnêteté. Donc, l'observation de l'ordre moral est au pouvoir de tous les hommes.

3° La fin universelle de tous les êtres est la gloire extrinsèque de Dieu, ou la glorification de Dieu. Or, l'ordre moral, qui dépend des actions droites des êtres doués de raison, concourt à la glorification de Dieu, comme l'ordre physique, qui résulte des êtres privés de raison. Donc, l'observation de l'ordre moral est contenue dans la fin universelle de tous les êtres.

III° PARTIE. — On peut appeler félicité imparfaite une certaine participation et comme un commencement de la félicité parfaite.

Or, telle est l'observation de l'ordre moral en cette vie.

Donc, l'observation de l'ordre moral constitue la félicité imparfaite de cette vie.

La majeure n'est autre chose que l'explication de la félicité imparfaite.

A la mineure. — 1° La parfaite félicité de l'autre vie consiste dans la connaissance, l'amour, et la possession de Dieu. Or, l'observation de l'ordre moral découle immédiatement de la connaissance et de l'amour de Dieu. Donc, l'observation de l'ordre moral est une participation de la félicité parfaite.

2° L'observation de l'ordre moral nous donne l'espoir très ferme d'obtenir le parfait bonheur après cette vie. Or, cet espoir est une anticipation et un commencement de possession de la félicité parfaite. Donc, l'observation de l'ordre moral est un commencement de possession de la félicité parfaite.

Remarquons que cette félicité imparfaite procurée par l'observation de l'ordre moral, est le plus grand bien que l'homme puisse trouver sur cette terre. En effet, en observant l'ordre moral, lors même qu'il serait privé de tous les autres biens extérieurs, l'homme est heureux, parce qu'il a l'espoir d'obtenir sa fin dernière, c'est-à-dire le parfait bonheur. Au contraire, si l'homme n'observe pas l'ordre moral, alors même qu'il afflucrait de tous les autres biens extérieurs, il est malheureux ; car, il ne trouve point le bonheur dans les biens périssables de cette vie, et il n'espère point le trouver dans la vie future, puisqu'il n'observe point l'ordre moral. Il devra donc désespérer d'être jamais heureux.

1° *Contre les Matérialistes, les Fatalistes, et les Panthéistes ;*
2° *Contre Saint-Lambert, d'Holbach, Volney, Diderot* etc.;
3° *Contre Hobbes et Locke ;* 4° *Contre Épicure et Helvétius,*
5° *Contre Bentham, La Rochefoucauld, A. Smith, Jacobi, Butler, Hume,* etc.

IV° THÈSE

IL Y A UNE DIFFÉRENCE RÉELLE ET ESSENTIELLE ENTRE LES ACTES BONS ET MAUVAIS, CONSIDÉRÉS MORALEMENT ; MAIS LA MORALITÉ DES ACTES NE DÉPEND POINT DE L'OPINION DES PEUPLES, NI DES LOIS HUMAINES, NI DE LA VOLUPTÉ SENSIBLE, NI DE L'UTILITÉ.

1ʳᵉ PARTIE. — Agir selon les exigences de sa propre nature, et agir contre sa nature, sont deux choses réellement et essentiellement différentes.

Or, un acte conforme à la nature humaine est un acte bon, et un acte contraire à la nature humaine est un acte mauvais.

Donc, il y a une différence réelle et essentielle entre les actes bons et mauvais.

A la majeure. — Agir selon les exigences de sa propre nature, c'est la perfectionner. Au contraire, agir contre sa nature, c'est la rendre plus imparfaite, c'est la dégrader. Or, il y a une différence réelle et essentielle entre perfectionner sa nature, et la dégrader. Donc, il y a une différence essentielle et réelle entre agir selon sa nature et agir contre sa nature.

A la mineure. — Un acte bon, en effet, est celui qui est conforme à la raison, saisissant l'ordre objectif des choses. Or la nature de l'homme est une nature essentiellement raisonnable. Donc, un acte bon est celui qui est conforme à la raison humaine.

Le sens commun a toujours reconnu la bonté de certaines actions, comme l'amour maternel ; et la malice de certaines autres, comme l'égorgement d'un fils par sa mère, le parricide, etc.

II° Partie. — Un principe variable et changeant ne peut être le fondement de la moralité.

Or, l'opinion des peuples est quelque chose de variable et de changeant.

Donc, l'opinion des peuples ne peut être le fondement de la moralité.

A la majeure. — Un principe variable et changeant ne peut pas être la cause d'un effet constant et immuable : car l'effet est proportionné à la cause. Or, la moralité des actes humains est quelque chose de constant et d'immuable. Partout et toujours le blasphème, le parjure, la trahison de la patrie ont été regardés comme des actions mauvaises, tandis que la bonne foi, la libéralité, le culte de la divinité ont toujours été regardés comme des actes bons. Donc, un principe variable et changeant ne peut être le fondement de la moralité.

A la mineure. — Rien de plus versatil que l'opinion qui, selon la variété des esprits, des temps, des lieux, des habitudes, des inclinations, varie incessamment d'un peuple à l'autre, et souvent chez un même peuple. Si l'on veut s'en convaincre, on n'a qu'à consulter l'histoire, surtout celle des temps modernes.

III° Partie. — Les lois ne sont pas toutes bonnes et justes, par le fait même qu'elles sont lois.

Or, s'il en est ainsi, les lois ne sont pas le dernier fondement de la moralité.

Donc, les lois humaines ne sont pas le dernier fondement de la moralité.

A la majeure. — Les lois qui prescrivent l'amour de Dieu, la bonne foi, etc., sont bonnes et justes ; mais les lois qui prescriraient aux parents d'égorger ou de corrompre leurs enfants, seraient des lois iniques. Donc, les lois peuvent ne pas être justes, par le fait même qu'elles sont lois.

A la mineure. — Si certaines lois peuvent être iniques, il y a, au-dessus des lois, une règle à laquelle les lois doivent se conformer pour être justes, et par conséquent les lois ne sont pas le dernier fondement de la moralité.

IVe Partie. — Épicure, Helvétius et leurs partisans disent que le bien est ce qui nous procure de la volupté sensible, et le mal ce qui nous cause de la douleur sensible.

D'après cette doctrine, le souverain et l'unique bien de l'homme serait la volupté sensible, et l'unique mal serait la douleur sensible.

Or, ceci est faux.

Donc, il est faux que la moralité des actes humains dépende de la volupté ou de la douleur sensibles.

La majeure n'est que la doctrine même de nos adversaires.

A la mineure. — 1° Il est faux que la volupté sensible soit l'unique bien de l'homme ; car, il y a un grand nombre d'autres biens, tout différents de la volupté et que l'homme peut désirer honnêtement ; telles sont : la renommée, la gloire, la science, une douce amitié, etc. ; biens qui ne procurent pas la moindre volupté sensible.

2° La douleur sensible n'est pas l'unique mal de l'homme ; car, il y a une foule d'autres maux que les hommes évitent, et qui ne causent aucune douleur sensible, comme le déshonneur, l'envie, le mépris de la part des autres. Pour éviter ces maux, les hommes non seulement renoncent à la volupté sensible, mais préfèrent souffrir les plus grandes douleurs, quelquefois même la mort.

Nous pourrions ajouter que si la volupté sensible était le fondement de la moralité, la raison devrait se soumettre à la sensibilité ; ce qui est absurde. Il s'ensuivrait le plus abject égoïsme et la dégradation absolue de l'homme.

V° Partie. — D'après Bentham, chef de la secte des Utilitaires, le bien est ce qui est utile à augmenter notre bonheur de cette vie; et le mal, ce qui le diminue. Cette opinion suppose que la fin dernière de l'homme est la félicité de cette vie, ce que nous savons être faux.

La doctrine des Utilitaires établit le plus abject égoïsme.

Or, on doit rejeter l'égoïsme comme fondement de la moralité.

Donc, on doit rejeter la doctrine des Utilitaires.

A la majeure. — Toute action est bonne, qui sert à augmenter le bonheur de l'homme, nous disent les Utilitaires, de sorte que si quelqu'un y trouvait son avantage, il pourrait tuer son voisin, et son action serait bonne. Ainsi, l'homme ne devrait regarder que lui seul; et, les autres hommes ne devraient être à ses yeux que des moyens devant lui servir à trouver son bonheur. Il serait ainsi la fin de toute la création et de tous les autres hommes.

A la mineure. — L'homme, en effet, n'est point sa propre fin, et les autres hommes ne doivent point tendre vers lui comme vers leur fin. Tous les hommes ont été faits directement pour Dieu leur fin commune et universelle; et le vil égoïsme n'est que la destruction de cet ordre fondamental.

Contre Puffendorf.

V° THÈSE

LA MORALITÉ DES ACTIONS HUMAINES DÉPEND IMMÉDIATEMENT DE L'ORDRE OBJECTIF DES CHOSES, CONNU PAR LA RAISON. ELLE DÉPEND MÉDIATEMENT DE L'ORDRE DE LA BONTÉ

ET DE LA SAGESSE DIVINES. ELLE NE PEUT PAS ABSOLU-
MENT DÉPENDRE DE LA LIBRE VOLONTÉ DE DIEU.

Prænotanda

Il y a une infinité d'essences, et chacune d'elles a une perfection intrinsèque plus ou moins grande ; car les essences sont plus ou moins parfaites les unes comparées aux autres. L'ordre objectif ou essentiel des choses n'est que la disposition des essences selon leur degré de perfection : c'est-à-dire qu'un être plus parfait doit passer avant un être moins parfait.

L'homme lui-même a sa place dans cette série des essences. Ainsi, il est inférieur à Dieu, égal par nature aux autres hommes, supérieur aux autres êtres matériels. Dans l'homme lui-même, la nature spirituelle est supérieure à la nature corporelle.

L'homme doit donc, pour être bien ordonné, se soumettre à Dieu, ne pas s'abaisser au-dessous des brutes, et préférer les biens de l'âme aux biens du corps. Tel est pour l'homme l'ordre objectif des choses.

Nous disons que toute action est bonne, qui est conforme aux relations essentielles de l'homme avec les autres êtres, et que toute action est mauvaise, qui est contraire à ces relations, et qui trouble l'ordre objectif des choses.

Ire Partie. — La règle suprême de la moralité est celle que la raison, déterminée par l'évidence, approuve et voit devoir être observée.

Or, la raison, déterminée par l'évidence, approuve et dit qu'il faut conserver l'ordre objectif des choses.

Donc, l'ordre objectif des choses est la règle de la moralité.

A la majeure. — La raison, lorsqu'elle est déterminée par la force de l'évidence, ne peut pas se tromper. Lorsque, déterminée par l'évidence, elle dit qu'il nous faut suivre une règle, nous devons la suivre ; et, les actions qui lui seront conformes seront des actions honnêtes.

A la mineure. — En effet, la raison, aussitôt qu'elle connaît l'ordre objectif des choses, et les relations essentielles de l'homme, juge qu'un être moins parfait est digne d'une moindre estime qu'un être plus parfait, de même que l'être doit être préféré au néant. Ainsi, je vois un végétal et un minéral. Je dis : le végétal doit passer avant le minéral, parce qu'il a une plus grande perfection. — L'âme doit être préférée au corps, etc.

II° Partie. — La moralité des actions humaines dépend immédiatement de l'ordre objectif des choses.

Or, ce qui dépend immédiatement de l'ordre objectif des choses, dépend médiatement de la bonté et de la sagesse divines.

Donc, la moralité des actions humaines dépend immédiatement de la bonté et de la sagesse divines.

La majeure n'est que la première partie de la thèse.

A la mineure. — L'ordre objectif des choses consiste dans les relations et la disposition des essences selon leur degré de perfection. Or, les essences des choses dépendent de l'Intellect divin, dont elles ne sont que des imitations : car c'est Dieu qui connaît ces essences, qui les veut, et qui les dispose. Donc, ce qui dépend immédiatement des essences des choses, dépend médiatement de l'essence de Dieu, c'est-à-dire de sa Sagesse et de sa bonté.

III° Partie. — Puffendorf prétendit que telles actions sont bonnes, et telles autres sont mauvaises, parce que Dieu l'a voulu ainsi fort librement. Pour nous, nous affirmons que quelques actions sont bonnes et quelques autres mauvaises, parce que Dieu l'a voulu, mais qu'il n'en est pas ainsi de toutes, absolument parlant. En effet :

La moralité de plusieurs actions est immuable.

Or, ce qui est immuable ne dépend pas de la libre volonté de Dieu.

Donc, la moralité de plusieurs actions ne dépend point de la libre volonté de Dieu.

A la majeure. — Il y a un grand nombre d'actions, qui en elles-mêmes sont mauvaises, et que Dieu lui-même ne peut pas rendre bonnes, comme le vol, l'homicide, la trahison, le mépris de Dieu, etc. De même, il y a un grand nombre d'autres actions, qui sont bonnes en elles-mêmes, et qui ne peuvent jamais devenir mauvaises, comme honorer Dieu, obéir à ses parents, aimer ses enfants, etc. Il y a donc des actions dont la moralité est immuable.

A la mineure. — Une chose qui est immuable ne peut pas être autre chose qu'elle n'est; or, ce qui dépend de la libre volonté de Dieu peut changer, puisque Dieu peut librement le détruire ou le changer. Donc, ce qui est immuable ne dépend pas de la libre volonté de Dieu.

Ajoutons que si la bonté ou la malice des actions humaines ne dépendait que de la libre volonté de Dieu, l'homme, par les seules lumières de la raison, et sans la révélation positive de Dieu, ne pourrait pas connaître ce qui est bon ou ce qui est mauvais. Il n'y a rien de plus absurde que cette conséquence. C'est la destruction totale de la Raison par le Rationalisme lui-même !

Contre Robinet et les Sensualistes, Hutcheson, Thomas Reid et l'École écossaise.

VI° THÈSE

LE JUGEMENT DE LA MORALITÉ N'APPARTIENT POINT A UN SENS CORPOREL, OU A UN SENS SPIRITUEL, MAIS SEULEMENT A L'INTELLECT ET A LA RAISON

Prænotanda.

Robinet, partisan du Sensualisme moderne, enseigne

qu'il y a en nous une inclination naturelle par laquelle nous jugeons de la bonté ou de la malice de nos actions. Cette disposition ou inclination, qu'il appelle *instinct moral*, n'est autre chose qu'un sens interne, distinct de tous les autres sens externes, qu'il compare au sens du goût, et dont le jugement infaillible précède tout raisonnement. Ce sens, dit-il, exerce son opération au moyen d'un organe appelé *organe moral*, qui est dans les fibres du cerveau.

Iʳᵉ Partie. — Le jugement de la moralité est universel, absolu et immuable.
Or, ce qui est absolu, universel et immuable ne peut pas dépendre d'une inclination sensible.
Donc, le jugement de la moralité n'appartient point à un sens corporel.

A la majeure. — Il y a, en effet, certaines actions qui, universellement et invariablement, sont jugées comme bonnes, d'autres comme mauvaises. (Voir Thèse IVᵉ).

A la mineure. — L'inclination sensible varie selon la disposition de l'organe ; ainsi, un organe bien disposé n'éprouve pas les mêmes sensations qu'un organe malade ou mal disposé ; de même, pour nous servir de la comparaison de nos adversaires, ce qui a une odeur agréable pour les uns a une odeur détestable pour les autres. Donc, ce qui dépend de la sensation ne peut être que quelque chose de variable et de particulier.

Le jugement de moralité ne peut être porté par une faculté incapable de raisonner et de juger.
Or, un sens corporel est incapable de raisonner et de juger.
Donc, un sens corporel ne peut pas juger de la moralité des actions humaines.

A la majeure. — En effet, pour distinguer le bien du mal, il faut des jugements, des raisonnements, des idées générales, puisque ce discernement du bien et du mal suppose la connaissance des relations essentielles de l'homme et de l'ordre. Donc, une faculté incapable de juger, de raisonner, d'avoir des idées générales ne peut pas juger de la moralité des actions humaines.

A la mineure. — Les sens sont des facultés purement passives, qui perçoivent seulement ce qui frappe actuellement et physiquement les organes, et par conséquent ils ne peuvent pas avoir d'idées générales, juger et raisonner. Si les sens pouvaient porter un jugement, les animaux eux-mêmes jouiraient de cette faculté de raisonner.

Prœnotanda ad. II.

Hutcheson, père de l'École écossaise, et Thomas Reid disent qu'il existe en nous une faculté qu'ils appellent *sens moral*. Cette faculté, distincte de toutes nos autres facultés, spirituelles ou corporelles, est elle-même spirituelle, et de beaucoup supérieure à toutes les autres, puisqu'elle dirige pour ainsi dire la vie de l'homme tout entière. Ils attribuent le jugement de la moralité à cette faculté, qui agit par une inclination naturelle et un instinct aveugle. C'est faux. En effet :

II° PARTIE. — Cette doctrine admet que le jugement pratique est porté par un instinct aveugle.

Or, un jugement porté par un instinct aveugle et sans raison est absurde.

Donc, on doit rejeter la doctrine de l'École écossaise.

A la majeure. — Elle n'est que la déclaration de nos adversaires. D'après eux, nous disons : tel acte est bon, tel acte est mauvais, par un instinct aveugle et par une inclination naturelle qui nous poussent à porter ces jugements.

A la mineure. — Soit qu'il s'agisse d'une vérité pratique, soit qu'il s'agisse d'une vérité spéculative, nous portons un jugement lorsque nous voyons la convenance du sujet et de l'attribut. Or, ce n'est pas par un instinct aveugle, mais par la raison que nous voyons cette convenance ou cette disconvenance. Donc, le jugement pratique, porté par un instinct aveugle, répugne.

IIIᵉ Partie. — Le jugement qui suppose la connaissance de certaines relations abstraites, ne peut appartenir qu'à l'intelligence ou à la raison.

Or, le jugement de la moralité suppose la connaissance de relations abstraites.

Donc, le jugement de la moralité ne peut appartenir qu'à l'intelligence ou à la raison.

A la majeure. — Seule, l'intelligence peut abstraire des choses sensibles une idée générale, et percevoir les relations abstraites. Si ces relations sont connues immédiatement et sans raisonnement, on dit qu'elles sont connues par l'intelligence; si elles ne sont connues que par le raisonnement, on dit qu'elles sont connues par la raison (V. Logique, Thèse XI).

A la mineure. — Le jugement de la moralité suppose la connaissance de la relation qui existe entre un acte et la fin dernière de l'homme; puisqu'un acte moral est celui qui est conforme à l'ordre objectif des choses pour atteindre la fin dernière.

VIIᵉ THÈSE

L'IGNORANCE ANTÉCÉDENTE, INVINCIBLE, ENLÈVE LE VOLONTAIRE, MAIS IL N'EN EST PAS DE MÊME DE L'IGNORANCE CONCOMITANTE, OU CONSÉQUENTE. — LA COACTION ABSOLUE NE PEUT ATTEINDRE LES ACTES ÉLICITES, ET DÉ-

TRUIT LE VOLONTAIRE ; MAIS LA COACTION « SECUNDUM QUID », NE DÉTRUIT PAS LE VOLONTAIRE.

Prænotanda

L'acte volontaire est celui qui procède d'un principe intérieur, avec la connaissance de la fin. Comme on le voit, deux choses concourent à former le volontaire : 1° La connaissance de la raison ; et 2° l'assentiment ou tendance de la volonté. Si l'une de ces deux choses vient à manquer, l'acte n'est pas volontaire. Le manque de connaissance, c'est l'ignorance.

L'ignorance antécédente est celle qui précède l'acte de la volonté, cet acte ne serait pas posé, s'il y avait connaissance. Ainsi, je mange de la viande un vendredi, sans y penser. Si j'y pensais, je m'en abstiendrais. Je suis dans l'ignorance antécédente.

L'ignorance concomitante est celle qui précède l'acte de la volonté, quand cet acte serait posé, lors même qu'il y aurait connaissance. Un impie mange de la viande un vendredi. Il ne pense point que c'est vendredi ; mais le saurait-il, qu'il ne s'en abstiendrait pas. Il est dans l'ignorance concomitante.

L'ignorance conséquente est celle qui est voulue directement ou indirectement : ainsi, celui qui, pour ignorer la philosophie, déchirerait l'auteur qu'on lui met entre les mains (*ignorance affectée*), ou celui qui ne saurait pas sa leçon, parce qu'il aurait négligé de l'étudier (*ignorance crasse*), seraient dans l'ignorance conséquente.

Iʳᵉ PARTIE. — Ce qui constitue essentiellement le volontaire, c'est la connaissance de l'objet et de la fin.

Or, l'ignorance antécédente détruit la connaissance de l'objet et de la fin.

Donc, l'ignorance antécédente détruit le volontaire.

La majeure paraît évidente d'après la définition du volontaire.

A la mineure. — Nous savons, en effet que l'ignorance antécédente précède l'acte de la volonté, et, par conséquent, la volonté, en agissant, ne connaît pas l'objet, de telle sorte que, si elle le connaissait, elle s'abstiendrait. Exemple : Un chasseur tue un homme, croyant tuer un cerf.

Remarquons que si l'ignorance antécédente est vincible, elle ne détruit pas complètement le volontaire. Elle ne fait que le diminuer.

II⁰ Partie. — Un acte est involontaire, lorsqu'il est fait contre l'inclination de la volonté.

Or, un acte fait dans l'ignorance concomitante n'est pas contre l'inclination de la volonté.

Donc, l'ignorance concomitante ne produit point un acte involontaire

La majeure est évidente.

A la mineure. — L'homme, agissant dans l'ignorance concomitante, agit de telle sorte qu'il poserait son action, lors même qu'il aurait la connaissance de l'objet. Supposons un homme qui a l'idée fixe de tuer son ennemi. En chassant, il le tue, croyant tuer un cerf. Cette action est faite sans connaissance, mais non contre l'intention de la volonté.

III⁰ Partie. — L'ignorance conséquente est celle qui est voulue.

Or, l'ignorance qui dépend de la volonté ne détruit point le volontaire.

Donc, l'ignorance conséquente ne détruit point le volontaire.

La majeure est la définition de l'ignorance conséquente.

A la mineure. — L'ignorance est la cause pour laquelle l'action est faite, puisque s'il y avait connaissance, l'action ne serait plus faite. Or, celui qui veut la cause, veut aussi les effets qui doivent suivre de cette cause. Donc, celui qui veut l'ignorance, veut aussi les actions qui suivront de cette ignorance. Bien plus, l'ignorance affectée augmente le volontaire, puisque l'action qui en résulte est voulue en elle-même et dans sa cause.

Prænotanda ad IV

La coaction, ou la violence absolue est une force extrinsèque portée à quelqu'un qui résiste. Ainsi, une action violente est celle qui procède d'un principe extérieur, alors que le sujet résiste.

La coaction *secundùm quid* a lieu lorsque celui qui souffre violence ne résiste pas autant qu'il pourrait.

IV$_e$ Partie. — Ce qui est tout intérieur ne peut être atteint par la violence.

Or, les actes élicites sont des actes tout intérieurs.

Donc, ils ne peuvent être atteints par la violence.

A la majeure. — Une force extérieure ne peut produire qu'un effet extérieur, et par conséquent ce qui est tout intérieur ne peut être atteint par une force extérieure. Or, la violence est une force purement extérieure. Donc, ce qui est tout intérieur ne peut être atteint par la violence.

A la mineure. — Les actes élicites sont ceux qui procèdent immédiatement de la volonté, comme, par exemple, l'amour de la science. Or, la volonté est un principe tout à fait intérieur. Donc, les actes élicites sont intérieurs, et si je veux aimer la science, aucune force extérieure ne pourra empêcher cet amour.

Prænotanda ad V

Si la violence ne peut atteindre les actes élicites procédant immédiatement de la volonté, elle peut atteindre les actes provenant des facultés extérieures agissant sous l'ordre de la volonté. En morale, ces derniers actes sont appelés impérés, *imperati*. Rien ne peut empêcher en moi l'amour de la science ; mais on peut m'empêcher d'acquérir la science en arrêtant les membres de mon corps dans l'exécution des actes de ma volonté.

V° Partie. — Le volontaire est un acte qui procède d'un principe intérieur, et selon l'inclination de l'agent.

Or, une action faite par violence absolue, est celle qui procède d'un principe extérieur, et contre l'inclination de l'agent.

Donc, une action qui est faite par la violence absolue, n'est pas volontaire.

La majeure est évidente, d'après la définition du volontaire (*Prænotanda ad I*).

La mineure paraît claire, après la notion de la violence absolue (*Prænotanda ad IV*).

La coaction absolue peut donc atteindre les actes impérés : jamais elle n'atteint les actes élicites.

VI° Partie. — De ceci, il paraît évident que la coaction *secundùm quid* ne détruit pas complètement le volontaire. En effet, la violence *secundùm quid* suppose bien une certaine résistance, mais aussi un certain consentement. Celui donc qui subit la violence, fera un acte plus ou moins volontaire, selon la plus ou moins grande résistance qu'il opposera à la violence. Ainsi, un général, défendant une place assiégée, doit résister jusqu'à la fin ; s'il se rend sans y être absolument forcé, sa capitulation ne sera pas tout à fait involontaire.

VIII° THÈSE

LA CONCUPISCENCE ANTÉCÉDENTE AUGMENTE LE VOLONTAIRE, ET DIMINUE LA LIBERTÉ ; LA CONCUPISCENCE CONSÉQUENTE AUGMENTE LE VOLONTAIRE, SANS DIMINUER LA LIBERTÉ. — LES ACTES POSÉS PAR SUITE D'UNE CRAINTE GRAVE

SONT LIBRES « SIMPLICITER », ET INVOLONTAIRES « SE-
CUNDUM QUID ».

Prænotanda

La concupiscence est un appétit, une tendance de la faculté sensitive, qui pousse violemment la volonté à poursuivre un bien sensible, ou à éviter un mal sensible. On distingue la concupiscence antécédente et la concupiscence conséquente.

La concupiscence *antécédente* est celle qui s'élève dans l'homme, indépendamment de tout acte de la volonté.

La concupiscence *conséquente* est celle qui est excitée en nous par notre propre volonté, ou du moins, celle que nous entretenons volontiers.

Ire Partie. — La cause qui augmente le mouvement de la volonté, augmente le volontaire.

Or, la concupiscence antécédente augmente le mouvement de la volonté.

Donc, la concupiscence antécédente augmente le volontaire (au moins quant à l'intensité).

A la majeure. — Si on augmente une cause, son effet augmente proportionnellement. Or, le volontaire dépend du mouvement de la volonté, comme de sa cause. Donc, ce qui augmente le mouvement de la volonté, augmente aussi le volontaire.

A la mineure. — D'après la définition donnée plus haut, il est clair que la concupiscence, par ses attraits, entraîne et porte plus vivement la volonté vers l'objet de sa concupiscence.

IIe Partie. — La cause qui diminue l'indifférence de la volonté, diminue l'acte libre.

Or, la concupiscence antécédente diminue l'indifférence de la volonté.

Donc, la concupiscence antécédente diminue l'acte libre.

A la majeure. — La liberté consiste dans l'indifférence de la volonté entre deux objets.

A la mineure. — La concupiscence antécédente incline fortement la volonté vers un objet plutôt que vers un autre, et, par conséquent, elle diminue l'indifférence de la volonté, sans cependant la détruire entièrement.

IIIe Partie. — La cause qui augmente le mouvement de la volonté, augmente le volontaire.

Or, la concupiscence conséquente augmente le mouvement de la volonté.

Donc, la concupiscence conséquente augmente le volontaire.

La majeure est la même que celle que nous avons déjà prouvée dans la première partie.

A la mineure. — La concupiscence, en effet, qu'elle soit antécédente ou conséquente, rend toujours plus vif et plus intense le mouvement de la volonté vers l'objet de la concupiscence.

IVe Partie. — Ce qui ne diminue pas l'indifférence de la volonté, ne diminue pas l'acte libre.

Or, la concupiscence conséquente ne diminue pas l'indifférence de la volonté.

Donc, la concupiscence conséquente ne diminue pas l'acte libre.

A la majeure. — Comme nous l'avons dit plus haut, la liberté consiste dans l'indifférence de la volonté entre deux objets.

A la mineure. — La concupiscence conséquente est excitée et entretenue en nous par un acte libre de la volonté ; ainsi, la concupiscence conséquente, bien qu'elle diminue l'indifférence de la volonté, en la poussant plus vivement vers un objet que vers un autre, ne diminue pas l'acte libre, puisque la volonté excite elle-même cette concupiscence, et qu'elle veut, et consent ainsi, fort librement, à être excitée vers un objet plutôt que vers un autre. Ainsi, les jeunes gens qui vont au théâtre, sachant fort bien que de cette fréquentation naîtra en eux une concupiscence qui les portera aux péchés les plus graves, commettent des péchés fort libres, puisque la cause en a été voulue fort librement.

Praenotanda ad V

La crainte est un tremblement de l'esprit par suite d'un mal imminent. La crainte est légère, grave ou très grave, selon la gravité du mal qui nous menace. La crainte est distincte de la violence, en ce que celle-ci est une force physique et extérieure agissant sur le corps; tandis que la crainte est une force qui agit moralement sur la volonté.

Ve PARTIE. — Les actes libres sont ceux qui procèdent de l'élection de la volonté.

Or, les actes posés dans une crainte grave procèdent de l'élection de la volonté.

Donc, les actes posés par suite d'une crainte grave sont des actes libres.

A la majeure. — Nous savons, en effet, que l'acte libre consiste dans l'élection de la volonté entre deux objets.

A la mineure. — Dans les actes posés par suite d'une crainte grave, la volonté, après avoir tout considéré de part et d'autre, se détermine enfin d'un côté et pose son acte. Ainsi, un marchand qui, par crainte d'un naufrage, jette ses marchandises à la mer, considère d'abord son avantage, et puis choisit lui-même cette action comme préférable.

VIe PARTIE. — Un acte involontaire *secundùm quid* est celui qui est fait volontairement, mais avec quelque répugnance.

Or, un acte posé par suite d'une crainte grave est posé volontairement, mais avec quelque répugnance.

Donc, un acte posé par suite d'une crainte grave est involontaire *secundùm quid*.

La majeure est la définition de l'acte involontaire, *secundum quid*. En effet, cet acte est volontaire d'un côté, puisque c'est la volonté qui le pose ; et, d'un autre côté, il est involontaire sous un certain rapport, puisque la volonté, si elle se trouvait placée dans d'autres circonstances, ne poserait pas cet acte.

A la mineure. — Les actes posés par suite d'une crainte grave ne seraient point posés, si le motif de crainte était absent. Ils sont donc posés avec quelque répugnance. Ainsi, dans l'exemple cité plus haut, le marchand, s'il ne craignait pas le naufrage, ne jetterait point ses marchandises à l'eau ; et, sous ce rapport, son action est involontaire.

IX° THÈSE

LES ACTES HUMAINS TIRENT LEUR MORALITÉ DE L'OBJET, DE LA FIN ET DES CIRCONSTANCES. IL Y A DES ACTES INDIFFÉRENTS, SI ON LES CONSIDÈRE D'UNE MANIÈRE ABSTRAITE, MAIS IL N'Y A AUCUN ACTE INDIFFÉRENT, SI ON LES CONSIDÈRE DANS L'INDIVIDU OU AGENT.

Ire Partie. — Ce qui en soi comporte une convenance ou ne disconvenance avec l'ordre objectif des choses, donne leur oralité aux actes humains.

Or, l'objet formel de l'acte comporte une convenance, ou une isconvenance avec l'ordre objectif des choses.

Donc, les actes humains tirent leur moralité de leur objet.

A la majeure. — Nous savons, en effet, que l'ordre objectif des choses est la règle de la moralité des actes umains ; et qu'un acte est bon ou mauvais, selon qu'il st conforme ou non à l'ordre objectif des choses. (Voir hèse V°).

A la mineure. — L'objet formel d'un acte est la relation e cet acte avec l'ordre objectif des choses. Or, cette elation est ou une relation de convenance, ou une relation de disconvenance. Donc, l'objet formel entraîne avec soi une idée de convenance ou de disconvenance avec l'ordre objectif des choses. Ainsi, il y a des actions, objectivement bonnes ou mauvaises, considérées en elles-mêmes, abstraction faite de l'homme qui les pose, selon qu'elles sont conformes ou non à l'ordre établi par le Créateur. Honorer ses parents, donner l'aumône à un pauvre, sont des choses bonnes par elles-mêmes. Au contraire, haïr ses parents, ou commettre un homicide est par soi un mal.

II° PARTIE. — Ce qui peut donner aux actes humains la conformité ou la non conformité avec l'ordre objectif des choses, peut leur donner la moralité.

Or, la fin de l'agent peut donner à l'acte la conformité ou la non conformité avec l'ordre objectif des choses.

Donc, les actes peuvent tirer leur moralité de la fin de l'agent (*ex fine operantis*).

La majeure est évidente.

A la mineure. — La fin de l'agent est ce que se propose la volonté, c'est l'objet vers lequel la volonté dirige son acte. Or, l'objet donne aux actes leur conformité ou leur non conformité avec l'ordre objectif des choses. Donc, la fin de l'agent donne aux actes la conformité ou la non conformité avec l'ordre objectif des choses.

Donc, les actes tirent leur moralité de la fin de l'agent : ainsi, quand quelqu'un commet un vol dans l'intention de commettre un homicide, la malice du vol est considérablement augmentée ; ou encore, si quelqu'un donne l'aumône à un pauvre afin de trouver en lui un aide pour commettre un crime, cette fin rendra mauvaise l'action bonne en elle-même.

III° PARTIE. — Ce qui peut donner aux actes humains une convenance ou une disconvenance plus ou moins grande avec l'ordre objectif des choses, peut influer sur leur moralité.

Or, les circonstances aggravantes peuvent donner aux actes

humains une convenance ou une disconvenance plus ou moins grande avec l'ordre objectif des choses.

Donc, les actes humains tirent leur moralité des circonstances aggravantes.

La majeure est évidente.

A la mineure. — Nous la prouverons par un exemple. Si quelqu'un commet un vol, il agit contre la justice; mais s'il vole un objet consacré au culte divin, il agit et contre la justice, et contre un devoir de religion. Celui qui tuerait son père, pécherait plus gravement que celui qui commettrait un simple homicide. Si, pauvre moi-même, je donne l'aumône à un pauvre, la bonté de mon action est augmentée par cette circonstance, etc.

Nota. — Une ligne qui dévie en un point, ne peut plus être une ligne droite. Il en est de même d'une action qui, ne fût-ce qu'en un seul point, dévierait de la droite direction. C'est le sens de cet axiome de l'École : *Bonum ex integra causa, malum ex quocunque defectu.*

IVᵉ Partie. — Un acte qui, en lui-même, ne présente aucune convenance ou aucune disconvenance avec l'ordre objectif des choses, est un acte indifférent en soi.

Or, il y a des actes qui, en eux-mêmes, ne présentent aucune convenance ou aucune disconvenance avec l'ordre objectif des choses.

Donc, il y a des actes qui, en eux-mêmes, c'est-à-dire, considérés d'une manière abstraite, sont indifférents.

A la majeure. — Si l'acte est conforme à l'ordre objectif des choses, il est bon ; s'il lui est contraire, il est mauvais. L'acte sera donc indifférent, s'il n'est ni conforme, ni contraire à cet ordre objectif des choses.

A la mineure. — Les actes sont spécifiés par leur objet, de sorte qu'un acte dont l'objet est conforme à l'ordre objectif des choses, est un acte bon ; un acte dont l'objet est contraire à l'ordre objectif des choses, est un acte mauvais ; et un acte dont l'objet n'est ni conforme ni contraire à l'ordre objectif des choses, est un acte indifférent. Or, il y a un grand nombre d'actes dont l'objet, considéré en lui-même, n'est ni conforme ni contraire à l'ordre objectif des choses, comme par exemple, cueillir une fleur, lever de terre un brin de paille, se promener, se frotter les mains, aller à la campagne, etc. Donc, il y a un grand nombre d'actes qui, considérés en eux-mêmes, ne sont ni conformes, ni contraires à l'ordre objectif des choses.

Contre les Scotistes

Vᵉ PARTIE. — Un acte qui a quelque convenance ou quelque disconvenance avec l'ordre objectif des choses, n'est pas un acte indifférent.

Or, un acte, considéré concrètement dans un individu, a toujours quelque convenance ou quelque disconvenance avec l'ordre objectif des choses.

Donc, il n'y a aucun acte indifférent, si on les considère dans un individu.

A la majeure. — Nous savons, en effet, qu'un acte n'est indifférent que dans le cas où il n'est ni conforme ni contraire à l'ordre objectif des choses.

A la mineure. — L'homme, étant un être raisonnable, est tenu de diriger tous ses actes vers une fin honnête, conforme à la raison, et il est nécessaire que ses actes soient conformes à cette fin ou non. S'ils lui sont conformes, ils sont bons ; sinon, ils sont mauvais. Donc, tout acte, considéré concrètement, c'est-à-dire dans l'individu ou agent rationnel, est ou bon, ou mauvais, jamais indifférent.

Nota. — Remarquons bien que si un acte est fait sans réflexion de la raison (comme se friser la barbe, se frotter les mains, remuer le pied, etc.), cet acte ne sera pas un acte humain et moral. Bien qu'il puisse alors être indifférent, ceci n'affaiblira en rien notre thèse thomiste, puisque nous ne parlons que des actes humains, c'est-à-dire des actes qui procèdent d'une délibération de la volonté concrète de l'agent. Dans ce sens, se friser est un acte moral, et se frotter les mains ne l'est pas moins. Poser le premier provient d'une grande vanité; s'abstenir de l'autre peut être une grande mortification surtout en hiver.

X° THÈSE

LES ACTES, BONS OU MAUVAIS, SONT IMPUTÉS AVEC RAISON, A L'HOMME AGISSANT LIBREMENT ET QUI PAR SES ACTIONS PEUT MÉRITER OU DÉMÉRITER AUPRÈS DE SES SEMBLABLES, DE LA SOCIÉTÉ ET DE DIEU.

Prænotanda ad I

L'imputabilité est cette propriété en vertu de laquelle une action est attribuée à l'homme, comme à son auteur et à sa cause.

Ire PARTIE. — Un acte bon ou mauvais est imputé avec raison à sa cause.

Or, l'homme agissant librement, est la cause de son acte bon ou mauvais.

Donc, les actes bons ou mauvais sont imputés avec droit à l'homme agissant librement.

A la majeure. — Tout effet est attribué avec raison à la cause qui l'a produit.

A la mineure. — L'homme, agissant librement, est la cause de son acte, puisque la volonté se détermine librement, et que d'elle il dépend que l'acte soit posé ou non.

Prænotanda ad II

Une action est méritoire, lorsqu'on lui doit une rétribution, ou récompense. Une action déméritoire est celle à laquelle est due une peine ou un châtiment. Le mérite n'est donc autre chose que l'exigence de rétribution à cause de l'avantage ou du désavantage qu'une action cause à autrui.

II⁰ Partie. — Celui qui peut faire des actions à l'avantage ou au détriment d'autrui, peut mériter ou démériter auprès des autres.

Or, l'homme peut faire des actions à l'avantage ou au détriment d'autrui.

Donc, l'homme peut mériter ou démériter auprès des autres.

A la majeure. — 1° Celui-là mérite, qui fait une action à laquelle est due une rétribution. Or, celui qui fait une action à l'avantage d'autrui, fait une action à laquelle est due une rétribution. Donc, celui-là mérite auprès des autres, qui fait une action à l'avantage d'autrui. *Je prouve la mineure :* En effet, entre celui qui a reçu un bienfait et celui qui le rend, il se fait une inégalité et une disproportion, que la raison réprouve dans l'ordre moral aussi bien que dans l'ordre physique.

L'égalité sera rétablie, si celui qui a reçu le bienfait, rend autant qu'il a reçu, ou du moins s'il récompense son bienfaiteur par un sentiment de reconnaissance.

2° Par le même raisonnement, on montrerait que celui qui fait une action au détriment d'autrui, doit réparer le dommage qu'il a causé, en rendant de ses biens autant que son action en a ravi à autrui.

La mineure est éminemment prouvée par l'expérience quotidienne.

III⁰ Partie. — Celui qui peut faire des actions à l'avantage ou au détriment du bien commun, peut mériter ou démériter auprès de la société.

Or, l'homme peut faire des actions à l'avantage ou au détriment du bien commun.

Donc, l'homme peut mériter ou démériter auprès de la société.

La majeure se prouve par la même raison que la majeure de l'argument précédent.

A la mineure. — Celui qui peut faire une action à l'avantage ou au détriment d'un individu vivant dans la société, peut faire par cela même une action avantageuse ou nuisible à la société tout entière. De même celui qui guérit ou blesse le pied ou la main, guérit ou blesse, par le fait même, l'homme tout entier.

IV° Partie. — Celui qui peut faire une action à l'avantage ou au détriment de Dieu, peut mériter ou démériter auprès de Dieu.

Or, l'homme peut faire des actions à l'avantage ou au détriment de Dieu.

Donc l'homme peut mériter ou démériter auprès de Dieu.

La majeure est évidente.

A la mineure. — Quoique la gloire intrinsèque de Dieu ne puisse recevoir aucune augmentation ou aucune diminution, il n'en est pas de même pour sa gloire extrinsèque. Dans ce sens, donc, l'homme, lorsqu'il augmente la glorification de Dieu, et l'honneur que lui accordent les créatures, fait une action à l'avantage de Dieu. (Voir Théodicée, Thèse XXII°). — De plus, Dieu est l'auteur et le gouverneur de la société, et celui qui peut mériter ou démériter auprès de la société, peut par cela même mériter ou démériter auprès de Dieu.

Contre Stuart-Mill, Proudhon, Coignet, Michelet, A. Comte P. Janet, Massol, Caubet, Brisson, etc.

XI° THÈSE

ON DOIT ADMETTRE EN DIEU LA LOI ÉTERNELLE, ET DANS L'HOMME LA LOI NATURELLE. L'AUTONOMIE DE LA RAISON

OU MORALE INDÉPENDANTE EST UN NON-SENS DE NOS RATIONALISTES CONTEMPORAINS.

Prænotanda ad I et II

La *loi éternelle,* d'après saint Augustin, n'est que la raison ou la volonté de Dieu, ordonnant la conservation et défendant la perturbation de l'ordre.

La *loi naturelle* n'est autre chose que la participation, l'expression de la loi éternelle dans la créature raisonnable. C'est la raison de l'homme voyant ce qu'il faut faire et ce qu'il faut éviter.

Ire Partie. — Toute loi existe dans l'esprit de son auteur, avant d'être promulguée.

Or, la loi naturelle, qui a Dieu pour auteur, a été promulguée dans le cœur de l'homme.

Donc, la loi naturelle existe en Dieu (c'est en ce sens qu'on l'appelle loi éternelle).

La majeure est bien claire, puisque la promulgation n'est autre chose que l'expression d'une loi qui existe déjà.

La mineure se prouve par l'expérience interne de chacun de nous.

II° Partie. — On doit admettre dans l'homme ce que témoigne la conscience.

Or, la conscience témoigne l'existence de la loi naturelle dans l'homme.

Donc, on doit admettre dans l'homme l'existence de la loi naturelle.

La majeure est certaine, car le témoignage de la conscience est un critérium de vérité.

A la mineure. — Chacun de nous entend la voix de sa conscience, qui lui ordonne de faire le bien et d'éviter le mal. Cette voix est comme une loi impérieuse. Celui qui lui résiste, est bourrelé de remords, et se reconnaît lui-même digne de châtiment.

Prænotanda ad III

L'autonomie de la raison ne serait autre chose que l'indépendance absolue de la raison. Selon les Rationalistes, la raison ne recevrait d'obligation et de détermination que d'elle-même, à l'exclusion de toute autre puissance supérieure.

IIIᵉ Partie. — On ne peut admettre ce qui est en opposition directe avec la nature de la raison.

Or, l'autonomie de la raison est en opposition directe avec la nature de la raison.

Donc, on ne peut admettre l'autonomie de la raison.

La majeure est évidente.

A la mineure. — En effet, ce qui est absolument indépendant, est infini. Or, la raison est d'une nature finie. Donc, la raison n'exclut pas toute indépendance, comme le disent les Rationalistes.

De plus, la raison reconnaît qu'elle dépend de Dieu quant à son être et quant à ses opérations. Nous l'avons démontré en Théodicée, dans les thèses de la création, de la conservation et du concours.

Enfin, cette hypothèse rationaliste de la Morale indépendante détruit toute la notion morale de l'obligation. En effet, l'être qui oblige doit être distinct de l'être qui est obligé, et même, du moins sous ce rapport, supérieur à lui. L'obligation (*ligare-ob*) suppose deux termes ou êtres bien distincts. On ne peut pas s'obliger soi-même vis-à-vis de soi-même. Or, la raison n'est pas distincte de l'homme. Elle ne lui est ni inférieure ni supérieure, puisqu'elle n'est qu'une faculté même de l'homme. Donc, de l'autonomie absolue de la raison humaine, il faut logiquement déduire la négation de toute obligation morale. Une telle conséquence est donc l'anéantissement de l'obligation et de la morale elle-même. Depuis le treizième siècle, saint Thomas a réfuté ces rêves de nos moralistes modernes (I* II* Q. 91, art. 3) en ces termes : « *Ratio humana secundum se non est regula rerum, sed principia ei naturaliter indita sunt Regulæ quædam generales et mensuræ omnium quæ sunt per hominem agenda.* »

XII° THÈSE

UNE SANCTION PARFAITE DE LA LOI NATURELLE, REGARDANT LA VIE FUTURE, EST NÉCESSAIRE. DÈS CETTE VIE, CEPENDANT, LA LOI NATURELLE A UNE SANCTION IMPARFAITE.

Prænotanda

La sanction de la loi naturelle est la récompense, ou le châtiment établi par Dieu, pour ceux qui observent ou transgressent la loi.

La sanction est parfaite, lorsque la récompense ou le châtiment égale le mérite ou le démérite, et qu'elle est capable de retenir les hommes dans le devoir.

Ire PARTIE. — On doit admettre ce que requièrent les attributs de Dieu.

Or, les attributs de Dieu requièrent nécessairement une sanction pour la loi naturelle.

Donc, la sanction de la loi naturelle est nécessaire.

La majeure est évidente.

A la mineure. — La justice et la sagesse de Dieu requièrent une sanction pour la loi naturelle. 1° L'homme peut par ses actions mériter ou démériter auprès de Dieu. Notre Thèse X° vient de le prouver. Or, la justice réclame une récompense pour le mérite et un châtiment pour le démérite : ce qui n'est autre chose que la sanction de la loi. Donc, la justice requiert nécessairement une sanction pour la loi naturelle.

2° Tout législateur sage et prudent doit veiller à l'observation de ses lois, et exciter ses sujets à les garder fidèlement. Or, l'homme, doué de la liberté, ne pourra être excité à observer la loi, sans l'espoir d'une récompense, et, il la violera facilement, s'il ne voit un énorme châtiment, attaché à sa transgression. Donc, Dieu, législateur sage et prudent, doit réserver une récompense aux fidèles observateurs, et un châtiment aux transgresseurs de la loi. C'est en cela précisément que consiste la sanction de la loi.

II° Partie. — La sanction parfaite de la loi naturelle doit avoir lieu en cette vie, ou en l'autre.

Or, la sanction parfaite de la loi naturelle ne peut avoir lieu en cette vie.

Donc, elle a lieu dans la vie future.

La majeure est évidente.

A la mineure. — La sanction parfaite de la loi naturelle requiert que la récompense égale la vertu, et que la peine égale le vice ; elle doit être capable de contenir les hommes dans le devoir. Or, dans cette vie : 1° aucune récompense ne peut égaler la vertu, puisqu'elle est fort supérieure à tous les biens d'ici-bas, et que, pour la conserver, on doit mépriser même la mort ; 2° Aucune peine ne peut égaler le vice, puisque celui-ci étant l'offense du Bien infini, qui est Dieu, ne saurait être compensé par la perte d'aucun des biens finis. Donc, dans cette vie, il ne peut y avoir de sanction parfaite pour la loi naturelle.

III° Partie. — Dieu doit diriger l'homme d'une manière conforme à sa nature.

Or, la nature humaine requiert au moins une sanction imparfaite de la loi naturelle, même dans cette vie.

Donc, il y a dans cette vie, au moins une sanction imparfaite de la loi naturelle.

A la majeure. — Dieu, en effet, ne serait pas infiniment sage s'il agissait contre la nature de l'homme, qu'il ne doit point dégrader puisqu'il en est l'auteur.

A la mineure. — La nature humaine requiert même ici-bas une récompense attachée à l'exercice de la vertu. L'exercice de la vertu a de nombreuses difficultés, et la condition de l'homme ici-bas serait insupportable, si pour pratiquer la vertu il devait affronter toutes ces difficultés et ne recevoir aucune récompense. Donc, la nature humaine requiert au moins une sanction imparfaite de la loi naturelle, même dans cette vie. D'ailleurs, en considérant bien ce qui se passe en nous et autour de nous, on voit que la vertu procure la joie, la satisfaction et la tranquillité de l'âme, tandis que le vice engendre la tristesse, la honte et le remords. La vertu nous attire l'amour et l'estime des autres hommes. Le vice nous expose toujours au mépris et au déshonneur. Donc, même dès ici-bas, il y a une récompense pour la vertu et un châtiment pour le vice. Socrate mourant confondait ses détracteurs par sa grandeur d'âme. Charles Ier Stuart marchait tranquille et fier à l'échafaud tandis que Cromwell était bourrelé de remords. Louis XVI et Marie-Antoinette, dans l'abîme de leurs infortunes, avaient une attitude si noble et un regard si pur, qu'ils en imposaient même à leurs bourreaux. Et que dire des martyrs et des saints de l'Église au milieu de leurs supplices et de leurs épreuves ? L'Apôtre saint Paul exprime leur mystérieuse félicité par cette étonnante parole : « Je surabonde de joie dans toutes mes tribulations. » Ainsi, même au comble du malheur ici-bas, le juste garde une supériorité, une force, une paix et une grandeur qui font la plus douce consolation comme la plus légitime récompense de son âme.

XIIIe THÈSE

LA LOI NATURELLE EST IMMUABLE, UNIVERSELLE ET ÉTERNELLE, ELLE S'APPUIE SUR LE SOUVERAIN DOMAINE DE

DIEU, ET SERT ELLE-MÊME DE FONDEMENT A LA LOI POSITIVE.

Ire Partie. — Ce qui est nécessairement lié avec les essences des choses, est immuable, universel et éternel.

Or, la loi naturelle est nécessairement liée avec les essences des choses.

Donc, la loi naturelle est immuable, universelle et éternelle.

A la majeure. — Les essences des choses étant immuables, universelles et éternelles, il est bien évident que ce qui est nécessairement lié avec elles sera aussi immuable, universel et éternel.

A la mineure. — La loi naturelle nous dicte la moralité des actions ; elle nous dit si telle action est bonne ou si elle est mauvaise. Or, la moralité des actions humaines est nécessairement liée avec les essences, puisque la moralité dépend de l'ordre objectif des choses, c'est-à-dire des relations des essences entre elles. Donc, la loi naturelle est nécessairement liée avec les essences des choses.

Nous pourrions ajouter que la loi naturelle est universelle, parce qu'elle est connue de tous les hommes ayant l'usage de la raison. S'il en était autrement, il y aurait des hommes qui seraient incapables d'observer l'ordre moral, et d'atteindre leur fin dernière, ce qui est directement opposé à la sagesse, à la prudence et à la bonté de Dieu.

La loi naturelle est éternelle. En effet, étant l'image et l'expression de la loi éternelle, les préceptes de la loi naturelle ne sont que les préceptes de la loi éternelle manifestés à l'homme. Or, les préceptes de la loi éternelle sont éternels. Donc, les préceptes de la loi naturelle le sont aussi.

IIe Partie. — Le fondement de la loi naturelle est le titre qui donne à Dieu le droit de l'imposer aux hommes.

Or, le titre qui donne à Dieu le droit d'imposer la loi naturelle aux hommes, est le souverain domaine que Dieu a sur toutes les créatures.

Donc, le fondement de la loi naturelle est le souverain domaine de Dieu.

La majeure n'est que l'explication de ce que nous entendons par fondement de la loi naturelle; c'est la raison pour laquelle Dieu a le droit de l'imposer aux hommes.

A la mineure. — Imposer une loi, c'est faire acte d'autorité. Celui-là seul a donc le droit d'imposer une loi, qui a l'autorité. La raison, qui donne à Dieu le droit d'imposer aux hommes la loi naturelle, est donc l'autorité et le souverain domaine qu'il a sur toutes les créatures.

Prænotanda ad III

La loi positive est celle qui est promulguée soit par parole, soit par écrit, ou par tout autre signe extérieur.

III° Partie. — Le fondement de la loi positive, c'est ce qui lui donne sa force obligatoire.

Or, c'est la loi naturelle qui donne à la loi positive toute sa force obligatoire.

Donc, la loi naturelle est le fondement de la loi positive.

La majeure n'est que l'explication de ce que nous entendons par fondement de la loi positive.

A la mineure. — La loi positive ne peut nous obliger que si elle est conforme à la loi naturelle. Dans le cas contraire, elle cesse d'être obligatoire : car l'obligation de la loi naturelle passe avant toute autre obligation, sous peine de n'être plus essentielle et nécessaire. Toute loi positive contraire à la loi naturelle n'est donc plus loi et n'engendre plus d'obligation. Exemple : Une loi qui ordonnerait aux parents de tuer ou de corrompre leurs enfants (1).

(1) Mirabeau lui-même s'est écrié au milieu de l'Assemblée nationale : « Si vous faites une loi injuste, je jure de n'y obéir jamais! »

Pascal a bien résumé toutes les objections contre l'immutabilité de la loi naturelle au chap. xxv de ses *Pensées* :

« On ne voit presque rien de juste ou d'injuste qui ne change de qualité en changeant de climat. Trois degrés d'élévation du pôle renversent toute la jurisprudence. Un méridien décide de la vérité, ou peu d'années de possession. Les lois fondamentales changent. Le droit a ses époques. Plaisante justice qu'une rivière ou une montagne borne ! — Vérité en deçà des Pyrénées, erreur au-delà ! »

Il est vrai que les Lacédémoniens ont permis le vol à leurs enfants, les Scythes l'homicide de tout étranger, quelques peuples barbares la mort de leurs vieux parents, etc... mais, on se tromperait en attribuant tous ces faits à une dérogation explicite aux prescriptions premières et fondamentales de la loi naturelle. Elles ne sont qu'une violation partielle des prescriptions secondaires de cette loi, et, une erreur dans leur application. Les Spartiates, en effet, condamnaient le vol comme vol : ils ne le permettaient qu'en certains cas aux enfants, et pour exercer leur industrie et leur habileté, voulant leur apprendre à se procurer les choses nécessaires à la vie en pays ennemi. Les Scythes traitaient de même les étrangers, non pas par esprit d'homicide (crime qu'ils punissaient impitoyablement), mais par esprit d'indépendance nationale, en les traitant comme des espions. Il faut en dire autant pour les Barbares donnant la mort à leurs parents afin de les délivrer, sur leurs propres désirs d'ailleurs, des caducités et des tourments de la vieillesse, etc. — J.-J. Rousseau, dans son *Émile*, reconnaît lui-même cette vérité : « Cet accord évident et universel de tous les hommes, certains sophistes osent le rejeter, dit-il. Ils vont chercher dans les ténèbres quelques exemples obscurs, comme si tous les penchants de la nature étaient anéantis par la dépravation d'un peuple, et que, sitôt qu'il est des monstres, l'espèce ne fut plus rien. »

XIV° THÈSE

ON DOIT RENDRE A DIEU UN CULTE INTERNE, EXTERNE ET PUBLIC.

Prænotanda

Le culte, en général, est un ensemble d'actes par lesquels nous reconnaissons et nous honorons le souverain domaine, la munificence et les autres attributs de Dieu.

Le culte interne est celui que l'on rend à Dieu par des actes purement intérieurs, comme l'adoration.

Le culte externe est l'expression sensible, la manifestation extérieure du culte interne; exemple : le jurement, les sacrifices, etc.

Le culte public est celui qui est rendu à Dieu non par un individu, mais par la société, considérée comme personne morale; ainsi, les prières publiques.

Ire Partie. — Le culte interne est un ensemble d'actes intérieurs, d'adoration, de remerciement, de prière, d'obéissance, de crainte et d'espérance. Or, on doit à Dieu l'ensemble de tous ces actes. Donc, le culte interne est dû à Dieu.

La majeure est l'explication du culte interne.

A la mineure. — Nous devons à Dieu l'adoration, parce qu'il est l'être souverain, qui ne peut être égalé par aucun autre, et qui tient tout sous sa domination. Nous devons à Dieu de la reconnaissance, parce qu'il est l'auteur et la source de tous les biens dont nous jouissons, et que c'est lui qui nous a tout donné. Nous devons adresser à Dieu des prières, parce que c'est lui qui nous donne tous les biens, et qu'il peut nous en donner de plus grands encore, si nous les lui demandons. Nous devons à Dieu l'obéissance, parce qu'il est le législateur et le roi suprême, et qu'il a un souverain domaine sur toutes les créatures. Nous devons à Dieu la crainte, parce que, dans sa puissance et sa justice souveraine, il peut punir ceux qui violeront sa loi. Nous devons avoir en Dieu une grande espérance, parce que dans sa bonté infinie, il peut récompenser les fidèles observateurs de sa loi.

II° Partie. — Celui qui a reçu de Dieu un corps uni à une âme, doit à Dieu le culte externe. Or, l'homme a reçu de Dieu un corps uni à une âme. Donc, l'homme doit à Dieu un culte externe.

A la majeure. — Celui qui a reçu de Dieu un corps uni à une âme, doit rapporter à Dieu son corps aussi bien que son âme ; car on doit rapporter à Dieu tout ce qu'on en a reçu. Or, c'est par le culte extérieur que l'homme peut rapporter son corps à Dieu. Donc, celui qui a reçu de Dieu un corps uni à une âme, doit rendre à Dieu un culte extérieur.

La mineure est évidente.

III° Partie. — On doit à Dieu le culte par lequel la société se rapporte à Lui comme à son auteur. Or, c'est par le culte public que la société se rapporte à Dieu comme à son auteur. Donc, on doit à Dieu un culte public.

A la majeure. — La société, en effet, est une personne morale qui, comme tous les autres êtres, doit être rapportée à Dieu son auteur. Par conséquent, on doit à Dieu un culte qui est nécessaire pour que la société soit rapportée à Dieu.

La mineure est évidente d'après la notion donnée ci-dessus du culte public.

Contre les Stoïciens, les Encyclopédistes à la suite de Rousseau, les Naturalistes disciples de Puffendorf, etc.

XV° THÈSE

IL EST DÉFENDU DE SE PROCURER DIRECTEMENT LA MORT, MAIS IL EST PERMIS DE SE LA PROCURER D'UNE MANIÈRE INDIRECTE ET DE MORTIFIER MODÉRÉMENT SON CORPS.

Præstanda

On se procure directement la mort lorsque l'on agit uniquement en vue de se priver de la vie. Cette action s'appelle un *suicide*. On se procure la mort d'une manière indirecte quand on agit, non en vue de se la procurer, mais afin d'atteindre un plus grand bien, pour lequel on s'expose même à périr.

Ire PARTIE. — Cette action est défendue qui viole tous les devoirs de l'homme envers Dieu, envers lui-même et envers la société. Or, le suicide est une action de cette sorte. Donc, le suicide est défendu.

La majeure est bien claire; car le droit naturel défend tout ce qui trouble l'ordre essentiel des choses. Or, une action qui viole et détruit tous les devoirs de l'homme envers Dieu, envers soi-même et envers la société, trouble cet ordre. Donc, le droit naturel défend cette action.

A la mineure. — 1° Le suicide viole et détruit tous les devoirs de l'homme envers Dieu. En effet, Dieu n'a donné la vie à l'homme que comme un moyen dont celui-ci devrait se servir pour arriver à sa fin dernière. L'homme n'a donc que l'usage de la vie. Dieu seul en est le maître, et à lui seul il appartient d'en déterminer la durée. Donc, le suicide viole le souverain domaine de Dieu, et par conséquent il viole les devoirs de l'homme envers Dieu.

2° Le suicide viole les devoirs de l'homme envers lui-même. Le premier devoir de l'homme envers soi-même est de s'aimer d'un amour bien ordonné. Or, l'homme qui se suicide ne s'aime pas d'un amour bien ordonné, puisqu'il se prive d'un bien immense, c'est-à-dire de l'existence, et de tous les autres biens qui en découlent.

3° Le suicide viole les devoirs de l'homme envers la société. L'homme a le devoir de servir la société par ses vertus, ses qualités, son courage, etc. Or, le suicide prive la société de tous ces biens. Donc, le suicide viole les devoirs de l'homme envers la société. De plus, le suicide donne le mauvais exemple. Enfin, celui qui méprise sa vie, ne fait pas beaucoup de cas de celle des autres, et l'homicide ne lui *coûtera rien*.

II° Partie. — Il est permis de laisser un bien inférieur pour en choisir un plus grand. Or, celui qui se procure indirectement la mort, fait un choix de cette sorte. Donc, il est permis de se procurer la mort d'une manière indirecte.

La majeure est certaine, car la raison nous dit qu'un bien supérieur doit être préféré à un bien inférieur.

A la mineure. — Nous savons, en effet, que l'on se procure la mort d'une manière indirecte lorsque, pour obtenir un plus grand bien, comme par exemple pour pratiquer la vertu, on s'expose même à perdre la vie. Ainsi un fils, pour délivrer sa mère, peut se précipiter dans les flammes et affronter une mort à peu près certaine.

Mais nous croyons devoir faire remarquer, en insistant, que celui qui se procure ainsi la mort d'une manière indirecte, n'a nullement, en agissant, l'intention de se procurer la mort. Il consent seulement à perdre la vie, il en fait le sacrifice, si cela est nécessaire, pour obtenir un bien de beaucoup préférable à la vie. Quelqu'un, en agissant ainsi, aurait-il la moindre intention de se débarrasser de la vie, qu'il ne se procurerait plus la mort d'une manière indirecte, mais d'une manière directe ; et c'est là qu'est le crime.

III⁰ Partie. — Ce moyen est licite qui sert à maintenir la souveraineté de l'esprit sur les sens. Or, la mortification modérée du corps est un moyen très apte à maintenir cette souveraineté. Donc, une mortification modérée du corps est permise.

A la majeure. — Le bien sensible doit être soumis au bien rationnel ; et, par conséquent, ce moyen sera licite qui empêchera les sens de se révolter contre la raison, pour la dominer.

A la mineure. — En effet, une mortification modérée du corps réprime les passions, et les mouvements immodérés de la chair, qui est dans une révolte perpétuelle contre la raison.

XVI⁰ THÈSE

L'HOMME, DANS LE CAS DE LÉGITIME DÉFENSE, PEUT ALLER JUSQU'A TUER SON INJUSTE AGRESSEUR, EN CONSERVANT TOUTEFOIS UNE MODÉRATION CONVENABLE ; MAIS, LE DUEL EST ABSOLUMENT DÉFENDU PAR LE DROIT NATUREL.

Prænotanda ad 1

Nous disons que l'homme, injustement attaqué, a le droit de se défendre, même jusqu'à la mort de son agresseur, en conservant toutefois la modération convenable (*servato tamen moderamine inculpatæ tutelæ*). Cette modération renferme les conditions suivantes : 1° On doit opposer la résistance au moment même de l'attaque (*non avant, ou après*), et il faut qu'il n'y ait aucun autre moyen d'éviter le danger. 2° On ne doit pas faire à son agressor plus de mal qu'il n'est nécessaire pour se mettre hors de danger. 3° Enfin, on ne doit pas faire violence à son agresseur en vue de se venger, mais seulement en vue de se défendre. 4° Il doit y avoir une juste proportion entre le bien défendu et le mal procuré.

Ire Partie. — Celui qui a le droit de conserver sa vie, a le droit de tuer un injuste agresseur, en conservant toutefois la modération convenable.

Or, l'homme a le droit de conserver sa vie.

Donc, l'homme a le droit de tuer un injuste agresseur, en conservant la modération convenable.

A la majeure. — Celui qui a le droit de conserver sa vie, a droit aux moyens qui sont nécessaires pour la conserver. Or, dans le cas qui nous occupe, la mort de l'agresseur injuste est un moyen nécessaire pour conserver sa vie. Il est nécessaire, puisque nous supposons que l'on conserve la modération convenable, et qu'il n'y a pas d'autre moyen de se sauver (*Prænotanda ad I*. 1°). Donc celui qui a le droit de conserver sa vie, a le droit de tuer un injuste agresseur, en conservant la modération convenable.

A la mineure. — La vie est le plus grand bien naturel que Dieu ait accordé à l'homme; elle est le fondement de tous les autres biens, et le moyen voulu pour arriver à la fin dernière.

Prænotanda ad II.

L'étymologie du mot duel, signifie *guerre de deux* (*duellum, bellum duorum*). Le duel peut se définir : « Un combat entre deux ou plusieurs personnes; entrepris pour une cause privée, et par autorité privée, étant désignés à l'avance les armes, les témoins, le temps et le lieu. »

Les causes du duel furent successivement : 1° dans les premiers temps, le désir de montrer sa force; 2° une démonstration judiciaire, pour découvrir l'innocence et la vérité ; 3° une vengeance personnelle ; 4° la réparation de l'honneur.

II° Partie. — Cette action est défendue par le droit naturel, qui renferme la malice du suicide et de l'homicide.
Or, le duel renferme la malice du suicide et de l'homicide.
Donc, le duel est défendu par le droit naturel.

La majeure est bien claire ; car le suicide et l'homicide sont défendus par le droit naturel.

A la mineure. — 1° Le suicidé n'est pas seulement celui qui se plonge un poignard dans la poitrine, mais encore celui qui sans motif légitime s'expose directement et volontairement à la mort ; donc, le duel renferme la malice du suicide. 2° Le duelliste attaque directement et volontairement la vie d'autrui, sans motif légitime. Or, ceci est un véritable homicide ; donc, le duel renferme aussi la malice de l'homicide.

Ajoutons : 1° que le duel ne peut être justifié par aucun motif légitime. Et, d'abord, quant au désir de montrer ses forces, la chose est évidente d'elle-même. 2° La démonstration judiciaire, qu'on appelait jugement de Dieu, peut-elle justifier le duel ? Mais Dieu est-il donc tenu à chaque instant, selon le bon plaisir des hommes, d'accorder miraculeusement la victoire à celui qui a de son côté le droit et la vérité ? 3° Et la vindicte personnelle ? D'abord elle n'est pas permise à un homme privé, mais seulement à l'autorité publique. De plus, celui qui cherche à se venger est-il bien sûr qu'il ne perdra pas la vie lui-même ? 4° Et enfin la réparation d'honneur ? mais le duel ne peut pas du tout réparer l'honneur. L'honneur, en effet, consiste dans la vertu, et non dans les forces du corps ou la dextérité, dans la témérité ou la forfanterie. Loin de réparer l'honneur, le duel ne fait que déshonorer par une nouvelle injustice. Vous regardera-t-on comme plus fidèle ou plus véridique, plus honnête ou plus prudent, plus sage ou plus juste parce que vous aurez transpercé la poitrine de votre adversaire, plongé toute une famille dans le deuil et le désespoir, et violé les lois fondamentales de tous les peuples civilisés ?

Contre Heineccius, Grotius, Puffendorf et tous les Communistes ou Socialistes contemporains.

XVIIe THÈSE

LE DROIT DE PROPRIÉTÉ STABLE NE PEUT PROVENIR D'UN PACTE, NI DES LOIS CIVILES. IL PROVIENT IMMÉDIATEMENT DE LA NATURE. LE FAIT PRIMORDIAL QUI DÉTERMINE CE DROIT DE PROPRIÉTÉ, EST L'EXERCICE DE L'ACTIVITÉ HUMAINE ; LE FAIT SECONDAIRE, EST UN CONTRAT LÉGITIME.

Prænotanda

La propriété est la faculté de disposer à volonté d'un bien corporel et d'en exclure les autres.

Le domaine ou le droit de propriété transitoire est celui qui n'existe que pendant un certain temps déterminé.

Le domaine ou le droit de propriété stable est celui qui dure toujours, et qui ne cesse plus d'exister dès qu'il a commencé.

Ire PARTIE. — On doit rejeter comme fausse une doctrine qui est contre l'histoire et la raison.

Or, telle est la doctrine d'après laquelle la propriété vient d'un pacte.

Donc, le droit de propriété ne vient pas d'un pacte.

La majeure est certaine, car l'histoire et la raison sont des critérium de vérité.

A la mineure. — 1° Si les hommes, au commencement de la dispersion des familles, s'étaient réunis en assemblée générale pour faire un pacte et déterminer le droit de propriété de chacun, comme le disent les partisans de ce système, ce pacte serait certainement un fait notoire, mémorable et historique. Or, aucune histoire ne fait mention de ce pacte. Donc, la doctrine soutenant que la propriété vient d'un pacte est contraire à l'histoire.

2° Elle est aussi contraire à la raison, parce que le droit de propriété stable ne peut dépendre d'une cause instable. Or, un pacte est une chose tout à fait instable, qui peut être changée par la libre volonté de l'homme. Donc, le droit de propriété stable ne peut dépendre d'un pacte.

Nous pouvons ajouter que cette doctrine conduit fatalement au Communisme ; car, ce qui dépend de la volonté libre de l'homme peut librement être changé. Si nous voulions, nous pourrions donc abroger le pacte primitif, et, par un nouveau pacte, établir la communauté ou l'égal partage des biens : ce qui n'est autre chose que le Communisme.

II° Partie. — On doit rejeter comme fausse une doctrine qui contredit l'histoire et la raison.

Or, telle est la doctrine d'après laquelle la propriété vient des lois civiles.

Donc, le droit de propriété ne vient pas des lois civiles.

La majeure est évidente.

A la mineure. — 1° Ces philosophes disent : Dès le commencement tous les biens étaient communs à tout le monde, parce que les hommes vivaient dans les forêts comme des bêtes sauvages ; mais, dans la suite, les hommes ayant formé société firent des lois par lesquelles ils déterminèrent la propriété de chacun. Or, aucune histoire ne fait mention de cet état sauvage, qu'ils appellent *état de nature*, ni de ces lois fondamentales. Donc, cette doctrine contredit l'histoire, et n'est qu'une assertion gratuite.

2° Elle contredit aussi la raison, parce que tout effet constant et universel suppose une cause constante et universelle. Or, les lois civiles sont changeantes et varient d'un peuple à l'autre, tandis que le droit de propriété stable est un droit constant et universel chez tous les peuples. Donc, le droit de propriété stable ne peut dépendre des lois civiles.

III° Partie. — Ce droit découle immédiatement de la nature, qui est nécessaire pour conserver la vie corporelle, la vie intellectuelle, la vie domestique, et la vie sociale de l'homme.

Or, tel est le droit de propriété stable.

Donc, le droit de propriété stable vient immédiatement de la nature.

La majeure est évidente, parce que, la nature réclame la conservation de la vie corporelle, de la vie intellectuelle, de la vie domestique et de la vie sociale.

A la mineure. — 1° Pour conserver sa vie corporelle, il faut que l'homme ait le droit d'acquérir les choses qui lui sont nécessaires, avant de s'en servir. Or, ce droit d'acquérir les choses nécessaires avant même de s'en servir n'est autre chose que le droit de propriété stable. Donc, le droit de propriété stable est nécessaire à l'homme pour la conservation de sa vie corporelle.

2° Le droit de propriété stable est nécessaire à l'homme pour la conservation de sa vie intellectuelle; car si l'homme, privé du droit de propriété stable, était obligé chaque jour de se procurer les choses nécessaires à la vie, il ne pourrait pas se livrer à l'étude, aux arts, à l'exercice des vertus héroïques, etc., et serait obligé de négliger tout ce qui regarde sa perfection intellectuelle.

3° Sans le droit de propriété stable, la vie de la famille serait impossible : En effet, les parents ont le devoir et l'obligation de nourrir leurs enfants, qui ne peuvent eux-mêmes se procurer les choses nécessaires à la vie. Mais comment les parents pourront-ils satisfaire à cette obligation, s'ils n'ont pas le droit de ramasser des richesses, et de se les approprier d'une manière stable ?

4° Sans le droit de posséder une propriété stable, la paix et la tranquillité de la société ne pourraient pas subsister ; car, les paresseux s'empareraient des biens qu'auraient amassés les gens laborieux ; et de là suivraient nécessairement des disputes, des discordes, etc., et, par conséquent, la guerre civile, la ruine et la mort de la Société.

Prænotanda ad IV

L'homme a donc reçu de la nature le droit de posséder une propriété stable, en général. Mais, d'où vient le droit de posséder telle propriété déterminée ? Ce droit, ne vient point de la nature ; car, la nature n'a pas donné à l'homme tel ou tel bien spécial ; mais, elle lui a donné seulement le droit de posséder, sans déterminer le bien spécial qu'il devrait occuper. Ce droit ne peut donc provenir que d'un fait juridique entre les hommes.

On peut distinguer le fait primordial, ou le fait secondaire qui détermine la propriété.

On appelle fait primordial, un acte par lequel un bien devient la propriété d'un particulier, alors qu'auparavant ce bien n'appartenait à personne.

Nous disons que le fait primordial qui détermine le droit de propriété, c'est l'exercice de l'activité humaine, et que le fait secondaire, c'est un contrat légitime.

IV° Partie. — On appelle fait primordial un fait par lequel

un bien devient la propriété d'un particulier, alors qu'auparavant ce bien n'appartenait à personne.

Or, l'exercice de l'activité humaine est le fait par lequel un bien devient la proriété d'un particulier, alors qu'auparavant ce ce bien n'appartenait à personne.

Donc, le fait primordial déterminant le droit de propriété, c'est l'exercice de l'activité humaine.

La majeure n'est que la définition du fait primordial.

A la mineure. — En effet, celui qui exerce son activité sur un objet quelconque, imprime à cet objet le sceau de sa personnalité, en d'autres termes, il le fait sien ; car il lui a donné quelque chose de sien. Ainsi, je trouve un morceau de marbre informe, qui n'appartient à personne, je le travaille, je le sculpte, je le regarde alors comme ma propriété ; et personne n'a le droit de me le prendre sans mon consentement; car je lui ai imprimé le sceau de ma personnalité, je lui ai donné quelque chose de mien par le libre exercice de mon activité. Ainsi, on ne peut nier le droit de propriété sans nier la nature même de la liberté humaine.

V° PARTIE. — On appelle fait secondaire un fait par lequel un bien devient la propriété d'un particulier, alors que ce bien appartenait auparavant à quelqu'un.

Or, un contrat légitime est un fait par lequel un bien devient la propriété d'un particulier alors que ce bien appartenait auparavant à quelqu'un.

Donc, le fait secondaire déterminant le droit de propriété est un contrat légitime.

La majeure n'est que la définition du fait secondaire déterminant le droit de propriété.

A la mineure. — En effet, l'homme a le droit de transmettre sa propriété à un autre : ce qui se fait par un contrat légitime. Il a donc le devoir d'être fidèle à ce contrat. Rien n'est en effet honteux et funeste comme la mauvaise foi dans les transactions sociales qu'elle rendrait immorales et même impossibles.

Contre Socrate, Platon, les Gnostiques, les Albigeois, Thomas Morus, Campanella, Hobbes, Proudhon; — Fourier et ses Phalanstériens; — Saint-Simon, P. Leroux, Vermesch; — Louis Blanc, R. Rigault, Félix Pyat, etc.

XVIIIᵉ THÈSE

LE COMMUNISME, PRÉSENTÉ SOUS QUELQUE FORME QUE CE SOIT PAR LES PSEUDO-ÉCONOMISTES MODERNES, EST ABSURDE, ET LE DROIT D'HÉRITAGE DES ENFANTS, QU'ILS S'EFFORCENT DE RENVERSER, DEMEURE INÉBRANLABLE.

Prænotanda

Parmi les communistes, les uns enseignent que le droit de propriété appartient essentiellement à la société, qui doit ensuite partager les biens selon les mérites ou les besoins de chacun. — D'autres, au contraire, viennent vous dire : « Le droit de propriété appartient à l'homme pris individuellement ; mais ce droit consiste en ce que tous aient la même partie de biens. » Les premiers sont dits Socialistes ; les seconds, Communistes.

Iʳᵉ PARTIE. — Le Communisme est présenté sous les deux formes suivantes : 1° Le droit de propriété appartient seulement à la société ; 2° Le droit de propriété consiste dans l'égal partage des biens.

Or, tous ces principes sont absolument faux.

Donc, le Communisme, présenté sous quelque forme que ce soit par les pseudo-économistes modernes, est faux.

La majeure n'est que l'exposition de la doctrine de nos adversaires.

A la mineure. — 1° Il est faux que le droit de propriété appartienne seulement à la société, car, si le droit de propriété appartenait seulement à la société, l'homme pris individuellement n'aurait pas le droit de propriété. Or, nous avons prouvé (Thèse XVII, III° partie) que l'homme pris individuellement tient immédiatement de la nature le droit de propriété. Donc, le droit de propriété stable n'appartient pas seulement à la société.

2° Il est faux que le droit de propriété consiste dans l'égal partage des biens; car le droit de propriété stable est naturel à l'homme. Nous l'avons parfaitement prouvé dans notre Thèse XVII°, III° partie. Or, si le droit de propriété consistait dans l'égal partage des biens, le droit de propriété ne serait pas naturel et essentiel à l'homme : car, l'égalité ne pourrait pas subsister longtemps entre les avides et les gens plus modérés, et par conséquent le droit de propriété ne pourrait pas subsister. Donc, le droit de propriété ne consiste pas dans l'égal partage de biens.

Le motif sur lequel s'appuient les Communistes, c'est l'identité de nature qui existe entre tous les hommes. « Tous les hommes sont égaux, disent-ils; ils ont tous les mêmes droits, et doivent avoir autant de biens les uns que les autres. » Nous leur répondons : Tous les hommes sont égaux, si on les considère *in abstracto*, c'est-à-dire d'une manière générale, sans considérer tel ou tel individu, oui; car tous les hommes sont des animaux raisonnables. Mais si on les considère *in concreto*, c'est-à-dire individuellement, tous les hommes sont loin d'être égaux : car, il y a toujours quelque note individuante qui les distingue, ainsi l'un a plus de science, de vertu, de travail, l'autre a une plus grande force physique, celui-ci se fait remarquer par une constitution du corps bien proportionnée, celui-là par ses qualités intellectuelles, etc. La nature loin d'établir l'égalité dans les individus, a au contraire établi entre eux une grande inégalité.

Prænotanda ad II

Le droit d'héritage est la faculté de recevoir les biens d'une autre personne après sa mort. Un héritage peut se faire ou par testament, ou sans testament.

II⁹ Partie. — Ce droit est inébranlable qui vient immédiatement de la nature.

Or, le droit d'hérédité des fils, soit par testament, soit sans testament, vient de la nature.

Donc, le droit d'hérédité des fils demeure inébranlable.

La majeure est évidente, car on ne doit pas priver l'homme d'un droit qu'il tient de la nature.

A la mineure. — 1° Ce droit vient de la nature, qui n'est qu'un exercice du droit de propriété. Or, le droit d'hérédité, par testament, n'est qu'un exercice du droit de propriété : car, le droit de propriété stable renferme l'idée de domaine parfait, et la faculté de disposer d'un bien à volonté, de le vendre, de le consommer ou de le donner au moment de la mort. Donc, le droit d'hérédité par testament est un droit naturel.

2° Ce droit vient immédiatement de la nature, qui est nécessaire pour la conservation de la famille. Or, le droit d'hérédité des enfants, même sans testament, est nécessaire pour la conservation de la famille : car, lorsque le père est mort, si, parce qu'il n'a pas laissé de testament, ses biens étaient enlevés à sa famille, sa veuve et ses enfants ne pourraient plus vivre, selon leur rang. Ce serait la ruine de la famille. Donc, le droit d'hérédité des enfants, même sans testament, est un droit qui vient de la nature.

Nous pouvons aussi ajouter que la famille ne forme qu'une personne morale, composée du père, de la mère et des enfants, à laquelle appartiennent les biens des parents. Par l'hérédité des fils, les biens ne sortent donc pas de la famille, mais, ils y restent.

Contre les Manichéens, les Montanistes, Tertullien, les Musulmans, etc.

XIX° THÈSE

LE MARIAGE EST CONFORME A LA NATURE HUMAINE, ET TOUT A FAIT HONNÊTE. LA POLYANDRIE RÉPUGNE ABSOLUMENT AU DROIT NATUREL. LA POLYGAMIE NE RÉPUGNE PAS ABSOLUMENT AU DROIT NATUREL, MAIS ELLE LUI EST PEU CONFORME.

Prænotanda

Le mariage est l'union légitime de l'homme et de femme, qui se livrent mutuellement leur corps pour engendrer et élever les enfants, et pour mener une vie commune. Comme on le voit, d'après cette définition, la fin première et principale du mariage, c'est la procréation et l'éducation des enfants, et la fin secondaire c'est la vie commune et l'amour mutuel entre les époux.

Ire PARTIE. — Cet état est conforme à la nature humaine, qui est nécessaire pour conserver la nature humaine.

Or, le mariage est nécessaire pour conserver la nature humaine.

Donc, le mariage est conforme à la nature humaine.

La majeure est évidente.

A *la mineure*. — En effet, qu'on supprime le mariage, il ne restera plus aucun moyen légitime et moral aux hommes pour se propager, et tout le genre humain disparaîtra bientôt. C'est incontestable, à moins de prétendre, comme quelques progressistes contemporains, que l'homme doit se ravaler à l'ignoble et bestiale promiscuité.

II° PARTIE. — Cet état est honnête qui est conforme à la nature humaine.

Or, le mariage est conforme à la nature humaine.

Donc, le mariage est honnête.

La majeure n'est que la définition du bien honnête.

La mineure est bien certaine, puisque, comme nous l'avons dit dans la première partie, le mariage est le moyen moralement nécessaire pour la propagation du genre humain.

Prænotanda ad III et IV

La polyandrie est l'union simultanée d'une seule femme avec plusieurs maris. La polygamie est l'union simultanée d'un seul homme avec plusieurs femmes.

IIIᵉ Partie. — Cet état répugne absolument au droit naturel qui est opposé à la fin première du mariage.

Or, la polyandrie est directement opposée à la fin première du mariage.

Donc, la polyandrie répugne absolument au droit naturel.

La majeure est évidente.

A la mineure. — La fin première du mariage est la génération et l'éducation des enfants. Or, la polyandrie est directement opposée à la génération et à l'éducation des enfants. Donc, la polyandrie est opposée à la fin première du mariage. Je prouve *la mineure*. D'abord, la polyandrie s'oppose à la procréation des enfants; car c'est un fait constaté que la polyandrie engendre la stérilité chez la femme. Deuxièmement, la polyandrie s'oppose aussi à l'éducation des enfants; car, lors même que la femme ne serait pas stérile, du moment qu'elle aurait plusieurs maris, on ne saurait reconnaître quel est le vrai père des enfants. A quel père, par conséquent, devrait incomber le soin de leur éducation?

IVᵉ Partie. — Ce qui n'est pas opposé à la fin première du mariage, ne répugne pas absolument au droit naturel.

Or, la polygamie n'est pas opposée à la fin première du mariage.

Donc, la polygamie ne répugne pas absolument au droit naturel.

La majeure est évidente.

A la mineure. — En effet, la polygamie ne procure pas la stérilité de la femme, mais au contraire elle augmente sa fécondité, comme on peut le voir au temps des patriarches. Deuxièmement, la polygamie ne s'oppose pas à la reconnaissance de la paternité, puisqu'il n'y a qu'un seul père.

V° Partie. — Cet état est peu conforme au droit naturel qui est opposé à la fin secondaire du mariage.

Or, la polygamie est opposée à la fin secondaire du mariage.

Donc, la polygamie est peu conforme au droit naturel.

La majeure est évidente.

A la mineure. — La fin secondaire du mariage est l'amour dans la vie commune qui doit exister entre les époux. Or, la polygamie s'oppose à cet amour; car c'est un fait d'expérience que dans les sociétés où l'homme a plusieurs femmes, celles-ci sont considérées comme des esclaves. Donc, la polygamie s'oppose à la fin secondaire du mariage.

De plus, l'expérience nous prouve qu'avec la polygamie, la paix et la concorde ne peuvent exister dans la famille; car l'envie existe toujours entre plusieurs femmes d'un même mari; et la discorde s'ensuit nécessairement.

Contre André Dudith, adversaire du célibat au Concile de Trente, Balzac, Frank, Luther et les Réformés; — P.-L. Courier, B. de Saint-Pierre, A. Martin, G. Sand, L. Colet, Les Vieux-Catholiques et tous les Utopistes contemporains.

XX° THÈSE

LE VRAI CÉLIBAT EST UN ÉTAT PERMIS, ET MÊME PLUS NOBLE QUE LE MARIAGE

Prænotanda

Le célibat est l'état de ceux qui s'abstiennent du mariage. On distingue le vrai et le faux célibat.

Le vrai célibat est celui qui est accepté par amour pour la vertu, afin de travailler plus librement à sa perfection et à celle des autres.

Le faux célibat est celui qui est accepté par amour pour la volupté, afin d'éviter les charges et les ennuis du mariage, et de pouvoir servir plus librement ses passions.

Ire PARTIE. — Cet état est licite qui ne viole aucun précepte de Dieu, qui ne contredit aucun devoir individuel, et qui ne blesse aucun droit dans la société.

Or, tel est le vrai célibat.

Donc, le vrai célibat est un état licite.

La majeure n'est que l'exposé des objections de nos adversaires.

A la mineure. — 1° Dieu, en effet, a donné l'ordre de propager le genre humain aux hommes pris collectivement, mais non à chaque homme en particulier. De même, parce que l'agriculture est nécessaire à la conservation du genre humain, il ne s'ensuit pas que chaque homme en particulier doive se faire agriculteur.

2° Le mariage n'est pas un devoir essentiel de chaque homme. Il n'en serait de la sorte que si le genre humain ne pouvait se propager d'aucune autre manière. Or, le genre humain peut se propager, sans que chaque individu embrasse le mariage, à cause de l'inclination universelle de tous les autres hommes pour le mariage. Donc, le célibat ne viole aucun devoir individuel.

3° Le vrai célibat ne blesse aucun droit dans la société ; car l'homme peut, dans le célibat mieux que dans le mariage, rendre de grands services à la société. Il ne s'agit pas seulement pour elle d'engendrer des enfants ; il faut aussi et surtout les élever et les instruire ; charges qui sont mieux à la portée des hommes embrassant le vrai célibat, que de tous les autres embarrassés dans les liens du mariage.

II₀ Partie. — Cet état est plus noble que le mariage, dans lequel on peut pratiquer de plus nobles vertus et rendre de plus grands services à la société.

Or, dans le vrai célibat on peut pratiquer de plus nobles vertus, et rendre de plus grands services à la société que dans le mariage.

Donc, le vrai célibat est un état plus noble que le mariage.

La majeure n'a pas besoin de preuve.

A la mineure. — 1° L'homme qui embrasse le vrai célibat, est plus libre pour servir Dieu, pour acquérir la science, et pour pratiquer les vertus héroïques : toutes choses à peu près impossibles à celui qui est embarrassé dans les liens du mariage.

2° Celui qui embrasse le vrai célibat, débarrassé des liens de la famille, peut se livrer à l'étude, instruire et élever les autres, servir plus utilement la patrie, s'immoler pour elle, propager la science et la vertu, moraliser les peuples, prêcher l'Évangile et avec lui tous les véritables progrès de la civilisation. C'est donc à juste titre que saint Thomas a pu dire : « Par un effet de l'admirable Providence, il y aura toujours des mariages : par elle aussi, il y aura toujours un vrai célibat pour le bien, l'ornement et le salut de l'humanité. » — Aux insanités de M. A. Martin, affirmant que le célibat est le véhicule de la débauche, le scandale du monde et le suicide du genre humain ; aux légèretés intéressées de madame G. Sand, accusant le catholicisme d'avoir créé dans l'humanité un ordre de passions étranges, maladives, impossibles à tolérer ; aux déclamations fantasques de Paul-Louis Courier, proclamant qu'il faudrait saisir, séquestrer en prison, ou reléguer au loin dans quelque île déserte, tous les enrôlés de la milice papale qui prononcent le vœu abominable et impie du célibat, M. Jules Simon a gravement répondu lui-même : « La conservation de l'espèce est assurée, de telle sorte que le célibat ne peut être ni un danger ni un inconvénient. »

Contre Hobbes et Rousseau.

XXI° THÈSE

LES SYSTÈMES D'HOBBES ET DE ROUSSEAU, SUR L'ORIGINE DE LA SOCIÉTÉ, SONT ABSURDES ; ET L'HOMME EST UN ÊTRE NATURELLEMENT ET ESSENTIELLEMENT SOCIAL.

Prænotanda

Hobbes prétend qu'au commencement les hommes vivaient dans la solitude et les forêts, à la manière des bêtes sauvages, doués seulement des facultés sensitives, et dans une guerre perpétuelle, qui ne pouvait jamais se terminer, parce qu'il s'élevait toujours quelque différend, ne pouvant se dirimer que par la force brutale.

C'est ce que tous les libéraux appellent après Hobbes : « L'état de nature ».

Les hommes, poussés par une crainte commune, furent enfin amenés à former une société, et à fonder une autorité, qui empêcherait la guerre en les maintenant dans le devoir. C'est ainsi que Hobbes explique l'origine de la société. Tous nos libéraux modernes ont suivi sa théorie.

I° PARTIE. — Ce système est absurde qui est contraire à l'histoire, à la raison, et à la dignité de l'homme.

Or, tel est le système de Hobbes, sur l'origine de la société.

Donc, le système de Hobbes, sur l'origine de la société, est absurde.

La majeure est évidente.

A la mineure. — 1° Cet état de nature, dans lequel l'homme aurait vécu dès le principe, d'après Hobbes, devrait être un fait mémorable et historique. Or, aucune histoire ne fait mention de cet état, qui n'a jamais existé que dans le cerveau fantastique de ce philosophe. Donc, le système de Hobbes, sur l'origine de la société est contraire à l'histoire.

2º Il est contre la raison de dire que l'homme a une inclination naturelle à la guerre. Au contraire, l'homme est naturellement porté à aimer les autres hommes, ses semblables, et il a une inclination naturelle vers la paix. La conscience le proclame.

3º Le système de Hobbes est contraire à la dignité de l'homme, parce qu'il le ravale au-dessous de la brute. En effet, les animaux de la même espèce ne sont pas en guerre entre eux, mais ils s'aiment naturellement. L'homme seul par une inclination naturelle serait porté à haïr ses semblables et à leur faire toujours la guerre.

Prænotanda ad II

Rousseau, comme Hobbes, prétend que l'homme vivait primitivement dans un état sauvage, qu'il appelle aussi « état de nature ». D'après lui, l'homme naissait et demeurait indépendant. Il jouissait de la liberté, mais il était privé de raison. Plus tard, la raison étant venue s'adjoindre à l'homme comme par enchantement, les hommes, par un pacte libre, qu'il appelle *contrat social*, établirent entre eux la société. Telle est l'origine de la société, d'après Rousseau.

IIº PARTIE. — Ce système est absurde qui contredit l'histoire et la raison.
Or, tel est le système de Rousseau, sur l'origine de la société.
Donc, le système de Hobbes et de Rousseau, sur l'origine de la société, est absurde.

La majeure est évidente.

A la mineure. — 1º Le système de Rousseau, comme celui de Hobbes, suppose que l'homme a vécu dans l'état de nature. Or, comme nous l'avons vu, cet état n'est qu'une pure fiction, dont on ne trouve aucune trace dans l'histoire. Donc, le système de Rousseau contredit l'histoire.

2° Ce système prétend que l'homme naît indépendant, absolument égal aux autres hommes, et privé de raison. Or, l'homme naît dépendant au moins de ses parents et de la nature; il n'est pas égal aux autres hommes *in concreto;* et l'homme est un être essentiellement raisonnable. Donc, le système de Rousseau est contraire à la raison.

De plus, comment Rousseau peut-il dire que l'homme jouissait de la liberté, tout en étant privé de raison ? La liberté consiste dans l'élection, et suppose nécessairement la raison qui connaît et qui choisit. Une telle doctrine est contradictoire.

IIIᵉ Partie. — Cet être est social par sa nature intrinsèque qui a nécessairement besoin du secours de la société, qui a une faculté et une inclination naturelles pour la société.

Or, l'homme est un être de cette sorte.

Donc, l'homme est un être social, par sa nature intrinsèque.

La majeure est évidente.

A la mineure. — 1° L'homme seul, au moment de sa naissance, est incapable de se procurer ce qui lui est nécessaire à la vie. Même lorsqu'il est arrivé à un âge plus avancé, il ne peut, à lui seul, se procurer tout ce qui lui est nécessaire, mais il a nécessairement besoin du secours de la société.

2° L'homme a reçu de la nature la parole, qui est faite pour communiquer avec les autres hommes, et l'homme ne pouvait pas s'en servir s'il n'était pas dans la société. Donc, l'homme a une faculté naturelle, spécialement destinée à la société.

3° L'homme a une inclination naturelle qui le porte à aimer les autres hommes; or, l'amour est une force unitive, qui porte les hommes à former société. Donc, l'homme a une inclination naturelle vers la société.

XXII° THÈSE

LA NAISSANCE EST LE FAIT PAR LEQUEL L'HOMME EST PLACÉ D'UNE CERTAINE MANIÈRE DANS LA SOCIÉTÉ. LE FAIT NATUREL ET PRIMORDIAL QUI A ÉTÉ L'ORIGINE DE LA SOCIÉTÉ IN CONCRETO, C'EST LA PROPAGATION DES FAMILLES D'UNE MÊME SOUCHE.

Prænotanda

Nous avons vu que l'homme, considéré d'une manière abstraite, est destiné à la société. Mais, quel est le fait concret, qui le place actuellement et réellement dans la société ? C'est ce que nous allons examiner.

I° PARTIE. — Ce fait sur lequel sont basés l'amour mutuel que les hommes ont les uns pour les autres, et l'indigence de chaque individu, est un fait qui place en quelque manière l'homme dans la société.

Or, c'est la naissance qui est cause de l'amour mutuel entre les hommes, et de l'indigence de chaque individu.

Donc, la naissance est un fait qui place l'homme de quelque manière dans la société.

A la majeure. — Nous savons, en effet, que c'est l'amour mutuel et l'indigence propre de chaque individu, qui sont les causes de la société (Thèse XXI°, III° partie), de sorte que ce qui sera la cause de ces deux éléments, sera aussi la cause de la société.

A la mineure. — 1° La similitude de nature est la cause de l'amour. Or, c'est par la naissance que les hommes deviennent semblables. Donc, c'est la naissance qui est la cause de l'amour mutuel que les hommes ont les uns pour les autres.

2° La naissance est aussi la cause de l'indigence propre de chaque individu ; car l'homme, après sa naissance, est incapable à lui seul de conserver sa vie physique, et de perfectionner sa vie intellectuelle, s'il ne vit pas en société d'autres hommes.

II° Partie. — Le fait naturel qui a causé la société civile, est celui qui suppose la multitude, l'amour mutuel, et l'indigence propre.

Or, telle est la propagation des familles d'une même souche.

Donc, le fait naturel qui a causé la société civile *in concreto*, c'est la propagation des familles d'une même souche.

A la majeure. — En effet, la multitude, l'amour mutuel et l'indigence propre sont les éléments qui constituent la société.

A la mineure. — 1° Il est évident que la propagation des familles d'une même souche suppose la multitude; car lorsque les familles se sont propagées, elles ont dû être plusieurs.

2° La propagation des familles d'une même souche suppose aussi l'amour mutuel entre les hommes, car les parents sont naturellement portés à s'aimer. Elle suppose aussi l'indigence propre, car une famille seule ne peut pas perfectionner l'homme et elle doit nécessairement s'unir avec d'autres familles, au moins par des relations de mariage.

III° Partie. — On appelle fait primordial de la société civile *in concreto*, le fait d'où la société civile a tiré son origine, dès le principe.

Or, telle est la propagation des familles d'une même souche.

Donc, la propagation des familles *in concreto* est le fait primordial de la société civile *in concreto*.

La majeure n'est que l'explication du fait primordial.

A la mineure. — L'histoire, en effet, nous enseigne que les nations et la société civile ont toujours eu leur origine dans la propagation de quelque insigne famille. Aucun fait social, comme le commerce, la législation, etc., ne peut se concevoir si l'on ne suppose à l'avance la propagation des familles.

Contre Kant, et les Rationalistes.

XXIII° THÈSE

LA FIN DE LA SOCIÉTÉ POLITIQUE EST L'ORDRE EXTÉRIEUR, QUI DOIT ÊTRE A L'AVANTAGE COMMUN DE TOUS LES ASSOCIÉS ET CONFORME A L'ORDRE INTÉRIEUR DE LA MORALITÉ : AUSSI LES RATIONALISTES, ET KANT A LEUR TÊTE, ASSURENT-ILS BIEN A TORT QUE LA FIN DE LA SOCIÉTÉ POLITIQUE CONSISTE SIMPLEMENT DANS LA RESTRICTION ET L'HARMONIE DE LA LIBERTÉ DE CHAQUE INDIVIDU.

Prænotanda

Après avoir examiné quelle est l'origine de la société politique, nous nous demandons maintenant « quelle est sa fin? » La fin de la société politique doit être un bien spécial et déterminé, qu'elle procurera aux associés.

Ire Partie. — La fin d'un être qui consiste essentiellement dans des relations extérieures, est l'ordre extérieur.

Or, la société consiste essentiellement dans des relations extérieures.

Donc, la fin de la société politique est l'ordre extérieur.

A la majeure. — L'être qui consiste essentiellement dans des relations extérieures, est un être qui vient de la nature et qui doit observer les relations extérieures. Or, observer les relations extérieures, c'est observer l'ordre extérieur. Donc, la fin de cet être qui consiste essentiellement dans des relations extérieures, est de conserver l'ordre extérieur.

A la mineure. — La société, en effet, n'est que l'union d'un grand nombre de familles, qui ne sont unies que par des relations extérieures.

II' Partie. — La fin de la société est le bien des associés.

Or, l'ordre extérieur ne peut pas être le bien des associés, s'il n'est à l'avantage commun de tous.

Donc, l'ordre extérieur doit être procuré pour la prospérité commune de tous les associés.

La majeure paraît bien claire, d'après la notion même de la société. La société, en effet, est l'union de plusieurs personnes en vue d'obtenir une fin, un bien commun.

A la mineure. — Si l'ordre extérieur ne procurait pas la prospérité commune de tous les associés, il procurerait le bien particulier de quelques citoyens seulement. Or, le bien particulier de quelques associés seulement ne peut être le bien commun des associés. Donc, si l'ordre extérieur ne procure pas la prospérité commune de tous les citoyens, il ne peut être le bien commun des associés.

III° Partie. — La fin de la société doit être subordonnée à la fin dernière de chaque associé.

Or, la fin de la société ne peut être subordonnée à la fin dernière de chaque associé, si elle n'est pas conforme à l'ordre moral.

Donc, la fin de la société, ou l'ordre extérieur, doit être conforme à l'ordre moral.

A la majeure. — La société ayant été instituée uniquement en vue du bien des associés, la fin de la société doit se rapporter et tendre au bien des associés. Or, la fin dernière est le plus grand bien de chaque associé. Donc, la fin de la société doit se rapporter à la fin dernière de chaque individu.

A la mineure. — C'est en observant l'ordre moral que l'homme tend à sa fin dernière. Nous l'avons prouvé par notre Thèse III°. L'ordre extérieur doit donc d'abord ne pas s'opposer à l'ordre moral et à la fin dernière de l'homme : il doit de plus favoriser et secourir l'ordre moral.

Prænotanda ad IV

Kant, et avec lui les Rationalistes, prétendent que la fin de la société est simplement la restriction et l'harmonie de la liberté de chaque individu.

Ce philosophe enseigne que l'homme naît et demeure absolument indépendant, et jouit d'une liberté sans limite; mais comme, de là, résulte nécessairement un conflit entre tous les hommes, la raison nous dit que *la liberté de chacun doit être restreinte, de sorte que la liberté des autres puisse exister en même temps* (1). Ainsi, on a établi une société politique et la force publique, afin de restreindre la liberté de chacun, de telle manière qu'elle ne nuise pas à celle des autres. C'est cette restriction et cette harmonie de la liberté que Kant assigne pour fin à la société politique.

III° PARTIE. — Ce système est faux qui s'appuie sur de faux principes, qui engendre l'individualisme, et qui détruit la moralité publique et la société.

Or, tel est le système de Kant.

Donc, le système de Kant est faux, et la fin de la société n'est pas simplement la restriction et l'harmonie de la liberté.

La majeure est évidente.

A la mineure. — 1° Ce système s'appuie sur ce premier principe que *l'homme naît absolument indépendant*. Or, l'homme naît et vit dépendant de Dieu, de la nature, de la raison. Il s'appuie sur ce second principe, que l'homme *jouit d'une liberté sans limites*. La liberté de l'homme, considérée d'une manière abstraite, n'a pas de limites, je l'accorde; mais la liberté considérée d'une manière concrète et existant dans l'individu est soumise à la raison et aux règles de la moralité. Donc le système de Kant s'appuie sur de faux principes.

2° L'individualisme consiste en ce que chacun ne s'oc-

(1) C'est ce principe que Kant appelle le *principe de coexistence.*

cupe que de soi. Or, d'après le système de Kant, chacun peut déterminer la tendance de sa liberté, et ne s'occuper que de soi, tout en négligeant les autres, pourvu toutefois qu'il ne blesse en rien leur liberté.

3° Kant fait consister toute la moralité dans la simple restriction de la liberté individuelle. Si cette doctrine était vraie, la société ne pourrait pas défendre les actions qui ne nuiraient pas à la liberté des autres, comme le blasphème, le suicide, le duel, l'inceste, la polyandrie; c'est-à-dire que ce serait la ruine de la morale publique.

4° Cet état est détruit, dès lors qu'il est inutile. Or, d'après le système de Kant, la société peut devenir inutile; car la société n'a été établie que pour restreindre la liberté. Donc, si les hommes vivaient assez honnêtement pour qu'on n'eût pas besoin de restreindre leur liberté, la société deviendrait inutile, et devrait être abolie. Ce système de nos Rationalistes modernes ne tend donc qu'à la destruction de l'état social.

Contre Rousseau et son École.

XXIVe THÈSE

LES ÉLÉMENTS ESSENTIELS DE LA SOCIÉTÉ SONT LA MULTITUDE ET L'AUTORITÉ. LA STRUCTURE DE CETTE SOCIÉTÉ EST ORGANIQUE ET NON MÉCANIQUE. CETTE MULTITUDE SE COMPOSE, D'UNE MANIÈRE PROCHAINE, DE FAMILLES; ET, D'UNE MANIÈRE PLUS ÉLOIGNÉE, D'INDIVIDUS. CETTE AUTORITÉ EST UN PRINCIPE D'UNITÉ DIRIGEANT LES FORCES DE TOUS LES CITOYENS A UNE FIN COMMUNE, MAIS ELLE NE COMPORTE NULLEMENT UN DOMAINE PROPREMENT DIT.

Ire PARTIE. — On appelle éléments essentiels les éléments sans lesquels un être ne peut être conçu. Or, sans la multitude et sans l'autorité, la société ne pourrait pas être conçue. Donc, la multitude et l'autorité sont des éléments essentiels de la société.

La majeure n'est que la définition des éléments essentiels.

A la mineure. — 1° Sans la multitude on ne saurait concevoir la société. On définit en effet la société, une réunion de plusieurs personnes en vue d'obtenir une même fin. Un seul homme ne peut donc pas former une société. Il faut la multitude.

2° La société suppose la poursuite d'une même fin, ou l'unité des forces, des esprits et des intelligences tendant à la même fin. Or, cette unité ne pourrait exister s'il n'y avait pas un principe, que l'on appelle autorité, chargé de fixer le bien commun vers lequel tous doivent tendre, de diriger et d'unir les forces pour obtenir cette fin. Donc, la société ne peut se concevoir sans autorité.

Prænotanda ad II

Une constitution mécanique ne présente qu'une matière inerte et disposée de façon à exécuter un mouvement que lui imprime une force extérieure. Une horloge nous donne un exemple du mécanisme.

Une constitution organique, au contraire, est celle qui se compose de parties, jouissant d'une activité propre. Par exemple : le corps humain.

II° Partie. — Cette constitution est organique, et non mécanique, qui se compose de parties, jouissant d'une activité propre. Or, la société se compose de parties, jouissant d'une activité propre. Donc, la constitution de la société est organique, et non mécanique.

La majeure est claire d'après nos définitions. Le mécanisme se compose en effet de parties inertes, mues par une force extérieure, et n'ayant point la faculté de résister, tandis que l'organisme se compose de parties ayant leurs droits et leur activité propres.

A la mineure. — La société se compose de familles. Or, les familles ont une activité propre dans la société. Ainsi, elles peuvent s'unir pour faire le commerce, étudier les beaux-arts, cultiver les sciences et les lettres, etc. Donc, la société se compose de parties jouissant d'une activité propre. On doit donc reconnaître ici l'absurdité de ce Centralisme immodéré des temps modernes, qui voudrait considérer les familles comme des instruments inertes, chargés d'exécuter un mouvement imprimé. Ce système énerve la société, qui ne peut vivre que de la vie des sociétés inférieures dont elle se compose. A ce point de vue, beaucoup de sociétés modernes sont au-dessous des siècles passés ; et, l'ancien régime, M. Taine le reconnaît lui-même dans son savant ouvrage sur la question, peut servir de modèle aux nouveaux.

III° Partie. — Cette société se compose, d'une manière prochaine, de familles, qui est entretenue et conservée par la propagation des familles, et dont l'homme ne devient membre que par l'intermédiaire de la famille. Or, telle est la société politique. Donc, la société politique se compose d'une manière prochaine, de familles.

La majeure est évidente.

A la mineure. — 1° Il est évident que la propagation des familles est la cause qui entretient et conserve la société, et que sans elle la société périrait immédiatement. 2° L'homme, en effet, en naissant, est d'abord placé dans la famille, et, il ne fait partie de la société qu'en tant qu'il est uni à sa famille, et, par elle, concourt à former la société. Le sophiste Rousseau et les libéraux après lui, prétendent que la société civile se compose d'une manière prochaine, d'individus. C'est à tort ; car :

1° C'est contre la marche ordinaire de la nature, qui commence la société dans le mariage, la perfectionne dans la famille et enfin la conduit à son complet développement dans la société civile.

2° Si cette doctrine révolutionnaire était vraie, il s'ensuivrait que les enfants appartiendraient à l'État avant d'appartenir à leurs familles. Or, ce serait la destruction de tous les droits individuels et domestiques. Peut-on imaginer quelque chose de plus inepte et de plus contraire à l'ordre que ces élucubrations de nos centralistes modernes ? Tout penseur loyal et tout homme de bon sens répondra négativement.

Écoutons ces paroles, prononcées naguère, avec non moins de raison que d'élégance, par un vaillant champion de la vérité et de l'ordre, en ces temps de trouble et de bouleversement social :

« Le père, ce doux maître auguste, environné dès les origines d'une auréole de vénération, le père ne sera plus qu'un producteur vulgaire et non salarié, qui façonnera, pour le monstre nommé gouvernement, des rouages vivants, intelligents et libres, que ce dernier tordra et martellera, pour en étouffer l'indépendance sacrée, pour en faire les organes automatiques d'une grande machine infernale !

» La mère, cette blanche figure, planant comme un nimbe au-dessus des berceaux, ne sera plus que l'ouvrière imparfaite et provisoire qui ébauchera des instruments futurs, si fragiles au commencement qu'ils se briseraient entre les mains brutales de l'État. » (M. Léonce de Larmandie. — Discours du 24 avril 1881.)

IV° PARTIE. — L'autorité comporte le droit d'établir l'ordre dans la multitude, en vue d'obtenir une fin commune. En d'autres termes, l'autorité est un principe d'unité qui recueille les forces de tous les associés et les dirige vers la poursuite de la même fin (I° part.). Or, ce principe est tout à fait différent du domaine proprement dit. En effet, le domaine proprement dit est la faculté de disposer d'une chose à son gré, et pour sa propre utilité ; ce qui est tout à fait l'opposé de la notion d'autorité. Donc, l'autorité ne comporte pas un domaine proprement dit.

Contre Grotius, Hobbes, Rousseau et tous les Libéraux leurs disciples.

XXV° THÈSE

LA DOCTRINE DES LIBÉRAUX AFFIRMANT QUE LA SUPRÊME AUTORITÉ POLITIQUE CONSIDÉRÉE EN ELLE-MÊME VIENT IMMÉDIATEMENT DU PEUPLE, COMME DE SA CAUSE EFFICIENTE, EST FAUSSE. LA THÉORIE CATHOLIQUE D'APRÈS LAQUELLE CETTE AUTORITÉ VIENT IMMÉDIATEMENT DE DIEU, EST VRAIE.

Ire Partie. — La théorie des Libéraux sur l'origine du pouvoir est fausse.

Cette théorie est fausse, qui s'appuie sur de vains principes, tombe dans des contradictions sans nombre, renverse l'ordre moral et bouleverse l'ordre social.

Or, telle est la théorie des Libéraux.

Donc, cette théorie est fausse.

I. — *La théorie des Libéraux s'appuie sur de faux principes.*

1° Elle affirme que les hommes ont existé primitivement à l'état de nature. Or, nous avons déjà prouvé que cette assertion répugne absolument à la nature elle-même. Donc... (voir Thèse XXI.)

2° Elle affirme le principe de l'inaliénabilité de la liberté humaine. Or, ce principe s'appuie sur une équivoque évidente. Car, la liberté psychologique interne de l'homme n'est pas moins inaliénable que la nature même de l'homme. Mais la liberté physique et externe peut et doit même être aliénée puisqu'elle est soumise à la raison naturelle et à l'ordre essentiel des choses. Cette aliénation de la liberté n'est pas autre chose que la conformité des actes de l'homme à l'ordre naturel. Or, il s'agit ici non de la première liberté, mais de la seconde, à laquelle les Libéraux attribuent les qualités propres à la première. Donc, la liberté physique et externe de l'homme est aliénable. Sans cela il ne saurait vivre à l'état social.

3° Elle affirme l'égalité absolue de tous les hommes.

Cette absurdité est une autre équivoque et une méprise évidente des Libéraux.

L'égalité, dans le sens spécifique et abstrait, est l'identité de nature et de fin. C'est ainsi que les hommes sont absolument égaux sous le simple rapport de l'humanité. Mais, dans le sens individuel et concret, il ne saurait y avoir d'égalité ou d'identité possible. Les notes individuantes, la condition et la capacité d'un individu sont différentes de celles de tous les autres. Les droits eux-mêmes diffèrent naturellement. Les uns sont innés, les autres sont acquis soit dans l'ordre physique, soit dans l'ordre moral.

II. — *La théorie des Libéraux est contradictoire en elle-même.*

1° D'après eux, l'homme naît et reste libre d'une liberté entièrement inaliénable. Mais, d'autre part, ils affirment que l'homme doit se dépouiller de tous ses droits pour constituer le pouvoir civil. La liberté de l'homme est donc essentiellement aliénable et inaliénable, ce qui est évidemment contradictoire. Si cette liberté est réelle, elle garde en elle-même et retient ses droits, et ne peut jamais être aliénée.

En outre, ou bien l'homme peut reconquérir sa liberté par la dissolution du contrat social ; ou bien, il ne le peut pas. S'il le peut, il s'ensuit que les hommes peuvent résilier le contrat social (ce que nient J.-J. Rousseau et tous les Libéraux avec lui). — S'il ne le peut pas, il en résulte que la liberté ne peut être aliénée (ce que nient encore les Libéraux). Ici la contradiction est manifeste.

Les Libéraux affirment que l'homme garde toujours sa liberté ; et qu'en obéissant à l'autorité, il s'obéit à lui-même. Ainsi, disent-ils, l'homme doit toujours obéir à la multitude. Or, l'autorité réside alors, soit dans la majorité, soit dans la minorité, c'est-à-dire dans le parti opposé à la pluralité. Dans ce dernier cas, l'homme agit nécessairement contre sa volonté ; et, par suite, il n'est plus un être libre, mais un véritable esclave, un pur automate. Par conséquent, la liberté de l'homme, inaliénable selon les Libéraux, est absolument aliénée et même détruite.

2° Tous les citoyens ont absolument un droit égal au vote, disent encore les Libéraux. Or, le vote, essentiellement et absolument égal, répugne à la vraie notion du droit. Le suffrage d'un homme savant et éclairé vaut plus que celui d'un ignorant, celui d'un honnête homme vaut mieux que celui d'un scélérat. Les Libéraux eux-mêmes sont forcés de l'avouer puisqu'ils admettent les incapacités civiles. Les Libéraux placent le fondement de la société dans sa négation même et sa destruction. Ils admettent que la liberté individuelle est inaliénable, et que le fondement de la société repose sur l'aliénation de cette même liberté. Ainsi, les citoyens tout en perdant leurs droits les conservent. Pour expliquer cette contradiction, ils invoquent une certaine *Fiction de droit*, d'après laquelle le peuple n'aurait plus qu'une autorité factice et le prince, une autorité purement nominale. Or, l'autorité civile n'est pas une question abstraite et mentale ; c'est, au contraire, une question essentiellement concrète, celle du fondement même de la société.

III. — *La théorie des Libéraux renverse l'ordre moral.*

1° D'après les Libéraux, la source de tout droit et de tout devoir est uniquement la libre volonté du peuple à l'exclusion même de la puissance et de la volonté de Dieu. Or, cela seul renverse l'ordre moral. Nous avons prouvé, en effet (Thèses IV et V), que la moralité dépend objectivement, non du consentement ni de l'opinion, ni des lois des peuples, mais de l'ordre objectif des choses.

Elle conduit au communisme et au socialisme ; car, l'égalité absolue des citoyens ne peut s'obtenir que par la destruction des conditions diverses qui existent actuellement parmi les hommes. L'homme, ainsi délivré de toute contrainte morale et exempt de toute loi, aura donc toujours le droit de réclamer l'égalité des conditions et des biens. C'est le principe fondamental du socialisme et du communisme.

2° Elle sanctionne la révolte et l'anarchie. Si le peuple est le chef de tout l'ordre politique, et, si le droit dérive, non de la raison, mais du seul fait du contrat social du peuple, celui-ci peut à sa guise le renverser ou le changer. C'est la révolte et l'anarchie à l'état légal et permanent.

3° Elle sanctionne la plus odieuse tyrannie. Le peuple, ayant un droit illimité de commander, peut changer, comme il l'entend, les règles de la conscience, de la religion et de la nature.

La volonté publique aura le droit d'anéantir tout ce qu'elle avait d'abord établi. C'est ce que démontre malheureusement, à notre époque, l'expérience de chaque jour. Il n'y a jamais eu de tyrannie plus brutale que celle des Libéraux. Ils ont toujours foulé aux pieds, non seulement les droits civils déjà acquis, mais, même les droits naturels, comme le droit naturel de propriété, le droit naturel des parents d'élever leurs enfants, etc.

II° Partie. — Il faut admettre la doctrine catholique sur l'origine du souverain pouvoir de la société civile : « Le pouvoir civil vient immédiatement de Dieu. »

1° L'autorité suprême est l'élément essentiel de la société civile.

Or, l'élément essentiel de la société civile procède immédiatement de Dieu.

Donc, l'autorité suprême procède immédiatement de Dieu.

La majeure est une conséquence des propositions déjà démontrées. Nous venons de prouver, en effet, que les deux éléments constituant essentiellement et formellement la société, sont la multitude et l'autorité qui doit diriger les citoyens vers leur fin commune qui est le bien public.

La mineure est certaine : car, la société elle-même procède immédiatement de Dieu qui est l'auteur et le créateur de chaque individu, même dans notre génération et notre filiation. Or, l'auteur immédiat d'un tout quelconque est aussi l'auteur immédiat des parties. Donc, l'élément essentiel de la société civile procède immédiatement de Dieu.

2° L'auteur immédiat de l'ordre moral est aussi l'auteur immédiat du souverain pouvoir civil.

Or, Dieu est l'auteur immédiat de l'ordre moral.

Donc, Dieu est l'auteur immédiat du souverain pouvoir civil.

La majeure est certaine ; car, dans une société civile, on ne saurait concevoir un ordre moral, s'il n'y a pas une autorité suprême.

La multitude, laissée à elle-même, ne peut que produire le trouble et le désaccord, dans les jugements, dans les volontés et dans les actes.

La mineure est aussi certaine. L'ordre moral est basé sur la nature raisonnable qui procède immédiatement de Dieu, comme expression de sa volonté et de sa sagesse. Donc, Dieu, en tant qu'il veut immédiatement dans une société l'ordre moral, y veut aussi immédiatement l'élément essentiel sans lequel on ne saurait concevoir cet ordre moral, c'est-à-dire l'autorité suprême.

3° L'autorité suprême a le droit de vie et de mort sur les sujets et le pouvoir d'obliger en conscience. C'est un fait.

Or, les hommes ne peuvent octroyer aucun de ces droits au pouvoir suprême. Personne ne donne ce qu'il n'a pas, et aucun homme, en tant qu'homme, n'a de pareils droits.

Donc, la puissance civile reçoit ces droits immédiatement de Dieu seul.

Pour éluder cette preuve péremptoire qui renverse leur théorie, nos Libéraux contemporains nient à la société le droit de vie et de mort que lui reconnaît Rousseau lui-même.

Par une flagrante contradiction avec leurs principes, ils ne le pratiquent pas moins quand ils sont au pouvoir.

4° Enfin, le sens commun, voix et conscience du genre humain, tient et a toujours tenu, comme certain, que telle est l'origine du pouvoir suprême dans la société civile. En obéissant à leurs chefs, les peuples croient obéir à Dieu. C'est un fait indiscutable. Or, le sens commun en pareille matière est un vrai critérium de vérité.

C'est donc avec raison que Pie IX, organe et gardien de la vérité catholique, a condamné cette proposition 39 du *Syllabus :* « L'État en tant qu'origine et source de tous les droits est investi d'une puissance sans limites. »

XVI° THÈSE

LE SOUVERAIN POUVOIR POLITIQUE PASSE IMMÉDIATEMENT DE DIEU DANS LE SUJET, SANS L'INTERMÉDIAIRE DE LA MULTITUDE. CETTE AUTORITÉ DÉRIVE PREMIÈREMENT ET « PER SE » DE LA PRÉEXISTENCE D'UN DROIT DOMESTIQUE ET SOCIAL. SECONDAIREMENT ET PAR ACCIDENT, ELLE PEUT VENIR DE L'ÉLECTION, DU DROIT DE PROPRIÉTÉ, D'UN DROIT DE SUPÉRIORITÉ, OU DU DROIT DE GUERRE

Prænotanda

I. — Nous avons prouvé, dans la dernière partie de la

thèse précédente, que le souverain pouvoir politique, considéré en soi et d'une manière abstraite, vient immédiatement de Dieu. Maintenant, nous voulons démontrer que le souverain pouvoir passe immédiatement de Dieu, dans un sujet déterminé, et sans l'intermédiaire de la multitude, c'est-à-dire, que l'autorité ne passe pas immédiatement de Dieu dans la multitude, de telle sorte que celle-ci la transmette ensuite à un sujet déterminé, selon la doctrine des Libéraux. Tel est le sens de la première partie de notre thèse.

II. — Quant à la cause qui doit déterminer *per se* le sujet de l'autorité, on trouve diverses opinions. Les Scolastiques eux-mêmes ne sont pas complètement d'accord.

1º D'abord, les Libéraux disent que la multitude, par l'élection, donne seule le souverain pouvoir, qui gouverne la République. C'est la théorie de Rousseau, Grotius, Hobbes, Puffendorf, etc.

2º La Théorie du Droit divin soutient que Dieu seul, par une élection extra-naturelle, donne immédiatement le pouvoir au sujet, comme il l'a fait pour Saül, David, etc. C'est l'opinion de Marcile de Padoue, Gianno, Bossuet, Tournely, des Joséphistes et Gallicans, aujourd'hui totalement délaissée.

3º Les anciens Scolastiques, au nombre desquels on compte Suarez et Bellarmin, enseignent que l'autorité vient immédiatement de Dieu, et médiatement de la multitude ; en ce sens, que la multitude désigne la personne ou le sujet de l'autorité, et, que Dieu lui confère immédiatement l'autorité : *Populus eligens, Deus auctoritatem conferens.* Ainsi, d'après eux, la cause qui déterminerait le sujet de l'autorité serait l'élection de la multitude.

4º Pour nous, avec les autres Scolastiques, nous prétendons que l'autorité vient immédiatement de Dieu seul, et que la cause qui détermine *per se* le sujet de l'autorité ; c'est la préexistence d'un droit domestique et social. Telle est la théorie de Liberatore, Tongiorgi, Taparelli, Haller, Grandclaude, etc.

Ire Partie. — Si l'autorité principale passait immédiatement de Dieu dans la multitude, le motif en serait que cela serait requis par la nature et la raison, ou par la volonté de Dieu, ou que ce serait un fait d'expérience.

Or, aucune de ces hypothèses n'est vraie.

Donc, l'autorité passe immédiatement de Dieu dans le sujet sans l'intermédiaire de la multitude.

La majeure est évidente.

A la mineure. — 1° La nature et la raison ne requièrent pas, que l'autorité passe immédiatement de Dieu dans la multitude, au contraire, elles ne peuvent le souffrir. En effet, la nature et la raison demandent que l'on ne confonde pas la matière qui est ordonnée avec le principe de cet ordre, l'élément de l'unité avec l'élément de la multiplicité, la personne dirigeant et ayant le droit de commander, avec la personne dirigée et ayant le devoir d'obéir. Or, relativement à la société, l'autorité est le principe de l'ordre, l'élément de l'unité, la personne dirigeant et ayant le droit de commander ; tandis que la multitude est la matière ordonnée, l'élément de multiplicité, la personne dirigée et ayant le devoir d'obéir. Donc, la nature et la raison demandent que l'autorité ne soit pas confondue avec la multitude.

En outre, la nature et la raison demandent que le sujet de l'autorité puisse exercer cette autorité. Or, la multitude ne peut exercer par elle-même l'autorité. Donc, la multitude ne peut être le sujet de l'autorité. — *La majeure* est certaine ; car, l'autorité est essentiellement destinée à gouverner la République. — *La mineure* est admise par tous nos adversaires.

2° **La volonté de Dieu ne le requiert pas davantage.**

Lorsque Dieu a voulu choisir le roi d'un peuple, il a élu lui-même immédiatement la personne et lui a conféré immédiatement l'autorité. D'ailleurs, Dieu ne peut pas vouloir ce qui est contraire à la nature et à la raison.

3° S'il était un fait d'expérience que l'autorité doit résider dans la multitude, il n'y aurait aucune autorité légitime sans le consentement de la multitude. Or, il peut exister, sans le consentement de la multitude une autorité légitime, comme celle qui vient du droit de guerre, et qui cependant est établie même contre le consentement de la multitude.

II° Partie. — La cause qui détermine l'autorité est celle qui détermine la société civile.

Or, la cause qui détermine la société civile est la préexistance d'un droit domestique et social.

Donc, la cause qui détermine l'autorité *in concreto*, c'est la préexistence d'un droit domestique et social.

A la majeure, l'autorité ne pouvant être séparée de la société, puisqu'elle en est un élément essentiel, il s'ensuit que la cause qui détermine la société, détermine aussi l'autorité.

La mineure a été prouvée (Th. XXII, II° part.).

La société s'accroît peu à peu. Elle s'est transformée successivement et en se perfectionnant, d'un foyer en village, de village en ville, de ville en province, et de province en État proprement dit. Mais la première association, lorsqu'elle se transforme en une association plus parfaite, n'est pas privée pour cela du principe d'unité et d'ordre dont elle jouissait auparavant. Le père, lorsque sa famille, de foyer se transforme en village, a le droit, déjà existant et déterminé, d'établir l'ordre dans la famille et le village. Ainsi, comme la société civile n'est autre chose que le développement de la société domestique, de même l'autorité civile n'est que le développement de l'autorité domestique.

III° Partie. — Mais par accident le sujet de l'autorité peut être déterminé par un autre fait. 1° D'abord par *le consentement*. Si quelqu'un s'empare du pouvoir, sans porter tort à personne, et, avec le consentement exprès ou tacite de la multitude, ou si la multitude élit un sujet, alors que personne n'a le droit de gouverner la multitude.

2° Par *le droit de propriété*. Si quelqu'un a de vastes propriétés, où se trouvent d'autres hommes, il peut dire : « Que ceux qui veulent cultiver avec moi mes biens me soient soumis, sinon qu'ils se retirent. »

3° Par *le droit de supériorité*. Si une multitude veut que quelqu'un lui serve de maître ou de chef, et qu'elle acquière un territoire, l'autorité appartient de droit au maître ou au chef.

4° Par *le droit de guerre*. Si un État entreprend une guerre légitime et qu'il remporte la victoire, il a le droit de soumettre à sa domination et de gouverner le peuple vaincu.

XXVII° THÈSE

TOUTE FORME DE GOUVERNEMENT, POURVU QU'ELLE SOIT FONDÉE SUR UN JUSTE TITRE, DOIT ÊTRE RÉPUTÉE LÉGITIME ET PROPRE A PROCURER LE BONHEUR PUBLIC. CELLE QUI RÉPOND LE MIEUX AUX MŒURS D'UNE NATION DOIT ÊTRE PRÉFÉRÉE. CELLE QUI DANS CHAQUE NATION JOUIT DE LA LÉGITIMITÉ, EST CELLE QUI LUI CONVIENT LE MIEUX.

Prænotanda

On distingue trois sortes de gouvernement : la monarchie, l'aristocratie, et la démocratie, selon que le pouvoir est à un seul sujet ou à plusieurs.

I° Partie. — Une forme de gouvernement qui est conforme à la loi naturelle, doit être réputée légitime.

Or, une forme de gouvernement quelconque, basée sur un juste titre, est conforme à la loi naturelle.

Donc, quelque forme de gouvernement que ce soit, basée sur un juste titre, doit être réputée légitime.

La majeure est certaine ; car, on appelle légitime ce qui est conforme à la loi naturelle.

A la mineure. — La loi naturelle ordonne sans doute, qu'il y ait partout une forme de gouvernement, mais elle ne prescrit pas qu'elle soit partout la même. Donc, quelle que soit la forme de gouvernement, pourvu qu'elle s'appuie sur un juste titre, elle est conforme à la loi naturelle.

IIº PARTIE. — Cette forme de gouvernement est propre à procurer le bonheur public, qui contient tous les éléments nécessaires pour procurer le bonheur public.

Or, une forme de gouvernement quelconque contient tous les éléments nécessaires pour procurer la félicité publique.

Donc, une forme de gouvernement quelconque est propre à procurer la félicité publique.

La majeure est bien claire, car on dit qu'une cause est apte, lorsqu'elle contient tout ce qu'il faut pour produire son effet.

A la mineure. — Pour procurer le bonheur public, trois choses sont requises : la lumière de l'intelligence, la rectitude de la volonté, et la force d'exécution, afin de connaître ce qui est utile au peuple, de s'y attacher fortement, et de le faire exécuter avec fermeté. Or, ces trois éléments peuvent se trouver également dans le gouvernement d'un seul ou de plusieurs. Donc, toute forme de gouvernement contient tous les éléments nécessaires pour procurer le bonheur public.

IIIº PARTIE. — On doit préférer la forme de gouvernement qui correspond le mieux aux déterminations concrètes d'une nation.

Or, la forme qui répond le mieux aux mœurs d'une nation est celle qui correspond le mieux aux déterminations concrètes de cette nation.

Donc, on doit préférer la forme de gouvernement qui correspond le mieux aux mœurs d'une nation.

A la majeure. — Chez des peuples différents, on trouve beaucoup de variétés et d'aptitudes, c'est-à-dire des déterminations concrètes fort différentes. Or, de même qu'au physique les mêmes vêtements ne peuvent convenir aux hommes du pôle et aux hommes de l'équateur, ainsi, au moral, la même forme de gouvernement ne peut pas convenir à tous les peuples. On doit préférer celle qui correspond le mieux aux déterminations concrètes de cette nation. Le caractère américain, par exemple, ne subira jamais un autocrate russe, ou turc.

A la mineure. — Les mœurs et les usages sont des déterminations concrètes par lesquelles les peuples diffèrent entre eux de caractère autant que de tempérament.

IVe Partie. — Cette forme de gouvernement est plus apte à chaque nation, qui conserve mieux l'ordre de la société.

Or, la forme de gouvernement qui jouit de la légitimité conserve mieux l'ordre dans chaque nation.

Donc, la forme de gouvernement, qui jouit chez un peuple de la légitimité, est plus apte pour lui.

La majeure est certaine, car le but de l'autorité est de maintenir l'ordre dans la société.

A la mineure. — La légitimité n'est autre chose que l'évidence du titre sur lequel s'appuie l'autorité du prince. Or, lorsque les sujets connaissent avec certitude que le prince a un juste titre de gouverner, ils lui obéissent plus facilement, et l'ordre de la société s'obtient plus sûrement. Donc, la forme de gouvernement qui jouit de la légitimité, est celle qui procure le mieux l'ordre de la société.

Concluons, avec Liberatore, que la bonté du régime gouvernemental dépend moins de la forme du gouvernement que de l'honnêteté des gouvernants. L'autorité est un instrument dont on peut se servir pour le mal, comme pour le bien. Si les gouvernants sont mauvais, la démocratie, aussi bien que la monarchie, peut facilement se changer en un gouvernement despotique. Henri VIII, roi légitime d'Angleterre, et la Convention de 1793 en France, se valent bien comme régime de gouvernement.

XXVIII° THÈSE

ABSOLUMENT PARLANT, LA MONARCHIE SIMPLE EST LA MEILLEURE FORME DE GOUVERNEMENT, MAIS D'UNE MANIÈRE RELATIVE, LA MONARCHIE TEMPÉRÉE EST PLUS UTILE. LE RÉGIME REPRÉSENTATIF, CONSIDÉRÉ EN LUI-MÊME, EST BON ET OBLIGATOIRE, MAIS IMPARFAIT ; ET CEPENDANT, RELATIVEMENT AUX AUTRES, IL PEUT ÊTRE PLUS AVANTAGEUX.

Prænotanda ad I

La monarchie est un régime dans lequel l'autorité réside en un seul homme, qui a le droit de gouverner la république. Dans la monarchie *absolue*, ou *simple*, le roi est investi d'une autorité illimitée. Dans la monarchie *tempérée*, l'autorité du roi est soumise à certaines lois et à certaines constitutions fondamentales, que le roi lui-même ne peut pas transgresser.

Ire PARTIE. — Cette forme de gouvernement est la meilleure de toutes, qui répond le mieux à la fin de la société, et qui est plus ferme et plus stable.

Or, la monarchie simple est la forme de gouvernement qui répond le mieux à la fin de la société, et qui est la plus ferme et la plus stable.

Donc, la monarchie simple est la meilleure forme de gouvernement.

La majeure est évidente.

A la mineure. — 1° La fin de la société c'est l'unité, qui procure la paix et la tranquillité, la concorde et la prospérité. Or, l'unité est établie plus facilement par un seul que par plusieurs : car plusieurs chefs peuvent facilement entraîner chacun une faction, et établir ainsi la division et le désordre dans la multitude. Donc, la monarchie simple ou le gouvernement d'un seul répond le mieux à la fin de la société.

2° La monarchie est plus ferme et plus stable que les républiques. Voici la statistique : La république d'Athènes a duré 272 ans ; celle de Rome, 463 ; celle de Gênes, 269 ; celle de Suisse, 442 ; seule, celle de Venise a duré 1,343 ans ; tandis que l'empire romain, qui était une monarchie, a duré 1,495 ans ; et la monarchie française 1,400 ans, etc. (1).

II° Partie. D'une manière relative, ce régime est plus utile, qui est plus agréable aux sujets, et qui écarte davantage le danger des abus.

Or, telle est la monarchie tempérée.

Donc, d'une manière relative, la monarchie tempérée est plus utile.

La majeure est certaine, car si le régime est plus agréable aux sujets, ceux-ci obéiront mieux.

A la mineure. — 1° Aujourd'hui, tel est l'esprit des peuples, que chacun désire participer au gouvernement. Ce régime donc sera le plus agréable, dans lequel tous pourront de quelque manière participer au gouvernement. Or, c'est ce qui a lieu dans la monarchie, tempérée d'aristocratie et de démocratie. Donc, la monarchie tempérée est plus agréable aux sujets.

2° Si le roi est entouré de sages conseils, si son autorité est soumise à certaines lois fondamentales, que lui-même ne peut pas transgresser, il ne sera pas exposé au danger de faire de mauvaises lois, ou de tyranniser ses

(1) V. Zigliara. *Droit naturel,* p. 221.

sujets. Toutefois, il faut remarquer que dans ce régime, la monarchie doit tenir le premier rang, l'aristocratie le second, et la démocratie le troisième.

Prænotanda ad II

Un roi, une charte (ou constitution), et deux chambres, voilà tout le mécanisme du régime représentatif.

Les lois sont faites par les députés (élus par le peuple), et par les sénateurs (élus par le roi et le peuple). Elles sont signées par le roi, et exécutées par les ministres, qui doivent répondre de leur exécution devant les députés.

Comme il est facile de le voir, le but de cette forme de gouvernement a été de rendre impossible tout abus de pouvoir, en séparant les fonctions de l'autorité. *Le roi règne et ne gouverne pas.*

III° PARTIE. — Un régime, qui peut conduire la société à sa fin, est bon en lui-même.

Or, le régime représentatif peut conduire la société à sa fin.

Donc, le régime représentatif est bon, considéré en lui-même.

A la majeure. — La raison demande seulement qu'il y ait une autorité dans la société, et qu'elle soit propre à obtenir la fin de la société, quoique à des degrés différents.

A la mineure. — Dans le régime représentatif on trouve tous les éléments de la société, la multitude et l'autorité, quoique séparées en trois éléments divers.

IV° PARTIE. — Ce régime est obligatoire, qui est bon et légitime, quoique imparfait.

Or, le régime représentatif est bon et légitime.

Donc, il est obligatoire.

A la majeure. — Le devoir de l'obéissance, en effet, est fondé sur la possession juridique de l'autorité, de la part du prince, et non sur la plus ou moins grande perfection de la structure sociale.

A la mineure. — Le régime représentatif est bon (III° part.); il est légitime, car nous supposons qu'il a été légitimement introduit, comme en Belgique, en Portugal, au Brésil, etc.

V° Partie. — Ce régime est imparfait, qui diminue le principe d'unité, qui procure une collision perpétuelle entre les éléments essentiels de la société, qui diminue le pouvoir législatif, et le pouvoir exécutif, et qui engendre ordinairement la corruption et la vénalité.

Or, tel est le système représentatif.

Donc, le système représentatif est imparfait.

La majeure est évidente.

A la mineure. — 1° Le principe d'unité dans la société, c'est l'autorité. Or, dans le régime représentatif, l'autorité est divisée en trois éléments. Donc, le régime représentatif diminue le principe d'unité.

2° Dans le régime représentatif, le roi règne et le peuple gouverne. L'un et l'autre jouissent d'une suprême autorité, et, de là, une collision perpétuelle, entre le peuple et le roi, entre la multitude et l'autorité, éléments essentiels de la société.

3° Pour faire des lois, il faut des hommes sages, prudents et honnêtes. Or, le peuple manque de cette sagesse, et ne peut même pas discerner ceux qui sont capables de porter de justes lois. Donc, le pouvoir législatif est diminué.

4° Le pouvoir exécutif est confié à des ministres. Or, toute l'habileté des ministres consiste à flatter la faction dominante, et ils visent seulement à ne pas se laisser supplanter. Donc, le pouvoir exécutif est amoindri.

5° C'est un fait d'expérience que les ambitieux qui veulent à tout prix arriver au pouvoir, corrompent le peuple par leurs discours et leurs bavardages, et ne craignent point d'acheter impudemment les suffrages à prix d'argent, de festins, de mensonges et d'impostures.

VI⁰ Partie. — D'une manière relative, ce régime est plus avantageux, qui convient le mieux à un peuple déterminé.

Or, il peut se trouver des peuples auxquels le régime représentatif convient davantage.

Donc, le régime représentatif peut être plus avantageux.

A la majeure. — Un gouvernement considéré en lui-même, peut être très bon, et cependant, d'une manière relative, ne point convenir à un peuple.

A la mineure. — Il peut fort bien se trouver un peuple, qui, à cause d'une inclination naturelle, ou d'une tradition respectable, ne pourrait nullement se faire à un autre gouvernement qu'au régime représentatif. Les Anglais, par exemple, ont toujours eu ce caractère.

Contre Montesquieu, Ahrens, Bentam, Beccara et tous les Libéraux.

XXIX⁰ THÈSE

LES TROIS FONCTIONS DE L'AUTORITÉ POLITIQUE DOIVENT ÊTRE EXERCÉES PAR DES SUJETS DIVERS, MAIS, A LEUR TÊTE, ELLES REQUIÈRENT UN SEUL SUJET. CETTE AUTORITÉ POLITIQUE A LE DROIT D'INFLIGER LA PEINE DE MORT AUX CRIMINELS.

Prænotanda

L'autorité politique se compose : 1° du pouvoir législatif pour porter des lois ; 2° du pouvoir exécutif pour veiller à leur exécution ; 3° du pouvoir judiciaire pour dirimer les controverses qui s'élèvent dans l'exécution des lois. Ces diverses fonctions doivent-elles être séparées, et être exercées par différents sujets ? C'est ce que nous allons examiner.

Ire Partie. — Les fonctions qui ne peuvent être exercées par un seul sujet, demandent à être exercées par des sujets différents.

Or, les trois fonctions de l'autorité politique ne peuvent être exercées par un seul sujet.

Donc, les fonctions de l'autorité politique demandent à être exercées par des sujets différents.

La majeure est évidente.

A la mineure. — En effet, l'exercice des trois fonctions politiques requiert des qualités qui se trouvent très difficilement dans le même individu. Ainsi, il faut une science et des aptitudes toutes différentes pour celui qui doit porter de bonnes lois, et pour celui qui doit veiller à leur exécution ; en d'autres termes, il faut des dispositions bien différentes pour être bon législateur, bon jurisconsulte, bon juge, bon policier, bon général, bon ministre des affaires étrangères, etc.

IIe Partie. — Les diverses fonctions de l'autorité politique doivent conserver l'unité de la société.

Or, elles ne le pourraient pas, si, à la tête, il n'y avait pas un seul sujet qui présidât à toutes.

Donc, les fonctions de l'autorité politique requièrent à leur tête un seul sujet.

A la majeure. — La fin de l'autorité politique est de maintenir l'ordre et l'unité dans la société.

A la mineure. — Pour établir l'unité, il faut un principe unique. Or, ce principe c'est le roi ou le président. Il faut donc un seul supérieur sous les ordres duquel tous les autres doivent agir.

IIIe Partie. — L'autorité politique a le droit et le besoin de conserver l'ordre et la sécurité publique.

Or, l'autorité ne peut procurer l'ordre et la sécurité publique, si on ne lui reconnait pas le droit d'infliger la peine capitale aux criminels.

Donc, l'autorité politique a le droit d'infliger la peine de mort aux criminels.

La majeure est évidente, car l'autorité n'a été établie que pour cela.

A la mineure. — 1° Sans le droit d'infliger la peine capitale aux criminels, l'autorité ne pourrait pas procurer l'ordre de la justice. Il y a des crimes si énormes, violant si gravement l'ordre moral (comme par exemple, le parricide), qu'aucune autre peine ne leur est proportionnée, si ce n'est la peine capitale.

2° Sans le droit d'infliger la peine de mort aux criminels, l'autorité ne pourrait pas suffisamment pourvoir à la sécurité publique. Il y a des hommes si pervers et si criminels, qu'ils ne peuvent être détournés du mal, que par la crainte de la peine capitale.

Nota I. — Sans doute, en soi il est mauvais de tuer un homme ; mais il peut être bon de tuer un homme pervers, dit Thomas, de la même manière qu'il peut être bon de tuer une bête, parce que l'homme criminel est pire que la bête, et surtout plus nuisible. Mais il faut remarquer que ceci n'est permis qu'à l'autorité politique, à laquelle a été confié le soin du corps social, de même que couper un membre putride n'est permis qu'au médecin qui a reçu la charge du corps physique.

Nota II. — Parcourons rapidement les objections que nous font nos adversaires :

1° Les Libéraux disent que le supplice de la peine capitale est nuisible, parce qu'il donne l'exemple de l'homicide, et excite les citoyens à le commettre. Or, il n'y a aucune similitude entre ce supplice et l'homicide. Le supplice de la peine de mort est infligé en vue du salut public, et par l'autorité. De plus, les témoins de ce supplice infligé à cause d'un crime, perdent bien l'envie de commettre un homicide.

2° Ils disent ensuite que la peine capitale est inutile. Or, de même qu'il n'est pas inutile de couper un membre putride qui corromprait les autres dans le corps humain, ainsi il n'est pas inutile de supprimer un homme dangereux et nuisible à la société.

3° Toute peine, disent-ils encore, doit être médicinale, réparatrice et exemplaire : Nous l'accordons avec eux. Or, la peine de mort n'est ni médicinale, ni réparatrice, ni exemplaire. C'est ce que nous nions. Et d'abord, lorsque l'on inflige le dernier supplice, ce que l'on se propose premièrement, ce n'est pas l'amendement du coupable, mais la réparation de l'ordre violé. Donc, cette peine est *médicinale*, non sans doute pour le membre amputé, mais pour les autres membres; non pour le criminel, mais pour tout le corps social, qui est conservé par la mort du coupable. La peine capitale est aussi *réparatrice*. Si elle ne répare pas le droit de la personne offensée, elle répare au moins l'ordre de la justice, qui avait été violé. Enfin, la peine de mort est *exemplaire*, parce qu'elle détourne les autres hommes du crime.

4° Enfin, nos adversaires argumentent ainsi : Aucun individu n'a droit sur la vie d'autrui. Donc, la société qui se compose des droits réunis de tous les individus ne l'a pas. Cette objection serait très sérieuse, s'il était vrai que la société se composât de la réunion des droits de tous les individus ; mais la société vient immédiatement de Dieu qui donne à l'autorité suprême le droit sur la vie d'un homme dont le supplice est utile et nécessaire au salut de la société. J.-J. Rousseau, en contradiction avec ses principes, l'avoue lui-même dans son *Contrat Social*, livre II, chap. v : « Quand le prince dit au citoyen : « Il est expédient que tu meures », il doit mourir ». — Avec Victor Hugo, nos Libéraux contemporains, mieux avisés, nient tout simplement à l'autorité civile le droit de vie et de mort. Ainsi que nous l'avons observé (Thèse XXV), ce droit est la meilleure réfutation de toutes leurs théories.

Contre les Protestants, les Politiques modernes et les Libéraux contemporains.

XXXe THÈSE

L'ÉTAT POLITIQUE, CONSIDÉRÉ EN LUI-MÊME : 1° EST ABSOLUMENT DISTINCT DE L'ÉTAT ECCLÉSIASTIQUE ; 2° CEPENDANT, IL NE DOIT PAS EN ÊTRE SÉPARÉ CONCRÈTEMENT ET IL LUI EST SUBORDONNÉ ; 3° IL NE PEUT PROFESSER L'ATHÉISME, SELON LE DROIT NATUREL; 4° IL A LE DROIT DE FAIRE LA GUERRE.

Ire PARTIE. — Ces Etats sont absolument distincts, qui ont des fins absolument distinctes.

Or, l'Etat politique et l'Etat ecclésiastique ont des fins absolument distinctes.

Donc, l'Etat politique est absolument distinct de l'Etat ecclésiastique.

La majeure est certaine ; car les Etats sont spécifiés et distingués entre eux d'après leurs fins.

A la mineure. — La fin de la société civile est le bien matériel et temporel de cette vie, tandis que la fin de la société ecclésiastique est le bien spirituel et éternel de la vie future. Or, le bien temporel et matériel est absolument distinct du bien spirituel et éternel. Donc, l'État politique et l'État ecclésiastique ont deux fins absolument distinctes.

IIe PARTIE. — Ces deux Etats ne doivent pas être séparés concrètement, dont les fins ne doivent pas être séparées.

Or, les fins de l'Etat politique et de l'Etat ecclésiastique ne doivent pas se séparer.

Donc, l'Etat politique ne doit pas être séparé concrètement de l'Etat ecclésiastique.

A la majeure. — Si ces deux États ont des fins corrélatives, ils doivent se prêter de mutuels secours pour les obtenir.

A la mineure. — La fin de la société civile est un bien temporel et matériel, et la fin de la société ecclésiastique est un bien éternel et spirituel. Or, le bien temporel et matériel est le moyen nécessaire et providentiel pour obtenir le bien éternel et spirituel. Donc, les fins de l'État politique et de l'État ecclésiastique ne doivent pas être séparées.

Ajoutons que si ces deux États étaient séparés, il arriverait que l'homme aurait des devoirs contradictoires : car, l'autorité civile pourrait porter des lois contraires aux lois de l'Eglise. Il faut donc que ces deux sociétés soient coordonnées entre elles. Voyons maintenant quelle est celle qui doit être subordonnée à l'autre.

IIIe Partie. — Deux sociétés sont coordonnées entre elles, comme sont coordonnées leurs fins.

Or, c'est la fin de la société politique qui est subordonnée à la fin de la société ecclésiastique.

Donc, c'est l'Etat politique qui doit être subordonné à l'Etat ecclésiastique.

A la majeure. — Une société, en effet, est d'autant plus noble que sa fin est plus relevée.

A la mineure. — La fin de la société politique est le bien temporel et matériel, tandis que la fin de la société ecclésiastique est le bien spirituel et éternel. Or, c'est le bien temporel et matériel qui est subordonné au bien éternel et spirituel. Donc, c'est la fin de la société politique qui est subordonnée à la fin de la société ecclésiastique.

Nota. — De là il résulte que s'il y a un conflit entre les droits de ces deux sociétés, c'est le droit de l'Église qui doit prévaloir. Il faut bien remarquer encore que dans l'ordre des choses purement temporelles, l'État politique est indépendant, comme l'Église elle-même est indépendante dans l'ordre spirituel. Les relations entre l'État et l'Église sont réglées par les Concordats.

IV° Partie. — Cet État répugne au droit naturel, qui est contraire au souverain domaine de Dieu, à l'ordre essentiel des choses.

Or, tel est l'État politique faisant profession d'athéisme.

Donc, l'État politique ne peut pas faire profession d'athéisme sans blesser le droit naturel.

La majeure est évidente.

A la mineure. — 1° L'État politique, en tant qu'État, est un être moral qui doit être soumis à Dieu, comme tous les autres êtres. Si donc cet État agissait comme s'il n'y avait pas de Dieu, il se soustrairait au souverain domaine de Dieu et blesserait le droit naturel.

2° Selon l'ordre essentiel des choses, la fin de la société civile est un moyen relativement à la fin de la société ecclésiastique. Or, l'État politique faisant profession d'athéisme détruit cet ordre : car il agit sans considérer la fin de la société ecclésiastique, qui est à Dieu. Donc, l'athéisme politique est contraire à l'ordre objectif des choses, c'est-à-dire au droit naturel lui-même.

On voit donc facilement combien sont absurdes :

1° La liberté absolue de conscience, que proclament hautement les Libéraux, et même quelques catholiques libéraux. Qu'entendent-ils par liberté de conscience ? Ils appellent liberté de conscience la faculté de penser et de faire ce qu'il plaira le mieux en ce qui concerne Dieu et la religion. Or, l'homme n'a pas le droit de mal penser et de mal faire, surtout en ce qui concerne Dieu et la religion. Ce ne serait plus là une liberté, mais une licence.

2° La liberté absolue des cultes, qui est un corollaire immédiat de la liberté de conscience. Car, si on admet la liberté de conscience, on doit aussi admettre la liberté d'honorer Dieu par le culte qui plaira le mieux. Or, comme la liberté de conscience est une erreur, par la même raison aussi, la liberté des cultes.

3° La liberté absolue d'enseignement. En effet, personne n'a le droit d'enseigner l'erreur. Enseigner à quelqu'un l'erreur sous les apparences de la vérité, c'est le tuer intellectuellement.

On peut tolérer toutes ces libertés, ou plutôt ces licences, comme on tolère beaucoup d'autres maux; mais on ne doit nullement les ériger en théorie. On accorderait ainsi les mêmes droits à l'erreur et à la vérité : ce qui répugne (1).

(1) D'après les principes que nous venons d'exposer, on voit clairement combien à juste titre le pape Pie IX a condamné les propositions suivantes :

1° Ecclesia non est vera perfecta que Societas plane libera, nec pollet suis propriis et constantibus juribus sibi a divino suo fundatore collatis, sed civilis potestatis est definire quae sint Ecclesiae jura ac limites (Prop. 19° du *Syllabus*).

2° In conflictu legum utriusque potestatis, jus civile praevalet (*Id.*, Prop. 42°).

3° Civilis auctoritas potest se immiscere rebus quae ad religionem, mores et regimen spirituale pertinent. Hinc potest de instructionibus judicare, quas Ecclesiae pastores ad conscientiarum normam pro suo munere edunt, quin etiam potest de divinorum sacramentorum administrationibus et dispositionibus ad ea suscipienda necessariis decernere (*Id.*, Prop. 43°).

4° Laicum Gubernium habet jus deponendi ab exercitio pastoralis ministerii episcopos, neque tenetur obedire Romano Pontifici in iis quae episcopatum et episcoporum respiciunt institutionem (*Id.*, Prop. 51°).

5° Reges et Principes non solum ab Ecclesiae jurisdictione exi-

Prœnotanda ad V

La guerre est un état de lutte, à main armée, entre les peuples, pour défendre leurs droits respectifs. Cet état est soumis à plusieurs conditions : 1° Il doit avoir un motif légitime; 2° Il doit être déclaré par l'autorité publique; 3° Il doit être mené efficacement, mais en observant les règles de l'humanité. En effet :

1° La guerre est la défense de l'ordre public qui avait été violé. Or, l'ordre public doit être défendu pour une juste cause; car, s'il était défendu injustement, il ne serait pas défendu, mais plutôt il serait troublé. Donc, la guerre doit être entreprise pour une juste cause; et par conséquent, elle doit être nécessaire, quand on la fait.

2° La guerre est la défense violente de l'ordre social. Or, la défense violente de l'ordre social ne peut appartenir qu'à l'autorité ; car il appartient seulement à l'autorité d'exécuter les actes propres au bien public, elle seule disposant des moyens efficaces pour la procurer. Donc, la guerre doit être faite avec efficacité. Cependant on doit observer les règles de l'humanité : sans quoi, cet ordre lui-même ne serait pas défendu, mais violé.

muntur, verum etiam in qæstionibus jurisdictionis dirimendis superiores sunt Ecclesiâ (*Id.*, 41°).

6° Ecclesia non habet nativum et legitimum jus acquirendi ac possidendi (*Id.*, 46°).

7° Liberum est cuique homini eam amplecti et profiteri religionem quam rationis lumine quis ductus veram putaverit (*Id.*, Prop. 15°).

8° Ecclesiastica potestas suam auctoritatem exercere non debet absque civilis gubernii veniâ et assensu (*Id.*, Prop. 20°).

9° Ecclesia a statu, status que ab Ecclesiâ sejungendus est (*Id.*, Prop. 55°).

10° Ætate hâc nostrâ non ampliùs expedit, religionem catholicam haberi tanquam unicam statûs religionem, ceteris quibuscumque cultibus, exclusis (*Id.*, Prop. 77°).

11° Romanus Pontifex potest ac debet cum progressu, cum liberalismo, et cum recenti civilitate sese reconciliare et componere (*Id.*, Prop 80°).

Vᵉ Partie. — L'autorité a droit aux moyens qui sont nécessaires et honnêtes pour faire respecter les droits de la nation.

Or, la guerre, munie des conditions requises est un moyen nécessaire et honnête pour faire respecter les droits de la nation.

Donc, l'Etat politique a droit de faire la guerre.

A la majeure. — Celui qui a droit à la fin a droit aux moyens d'obtenir cette fin, pourvu qu'ils soient honnêtes.

La mineure est évidente, puisque d'après les conditions requises, il faut que la guerre soit nécessaire et qu'elle soit entreprise pour un motif légitime.

A. M. D. E. M. G.

TABLE DES MATIÈRES

Notions préliminaires 1

PREMIÈRE PARTIE
Logique Mineure ou Dialectique

CHAPITRE I

Article I. — De la simple appréhension ou Idée considérée en elle-même comme Terme mental. 3
Article II. — 1° De la simple appréhension manifestée à l'extérieur par le Signe comme Terme oral 5
2° Divisions ou Espèces du Terme mental et du Terme oral 6
Article III. — Des Universaux ou Prédicables. 9
Article IV. — Des Genres suprêmes ou Prédicaments. . . . 10

CHAPITRE II

Article I. — Du Jugement considéré en lui-même 11
Article II. — Du Jugement manifesté à l'extérieur ou de la Proposition 12

CHAPITRE III

Article I. — De la Déduction ou du Raisonnement ou du Syllogisme. 16
Article II. — Des huit Règles du Syllogisme. 20

CHAPITRE IV

Des autres Arguments se rapprochant du Syllogisme. 25

CHAPITRE V

Des Arguments fallacieux, Sophismes et Paralogismes. . . . 26

CHAPITRE VI

De la Démonstration et de ses dix Espèces. 28

CHAPITRE VII

Des divers États de l'esprit humain par rapport à la vérité. 31

CHAPITRE VIII

Du Concept de l'Être, Acte, Puissance, Mutation, Distinction, Essence, Infini, Fini, Indéfini, Substance, Accident, Subsistance, Suppôt, Personne ou Hyposthase. 33

CHAPITRE IX

1° De la notion de Cause et de Principe. . . . .
2° De la Cause efficiente et de ses Espèces. 39

CHAPITRE X

De la Fin, de l'Ordre, du Bien et du Mal 41

DEUXIÈME PARTIE

Logique Majeure ou Critique

OU TRAITÉ DE LA CERTITUDE

THÈSE I. — La vérité logique se trouve jusqu'à un certain point dans la simple appréhension, mais elle ne se trouve d'une manière parfaite que dans le Jugement. 47

THÈSE II. — La Fausseté logique peut se trouver formellement dans le Jugement; mais, jamais dans la simple appréhension. 49

THÈSE III. — La vérité apparaissant avec évidence engendre nécessairement la certitude qui est formellement subjective; et, objective seulement en raison de sa cause. On doit la distinguer de la Certitude formellement objective appelée aussi Évidence. 51

THÈSE IV. — Des degrés de la Certitude. — La Certitude est par elle-même proportionnelle à son motif. Elle n'admet pas de degrés si on regarde seulement l'exclusion de toute crainte d'erreur : mais, si on considère l'intensité de l'adhésion ou le fondement qui fait exclure toute crainte d'erreur on peut distinguer divers degrés dans la Certitude. 51

THÈSE V. — La Certitude, si on considère son motif prochain

est ou Métaphysique ou Physique ou Morale; mais, en raison de son motif éloigné, elle est unique. 57

Thèse VI. — Du Scepticisme Universel. — L'existence de la Certitude ne peut pas être démontrée directement contre un sceptique absolu; mais, on la démontre indirectement et on doit nécessairement l'admettre 59

Thèse VII. — Il y a trois vérités premières d'une évidence immédiate qu'un Philosophe sensé peut et doit admettre sans démonstration. 61

Thèse VIII. — Il est absurde de ne vouloir rien admettre sans démonstration comme le demandent les Rationalistes. Il est absurde d'affirmer avec les Idéalistes ou Subjectivistes que les Idées, les Jugements et les Vérités Subjectives n'ont aucune valeur objective. — Question des Universaux 63

Thèse IX. — Du Scepticisme Hypothétique-Universel. — Le doute hypothétique de Descartes ne peut raisonnablement pas être admis. 66

Thèse X. — La Raison humaine est nécessairement limitée : ou, en d'autres termes, on doit admettre certaines vérités qui dépassent absolument sa portée 69

Thèse XI. — L'Intelligence humaine est infaillible dans ses Jugements immédiats soit Analytiques soit Synthétiques. La Raison dans ses Jugements médiats Purs, Empiriques ou Mixtes est infaillible par elle-même; mais, elle peut se tromper par accident. — La Mémoire est toujours véridique dans ses Relations 71

Thèse XII. — Le sens intime est un moyen expérimental d'arriver à la vérité qui ne peut pas se démontrer directement par lui-même, mais qu'on ne peut pas révoquer en doute. Il est infaillible dans les limites de son objet propre qu'on le considère comme Sens Interne au comme Conscience. 76

Thèse XIII. — Les Sens externes pourvu qu'il n'y ait aucun empêchement extrinsèque de la part de l'organe ou des milieux ne peuvent pas se tromper dans la perception du *Sensible Propre*. Pour le *Sensible Commun* ils peuvent se tromper si on les prend chacun en particulier, mais non si on les prend tous ensemble. Ils peuvent facilement se tromper pour le *Sensible Accidentel*. 78

Thèse XIV. — Les Sens Externes bien disposés et appliqués sont véridiques lorsqu'ils nous rapportent l'existence des corps qui, contre toute raison, est niée ou révoquée en doute par les Idéalistes et les Subjectivistes 83

Thèse XV. — Le Sens commun constant, universel, uniforme, est un moyen infaillible de certitude relativement à certaines vérités qui regardent Dieu, la Religion, les Mœurs ou la vie des hommes. — Le témoignage humain est aussi

un motif infaillible de connaitre certains faits comtemporains ou passés.................................... 86
Thèse XVI. — Il y a un dernier critérium de certitude naturelle... 92
Thèse XVII. — L'Evidence Objective est le dernier critérium de certitude naturelle.......................... 94
Thèse XVIII. — Ni l'autorité divine, ni l'autorité humaine ne sont le dernier critérium de certitude naturelle.... 97
Thèse XIX. — Le témoignage de la conscience qu'il soit pris en général ou dans le sens d'une affection intérieure de l'âme ou dans le sens d'un instinct aveugle de la nature, n'est pas le dernier critérium de certitude naturelle... 100
Thèse XX. — L'Idée claire et distincte n'est pas le dernier critérium de certitude naturelle................ 103

TROISIÈME PARTIE

Ontologie

Thèse I. — La notion d'Être est la plus commune et la plus simple de toutes. Elle ne peut pas se définir; elle n'en a pas besoin, mais on peut l'expliquer.................. 107
Thèse II. — Les Essences des choses ne sont pas complètement inconnues; mais, nous ne les connaissons qu'imparfaitement.................................... 110
Thèse III. — Les Essences des choses sont métaphysiquement Immuables, Indivisibles et Eternelles............ 112
Thèse IV. — La Puissance ne peut se définir que par l'Acte; mais l'Acte ne peut nullement se définir. On doit seulement en donner l'explication............................ 115
Thèse V. — Tout être changeant se compose de Puissance et d'Acte; mais l'Être immuable est Acte Pur........... 117
Thèse VI. — Dans un être changeant et successif la Puissance précède l'Acte par la priorité de temps : mais, dans le sens absolu l'Acte précède la Puissance par la priorité de nature 118
Thèse VII. — Les Propriétés transcendentales de l'Être distinctes de l'être d'une distinction logique se réduisent à trois : l'Unité, la Vérité, la Bonté................... 120
Thèse VIII. — Les Etres sont vrais premièrement relativement à l'Intellect divin; secondairement relativement à l'Intellect humain.................................. 123
Thèse IX. — Le Concept de substance exprime quelque chose de réel... 125
Thèse X. — Outre la substance, il y a dans les êtres créés des accidents qui en tant qu'absolus peuvent exister, par la

puissance divine, sans adhérer à leur substance connaturelle 127

Thèse XI. — La Possibilité intrinsèque des choses dépend de Dieu : non de sa Toute-Puissance ni de sa Libre-Volonté, mais d'une manière prochaine de l'Intelligence divine et d'une manière éloignée de l'Essence de Dieu. 130

Thèse XII. — La Notion de cause efficiente réelle est déduite de l'observation même des phénomènes, en sorte que malgré les assertions des Occasionnalistes, les êtres corporels ou spirituels jouissent d'une véritable activité. . . . 134

Thèse XIII. — De l'Espace 138
Thèse XIV. — Du Temps 140

QUATRIÈME PARTIE

Cosmologie

De l'Essence des corps ou de la Matière et de la Forme. . . 153

CHAPITRE I

Exposé des systèmes cosmologiques sur l'Essence des corps. . 154
Article I. — Atomisme pur ou mécanique. 154
Article II. — Dynamisme pur 156
Article III. — Système Péripatéticien ou Scolastique 160
Article IV. — Atomisme Dynamico-Chimique 171
Article V. — Comment l'Atomisme dynamico-chimique résout les objections faites contre le système scolastique. 178
Article VI. — Comment l'Atomisme dynamico-chimique complète la théorie Scolastique 189
Article VII. — Solution des objections faites contre l'atomisme dynamico-chimique. 202

CHAPITRE II

Critique des systèmes cosmologiques sur l'Essence des corps . 210
Article I. — L'Atomisme pur est faux 210
Article II. — Le Dynamisme pur est faux. 211
Article III. — L'Atomisme dynamico-chimique ne résout pas toutes les difficultés de la question. 212
Article IV. — Conclusion 216

TABLE DES MATIÈRES

CINQUIÈME PARTIE

Psychologie

Thèse XIII. — Pour que la Sensation externe ait lieu, il ne suffit pas d'un principe étendu, ni d'un principe simple mais il faut en même temps un principe simple et un principe étendu qui ne fassent ensemble qu'une seule nature. 217

Thèse XIV. — La Sensibilité ne consiste pas dans l'organisation du corps, ni la sensation dans le mouvement des fibres 220

Thèse XV. — La Sensation est 1° une vraie connaissance imparfaite; 2° elle est déterminée par l'espèce *sensible impresse*; 3° qui diffère de l'impression purement matérielle et organique; 4° elle est perçue par l'espèce *sensible expresse* comme moyen dernier et direct de la représentation de l'objet; 5° elle ne s'exerce ni dans l'âme seule; 6° ni seulement dans le cerveau; 7° mais dans les organes propres de chaque sens 221

Thèse XVI. — Le Sens interne est une faculté inorganique dont l'opération ne précède pas mais suit la perception des sens externes. 227

Thèse XVII. — L'Intellect est une faculté inorganique qui a pour objet formel l'essence des choses; pour objet matériel adéquat tout être; pour objet proportionné les essences abstraites des choses sensibles 229

Thèse XVIII. — La Mémoire intellectuelle et la Conscience ne sont pas des facultés spécifiquement distinctes de l'Intellect. 232

Thèse XIX. — La Volonté ne jouit pas de la Liberté dans l'appétit qu'elle a pour le Bonheur ou pour les moyens nécessairement unis avec le Bonheur. Quant aux Biens concrets qui ne sont pas des moyens nécessaires pour obtenir le parfait bonheur, la volonté jouit d'une vraie Liberté de nécessité. 233

Thèse XX. — L'Âme humaine est 1° simple quant à l'Essence, c'est-à-dire qu'elle n'admet pas de parties constitutives; 2° simple par rapport à la quantité extensive, c'est-à-dire qu'elle n'admet pas de parties intégrantes; 3° elle est Spirituelle. 237

Thèse XXI. — L'Âme humaine est Immortelle. 241

Thèse XXII. — Le Traducianisme est faux; et l'âme de chaque homme est immédiatement créée par Dieu. . . . 245

Thèse XXIII. — L'Union substantielle qui existe entre l'âme et le corps n'est pas bien expliquée par les divers systèmes : 1° du moteur ; 2° du médiateur plastique ; 3° des causes occasionnelles ; 4° de l'Harmonie préétablie ; 5° de l'influx physique ; 6° de la Perception fondamentale 248

Thèse XXIV. — L'âme intellectuelle est la forme substantielle du corps : et le système scolastique expliquant ainsi l'union de l'âme et du corps est conforme à la Raison comme à la Révélation. 253

Thèse XXV. — L'âme intellectuelle est dans l'homme le principe unique de la vie intellectuelle, sensitive et végétative qui peut être distingué par la raison ; mais, chaque homme a une âme qui lui est propre, et la Métempsychose est une doctrine absurde 257

Thèse XXVI. — La préexistence des âmes est absurde et l'âme est créée au moment où elle est unie au corps . . . 261

Thèse XXVII. — L'âme humaine ne peut pas être placée seulement dans le cerveau : mais, quant à son essence, elle est tout entière dans le corps et tout entière dans chaque partie du corps. Quant à sa vertu, elle est principalement dans le cerveau et dans le cœur 264

Thèse XXVIII. — Le système des Sensualistes sur l'origine des idées est faux ; ainsi que le système des idées innées de Descartes. 267

Thèse XXIX. — Le Traditionalisme et l'Ontologisme sont faux 271

Thèse XXX. — Le Système péripatéticien ou scolastique explique seul l'origine de nos idées. 276

SIXIÈME PARTIE

Théodicée

Thèse I. — Dieu n'est pas l'objet immédiat de notre connaissance. Son existence quoiqu'elle soit une vérité immédiatement connue par elle-même en soi, n'est pas immédiatement connue par elle-même par rapport à nous 281

Thèse II. — L'existence de Dieu peut se démontrer directement par la Raison, non par une démonstration *a priori* mais seulement par une démonstration *a posteriori* . . . 283

Thèse III. — Les trois arguments de saint Anselme, de Descartes et de Leibnitz, pour démontrer *a priori* l'existence de Dieu, doivent être rejetés. 285

Thèse IV. — L'existence de Dieu se démontre avec évidence par les arguments métaphysiques 287

THÈSE V. — Il est absurde d'admettre une série infinie d'êtres contingents dont l'existence dépendrait l'une de l'autre . . 290
THÈSE VI. — L'existence de Dieu se démontre par des arguments physiques 292
THÈSE VII. — L'existence de Dieu se démontre par des arguments moraux 294
THÈSE VIII. — On peut trouver des athées pratiques et des athées théoriques positifs ; mais il ne peut pas y avoir des athées théoriques négatifs 297
THÈSE IX. — On doit absolument rejeter l'Athéisme 299
THÈSE X. — L'Ascité constitue l'essence métaphysique de Dieu, c'est-à-dire : 1° Dieu est formellement et non effectivement l'Être par soi ; 2° l'existence de Dieu se confond avec son essence ; 3° Dieu est l'Être subsistant par soi ; 4° nous concevons l'Ascité comme la propriété constitutive de l'essence divine. 300
THÈSE XI. — Dieu est simple et exclut toute composition de parties. 303
THÈSE XII. — Dieu est infini, et possède au moins *éminemment* toutes les perfections contingentes des êtres existants et possibles. 305
THÈSE XIII. — Dieu est unique et immultipliable. L'hypothèse des Manichéens est absurde. 307
THÈSE XIV. — Le Panthéisme soit réel, soit idéal est faux. . 311
THÈSE XV. — Dieu est immuable physiquement et moralement 314
THÈSE XVI. — Dieu est Éternel et Immense. 315
THÈSE XVII. — Dieu possède en acte une science très parfaite qui a pour objet premier l'Essence divine et pour objet secondaire tous les autres Êtres distincts de lui-même. Dieu par cette science connaît tous les purs possibles et tous les conditionnels futurs soit nécessaires, soit libres . 318
THÈSE XVIII. — Il y a en Dieu une volonté, qui a pour objet premier l'essence divine, et, pour objet secondaire tous les autres êtres : de telle sorte que Dieu ne peut en soi vouloir, d'aucune manière, le mal moral. Il peut cependant vouloir le mal physique non par soi, mais par accident. . 322
THÈSE XIX. — La Volonté de Dieu veut nécessairement la divine bonté, et, librement tous les autres Êtres. Elle ne peut pas tolérer le mal moral *intentivè* mais *permissivè*. . 325
THÈSE XX. — La Création ne répugne pas ; et, on doit dire que Dieu est vraiment Créateur. 328
THÈSE XXI. — L'acte de la Création ne peut appartenir qu'à Dieu seul ; et la Créature ne peut pas même en être la cause instrumentale. 330
THÈSE XXII. — Dieu en créant a dû nécessairement se proposer une fin qui n'est autre que lui-même. Cette fin est :

1° la Gloire extrinsèque de Dieu nécessairement finie ; 2° la Créature raisonnable........................... 332

Thèse XXIII. — Le monde tiré du néant par Dieu a été créé dans le temps ; il n'est pas absolument mais relativement le plus parfait possible....................... 335

Thèse XXIV. — Les créatures persévèrent dans leur être par la Conservation positive de Dieu seul 338

Thèse XXV. — Dieu concourt dans toutes les actions des êtres créés. — Systèmes des Thomistes et des Molinistes sur ce concours............................... 341

Thèse XXVI. — La Providence de Dieu dirige tout ; même les moindres choses. Elle a un soin spécial des Etres raisonnables................................... 344

Thèse XXVII. — Dieu pourvoit immédiatement à toutes choses quant à la raison de l'ordre ; mais pour l'exécution de cet ordre, il n'exclut pas le concours des causes secondes. . . 347

Thèse XXVIII. — La Providence de Dieu n'enlève pas aux causes secondes leurs forces propres, et ne diminue pas le libre arbitre des êtres moraux. Par conséquent, quoi qu'en disent nos Rationalistes modernes, les soins prudents de l'homme ne sont pas détruits, et les prières des Justes conservent leur utilité........................... 350

Thèse XXIX. — La Providence n'exclut pas l'existence du mal soit physique soit moral. Par conséquent la Sainteté, la Bonté et la Puissance de Dieu restent intactes....... 353

Thèse XXX. — L'Équité de la Providence n'est pas altérée, mais plus clairement manifestée par l'inégale distribution des Biens et des Maux. Par conséquent, la Justice, la Sagesse et la Bonté de Dieu ne sont pas atteintes par cette inégalité.................................. 356

SEPTIÈME PARTIE

Morale ou Éthique

Thèse I. — Dieu a fixé à l'homme une fin dernière qui, considérée d'une manière abstraite, est la félicité parfaite vers laquelle nous dirigeons tous nos actes au moins implicitement................................... 361

Thèse II. — Cette parfaite félicité ne saurait se trouver dans un bien créé délectable ou honnête, mais seulement dans le Bien incréé............................... 364

Thèse III. — La destinée de l'Homme, ici-bas, est de se disposer à obtenir sa fin dernière, en observant l'ordre moral. C'est dans l'observation de cet ordre moral que se trouve le bonheur imparfait de cette vie 369

TABLE DES MATIÈRES

Thèse IV. — Il y a une différence essentielle et réelle entre les actes bons et mauvais considérés moralement ; mais la moralité des actes ne dépend pas de l'opinion des peuples, ni des lois humaines, ni de la volupté sensible, ni de l'utilité 372

Thèse V. — La moralité des actions humaines dépend immédiatement de l'ordre objectif des choses, connue par la raison. Elle dépend médiatement de l'ordre de la bonté et de la sagesse divines. Elle ne peut pas absolument dépendre de la libre volonté de Dieu 375

Thèse VI. — Le Jugement de la moralité n'appartient pas à un sens corporel, ou à un sens spirituel, mais seulement à l'Intellect et à la Raison 378

Thèse VII. — L'Ignorance antécédente, invincible, enlève le volontaire. Il n'en est pas de même de l'Ignorance concomitante ou conséquente. La Coaction absolue ne peut atteindre les actes élicites et détruit le volontaire. La Coaction *secundum quid* ne détruit pas le volontaire. . . . 381

Thèse VIII. — La concupiscence antécédente augmente le Volontaire et diminue la Liberté. La concupiscence conséquente augmente le volontaire sans diminuer la liberté. Les actes posés par suite d'une crainte grave sont libres *simpliciter*, mais involontaires *secundum quid* 385

Thèse IX. — Les actes humains tirent leur moralité de l'objet, de la fin et des circonstances. Il y a des actes indifférents, si on les considère d'une manière abstraite. Il n'y en a pas si on les considère dans l'agent. 389

Thèse X. — Les actes bons ou mauvais sont imputés avec raison à l'homme agissant librement, et qui par ses actions peut mériter ou démériter auprès de ses semblables, de la Société et de Dieu 393

Thèse XI. — On doit admettre en Dieu la loi éternelle, et dans l'homme la loi naturelle. L'autonomie de la Raison ou Morale indépendante est un non-sens de nos Rationalistes contemporains 395

Thèse XII. — Une sanction parfaite de la loi naturelle regardant la vie future est nécessaire. Dès cette vie, cependant, la loi naturelle a une sanction imparfaite. 398

Thèse XIII. — La loi naturelle est immuable, universelle, éternelle. Elle s'appuie sur le souverain domaine de Dieu, et sert elle-même de fondement à la loi positive. 400

Thèse XIV. — On doit rendre à Dieu un culte interne, externe et public. 401

Thèse XV. — Il est défendu de se procurer directement la mort ; mais il est permis de se la procurer d'une manière indirecte et de mortifier modérément son corps. 403

Thèse XVI. — L'homme, dans le cas de légitime défense,

peut aller jusqu'à tuer un injuste agresseur en conservant une modération convenable ; mais le duel est absolument défendu par le droit naturel.   408

Thèse XVII. — Le droit de propriété stable ne peut provenir d'un pacte, ni des lois civiles. Il provient immédiatement de la Nature. Le fait primordial qui détermine ce droit de propriété, c'est l'exercice de l'activité humaine. Le fait secondaire est un contrat légitime.   411

Thèse XVIII. — Le Communisme est absurde. Le Socialisme de nos pseudo-économistes modernes l'est aussi. Le droit d'héritage des enfants est inébranlable.   416

Thèse XIX. — Le Mariage est conforme à la nature humaine et tout à fait honnête. La Polyandrie répugne absolument au droit naturel. La Polygamie ne répugne pas absolument au droit naturel, mais elle lui est peu conforme   419

Thèse XX. — Le vrai célibat est un état permis et même plus noble que le mariage   421

Thèse XXI. — Les systèmes d'Hobbes et de Rousseau sur l'origine de la Société sont absurdes. L'homme est un être naturellement et essentiellement social   424

Thèse XXII. — La naissance est le fait par lequel l'homme est placé d'une certaine manière dans la société. Le fait naturel et primordial qui a été l'origine de la société *in concreto* c'est la propagation des familles d'une même souche.   427

Thèse XXIII. — La fin de la société politique est l'ordre extérieur qui doit être à l'avantage commun de tous les associés et conforme à l'ordre intérieur de la moralité. Aussi les Rationalistes avec Kant assurent-ils bien à tort que la fin de la société politique est dans la seule restriction et l'harmonie de la liberté de chaque individu.   429

Thèse XXIV. — Les éléments essentiels de la société sont la multitude et l'autorité. La structure de cette société est organique et non mécanique. Cette multitude se compose, d'une manière prochaine, de familles ; et d'une manière plus éloignée, d'individus. Cette autorité est un principe d'unité dirigeant les forces de tous les citoyens à une fin commune, mais elle ne comporte nullement un domaine proprement dit.   432

Thèse XXV. — La doctrine des Libéraux affirmant que la Suprême autorité politique considérée en elle-même vient immédiatement du peuple, comme de sa cause efficiente, est fausse. La théorie catholique d'après laquelle cette autorité vient immédiatement de Dieu, est vraie.   436

Thèse XXVI. — Le Souverain Pouvoir politique passe immédiatement de Dieu dans le sujet sans l'intermédiaire de la multitude. Cette autorité dérive premièrement et *per se* de la préexistence d'un droit domestique et social; secondairement et par accident, elle peut venir de l'élection, du droit de propriété, d'un droit de supériorité ou du droit de guerre 441

Thèse XXVII. — Toute forme de gouvernement, pourvu qu'elle soit fondée sur un juste titre, doit être réputée légitime et propre à procurer le bonheur public. Celle qui répond le mieux aux mœurs d'une nation doit être préférée. Celle qui jouit de la légitimité est celle qui lui convient le mieux 445

Thèse XXVIII. — Absolument parlant, la monarchie simple est la meilleure forme de gouvernement, mais, d'une manière relative la monarchie tempérée est plus utile. Le régime représentatif, considéré en lui-même, est bon et obligatoire, mais imparfait; et cependant, relativement aux autres, il peut être plus avantageux........... 448

Thèse XXIX. — Les trois fonctions de l'autorité politique doivent être exercées par des sujets divers, mais, à leur tête, elles requièrent un seul sujet. Cette autorité politique a le droit d'infliger la peine de mort aux criminels... 452

Thèse XXX. — L'État politique considéré en lui-même est absolument distinct de l'État ecclésiastique. Il ne doit pas en être séparé concrètement, et il lui est subordonné. De droit naturel, il ne peut pas professer l'athéisme. Il a le droit de faire la guerre. 456

A. M. D. E. M. G.

ERRATUM

A la page 325, XIX° Thèse; au lieu de : *Elle ne peut pas vouloir*, etc., lire : *Elle ne peut pas tolérer*, etc.

OUVRAGES DU MÊME AUTEUR

Les Prisonniers français en Allemagne.
Les Droits de la Papauté.
La Terre-Sainte. — Préface de l'ouvrage sur les œuvres de Bethléem, par M. le marquis de Schedoni des princes de Chamiazzo-Chigi.
Origines de Saint-Martin en Hongrie. — Recueil des articles parus dans la *Revue des Sciences ecclésiastiques.*

EN PRÉPARATION

Six mois en Prusse, 1870-71. — Souvenirs d'un aumônier militaire au 17° corps de l'armée française.

www.ingramcontent.com/pod-product-compliance
Lightning Source LLC
Chambersburg PA
CBHW050237230426
43664CB00012B/1725